茶叶帝国3000年

东方植物的
社会关系史

The Tea Empire: A History of Three Millennia

刘　杰
陆延彬　著

中国经济出版社
CHINA ECONOMIC PUBLISHING HOUSE
·北京·

图书在版编目（CIP）数据

茶叶帝国3000年 / 刘杰，陆延彬著. -- 北京：中国经济出版社，2025. 3. -- ISBN 978-7-5136-7965-7

Ⅰ. F749

中国国家版本馆CIP数据核字第2024UE1947号

责任编辑 龚风光 张意妮
责任印制 李 伟
封面设计 美好城邦

出版发行 中国经济出版社
印 刷 者 北京鑫益晖印刷有限公司
经 销 者 各地新华书店
开　　本 710mm×1000mm 1/16
印　　张 26.5
字　　数 352千字
版　　次 2025年3月第1版
印　　次 2025年3月第1次
定　　价 118.00元
广告经营许可证 京西工商广字第8179号

中国经济出版社 网址 www.economygh.com 社址 北京市东城区 安定门外大街58号 邮编 100011
本版图书如存在印装质量问题，请与本社销售中心联系调换（联系电话：010-57512564）

可能很多人并不知道，从古至今，茶叶产销的背后往往都和国家发展有着紧密的联系！

——题记

序

茶香飘过3000年

滕建群

大约2020年夏末，著名作家刘杰老师来北京，要我为他的新作《茶叶帝国3000年》写序，顿感诚惶诚恐。刘老师是知名作家，让我一个研究国际问题的研究人员作序，是不是跨界了？是否能胜任？这确实是一个问题，我不断地问着自己。犹豫半天，还是应承了下来。之前，读过他的《茶战》（三卷本），也在北京参加过《茶战》第三部宏大的发布会，知道这10多年刘老师一直在潜心研究茶。在他的眼里，茶不只是一种百姓饮品，而且是一种战略物资，一种国际交流的语言，一种传承国家历史和文化的载体，一种国际关系。当然，茶叶引起的争端和冲突也被写入了历史。内心猜想，刘老师让我来为新书作序表明此作已不单单是介绍茶叶的历史专著，也不单单只是一部普通作品，而是通过一片小小的东方树叶，深入涉及了历史、政治、经济、民族、文化、军事，以及哲学等多个领域。仔细阅读他发过来的样稿，我似乎已经闻到了其中的国际政治、国际斗争的浓郁味道。可以说，刘杰老师的力作抹去了茶品上面的封尘，追溯了茶的历史经纬，把3000多年的茶史引入当下百姓视野。

茶，是承载起历史与现实、民族与文化、和平与战争的桥梁。

和刘杰老师相识纯属偶然，记得那是一个阴雨绵绵的夏日，在青岛日报社朋友张同俊的引领下到了刘老师在海边的工作室。刘杰老师是一个勤奋的作家，先后出版了包括《大商埠》《混子》《黑白袁世凯》《中年危机》《茶路万里》等文学作品，以及影视剧《我们的快乐人生》《猴票》，在累计出版发行近千万字作品后，这个老头突然放下了轻车熟路的文学创作，竟然不惜花费十几年的时间，潜心研究中国历史上茶叶经济的发展，足迹几乎遍布世界各大茶叶生产和消费国家。

工作室架子上摆满各种珍贵的名茶，进入其中能闻到沁人心脾的茶香。在那个阴雨绵绵的夏日，我们漫无边际天南海北地聊，话题自然离不开茶。正如刘老师书中所言，茶起源何时，目前有多种说法，有神农氏说、商周说、西汉说、三国说……如果把商周作为国人饮茶的起始时期，那到今天，中国人饮茶的历史至少已有3000多年。

茶，是一种百姓饮品。在很多时候，喝茶被当成中国百姓开门七件事的最后一件。20世纪90年代末期，我在英国留学。房东是南亚移民，印巴冲突后孟加拉国独立，他移民到了英国。家里有七个孩子，老先生每天早晨做的第一件事就是在客厅摆好茶，里面再加上牛奶，成为一杯飘香的奶茶。南亚人对茶的喜爱不比中国人逊色，目前国际上知名的茶品很多出在南亚。每当看见我从他身边走过，他都会客气地说：“先生，来喝杯热茶。”而这杯茶，特别是奶茶是老先生一天的开始。

茶，是一种社交工具。在英国，饮茶是生活必不可少的一部分。不论是讲究仪式感的上层社会，还是普通百姓，下午茶成了社交的重要平台，给保守的英国人注入了活力，有茶为媒，英国的社会生活变得不那么枯燥乏味。有一次受邀到英国议会大厦参会，工作人员在休息室里摆满了各式茶品，都是些袋泡茶。据说是南亚人根据欧洲人笨拙的特点，把茶磨成粉末状，装入袋中。这样，只要打开纸包，连袋一起泡入热水片刻，取出就可饮用。

对英国人来说，这些茶品应该是高级别产品，但对惯于散泡茶的我来说，喝起来还是那么不过瘾。在这里，品茗并不是只为了那些琳琅满目的茶品，主要是看所配非常考究的银制茶具，那种社交仪式感顿增百倍，置身其中，你才会知道什么是“英国式的傲慢”，什么是“英国式的虚荣”。

茶，是文化的传承载体。圣诞节学校放假，我到了曼彻斯特一户苏格兰人家里做客，节日除了圣诞大餐，几天的活动始终没有离开茶。房东说，知道你们中国人不喜欢咖啡，我们特意为你准备了很多茶品。谈论起中国，他们必然会与茶联系在一起。回国一年后，我在北京接待了他们一家，坐在饭桌前，女主人说："正是因为听了你的介绍，包括对茶的介绍，我们一家才决定不远万里来中国看看。"

茶，成了中国的代名词，茶香引来了远道而来的英国"客人"。茶，蕴含着国际关系。当茶演变成一种商品，漂洋过海进入世界各国的生活后，它所载的味道代表了国与国之间的关系。

我曾经到伦敦格林尼治天文台下面的英国航海博物馆参观，里面有一部分是专门讲鸦片战争过程的。博物馆的介绍中写道：大量产自中国的茶叶、香料、瓷器进入英国，受到了英国各阶层的欢迎。但当时的清政府，特别是那些达官显贵们对英国工业革命带来的机械玩意儿却并不太感兴趣。中英两国产生了巨大的贸易逆差。

这个时候，英国商人想到了向大清输入鸦片，一下子打开了市场。清朝开始禁烟，没收了英国商人的鸦片和国人的烟枪。于是，英国商人便跑回了英国议会，让英国政府为他们做主撑腰。英国政府立刻派出一支规模不大的海军舰队，打开了大清王朝封闭的大门，继续做鸦片生意。其中，茶叶给中国带来的不仅仅是银两，从一定意义上讲，茶叶引来了帝国主义列强的贪婪与掠夺和其对中华民族的霸凌与羞辱。

从这个角度来考察鸦片战争，我们得出一个结论，国家经贸规模再大，如果没有军队保护，恐怕就是一块摆在强盗面前的"肥肉"，是一种虚胖。而英国正是靠着商人与军人的位置互换成就了霸业。当商人生意做不下去的时候，便派出军人，待军人打开对方的国门后，商人再继续做他们想做的生意，包括鸦片买卖。这种位置互换使得鼎盛时期的英国在全球范围内占据了比英伦三岛大150倍的势力范围。英国的商人和军人成为其拓疆开土的“急先锋”。在今天这个国际政治多极化、经济全球化、社会信息化和文化多样化的时代，一个国家的边界已不单单是地理上的划分，还应有经济疆界、政治疆界、外交疆界、人文疆界……

时过境迁，今天流动在旧丝绸之路上的商品已很少看见香料和瓷器，但茶叶仍是我们国家出口的重要产品。据中国海关统计，2022 年 1—10 月，我国茶叶出口 30.87 万吨，金额 17.13 亿美元，均价 5.55 美元 / 千克，其中绿茶 25.9 万吨、红茶 2.61 万吨、乌龙茶 1.65 万吨、花茶 0.52 万吨、普洱茶 0.16 万吨、黑茶 0.03 万吨。茶叶出口市场居前 10 位的分别是摩洛哥、乌兹别克斯坦、加纳、俄罗斯、塞内加尔、美国、毛里塔尼亚、中国香港、喀麦隆和阿尔及利亚。1—10 月，我国茶叶进口 3.44 万吨，金额 1.19 亿美元，均价 3.45 美元/ 千克，其中绿茶 0.80 万吨、马黛茶 104 吨、普洱茶 33 吨、红茶 2.42 万吨、乌龙茶 0.20 万吨和花茶 48 吨。

这些数字是枯燥乏味的，但却彰显出：茶，今天仍是人民生活不可或缺的生活资料，也是当下国际关系的载体。茶香飘过 3000 年，回望周边世界，可用百年未有之大变局来形容。大国竞争、疫情肆虐、气候变化、能源紧张、地区冲突……如果我们沿着茶香飘来的方向去寻觅，也许我们会看到 3000 多年来人类的竞争与合作，看到社会的更替与发展。但不管怎么样，茶香，至少可以舒缓人们紧绷的神经，让人们享受人生的美好。这也许正是刘杰老师十年磨一剑，潜心挖掘茶及其背后故事的主要原因和动力。

最后需要强调的一点是，这本书的合作者陆延彬先生是唐代茶圣陆羽的后人，他的参与，也给这本书增添了趣味！

2022 年 11 月 25 日晨于北京中关园

（作者为国际问题专家，中央电视台国际问题评论员）

目 录

1 黄金茶叶的起源

2 茶叶在中国的兴起与发展

3 茶叶走向世界

引言

一杯茶的故事

2017 年春天，正值碧螺春上市之际，我从埃及旅行回来，应茶圣陆羽之后、当代茶人陆延彬的邀请，由上海来到苏州，住进了平江路一座古宅改造的客栈里。是夜，和陆延彬各沏一杯清香馥郁的头采的碧螺春，随意地扯着各种与茶有关的故事，于是就聊出了有关茶叶哲学的话题。

坦率地说，那天晚上我睡得并不踏实，一方面没有倒回时差，另一方面是窗外哗哗的河水声。就是这样一个夜晚，听着窗外的水声，在蒙蒙细雨中，把现代与历史叠加在了一起。

不止这些，还有更深远的，就在一周之前，我坐在尼罗河畔的希尔顿酒店顶楼的酒吧里，端着一杯颇具鲜明特点的当地啤酒，放眼望去，远处的金字塔与现代建筑交相辉映，曾经辉煌的古埃及文明和当下的钢筋水泥密不可分，唯有始终都在流动的尼罗河不紧不慢地讲述人类 200 万年的过往，使每一个人都不由自主地心存敬畏。

当我做了 10 年的案头准备，又耗费了 5 年的时间写下这本不同意义的《茶叶帝国 3000 年》的时候，就已经把历史的天空定格在了 1453 年 5 月 29 日。就在这一天，经过了 53 天激烈残酷的战斗，奥斯曼土耳其终于攻破了君士坦丁堡的城门，从此宣告具有 1058 年历史、历经 12 朝 93 位皇帝的拜占庭（东罗马）帝国寿终正寝，同时，也标志着历经了维京时代、诺曼征服、十字军东征、欧洲大瘟疫的中世纪时代，从这一时刻起正式画上了句号，人类历史进入了一个崭新的时代！

随着拜占庭帝国的灭亡，土耳其人占据了亚欧海上最重要的交通要道，从而切断了欧洲通往亚洲的贸易通道。

博斯普鲁斯海峡，这条仅有 30 多千米长的海峡，却处在极其险峻的战略位置，既是欧亚两洲的分界线，也是连通从黑海到马尔马拉海的必经之路，向北连接黑海，向南通达马尔马拉海和地中海，是欧洲通向亚洲的咽喉。如此重要的位置一旦遭到封锁，对于 15 世纪的欧洲人来说，无疑是致命的打击！此外，即便商船侥幸没有受到土耳其人岸炮的攻击，但是也逃不掉游弋在附近水域的海盗船的突袭——这些海盗船又都受到土耳其官方的指使。

自从惊心动魄的中世纪大瘟疫后，封建愚昧且贫穷的欧洲人开始了独立思考，而引导人们思考的，是但丁、彼特拉克和薄伽丘，他们被称为“文艺复兴文坛三杰”。恩格斯曾经对此有过高度评价：“封建的中世纪的终结和现代资本主义纪元的开端，是以一位大人物为标志的。”①

这个被恩格斯誉为“大人物”的，便是“文艺复兴”时期的但丁！

君士坦丁堡（今土耳其伊斯坦布尔）的陷落，使原本就矛盾重重的欧洲诸国矛盾再度加剧，各种战争冲突不断，这片贫瘠的欧洲大陆上战火密布。在这样的大背景下，欧洲有人已经开始在深度思考，其中就有时年三十多岁的热那亚航海家克利斯托弗·哥伦布。

成书于13世纪末的《马可·波罗行纪》，像是给欧洲大大小小的投机主义分子打了一针鸡血，书中所提到的印度以东那个盛产丝绸和富庶得遍地都是黄金的神秘国度引起了他们广泛的躁动，就像一条饿极了的狼发现了猎物，丝毫不掩饰想据为己有的欲望，连呼吸都带着贪婪的喘息声。

哥伦布专门研究过《马可·波罗行纪》，十分崇拜这位曾在热那亚坐过监狱的航海家，对于书中描述的印度和中国非常向往，以至于在他成功发现美洲大陆后，还骄傲地说：“马可·波罗的书引起了我对东方神秘的向往……在我的航行中，很多次是按《马可·波罗行纪》里说的去做的。”②

“地圆说”在14—15世纪的航海业中已经非常盛行，但始终没有人践行，哥伦布对这一学说也是深信不疑。在之后将近10年的时间里，他先后向葡萄牙、西班牙、英国、法国等国的国王进行游说，请求提供资助，以此实现他向西航行到达东方国家的计划，但是全部遭到了拒绝。直到1492

---

① 恩格斯：《共产党宣言》意大利文，1893年版序。

② 金歌：《中外名著博览 自然科学卷》，上海科学技术文献出版社2015年版。

年，他的游说才终于有了结果。

1492 年 1 月 2 日，经过了 10 年的征战最终征服了格拉纳达王国（位于今伊比利亚半岛东南部）的西班牙女王伊莎贝拉一世，面对捉襟见肘的财政现状一筹莫展，忽然想起了一年前那个叫哥伦布的热那亚水手曾经对她说过的话，于是下令再次召见，并很快与之签订了《圣塔菲协定》，双方约定，由西班牙王室出资修建船只，哥伦布负责实施远航探险。据说，为了给哥伦布这次旅行筹集资金，伊莎贝拉一世甚至变卖了自己的一部分首饰。

同年 8 月 2 日，哥伦布受西班牙国王派遣，带着给印度君主和中国皇帝的国书，率领三艘帆船从西班牙巴罗斯港扬帆出大西洋，向正西航去。从这一天开始，历史进入了辉煌的“大航海时代”，欧洲大陆和整个世界都随之发生了巨大的变化！

就在哥伦布发现了美洲大陆的 4 年后，1497 年 7 月 8 日，时年 28 岁的葡萄牙航海家瓦斯科·达·伽马，奉葡萄牙国王曼努埃尔一世之命，率四艘卡拉维尔帆船以及 140 名水手驶出里斯本港，出海寻找前往印度的通商之路。

15 世纪之前的葡萄牙还是一个非常贫穷的国家，大约 100 万的人口，主要的经济来源仅仅是依靠捕鱼和自给的农作物种植，勉强地生活在贫困线上，就连国王也穷困潦倒，甚至连铸币的钱都拿不出来。

1415 年 8 月，葡萄牙人为了摆脱贫困，打着“上帝”的名义和围剿马格里布海盗的名义，以中世纪的骑士精神和十字军东征的热情，组织船队驶过直布罗陀海峡，攻打摩洛哥的港口城市休达。当粗鲁野蛮的葡萄牙人闯进休达的普通人家后，居然惊叹道：“与休达的房屋相比，我们的可怜房子简直就是猪圈。”[①] 虽然通过几场战争侥幸劫掠些许财物，但是僧多粥

① ［英］罗杰·克劳利：《征服者：葡萄牙帝国的崛起》，社会科学文献出版社 2016 年版。

少，解决不了贫穷的根本问题。君士坦丁堡战役后，奥斯曼土耳其帝国直接把大炮架在了博斯普鲁斯海峡对面的陆地上，彻底扼死了通往小亚细亚的财路，也直接把包括葡萄牙在内的所有欧洲人都拒之门外。在这种情况下，国王曼努埃尔一世不得不另觅发财之路，特别是看到了隔壁西班牙的成功，让曼努埃尔一世更是艳羡万分，他觉得必须派自己的船队出海探索一条致富的道路。

达·伽马很清楚，这将是一次艰苦卓绝的死亡航行。1498年1月，达·伽马一行的船队在历经六个月的海上漂流后，抵达了东非的莫桑比克海域，这是人类历史上第一次有史可查的大西洋直接至印度洋的长远航行。经短暂休整并补充给养，达·伽马继续向北航行，于4月14日到达今肯尼亚的港口城市马林迪，在这里有了巨大收获，结识了来自阿拉伯的资深领航员艾哈迈德·伊本·马吉德。

正是在这位经验丰富的领航员的带领下，达·伽马船队于4月24日从马林迪启航，利用印度洋海上只有每年上半年才特有的南方季风，顺利地通过了好望角，终于在1498年的5月20日抵达了印度西南海岸最繁荣的港口城市卡利卡特。而这个港口正是半个多世纪以前，中国著名航海家郑和所经过和停泊的地方。

这是中世纪以来，西欧人的船只第一次航行到这片神秘的土地，达·伽马的名字和这一天一起被永远铭刻在世界历史的纪念碑上。而这次远探印度洋所绘制的海图，则成了葡萄牙人之后探索和征服整个印度洋地区的情报来源。

三个月后的8月29日，葡萄牙人在获得了香料、肉桂和五六个印度奴隶的基础上开始返航。但是在返航的途中，船队就不太幸运了，许多水手在途中死于疾病，最后只剩下了两条破船载着满满的香料，于1499年9月9日返回了里斯本。

也就是从这一天开始，葡萄牙超越荷兰成为海上霸主。继找到印度之后，葡萄牙人又于 1500 年到达南美的巴西，1512 年到达中国，从此茶叶沾上了血腥的味道。

美国人文作家汤姆 · 斯丹迪奇在他的著作《六个瓶子里的历史》中，高度概括了包括中国产的茶叶在内的饮品文明及变迁过程。几千年来，茶叶始终都是中国的一个代名词，中国掌握着茶叶的种植、生产、加工和对外贸易的绝对话语权，先后在不同的时代，茶叶以不同的方式从中亚传到了欧洲，使欧洲人对这片神奇的树叶产生了浓厚的兴趣。

随着葡萄牙人的到来，因为茶叶所爆发的战争一再发生，葡萄牙与荷兰的战争，英国与葡萄牙的战争以及英国对中国的战争（鸦片战争），无辜的茶叶在一场又一场战争中被动地成了主角，更为悲惨的，是远东地区的恰克图，沙俄的凶残程度令人发指，来到此处的中国茶商们惨遭杀戮，囤积的茶叶都被中国人的鲜血完全浸泡。

这种现象一直延续到 1891 年，随着一个叫托马斯·立顿的英国人出现，茶叶帝国的力量开始发生了倾斜！

茶叶在历史上所经历过的兴盛与衰败，到如今已是过眼云烟。维系一个封建王朝运转的一片小小的树叶，似乎能让一个弱小的国家快速强大，也能让一个强大的帝国轰然倒地，而且随即沦落！

而这一切，在今天看来不过只是一杯茶的故事。

起源 ◆ **神农时代5000年以前**

《茶经》中提到“茶之为饮，发乎神农氏”，被称颂为“南方之嘉木”，“神农尝百草，日遇七十二毒，得茶而解之”是流传甚广、影响很深的古老传说。

发展 ◆ **魏晋南北朝（222-589年）**

三国东吴时期出现“以茶代酒”；开始人工栽培茶树，当菜食。南北朝“茗粥”或与中药配伍。

兴于 ◆ **隋唐（581-907年）**

唐代饮茶风俗盛行，茶成为国饮，陆羽《茶经》制定标准，是世界上最早的茶学专著，对中国茶文化产生深远的影响。

盛行 ◆ **宋元（960-1368年）**

从传统的紧压茶类，逐步改为生产末茶、散茶。茶饮活动进入了活跃时代，开始出现许多茶馆文化，种茶、制茶、点茶技艺精进。

变革 ◆ **明清（1368-1911年）**

六大茶类出现，饮茶的步骤也由繁入简，茶叶的生产、销售等经济层面较前朝有相当大的增长，清代是中国茶叶对外贸易空前繁荣的时期。

争鸣 ◆ **民国到现代（1912年至今）**

中国茶叶进入了从传统茶叶向现代茶叶发展的时期，增加茶叶产量，提高茶叶产品质量，名优茶大比重逐年上升。

茶叶发展史图示

1

黄金茶叶的起源

第一章

茶叶起源之谜

茶树，作为植物的一个物种存在，或许已经有上千万年之久甚至更加久远。据中国古茶树权威虞富莲教授考证，从贵州省出土的古茶树化石，距今已有数百万年，但是茶叶作为饮品出现的时间相对较短。从有文字记载以来，关于茶的传说也比较多，但是茶叶究竟起源于什么时候，就像很多无法考证的历史遗迹一样，今天无论是谁都无法说得清楚，仅从文献上看，各种说法都有，有神农氏说、商周说、西汉说，茶的发源地是中国南方地区（四川说等，江浙河姆渡遗址也有茶树出土，《茶经》中也有川东鄂西说），可以确定汉朝之后饮茶基本成为社会风尚，汉宣帝年间（前73—前49年）蜀人王褒所著的作品中，内有“武阳实茶”及“烹茶器具”之句，这就说明不晚于汉代中国制茶已蔚然成风。

一、茶叶究竟是从什么时候起源的?

茶叶究竟是从什么时候起源的?

相信很多人的答案会是茶起源自神农氏，但是这不过是中国历史上各种美丽的神话故事中的一个罢了。事实上一直到今天为止，有关茶叶起源的话题都是业界争论的焦点，由于缺少足够的证据和逻辑链，所以谁都说不清楚。大多数人以陆羽在《茶经》里所说的“茶之为饮，发乎神农氏”作为神农氏发现茶叶的依据，以至于众人笃信这个观点，从而成为茶叶最早的起源证据，也因此编出了很多有关茶叶的神鬼故事和传说。

茶叶究竟是不是神农氏发现的?陆羽在《茶经》中所说“茶之为饮，发乎于神农氏”的依据，其实来自成书于东汉时期的《神农本草经》，其中提到了“神农尝百草，一日遇七十二毒，得茶而解之”。但是，这一段话至今还存在很大的争议。

这还真是一个玄之又玄的谜。如果说是，实在找不到任何相应的证据;如果说不是，却被口口相传了几千年。在没有文字的时代，口传的历史也是历史，所以我们只能将这种口传的历史作为一个假定的存在。但是，文史研究必须有严谨的证据链，在既没有记载也没有任何物证的前提下，我们只能将其作为一个假定或者有待商榷的推断。这个问题的核心在于，在远古的历史中究竟有没有神农氏这个人?

如果我们真的遵从陆羽所说茶叶是“发乎神农氏”的话，可能就会距离茶叶起源的真相越来越遥远，因为无论在百家争鸣的春秋时代，还是西汉初司马迁的《史记》中，都没有神农氏与茶叶之间关系的任何记载，所以陆羽的说法理应受到质疑。从现有的文献来看，比较早提到神农氏的，是《竹书纪年》，对其做了一个简单描述:“炎帝神农氏，其初国伊，继国耆，合称又名伊耆氏。”其中并没有提到他与茶叶的只言片语，而在此之前几乎没有任何史料提到过这个人。

关于神农氏这个人物，一直到了东汉时期才出现各种记载。包括《帝王世纪》在内，才算正式有了对神农氏这个人物的形象描述，而且还是以妖魔的长相推出来："炎帝，神农氏，姜姓也。母曰任姒，有蟜氏女登。为少典妃，游华阳，有神龙首感生。炎帝人身牛首，长于姜水，有圣德。"再加上流传至今的《神农本草经》，无论形象还是著作，其实都与神农氏这个人相差千里。所以，我们有理由相信，神农氏是东汉以后才逐渐被竖起，到唐朝又被陆羽炮制出的这么一位"茶祖"，经过日后广泛流传，最终几乎被所有人认同，从而将神农氏捧上了茶祖的神坛。

二、神农氏的茶祖身份从"阿希从众实验"而来

从古至今，或者从中国到世界，一旦有人被推上神坛，就很难再受到否认，即便有人质疑，也很快就会被众多的声音压制下去，而这种行为通常被称为"从众心理"。

1956年8月，美国心理学家阿希做了一个著名的实验，被称为"阿希从众实验"（*Asch Conformity Experiments*），这个实验主要针对人们的从众现象和具体表现。所谓的"从众心理"，是指个体对社会群体压力的屈从性服从。当群体的意见以群体压力的形式表现出来，并引起个体认识的不一致，亦即个体的意见同群体的意见发生冲突时，个体的评价、意见和行为因为受到环境的影响，而不得不服从群体的意见。比如，在"阿希从众实验"过程中，当被试者意识到自己看到的与他人不同，但认为多数人总比自己正确时，心理便会发生扭曲，瞬间就会对自己的正确判断产生怀疑。今天，人们的这种从众心理表现在方方面面，最典型的实例便是通过媒体所进行的形形色色的炒作。

由此可以断定，神农氏的"茶祖"身份经过被奉为"茶圣"的陆羽亲自"考

证”，并且得到了后世很多人的认同，因而也就没有了质疑。这极有可能就是“阿希从众实验”的一个典型案例。

茶树，作为植物的一个物种存在，或许已经有上万年之久，甚至更加久远，据中国古茶树权威虞富莲教授考证，从贵州省出土的古茶树化石，距今已有数百万年，但是茶叶作为饮品出现的时间相对较短。

从有文字记载以来，关于茶的传说也比较多，但是茶叶究竟起源于什么时候，就像很多无法考证的历史遗迹一样，今天无论是谁都无法说得清楚，仅从文献上看，各种说法都有，有西周说、秦汉说（神话传说不算）等。茶的发源地在中国南方地区（四川说等，江浙河姆渡遗址也有茶树出土，《茶经》也有川东鄂西说），可以确定汉朝之后饮茶基本成为社会风尚，汉宣帝年间（前73—前49年）蜀人王褒所著的作品中，内有“武阳买茶”及“烹茶器具”之句，这就说明不晚于汉代中国制茶已蔚然成风。

三、巴人迁徙史与茶的关系

秦汉以后的记载就比较多了，比如司马相如称为“荈诧”、扬雄称为“蔎”，《尔雅》称为“槚”，《诗经》称为“荼”，甚至还有更早时期的记载。东晋常璩撰写的《华阳国志·巴志》中有这样记载：“周武王伐纣，实得巴、蜀之师，著乎《尚书》……武王既克殷，以其宗姬于巴……鱼、盐、铜、铁、丹、漆、茶、蜜……皆纳贡之。其果实之珍者：树有荔枝……园有芳蒻、香茗。”《周礼》记载，西周宫廷里就已经有了“掌茶官”的设置，说明这时已经有了“茶事国礼”，代表了历史上早期的“茗饮之事”——然而，可以肯定地说，上述这些称谓并不一定把茶叶当作一种单一饮品，仅能够证明茶叶这个物种的存在，却无法证明起源的具体时间和地点。

如果按照《华阳国志》中的记载足可以认定，在武王伐纣前，巴人就已经有了茶。但这只是一个说法，却没有实际的物证，只能以此假定其存在的大致时间。而根据1976年在陕西临潼出土的“西周利簋”记录了“武王伐纣”的具体时间，约为公元前1044年，这印证了《华阳国志》中“鱼、盐、铜、铁、丹、漆、茶、蜜……皆纳贡之”的记载，或可间接证明茶出自巴地。

古代的巴地与后来所说的“巴蜀”并非一个概念，巴和蜀本来就是两个完全不同的族群，两者不可混为一谈，而巴人的历史文化则更加久远。

上古时代的巴国，活动范围大约在今天四川省到陕西汉中一带，其文明程度可能要远远高于同一时期的中原，就像今天广汉地区著名的“三星堆”及其文化遗脉究竟来自哪里一样，曾经引起很大的争议，却始终是一个千古之谜。

《华阳国志》中，把古代巴国描述得很具体：

其地东至鱼复（今奉节），西至僰道（今宜宾），北接汉中（今汉中），南极黔涪（今湘西、鄂西）。土植五谷，牲具六畜。桑、蚕、麻、纻、鱼、盐、铜、铁、丹、漆、茶、蜜……

1929年4月，四川广汉农民燕道诚在自家地里劳作的时候，偶然发现了一坑玉石器，其中有圭、璧、琮、玉圈、石珠等，共有300多件。1931年春，英国传教士董笃宜收到消息，找到当地驻军帮忙保护和调查，通过多方打探，找到了燕道诚发现玉器的地方，斩获颇丰，并将收集到的部分玉石器交给当时的华西大学博物馆保管。根据董笃宜提供的线索，华西大学博物馆馆长葛维汉和助理林名钧于1934年春天组成考古队，由于受到当时的考古环境和资金等因素的制约，葛氏的考古队只在燕道诚所发掘玉器的周围进行了为期十天的发掘，共出土文物600多件。根据这些出土文物，考古队得出了一个草率的结论，这是一座普通的汉代古墓。

在葛氏得出这个结论以后，虽然还有其他队伍陆续来到此地进行考古研究，但都没有新的收获，仍然延续了葛氏的“汉代古墓”说法。一直到半个世纪后的1986年，国内的考古学家对这个汉墓进行了重新勘探，竟意外地发现了此地藏有一个惊天的秘密，原来这是一座伪汉墓，在汉墓之下竟然掩埋着一个上古时代的惊世遗迹！

考古学家们在三星堆遗址中发现了许多的青铜制品，当然还有不少的玉器和黄金器具，它们大多制作于3000年到5000年前。按照时间推算，这些器具属于商代以及商代以前的遗物，但是这里的青铜器和出土的商朝青铜器有着天壤之别，特别是没有甲骨文的存在。

通过遗址所出土的青铜器，我们不难看出，远在4800年前，这里的文明已经高度发达，无论从时间还是从出土的文物推论，都与古埃及的塔萨文化时期比较接近，所以，其文明程度甚至已经高到了中原文明不能与之相提并论的地步！

三星堆遗址和今天的茶一样，它们究竟是怎样出现在我们的生活中的？两者之间究竟有没有必然联系？其中的秘密至今我们还没有办法进行揭示。

四、汉景帝陵的茶叶标本

那么，茶叶是否也是这一历史时期的文明产物呢？

我们可以由此做一个大胆的假定，茶叶的生长环境在北纬30度周围区域，如果以汉阳陵出土茶作为一个参照物，以当时的运力为生产半径，大致可以断定其生产地在今天的陕西省安康地区，这里亦为古代巴人的聚居区，而这一点恰与《华阳国志》的记载相吻合。明末清初大学问家顾炎武在《日知录》中明确指出：“自秦人取蜀而后，始有茗饮之事。”也就是说，中国乃至世界，是在秦人占领了巴蜀之后才有了喝茶的习惯。

而顾氏的说法只印证了茶叶源自巴地，但是没有说明起源。

当代的史学观一般可分为三个范畴，即理科系统的历史学、文科系统的历史学和历史演义小说。如果仅站在扩大“知识疆域”这个固定意义上来说，三者之间没有绝对的优劣之分，但是其根本上的区别则很明显。

所谓理科系统的历史学，是指基于原始史料所展开的精密论证，并且必须经得起其他人的验证推敲，也就是说，要经得起理工科经常说的“二次实验”的历史学学术论著。但是，由于前近代的除了重大事件外的历史，大多是偶然残留下来不成文章的“边角料”所组成，通常缺乏一些必要的甚至是关键的史料佐证，因此，在复原历史的过程中，为了填补这些空白，往往不得不进行一些“推论”。坚持基于学术良心进行历史推论的做法，便是文科系统的历史学，而不负责任的做法则是历史演义或小说。比如金庸的武侠小说，只需要有一个相对正确的历史背景即可，其他都可以随心所欲地按照故事的需要发展，而无须负任何责任。

历史的车轮轰轰隆隆地走过了几千年后，今天，当我们千辛万苦再去追溯茶叶的起源，其难度可想而知。但是如果借助于历史文献和历史事件进行综合分析，就有可能从繁杂的历史尘埃中对真相拨云见日，从琐碎中梳理出可能具有重要价值的线索。

1976年中国社会科学院考古研究所郑振香教授在河南安阳小屯西北主持了殷商时期妇好墓的发掘，从出土的文物中，也许能梳理出一些历史答案的碎片。

被评为当年世界考古十大发现之一的妇好古墓，向世人还原了这位商朝时期战功卓著的女中豪杰传奇历史①。妇好是商王武丁的妃子，也是一位著名的女军事家。殷墟出土的甲骨文中记录了她攻克了周边诸多方国，这在历史上极为罕见。尤其是那场针对鬼方的著名战争，妇好亲率13000多

① 中国社会科学院考古研究所:《殷墟妇好墓》，文物出版社1980年版。

名士兵，将来犯的雅利安人一举击溃，是武丁时期最大规模的一场胜利。这场战争发生的大概位置就在今天的云贵高原的黔涪到陕西汉中一带，而这一地区正是巴人的聚居地区。

从黔涪（今贵州至重庆）到汉中，恰恰是上古时期巴人的祖地，同时也是古代茶叶的发源地。当我们把妇好伐鬼方的战争和巴人迁徙紧密地联系到一起，还会认为这仅仅是一个巧合吗？

如果我们细究古巴人的迁徙路径，就不难发现一个奇特的现象，从耳熟能详的几个古茶产区，似乎能找到他们的迁徙足迹。比如，除了四川雅安、陕西汉中等古巴人聚集区的茶叶产区外，沿长江流域还有湖北名茶恩施玉露、四川蒙山的蒙顶黄牙、雅安的峨眉毛峰、湘西保靖县的黄金茶以及广西梧州的六堡茶，而这些茶叶的“血统”都与雅安、汉中等古产区非常接近。如果再进一步深入研究这些古老的产茶区，就会发现这些茶产区都是今天土家族的聚居区，而当地的民间传说和有关土家族的形成原因表明，这与当年迁徙至此的古巴人的情况完全相符。

关于巴人迁徙演变为今天土家族的这一说法的出处，较早的依据来自唐周武则天时期史官梁载言所著《十道志》以及同时期著名诗人刘长卿、刘禹锡等作品描述，今亦得官方确认，可以得出一个肯定的答复：今天的土家族人确系由古巴国沿水路向东南方向呈扇形迁徙的巴人。

而古巴人的来历及后来的迁徙时间和迁徙路线，是一个无法破解的谜，始终驻留在历史的天空，虽然推论已经非常接近真相，但是找不到任何依据。他们究竟与著名的三星堆文化有着怎样的关系？这似乎成了无人知晓也无人能解答的历史难题，所留下的，仅仅是各种猜疑。至于古巴人后来又为什么向东南迁徙，也许是因为气候，也许是因为殷商武丁时期战争。也许还有实在无法想象的其他原因导致了他们的迁徙，使他们寻找更适合居住的地方。而古巴人所到达并繁衍生息的地方，又都出现了茶叶，比如湖北恩施的恩施玉露，甚至包括湖北宜昌、重庆秀山等土家族居住地所产的茶，那么这些拥有古老血统的茶，到底与古巴人的迁徙有没有关系？

毕竟历史早已经过去了几千年之久，很多无法解答的难题，只是化作了一粒粒历史长河中的尘埃，始终存在，却从无解答。

也许答案就在妇好与鬼方的那场战争中。正是从这场战争开始及之后的数百年间，导致了原居于此地的古巴人为躲避战祸而沿水系向东南方向迁徙。这个假设如果成立的话，同时也就印证了被尘封了千年之久的茶叶起源之谜！

如果将纬度作为人类界别的话，那么世界人口可分为三大民族：一类是高纬度地区出现的海盗民族，比如欧洲的法兰克人、凯尔特人，以及后来逐渐形成的西班牙、葡萄牙、荷兰等帝国，多是通过海路掠夺以实现快速致富为终极目的。另两类是大致以北纬四十度作为分界线的游牧民族和农耕民族，北纬四十度线以北从甘肃到内蒙古，以及北京的长城以北，古代中原王朝历经了犬戎、匈奴、党项、契丹、女真、蒙古等民族的袭扰。而大致北纬四十度以南则可归类为农耕民族，祖祖辈辈面朝黄土背朝天辛勤劳作。茶叶，便是农耕民族给这个世界的一大贡献。或许正是基于这个原因，科学史专家李约瑟博士曾称赞，茶叶是中国的第五大发明。[①]

北纬三十度及其周边地区存在不少自然奇观，在这一地区，有海拔最高的珠穆朗玛峰（雪面高程 8848.86 米），有海拔最低的马里亚纳海沟（深约 11034 米）；这条纬度上诞生了最早的人类文明，即“两河文明”，以美索不达米亚平原为代表的人类文明发源地，兴修了最早的水利建设，从此人类从狩猎采集进步到了种植农耕，史称“第一次农业革命”；苏美尔人在这里创造了人类最早的文字——楔形文字，酿造了人类史上有独特风味的饮品——啤酒和红酒；当然还有圣贤，如古希腊毕达哥拉斯、苏格拉底，

① 李约瑟：《中国科学技术史》，科学出版社、上海古籍出版社 2008 年版。

以色列的先知们，印度的释迦牟尼，中国的孔子和老子，都诞生在这一纬度及周边地区。

茶，刚好也生长在北纬三十度周围，多数产茶区都分布在这个纬度的周围。比如印度的大吉岭、阿萨姆，斯里兰卡著名的锡兰红茶产区乌瓦、乌达普沙拉瓦，中国四川的蒙山、雅安，安徽的祁门，云南综合产区和福建产区，以及陕茶的核心产区安康、紫阳等地。

如果我们能够客观地把神农氏传说放下，以理性的思维来推断茶叶的发展历程，相对来说比单纯追究茶叶起源简单了许多。当然，这也仅仅是通过各种史料做出的一个推断，因为尚未有足够的证据来证明上古时期的进程记录。无论有没有历史文献记载过神农氏与茶的渊源，那都只是一种说法而已，缺少合理的逻辑自洽。直到汉阳陵出土了茶叶后，我们才证实了茶叶走向流通的大概时间。

迄今为止，现存史料都无法清楚地解答茶的起源，不过，先秦时代尚没有把茶当作主要饮品是确切无疑的。那么，那个时代的主要饮品是什么呢？据《周礼·天官·浆人》记载："浆人掌共王之六饮：水、浆、醴、凉、医、酏。"水，最为普通和基本。浆，是用水煮米时沥出的米汤。醴，就是甜酒。凉，就是冰。医，指酸梅汤，因其能帮助消化，古人认为有医用价值，故称之为"医"。酏，就是饴糖，用水调和冲饮。可见，先秦时期虽然有人饮用茶，但这种最富有诗意与审美情趣的饮料并没有进入主导者的行列。饮茶习俗的风行，是一个渐进的过程。

以司马迁的《史记·平准书》为参考依据，就文景时期的发达经济而言，在物资供应充沛的前提下，种植业必然会出现经济作物，但是依然没有证据能够证实茶叶出现的具体时间。直到1997年6月，随着汉阳陵的大范围深入发掘，一大批随葬品出土，从而揭开了茶叶饮用起源的面纱。

2016年1月7日，中国科学院博士生导师吕厚远等研究人员根据汉阳陵出土的茶叶标本，推算出了茶叶的生长时间，并将这一成果在世界顶级学术期刊——英国的《自然》(*Nature*)所属的《科学报告》(*Scientific Reports*)上发表了题目为“Earliest tea as evidence for one branch of the Silk Road Across the Tibetan Plateau”(《最早的茶叶证据，表明丝绸之路的一条分支曾穿越过青藏高原》)的论文，从而确认了在汉景帝陵第 15 号从葬坑随葬品中发现的植物标本为茶叶。

中国科学院地质与地球物理研究所古生态学科组吕厚远研究员等与国内外同行合作，通过微体化石和生物标志物分析，发现在我国西藏阿里象雄时期和陕西西安汉代考古遗址中出土的腐烂碳化植物为茶叶，其年代分别距今约 1800 年和 2100 年，是目前为止发现的世界上最早的茶叶实物。同时也表明至少在 1800 年前，丝绸之路的一个分支可能穿越青藏高原。这项成果对于研究早期丝绸之路的分布格局，中原与西藏地区文化交流的历史，以及中华茶文化发展、传播的过程等都具有重要的意义。

这项研究是吕厚远研究员继 2005 年在国际著名学术期刊《自然》发表“青海喇家遗址出土 4000 年前世界上最古老的面条”成果后，利用微体古生物学等自然科学新手段，在中国传统文化领域的又一新发现。该工作也得益于陕西省考古研究院、西藏自治区文物部门、中国社会科学院考古所等单位的及时保护、提供重要样品，以及中国科学院大学的杨益民教授完成的生物标志物分析等工作。

虽然吕厚远研究员的这一发现引起了国际茶界的巨大轰动，并且将茶叶作为饮品物证的历史向前推了 200 多年，但论文中并没有茶叶出现具体时间的权威论断，所以茶叶的起源时间依然是个谜。

今天，我们在汉阳陵博物馆能够亲眼见到的这块茶叶标本，虽然在地下沉睡了 2000 多年，且已经出现了石化，但茶叶外形依然清晰可辨，色泽呈黑褐色，芽叶尚能显出春茶的豪绒，叶质肥厚，均衡饱满，外观上和现在的头春茶没有太大的区别。从外形上不难看出，这块具有 2000 多年历史的茶叶标本，当年是经过了人工干预或者是人工栽培的产物。

根据植物学家的介绍，茶叶的无性栽培清朝以后才产生，而此前一直都是使用茶种栽培技术，也就是我们俗称的“菜茶”。按照一株茶树从茶种栽培到可以采摘茶叶的时间为 6 年来推算，如需大面积将茶树驯化并能够有所收获的周期将长达 40 年到 100 多年。

这样的话，我们就有理由相信：从时间上推断，茶叶的出现极有可能与汉初所发生的一个重大历史事件有直接关系。

公元前 200 年，刚刚立国不久的大汉王朝迎来了一场与匈奴之间的战争，这场军事行动险些使年轻的大汉帝国遭遇灭顶之灾，在历史上被称为“白登之围”。这场由匈奴单于冒顿挑起的战事，以汉朝惨败而告终。面对失败的现实，刘邦只得接受了萧何、曹参和张良等人提出的新的政改方案，这就是汉初著名的政治改革“黄老之术”“与民休息”，由此结束了旷日持久的秦末汉初的战争，汉朝全力以赴发展经济。

汉景帝刘启死于公元前 141 年正月，而萧何、曹参、张良等人提出“黄老之术”“与民休息”的实施时间在“白登之围”两年后的公元前 198 年，这中间相隔了将近 60 年，其中包括史上最著名的“文景之治”，而 60 年的时间刚好与茶树人工驯化的周期相吻合，所以我们有理由认为，人工栽培的茶叶就是这段时间的产物，否则，不会将茶叶当作农作物置于汉景帝的陵墓内。

说茶叶从人工驯化到栽培有两个主要依据：第一，按照司马迁在《史记・平准书》中记载，自汉朝推行“黄老之术”“与民休息”后，军队除了必需的卫戍部队外，大多数从军人员都被解散遣返，使农业生产出现了大量的有效劳动力，再加上政府鼓励务农者开荒造田以及老天爷的眷顾，生产规模不断扩大；第二，在经过了著名的“文景之治”后，整个汉朝的生活条件达到了极其富庶的程度，由此带动了其他经济作物的发展。所以有理由相信，茶叶的早期种植大约起源自这个时期。

无论是否能够确定茶叶生产的具体时间，对于汉朝的文景二帝来说，都毫无疑问是这个过程的发现者和见证者。能在汉景帝的墓中出土，说明茶叶在他们的生命里已经不仅仅是一种经济作物，而是一种贡品。无论当时茶叶被当作保健品还是药品，现在看来已经不再重要了，因为茶叶真正发挥作用，是在他们去世以后。

[春秋] 茶具：原始瓷弦纹碗

第二章

茶叶何以影响世界

假如李希霍芬和沙畹不是德国和法国人，而是生活在那个时代的英国人，他们还会把这两条商道用丝绸来命名吗？严谨的德国人和浪漫的法国人大概不会明白，茶叶对于英国的重要性要远远大于丝绸。毫不客气地说，假如没有茶叶，就没有大不列颠及北爱尔兰联合王国的今天！《剑桥英国史》中非常中肯地对中国产的茶叶为英国经济所做出的贡献给予了充分的肯定。如果没有茶叶做背书，英国也就不会发动包括对荷兰、中国等的一系列战争，甚至美国的独立战争也是因为茶叶而起。由此可见茶叶对英国的重要性。

一、丝绸之路与茶叶的隐形关系

公元前 141 年正月，刘启驾崩，享年 48 岁。刘彻继位，次年改年号为建元。

虽然刘彻继位时仅有 16 岁，但是从他当上皇帝的第一天开始，就一直在琢磨如何能彻底解决匈奴的骚扰问题。

匈奴和汉朝，无论是信仰，还是思维及生存方式，都是截然不同的。他们之间的屡次对抗有点像我们经常提到的“修昔底德陷阱”。此说法源自古希腊著名历史学家修昔底德，他认为，当一个崛起的大国与既有的统治霸主竞争时，双方面临的危险多数以战争告终。

匈奴的行为可以说是“修昔底德陷阱”的一个鲜明例证。在冒顿单于以自己的实力征服了东胡，打败了月氏，收复了在秦朝时被汉族占领的上地后，必然要向汉朝开战，以此来证明自己的老大地位。一场“白登之围”让刘邦吃了个大亏，只得通过“和亲”的方式来缓和关系。

刘彻登基后不久，从匈奴俘虏的嘴里听说，月氏人对匈奴充满了仇恨，概因匈奴残暴无度，杀其主辱其民，逼其背井离乡。得到这个消息后，刘彻经过一番思考，决定委派侍郎官张骞出使月氏，欲联手抵御匈奴。

刘彻之所以要派出使臣请外援，有两个原因：其一，此时刚刚登基，虽然已经贵为皇帝，但实权却在他奶奶——窦太后的手里，自己尚处于“名誉皇帝”的位置，不敢造次；其二，由于常年跟随在父皇刘启身边，深知此时的汉朝还不是强大匈奴的对手。如果要一劳永逸地解决匈奴这一大祸害，借助别人的手是最合适不过的方案。这样做的最大好处就是能很好地保全自己的实力，顶多就是多花些钱的事，只需从每年被匈奴讹诈去的金银财宝中拿出一部分给月氏或其他小国，他们一定会手舞足蹈地去为大汉王朝卖命！

张骞就是在这样的情况下受命带领属下 100 多人，在匈奴籍向导堂邑父带领下，带着大量的财富出长安西行进入河西走廊。据司马迁的《史记》和英国著名史学家彼得·弗兰科潘所著《丝绸之路：一部全新的世界史》所记载，张骞出使时携带丝绸、美酒以及各种珠宝等物品出了京城长安。

但是，其中出现了一个问题，如果按照中国科学院博士生导师吕厚远等研究人员于2016年发表在英国《自然》中的论文分析，茶叶早在汉景帝时代就已经广泛种植。但无论是中国的还是国外的书籍史料中，介绍汉景帝时代时都没有提到过茶叶。长时间以来，由于史料未能证明茶叶的出处，让人对这条所谓“丝绸之路”上的商品产生了疑问。关于这条由西汉张骞开辟，并于后来成为影响世界历史的西部商道，中国的专家们很少提到这条道路上的通商物品，只是一味地按照德国人费迪南·冯·李希霍芬(Ferdinand von Richthofen，1833—1905年)的理解，错误地认为中原王朝早期出口的货物只有丝绸。直到今天，包括复旦大学教授葛剑雄先生始终都无法说服自己，当年的李希霍芬对自己的这一定义究竟是哪里来的自信？究竟是从哪里找来的依据？然而，100多年来，中外专家们却坚信这条贸易通道上输出的商品只有丝绸！

客观地说，如果这条道路上对外贸易输出只有丝绸的话，肯定形不成频繁的贸易往来，因为丝绸在西汉初期不仅稀缺，而且产量极其有限，没有任何可能成为丝绸之路上的主要贸易产品。

那么，究竟什么是这条通商路上的主要贸易商品呢？我翻遍了几乎所有史料都没有任何记载，至少在张骞出使西域的时候没有较为具体的文字记载，甚至也从没有提到过所谓的丝绸贸易。直到1877年李希霍芬在《中国——亲身旅行的成果和以之为根据的研究》(*China，Ergebnisse Eigener Reisen*)一书中提到了丝绸之路后，人们似乎才找到了相应的“证据”。

相对比较权威的解读，是英国著名历史学家、牛津大学伍斯特学院高级研究员彼得·弗兰科潘所著《丝绸之路：一部全新的世界史》，该书直截了当地说出了丝绸之路就以丝绸为主要贸易产品，而且依据是司马迁的《史记》。

按照彼得 · 弗兰科潘的理解，向异族贡奉丝绸最早是从刘邦时代开始。一场“白登之围”让刘邦明白了自己到底“能吃几碗干饭”，也知道了匈奴并不是“被上天遗弃的民族”，只好提出“和亲”政策，与匈奴通婚并提供大量贡品，其中包括粮食、美酒和丝绸，以此来保证汉朝这个新兴帝国的安全。

在《丝绸之路：一部全新的世界史》中，彼得·弗兰科潘这样介绍丝绸：丝绸是汉朝最重要的贡品，游牧部落极为看重这种纺织品，因为它质地好、分量轻，铺床做衣都用得上。丝绸同样是一种政治权力和社会地位的象征：拥有那么多的高级绸缎是单于尊贵身份的体现，并将之赏赐予手下侍从。

二、李希霍芬的非单纯动机与鲁迅的洞见

事实上，彼得 · 弗兰科潘的这种说法并没有更多的物证支持，只是作者对李希霍芬的“丝绸构想”过分迷信而已。

这一切或许并非德国人李希霍芬个人作为，还有那个法国人埃玛纽埃尔－爱　德华·沙畹，他们俩在分别命名丝绸之路和海上丝绸之路的时候，很大程度上加入了一些个人因素。比如李希霍芬认定了中国是丝绸的最早输出国，于是就把这条商道以丝绸命名。而沙畹也如出一辙，在李希霍芬的基础上，也想当然地加入了自己的主观臆断，仅仅把丝绸当作一个具有地标性的产品，从而忽略了这条道路原本的贸易属性。大概这就是东西方之间对于事物理解的不同之处，因而使这个错误的理解随着历史的发展而不断叠加，至今已经无法更改。

但就李希霍芬对中国所进行的考察而言，包括为丝绸之路命名，并非出于单纯的动机，其中包含着不可告人的目的和背景原因。1877 年，李希

霍芬就曾经专门提交了一份名为《山东地理环境和矿产资源》的报告，其中强调了青岛地区优越的地理位置，并渲染了可以在胶州湾筑建现代化港口的关键性观点。李希霍芬还建议，应该同时“建设一条与内地衔接的铁路线”。此文为日后著名的“巨野教案”埋下了重要的伏笔。客观地说，李希霍芬当年的所作所为，为日后德国顺利强占胶州湾打下了基础。

1903 年 10 月鲁迅以索子为笔名，在日本东京出版的《浙江潮》月刊第八期发表的《中国地质略论》中说：“支那大陆均蓄石炭，而山西尤盛；然矿业盛衰，首关输运，惟扼胶州，则足制山西之矿业，故分割支那，以先得胶州为第一着。呜呼，今竟何如？毋曰一文弱之地质家，而眼光足迹间，实涵有无量刚劲善战之军队。盖自利氏游历以来，胶州早非我有矣。”

鲁迅文中从山西一眼看到胶州的“利氏”，就是李希霍芬。李希霍芬的这些工作，在退役少校 Herm von Detten（赫尔姆·冯·迪滕）1928 年完成的一份报告中，也得到了部分印证。他认为，这个旅行家“曾赞许地阐述了（青岛）这个港口的天然优点”。这份报告相信，李希霍芬“为德国的强占行动”进行过地理上的指导，包括“优先推荐了”一些地方。

有证据显示，李希霍芬的考察结论后来被德国政府视为是有关中国的“科学的、值得信赖的”基础知识。当德国的强占行为开始出现时，李希霍芬对胶州湾的评价就又被重新提起。典型的例子就是在海军建设顾问弗朗裘斯的研究报告中，曾多次援引了李希霍芬的论述。

之后不知道过了多少年，中国丝绸又和神秘的腓尼基红结合到了一起，包括古埃及的地理学家托勒密及更早时期马里努斯等人不同的解读方式，越发把这段历史搞得扑朔迷离，使丝绸之路与茶叶之间的距离也越来越遥远，以至于到了只字不提的程度，茶叶就此疏离了历史视线。

李希霍芬，德国地理学家、地质学家，从 1868 年到 1872 年，李希霍芬以上海为基地，对清朝 18 个行省中的 13 个进行了地理、地质考察，足迹遍及广东、江西、湖南、浙江、直隶、山西、河南、山东、陕西、甘肃南部、四川等。1877年回国之后，他先后写出并发表了五卷并带有附图的《中国——亲身旅行的成果和以之为根据的研究》。

李希霍芬于1870年到达洛阳，仅仅是通过考察了洛阳南关的丝绸、棉花市场，之后又到达了山陕会馆和关帝庙，便写出了《关于河南及陕西的报告》等著作，其中提出一个观点，就是从洛阳到中亚古城撒马尔罕之间有一条古代商道——而这条古代的商道在他来到中国之前，即便不用他做过多的解释，只要翻阅一下唐宋以前的著作，也都知道这条古道的存在。

从1871年9月到1872年5月，他才对河西走廊一带做了考察和研究，然后就在他的《中国——亲身旅行的成果和以之为根据的研究》一书中，给这条古老的商道加以命名：从这个时候开始，李希霍芬这个外国名字便与中国的丝绸之路紧紧地绑在了一起。

如果从另一个角度来说，假如李希霍芬和沙畹不是德国和法国人，而是生活在那个时代的英国人，他们还会把这两条商道用丝绸来命名吗？严谨的德国人和浪漫的法国人大概不会明白，茶叶对于英国的重要性要远远大于丝绸。毫不客气地说，假如没有茶叶，就没有大不列颠及北爱尔兰联合王国的今天！

三、茶叶影响了英国的工业化进程

这不是危言耸听！这个崛起于17世纪，发展在18世纪，到19世纪就能强盛并称霸世界的国家，从起步开始就和茶叶有着密不可分的关系，茶叶一度是这个国家最重要的财政收入，很难想象，如果没有茶叶，英国的发展会是怎样。就像艾伦·麦克法兰在《绿色黄金》中所说的那样："如果没有茶叶，英国的工业化进程至少要推迟100年！"

这就是英国人对茶叶的态度。艾伦·麦克法兰这句话说得没错，茶叶至少从以下几个方面彻底改变了英国：一是它的药用价值，改善了16世纪以前英伦三岛“脏乱差的环境”；二是获取了高额的收益，如果没有通过茶叶获取的高额收益，以英国当初的国力，不可能在短短的100年中快速发展成为“日不落帝国”。但同样也是因为茶叶，让日后的大不列颠失去了美洲殖民地，正所谓“成也萧何败也萧何”。

《剑桥英国史》非常中肯地对中国产的茶叶为英国经济所做出的贡献给予了充分的肯定。如果没有茶叶做背书，英国也就不会发动包括对荷兰、中国等的一系列战争，甚至美国的独立战争也因茶叶而起。由此可见茶叶对英国的重要性。

直到今天，位于伦敦市中心西南部、著名的海德公园旁边的英国自然历史博物馆达尔文中心，还陈列着17世纪爱尔兰自然历史学家汉斯·斯隆爵士在1689年所收藏的一款从中国来到英国的福建武夷山茶叶标本，编号为857。能把一片小小的树叶置于世界著名的自然历史博物馆中，并且与全球最珍贵的动植物标本平起平坐，足可以见茶叶对英国人的重要性。要知道，那时候在英国，茶叶可不是一般意义上的金贵，一磅（约0.5千克）茶叶的价格高达60到80先令,是最高品质咖啡的10到12倍。所以，我们有理由怀疑，如果李希霍芬和沙畹都是英国人的话，他们还会对这条中国古代的商道冠以“丝绸”之名吗?

遗憾的是，历史绝不可以使用“如果”二字。

张骞经过了三个多月的细致准备，朝廷也为此做了充分考量，除挑选壮士、选择良马外，随从里还选中了匈奴人堂邑父来担当向导和翻译。率领一支由百多人组成的队伍，带着中原王朝精心准备的各种礼品，浩浩荡荡地离开长安，一路向西，首度奔赴西域。

不过，这是一次注定了要经历磨难的出行，可能连张骞自己都想不到，刚刚走出长安还不到一个月，就在陇西这么个小地方折戟，更让人懊丧的是，这是一帮闲着没事出来溜达的匈奴士兵，也许他们的本意是四处看看能不能捡一些荤腥犒赏一下自己，却没想到迎面遇到了风尘仆仆从东土汉朝而来的张骞一行。

就连驻扎在陇西的匈奴右部诸王也为此犯了难，面对这些从东土汉朝来的俘虏，不知该怎么处理才好，想了两天两夜，最后决定派一队士兵把这些俘虏全部押送到匈奴王庭（今内蒙古呼和浩特附近），由军臣单于自己去处理。

黄仁宇在《中国大历史》中曾经描述过匈奴的残忍，“汉军战胜时则对部落之牛羊一网打尽，视作战力匹马。反之游牧民族（匈奴）要能伸手抓住南方汉人，其残酷少恩，也少幸免之处”。

这说明匈奴对汉朝人的残忍程度，尤其到了军臣这一代单于，继位后直接就撕毁了与汉朝的和亲政策，多次举兵对中原帝国进行大规模进犯，可以说对汉朝充满了仇恨。可是问题来了，既然军臣单于痛恨汉朝，在俘虏了张骞等人后，通过他们所携带的物品，已经知道了他此行的目的地是西域。无论张骞等人如何狡辩也都是“铁证如山”，这种行为无论在古代还是现代，一旦在战场上被抓住，都会被认定是间谍，既然如此，军臣单于为什么不杀了他呢？况且，军臣单于在审问他们时质问道：“月氏在吾北，汉何以得往使？吾欲使越，汉肯听我乎？”这话说得已经非常直白，你们汉朝能容忍匈奴人跨过中原去南方的越国吗？言辞当中已经显露杀机！

但是，令人百思不得其解的是，军臣单于居然没有杀他，不仅没有杀他，甚至还给了他一个匈奴女人，在被囚禁的 10 年中两人一起生活，并且生了俩孩子！

究竟是什么原因，能够让匈奴这位杀伐决断，对大汉王朝恨之入骨的军臣单于对张骞网开一面？

2000 多年来，中外史学家都没能给出一个准确的答案，几乎千篇一律地把这个过程一笔带过。

对张骞被羁押 10 年，史料上没有具体记载，细心研读一下公元前

138年到公元前136年之间的史书，包括《史记》《汉书》等在内，几乎都没有提及这段时间内匈奴的行踪，匈奴表现得极其老实，甚至主动在边境上向中原王朝示好。这对于一个张扬且跋扈的游牧民族来说，在这么长的时间里竟然能如此消停，肯定是内部出现了什么问题。

四、匈奴染疫和茶饮作用

究竟匈奴出了什么问题呢？这个问题困扰了我很长时间，我几乎搜罗了所有史料，希望能找到答案，直到在内蒙古大学林幹教授所著《匈奴通史》[①]中，才发现其中一段就是说张骞一行被押解到王庭的时候，严寒旱疫，牲畜大量死亡。

毫无疑问在张骞一行被押解到王庭的时候，匈奴正在流行传染病。至于是什么样的传染病，书中没有做具体说明，这也就给了我们充分的想象空间！

草原游牧民族经常染上的传染性疾病是鼠疫，这往往和他们的生活方式及生存环境有直接关系——事实上一直到今天，当我们置身于草原中间，就会发现周围有非常多的老鼠，鼠洞更是随处可见，无论是内蒙古的呼伦贝尔、科尔沁，还是新疆的巴音布鲁克、那拉提，只要是草原，就是老鼠的天堂。

几乎所有人都知道，老鼠不是什么好东西，常有偷吃人类的粮食等恶行。但是，比起偷粮食，老鼠传播疾病的危害更加严重，甚至到了令人惊悚的地步：鼠疫！

这种烈性传染病曾经在中世纪肆虐欧洲大陆，所到之处哀鸿一片，遍

① 林幹：《匈奴通史》，人民出版社1986年版。

地死人，尸体成堆，欧洲人恐怖惊呼：这是上帝对人类的惩罚！

但是，在瘟疫时有发生的北部草原，究竟是什么原因让杀戮成性的军臣单于对张骞的“间谍”行为网开一面，使张骞等人能逃过军臣单于的屠刀呢？从现有的资料来看，除去“不斩来使”这个规矩外，是否可以合理猜想是因为张骞用随身携带的茶叶，帮助匈奴挡过了这场瘟疫？

这或许也是匈奴人最早接触到茶叶。

茶叶并非仅被当作饮品，也可以被当作药物，煮水服用后对疾病有一定的治疗作用。以令人闻风丧胆的雅典大瘟疫为例，在瘟疫肆虐的时候，一位马其顿御医来到疫区后发现，唯独铁匠没有一例被传染，由此断定高温能够有效控制疫情。在他的号召下，所有活着的人开始在雅典城内放火。熊熊烈火和滚滚浓烟一起，终于拯救了雅典。

而茶叶也同样能产生高温的效果。《史记·匈奴列传》中记载了匈奴人的饮食习惯，多以生或腌制食物为主，对火的应用甚少，而如果以茶叶作为药物，则必须将水煮开方可饮用。

张骞是否就是使用了这个方式解决了匈奴所面临的瘟疫，因此而保住了自己的性命呢？否则的话，即便军臣单于的胸襟再宽阔，岂能饶恕一个将前往敌国密谋的汉朝间谍！

五、张骞西域之行，示茶国礼

汉元光六年（公元前129年），被匈奴流放囚禁了长达10年之久的张骞，终于找到了一个逃脱的机会，扔下了他的匈奴妻子，沿着当初既定的路线，和堂邑父两人从今天的内蒙古一直向西，继续朝月氏国的方向前进。而他当初从长安出发时所带的100多人，被匈奴俘虏后或死或逃或已经成为匈奴的家奴，10年后只剩下他们主仆二人。

今天想来，从张骞身上能够深刻感受到，“不忘初心”绝不是一句简单的口号，而须秉持对国家对人民负责的态度。后世之所以称张骞是“第一个睁开眼睛看世界的中国人”，并非随便说说，而是对他忍辱负重做出的重大贡献的充分肯定。沙俄汉学的奠基人尼基塔·雅科夫列维奇·比丘林于1808年来到中国时，见到张骞开创的那条西部古道，惊叹地说，张骞于西域丝绸之路开通“在中国史的重要性，绝不亚于美洲之发现在欧洲史上的重要性”。

但是，这个过程却令人颇为感慨，结局也更加悲壮。

毕竟经过了10年的软禁生活，西域地区的政治格局已经发生了巨大变化，而这一切，张骞却并不知道。10年前，与月氏敌对的乌孙国在匈奴的唆使和支持下，对月氏发起了进攻，迫使月氏继续向西迁徙，进入了咸海附近的妫水地区，征服了塞种人的大夏国，并在这片土地上建立了新的国家。

张骞心里很清楚，这种逃亡非常危险和艰难，用仓皇出逃来形容他们没有丝毫过分之处，因为他们在逃离匈奴的时候没有带任何行囊，甚至没有食物和水。所要面对的，不仅是渺无人迹的戈壁，还有无法忍受的饥寒交迫。而一路上，间或有野兽出没，那些凶残的狼像幽灵一样伴随于他们的左右，从四周聚拢过来，不时发出一两声瘆人的嚎叫，刺破宁静的夜空，穿过整个大漠，让人充分感受到“鬼哭狼嚎”的凄厉恐怖。在这种情况下，任何人都不会相信他们能走得出大漠。

但是，他们创造了奇迹，不仅走出了大漠，而且走到了今天的新疆。没有人知道，在恶劣的环境和艰险的道路上，他们究竟经受了多少磨难，遭遇了多少险境，化解了多少危机，付出了多大代价！当这一人类伟大的历程得以完成，却无法以常理来解释的时候，我们只能将其归纳为信念，只有信念才能使他没有动摇为汉朝通使月氏的意志和决心。即便是放到今天，又有几人能够借助现代化交通工具完成这一壮举呢？

这是张骞的第一次西域之行，而真正打通这条西部通商古道，则在7年之后。公元前119年张骞第二次出访西域，这次出访的礼品有了明确的记载，“携牛羊万头，汉地树茶，示以国礼，金帛货物价值数千巨万”[1]，因而受到西域诸国的热情接待。而返回时，张骞带回了著名的汗血宝马，以及西域的核桃、葡萄、石榴、蚕豆、苜蓿、大蒜等十几种植物，并逐渐在中原栽培。除上述物品之外，还有龟兹的乐曲和胡琴等乐器，极大地丰富了汉族人民的文化生活。从此以后的数十年间，汉朝与乌孙结亲，并有身毒（今印度）、安息（波斯，今伊朗）、奄蔡（里海、咸海以北）、条支（又称大食，今伊拉克一带）等中、西亚国家都先后派出使臣来到长安，开辟了历史上最光明璀璨的通商贸易之路。

茶叶被当作外交国礼，第一次被文字记载。

---

① 朱自振、沈冬梅：《中国古代茶书集成》，上海文化出版社2010年版。

2

茶叶在中国的兴起与发展

第三章

汉末瘟疫，茶叶的兴起与传播

一场浩劫能使才华横溢的“建安七子”中的5人无一幸免全部罹难，可见这场瘟疫的严重性，绝非《后汉书》轻描淡写的那么寥寥几笔！瘟疫不仅无情地剥夺人类的生命，同时也引起了各地的恐慌，疫情地区的人们纷纷举家逃离，疫情范围又进一步扩大。随着瘟疫的逐渐平息，茶叶能“驱除疠气，促进健康”的传说也就在民间得以流传，并且得到了中原地区民众的广泛认可，从而为后来茶叶成为人们生活的必需品构成了一个准确的依据时间链。然而，煮茶之风从民间生成后逐渐传入士族，再由士族进入皇家，茶叶也由此改变了原来的身份，化身为阶层的象征。

一、汉末大瘟疫

关于茶，我们经常挂在嘴边的一句话是“始于秦汉，兴于唐宋”，但是不知道为什么，中间却缺少了茶叶发展的一个极为重要时代：魏晋时期！

中国历史上一个最重要的拐点发生于东汉末年的那场瘟疫，而茶叶的兴起与传播同样也是因为这场瘟疫。

假设历史可以倒退的话，没有暴发那场令所有人都感到恐怖的瘟疫，说不定东汉这条千疮百孔的破船还能再往前走几步。然而，历史永远只是一条单行道，不允许任何假设的出现！

历史的进程往往具有非常大的偶然性，而这种偶然很大程度上又匪夷所思。在推动历史向前发展的诸多因素中，病菌和病毒是一个关键。

但凡读过历史的人都明白，大多的情况下是由这些看不见摸不着却有着很强破坏力的微生物改变了历史的进程，这些微生物也就是我们所说的病菌和病毒。每次历史进入重大转折的关键时刻，病毒或者病菌通常都起到了巨大的推动作用，这样的例子数不胜数。比如，最具代表性的历史事件便是爆发于公元前431年那场古希腊与斯巴达之间的“伯罗奔尼撒战争”，强大的古希腊由于遭遇了史无前例的大瘟疫，导致人口锐减，尽管战争时战时停持续了27年，最终还是以斯巴达获胜而结束。著名的北宋“靖康之耻”，即1127年女真攻下东京汴梁，掳走徽钦二帝并导致北宋灭亡，其真实原因并非是北宋兵将没有战力，而是在此之前中原地区暴发瘟疫，致大量人口死亡，汴梁周围的城防出现空虚，金兵因此乘虚而入破城得手。天道循环，无独有偶，100多年后的1232年，汴京地区再发瘟疫，在中原地区横行肆虐，从而于两年后的1234年，南宋和蒙古联手顺利灭了女真的大金王朝。

历史一向就是这么波谲云诡，汉末瘟疫同样也是如此。

其实那场瘟疫早就出现了征兆，只不过没有引起足够的重视而已。早在公元208年，著名的“赤壁之战”时那场瘟疫就已经露出过狰狞之相。只不过刚一现身，还没等人们看清其丑陋面孔，就被突如其来的一把大火，烧了曹操大军营地的同时，也将其从船上引到了陆地。于是这个凶残的家伙开始在士兵中肆虐撒野，到了“闻之即亡，无可救药”的地步，令所有将士谈之色变，军中大为恐慌，惶惶不可终日，谁都无法预料明日和瘟疫究竟哪个先到。曹操自认为这是上天对他的惩罚，只能仰天长叹，不得不接受惨败的事实，率兵撤出了这个是非之地，而这个家伙居然随着曹孟德的失败消失得无影无踪。

人们误以为瘟疫就此完结，可是这个令人惊悚的幽灵在偷偷地潜伏了几年后，突然之间死灰复燃，像个蹑手蹑脚的魔兽，鬼鬼祟祟地闯入了公元217年的中原大地，然后便凶相毕露，化身为残暴的凶徒，对无辜的民众痛下黑手，展开了无情的追杀。

这场令人猝不及防的瘟疫从建安二十二年（公元217年），尚在冬季的中华大地蔓延开来。虽然《后汉书》中只记了“献帝建安二十二年，大疫”这短短的十个字，但是，我们从《三国志》及同时期的其他史料中，相对简单地就能够找到许多零碎的但能够相互印证并逻辑自洽的信息。

尽管在历史的记载中，这场瘟疫是被淡化处理了，然而，一个事件在传播过程中，只要有信息的源头，就必然会形成不同方式的证据链，最终与源头事件相吻合。《后汉书》中的这十个字就是一个例子。

那么究竟是什么原因，史料中把如此一场人类的空前大劫难只是轻描淡写一笔带过呢？显然，这段历史被人动过手脚，做了删节。

从浩繁的史料中梳理出一条清晰的线索并不难，那就是在瘟疫暴发的前一年，即建安二十一年（公元216年），曹操被汉献帝封为魏王，而第二年春天就暴发了此次疫情。同时期主要以蜀、吴等地与曹操为敌的文人们，就借着这个机会兴风作浪，妖魔化地四处散播有关曹操与瘟疫关系之类的谣言，以至于后人也跟随当时的谣传将其作为依据记录下来，说曹操挟天子以令诸侯，利用汉献帝的名义壮大自己的实力，然后再把汉献帝一脚踢开，为儿子曹丕篡权夺位打下基础。有人甚至搬出《周易》来指责曹操“德不配位，必有灾殃”，说老天爷实在看不下去他的不仁不义之举，理所当然地遭到天谴。这也等于直接明了地说，第二年所暴发的瘟疫与曹操的人品有直接关系。

这应该就是史料记载不足的主要原因！

但是，如果我们仔细查看“藏匿”于不同史料中的零星证据，给我们还原的，则是一场难以让世人忽视的重大灾难！

二、建安七子与国医圣手张仲景

疫情暴发后，以极快的速度在中原地区蔓延开来。瘟疫像一只看不见的黑手，极其冷酷地剥夺无辜民众的生命，大有见村屠村遇镇灭镇之势，疫病所到之处死人成片，尸体成堆，成千上万条无辜生命死在了瘟疫的肆虐中，无及掩埋，旁边又添新鬼，悲号四起，哀鸿遍野，中原地区“白骨露于野，千里无鸡鸣”的凄惨景象随处可见。大街小巷鲜见生命，家家户户门窗紧闭，老老少少神态冷峻，中原各地变成了一座座毫无生气的死城，就连空气中都弥漫着死亡的气息。无处躲藏的人们，只能任由这个恶魔在中原大地上四处撒野，肆意杀戮一条条无辜的生命。

这场瘟疫到底有多么可怕？亲历者曹植由此写下了著名的《说疫气》一文，惊恐万状地记述了瘟疫的恐怖：

“建安二十二年，疠气流行，家家有僵尸之痛，室室有号泣之悲。或阖门而殪，或覆族而丧。或以为疫者，鬼神所作。夫罹此者，悉被褐茹藿之子，荆室蓬户之人耳！若夫殿处鼎食之家，重貂累蓐之门，若是者鲜焉！此乃阴阳失位，寒暑错时，是故生疫，而愚民悬符厌之，亦可笑也。”

而在第二年，也就是公元 218 年的 2 月 3 日，曹丕曾经给自己老朋友吴质写了一封信（《与吴质书》[①]），也提及了这场空前的大瘟疫。

“昔年疾疫，亲故多离其灾，徐、陈、应、刘，一时俱逝，痛可言邪？昔日游处，行则同舆，止则接席，何曾须臾相失！每至觞酌流行，丝竹并奏，酒酣耳热，仰而赋诗。当此之时，忽然不自知乐也。谓百年己分，长共相保，何图数年之间，零落略尽，言之伤心。

“顷撰其遗文，都为一集。观其姓名，已为鬼录，追思昔游，犹在心目，而此诸子化为粪壤，可复道哉！观古今文人，类不护细行，鲜能以名节自立。而伟长独怀文抱质，恬淡寡欲，有箕山之志，可谓彬彬君子矣。著中论二十余篇，成一家之业，词义典雅，足传于后，此子为不朽矣。德琏常斐然有述作意，才学足以著书，美志不遂，良可痛惜。闲历观诸子之文，对之抆泪，既痛逝者，行自念也。孔璋章表殊健，微为繁富。公干有逸气，但未遒耳，至其五言诗，妙绝当时。元瑜书记翩翩，致足乐也。仲宣独自善于辞赋，惜其体弱，不足起其文，至于所善，古人无以远过也。昔伯牙绝弦于钟期，仲尼覆醢于子路，愍知音之难遇，伤门人之莫逮也。诸子但为未及古人，自一时之俊也，今之存者已不逮矣。后生可畏，来者难诬，然吾与足下不及见也。”

曹丕在信中以沉痛的语气说，建安二十二年流行疾疫，亲戚朋友多数遭受不幸，徐干、陈琳、应玚、刘桢相继都去世，我内心的悲痛无法用言语表达。我以为咱们几个都能长寿且长久地相互陪伴，怎想到数年间，这些好友相继去世。追想过去交往相好的日子还历历在目，而这些好友都已

---

① 选自《昭明文选》卷四十二，中华书局，1997 年版。

死去化为尘土。

曹丕在这封信中所提到的徐干、陈琳、应玚、刘桢四人，与孔融、阮瑀、王粲并称为叱咤千古文坛的著名“建安七子”，其中除孔融于建安十三年因与曹操政见不合被杀害，阮瑀于建安十七年病逝外，剩下的五位，全部死于建安二十二年初的那场瘟疫。

一场浩劫能使才华横溢的“建安七子”中的5人无一幸免全部罹难，可见这场瘟疫的严重性，绝非《后汉书》轻描淡写的那么寥寥几笔！

瘟疫不仅无情地剥夺人类的生命，同时也引起了各地的恐慌，疫情地区的人们纷纷举家逃离，疫情范围又进一步扩大。由于管控措施不到位，感染源随着人们的迁居而四处散播，到处蔓延，因此很快就波及整个中原地区，就像曹植所说“家家有僵尸之痛，室室有号泣之悲”。

那么这场瘟疫究竟死了多少人呢？

据专家考证，在这场史无前例的汉末大瘟疫中，除去因为战乱而导致的非正常人口减员外，总共造成了至少3000万人死亡，汉末乱世后人口仅剩1000余万的估算是已经考虑到人口隐匿的结果，实际上西晋建立前夕全中国在册户口仅有440万人！而造成这个严重后果的罪魁祸首，首先是连绵不绝的战争，之后便是肆虐的瘟疫。由于战争造成了大量人口死亡，人畜尸体得不到及时掩埋，腐烂后更是助长了瘟疫的蔓延，以至于这场大瘟疫绵延数十年不休。

这场瘟疫所造成的影响实在太大，即便过了200多年，南朝宋历史学家裴松之在重温这场瘟疫的时候，仍然显得心有余悸：“自中原酷乱，至于建安，数十年间生民殆尽，比至小康，皆百死之余耳。”

汉末大瘟疫从公元217年起，到285年结束，前后断断续续长达60多年，在瘟疫暴发的过程中，先后更替了东汉、曹魏到西晋三个不同的朝代，虽然被当时的“国医圣手”张仲景定名为“伤寒”，但此伤寒与后来医学所认定的伤寒并不是一回事，只是对瘟疫一个广义上的认定，因为张仲景在此所说的“伤寒”，极有可能是包括了霍乱、鼠疫、天花等传染疾病在内的一个总称谓。这期间虽然张仲景提出了医治方案，并写出了10卷22篇、方计113首、用药82种的《伤寒杂病论》，一度使疠气有所缓解，但是仍然不能从根本上解决问题，就连张仲景家族也不能幸免，在此次瘟疫中先后有200多人罹难。

三、煮茶风行始于防疫

“有病乱投医”是中国人的一个传统观念，一旦身患病症，就会搜肠刮肚绞尽脑汁不顾一切地想办法进行治疗，在疫情蔓延的时期更是如此。茶叶，显然和后来的蒸馏酒、咖啡、可口可乐一样，出现之初被人视为药品。现在已经无法知道究竟是谁，在当时想起了刚被曹操处死的名医华佗曾经在他的专著《食论》中说过：

“苦茶久食，益意思。日尽饮之，无（病）侵之虞。”

这是关于茶叶具有药用功效的首次正式记载。

当华佗的这个说法被传开以后，就像绝地中突然燃起的一缕希望，几乎所有人都把目光对准了茶叶，使茶叶更加成为一种救命的稻草，把摆脱疠气拯救自己都寄托在了茶叶身上，所以，人们费尽周折，都在千方百计地要搞到茶叶，而茶叶的种植也在这一时期得到空前的发展。

《广雅》成书于三国时期，是一本字典类的书，对这一时期的民生有一个比较完整的记录。其中谈到茶叶，做了这样的解释：“荆、巴间采叶作饼，叶老者，饼成以米膏出之。欲煮茗饮，先炙令赤色，捣末置瓷器中，以汤浇，覆之，用葱、姜、橘子芼之。”

这个记载为我们撕开了一条历史的缝隙，从而得以窥探汉末三国乃至魏晋时期的饮茶方式。

在近代著名书目专家丁福保先生所编撰的《鲍照集校注》中，记载了南朝时期著名文学家鲍照描述汉末“饮茶防疠”的境况：“户户煮茶，人人饮之。”并且命他的妹妹、女文学家鲍令晖写下了脍炙人口的《香茗赋集》，以此赞誉茶叶在抗疠过程中所起到的重要作用。

随着瘟疫的逐渐平息，茶叶能“驱除疠气，促进健康”的传说也在民间得以流传，并且得到了中原地区民众的广泛认可，从而为后来茶叶成为人们生活的必需品构成了一个准确的依据时间链。

然而，煮茶之风从民间生成后逐渐传入士族，再由士族进入皇家，茶叶由此便改变了原来的身份，化身为阶层的象征。无论中外抑或古今，任何物品只要进入贵族阶层后，必然要与平民百姓有不同之处，以显示自己的尊贵地位，茶叶亦是如此。

把茶叶和肉豆蔻、胡椒等当时极为名贵的香料一起煮饮，是中原王朝士族阶层的一大发明，也使得饮茶成为一种底层人民不敢问津的高端奢侈消费。而介于平民与贵族之间的，则是文人的饮茶方式。自古以来，文人的风格一向特立独行，举止既不等同平民，也不囿于世家贵族，就像魏晋时期的饮茶，文人同样如此，独特地创立了“清茶”——不加入任何调料，只是“慢煮细烹，虽苦却郁”，从而显示出文人不一样的调性。这种个性鲜明的饮茶方式，在文人雅士中居然得到了追捧，但凡文人相聚，必清饮一盏。

饮茶之习在魏晋时期已经蔚然成风，宋代大文豪欧阳修在《集古录跋尾》一文中说：“茶载前史，自魏晋以来有之。而后世言茶者，必本鸿渐。盖为茶著书，自羽始也。至今俚俗卖茶肆中，多置一瓷偶人，云是陆鸿渐，至饮茶客稀，则以茶沃此偶人，祝其利市，其以茶自名久已。”

从公元1世纪或者更早之前就已经开始，中国的茶叶就像同时代罗马人的胡椒一样，具有极其神圣的地位。今天看上去不怎么当回事的胡椒，在古罗马帝国时代，是一种能够象征身份的奢侈品，除了其食品价值外，更重要的是胡椒的药用属性，有如今天阿司匹林的作用，人们认为它是治疗各种疼痛及众多症状的灵丹妙药。

四、饮茶之习乃身份的象征

而同一时期中国的茶叶也是如此，具有药用属性，因而文献中所记载的茶叶具有驱寒、利尿、促进消化、排气、缓解疲劳和明目的作用。但是，在那个时代，茶叶的产量非常稀少，如果再配以名贵香料，更加超乎普通人的想象，虽然名为煮茶饮用，可事实上茶叶只是一个徒有其名的陪衬。至于好喝与否已不再重要，能饮得起这种茶叶的，以皇家为主，其他则为非富即贵的士族阶层，绝非能进入平民百姓之家。

《吴志》中所记载，吴王孙皓宴请臣子，每人饮酒七升，唯韦曜不胜酒力，孙皓命人偷偷为其换为茶饮，所喝的便是这种经过香料所煮的茶。所以看似简单的茶叶，在这个时候已经转变为阶级的象征，再进一步成为贵族的专属符号，并且逐渐引起了游牧民族的注意。

由于茶叶消费剧增，各地种茶之风也蔓延开来，尤其是长江中下游地区，茶叶随着巴人的迁徙也到达这里，并在此得以发展。以《荆州土地记》为证，“武陵七县通出茶，最好”。以此说明巴蜀地区独冠茶叶霸主的时代已经成为过去，同时也印证了随着巴人的迁徙，茶叶已经在武陵地区得到广泛种植。

从另一个方面来说，也正是因为这一片小小的树叶，为日后的政治动荡乃至西晋王朝的灭亡埋下了祸根！

真正使茶叶走向贸易流通乃至成为游牧民族的战备物资，则是在过了上百年以后，尤其是在公元 285 年暴发于洛阳的那次瘟疫中，再度出现家家户户都在熬制茶叶的庞大场面，引起了匈奴、鲜卑等游牧民族的高度关注，通过匈奴的一场灭晋战争作为传播媒介，连同中原地区的煮茶方式和器具一起，经由中原向西传到了游牧民族，通过西部的游牧民族得以广泛传播。

第四章

五胡乱华或为茶叶史上的分水岭

“五胡乱华”的罪魁祸首是匈奴，而他们长驱直入，以极为野蛮的手段向中原王朝大开杀戒的原因，很大一部分是茶叶的供应！由于茶叶在汉末大瘟疫中起到了巨大的作用，从而引起了以匈奴为代表的游牧民族的高度注意，多次派出使臣前往中原，与朝廷官员进行协商，要求能在两地的榷场（交易市场）中增加茶叶的交易数量。

一、皇位之争与八王之乱

自从历史走进了西晋，尤其是经过了汉末大瘟疫以后，茶叶从民间到士大夫再到皇室，逐渐地形成了一种风尚。特别是晋武帝司马炎推出的新政“太康之治”，在很短的时间里就取得了显著成效，使国力得到快速提升，百姓获得了短暂的和平稳定，经济发展得到持续增长。

然而，随着“太平盛世”的到来，奢靡、攀比之风在晋朝盛行，社会浮夸到了极点，炫富斗富的故事层出不穷，最著名的当数石崇王恺斗富（与今日炫富何其相像）。这些故事为我们展现了一个士族的“两化”社会，即享乐化与流氓化，为日后西晋的亡国埋下了伏笔，文人士大夫阶层的腐化最终成为压垮王朝的最后那根稻草——无论怎么说，“太康之治”以后，由于士大夫贪图享乐与苟且同行，是带动王朝堕落的主要因素之一，因为他们的腐化，整个社会从道德沦丧走向彻底沦落也就成了一个必然结果。由此而造成的后果在不久就得以显现——这就是著名的“五胡乱华”。史上几乎对五胡乱华都一言以蔽之，那是因为文人士族的“糜血引胡屠”。这些胡人进犯乃至无情杀戮，说实话是由士大夫们自己招来的，甚至是他们所豢养，所以无论从哪个层面上讲，很大程度上都是他们咎由自取，只是可怜了那些无辜的百姓！

短命的西晋王朝从司马炎死后，危机便暴露出来。因为皇位之争而引发“八王之乱”，司马家族内部杀得昏天黑地，中原大地旋即堕入中华历史上长达近三个世纪最混乱、最黑暗、最残暴、最血腥的厮杀战乱之中。与几乎同一时期的欧洲一样，因为罗马帝国的灭亡，整个欧洲陷入了长达千年的中世纪黑暗岁月。

所谓八王之乱，起初是皇后贾南风和皇帝司马衷与皇太后杨芷的杨氏外戚之间的摩擦，结果贾南风串通汝南王司马亮和楚王司马玮，打着“清君侧”的旗号带兵进入京城洛阳，捕杀太后杨芷及杨氏外戚集团。之后，贾南风施出毒计，又将司马玮和司马亮等除掉，把持了朝政。在赵王司马伦的挑拨下，贾南风废掉并杀死了太子司马遹，司马伦联合齐王司马冏以替太子复仇的名义，剪除了贾南风，并逼迫皇帝司马衷退位，司马伦当上了皇帝，结果引起了齐王司马冏、河间王司马颙、成都王司马颖联合长沙王司马乂讨伐司马伦，将司马伦赶下皇位，并清除了他的所有党羽，司马衷复位，不过是由司马冏辅政。但是成都王司马颖又不干了，又和河间王司马颙沆瀣一气，杀了司马冏一个回马枪，长沙王司马乂在洛阳接应，于是司马冏成了倒霉鬼，轮到司马乂主持朝政。303 年，成都王司马颖再度起兵，包围了京城洛阳，逼迫司马乂投降，司马乂被杀，司马颖走到前台，命令晋惠帝司马衷立自己为皇太弟，河间王司马颙为太宰，东海王司马越为尚书令。宫廷将领陈轸挟持司马衷讨伐司马颖等，迫使司马越逃回山东。司马越的弟弟司马腾趁机雇用了乌桓鲜卑等异族武装返回头来征讨司马颖。这一通折腾，司马衷哪里能禁得住，于公元 307 年一命呜呼。豫章王司马炽继位，是为晋怀帝，司马越摄政，八王之乱就此结束。

二、五胡乱华与茶叶供应

够乱吧？但这才刚刚开始！

由司马氏皇族之间所闹出的八王之乱，使中原王朝所有的精锐都在自相残杀中消耗殆尽，而刚刚恢复的经济也随着战祸的蔓延而彻底倾覆，百姓刚刚平静下来的生活再度被打破。在这种情况下，在两汉时期被打服归顺的胡人蛮夷，瞅准了机会纷纷起兵造反，使中原进入了中华历史上最黑暗的时期！

由于臭名昭著的八王之乱爆发，继而就爆发了“五胡乱华”，先有氐人在巴蜀叛乱，后有匈奴、羯人起兵反晋，致使黄河流域陷入大混乱之中，西晋短暂的和平即刻遭到粉碎，继而胡人铁蹄踏入中原，在中原大地上制造了一起又一起人神共愤的种族灭绝屠杀，史称“五胡乱华”。匈奴、羯人所到之处寸草不生，昨日人间顷刻变为地狱，曾经良田即刻化作荒芜，无论人畜均惨遭匈奴与羯人以极其野蛮的手段屠杀，中原大地鲜有人迹，死尸遍地野鬼林立，再现“百里无人烟，千里无鸡鸣”的凄惨景象。

“五胡乱华”，又被称作“五胡十六国”，是中国历史上一段大分裂时期，同时也是一个各民族大融合时期，大致的时间从公元304年李雄和匈奴刘渊分别在蜀地建立成国（成汉）、在中原建立汉赵（后称前赵）时起，至439年北魏拓跋焘（太武帝）灭北凉为止。这一特殊时期内，中原疆域内的江南、荆湘地区由东晋控制，而北方和西南则先后建立了20多个国家，“五胡十六国”因北魏末年的史官崔鸿私下撰写的《十六国春秋》而得名。据宋元之际史学家胡三省在《资治通鉴》注中，对当时“五胡”做出的准确解释为，胡（匈奴）、羯人、鲜卑、氐族和羌族。而十六国则是成汉、汉赵（前赵）、后赵、前凉、北凉、西凉、后凉、南凉、前燕、后燕、南燕、北燕、夏、前秦、西秦、后秦十六个实力强大的异族国家，故被统称为十六国。当然，这还不包括上述十六国之外汉人冉闵在河南安阳建立的冉魏、丁零翟辽在河南浚县建立的翟魏、武都氐人杨茂搜在甘肃一带建立的仇池国、鲜卑慕容泓在山西长子建立的西燕、汉人谯纵在成都所建的谯蜀、鲜卑拓跋氏建立的代及北魏等政权，总计先后建立了20多个政权。

毫无异议地说，“五胡乱华”的罪魁祸首是匈奴，而他们长驱直入，以极为野蛮的手段向中原王朝大开杀戒的原因，很大一部分是茶叶的供应！

由于茶叶在汉末大瘟疫中起到了巨大的作用，从而引起了以匈奴为代表的游牧民族的高度注意，多次派出使臣前往中原，与朝廷官员进行协商，要求能在两地的榷场中增加茶叶的交易数量。虽然中原王朝上下都瞧不起这些野蛮部族，可是为了安抚他们的情绪，只能派出官员进行应付，表面上答应了他们的要求，实际上压根就没有提供茶叶的打算。毕竟茶叶的种植要求很高，所以产量不大，而且多是要看天吃饭，谁都不敢保证当年的产量，再加之饮茶已经从民间传到了贵族阶层，并且成为一种趋之若鹜的时尚，导致中原本地供应非常紧张。在这种情况下，更不可能满足游牧民族提出的供应要求。

多次接洽均无下文，致使匈奴怒不可遏。公元 304 年，匈奴王刘渊借中原八王之乱之际，在今山西省吕梁市离石区聚集了麾下匈奴部族和羯人，拜三国蜀国后主刘禅为孝怀皇帝，设置汉高祖刘邦以下三祖五宗神位以拜祭，打出“匡扶汉室”的旗号起兵反叛。几乎与此同时，居于四川的氐人李特、李雄父子也在公元 303 年发动流民起义，举兵攻打成都。

三、若问古今兴废事，请君只看洛阳城

公元 311 年 6 月 1 日，匈奴大军在消灭了周围所有的朝廷军队后，向国都洛阳发起了最后的进攻。

洛阳，古称“天中”，“中国”一名即来于此，和今天的河南省洛阳市几无关系。古洛阳城位于今偃师市洛水北岸，西周时期周公旦辅佐周平王时在此修建，初称雒邑。汉朝刘邦初都于此，后听了刘敬的建议，迁至长安。东汉光武帝建武元年（公元 25 年）在此定都，之后一直延续到北魏时期。

从远古时代这里便是政治的中心，历朝历代帝王的必争之地，成事的英雄、落败的枭寇、凶残的外夷和居心叵测的内戚在此竞相表演，你死我活的政治角逐，刀光剑影的权力争斗，骨肉成仇的地位博弈，兄弟反目的朋党对峙，构成了最为腐败的政治体制。具有 1500 年之久历史的洛阳故城，上演了一幕一幕“天下熙熙，皆为利来；天下攘攘，皆为利往”的人性闹剧，用北宋文人司马光的一句诗，即可诠释这座千年古都的血雨腥风：“若问古今兴废事，请君只看洛阳城。”

从东汉之初到西晋之末，走过了286年的洛阳古都，集萃了中华最悠久的文化，接纳了天下最优秀的雅士，远了毋庸赘述，仅西晋当朝的文化就已经盖世无双，名流成群，才子成堆，左思、潘岳、“三张”（张载、张协、张元），随便搬出一个就能震惊九州，裴頠、郭象、“二陆”（陆机、陆云），胡乱点到一位足以轰动四海。可以说，西晋时代文学水平空前提升的主要原因，是有一个相对宽松的政治环境。但是，这些文人只是继承了传统之傲气，却缺少一些风骨，只要司马家族随意撒一把狗粮，就能使天下文人竟折腰，因而走不出书斋和园林，缺失了先秦文人的血气、激情与气节，成为只会在小桥流水间花前月下中手执杯酒高谈阔论的犬儒。

站在洛阳的街头，每一步都是故事，每一眼都是文章，更不要说城门名的深刻寓意。抛开政治不说，只说洛阳的城门，据说故城有13门，从北往南依次为承明门、阊阖门、西阳门、雍门、广阳门、广莫门、建春门、东阳门、青阳门、津阳门、宜阳门、平昌门、开阳门。除了雍门在北魏时期被废弃外，其余各城门都一直延续到隋朝初年。随着杨坚在几十里外另立了今天的洛阳新城，原来的建筑几经沧海，经累年战祸兵燹，早已荡然无存，只在文字中留下一曲白骨森森的历史悲歌。

但是，当文明遭遇野蛮的时候，无论多么辉煌的文化，也将被覆灭。西晋的文明在公元311年6月1日这一天戛然而止。也就是从这一天开始，茶叶也带着浓烈的血腥味道，开始向东西南北传播。

公元311年6月1日，匈奴强兵向洛阳发起了强攻。

从城上射出箭镞的数量来看，守城大将荀崧所指挥的守军抵抗力已经明显减弱，与其说是兵力不足，反倒不如直截了当说守军的心理防线已经土崩瓦解，虽然挂在城楼上的战旗尚在，但是和当时的洛阳城一样破痕累累，无精打采地悬挂在旗杆上。由于仅有的一点兵力都已被司马越的世子司马毗带走且全部被羯胡消灭，洛阳实际成了一座无兵可守的空城，连同几天下来损兵折将不断减员，整个城防工事内仅有不足千人的老弱残兵还在死扛。在没有任何援军的前提下，面对数倍于己的匈奴大军，洛阳城的守军能熬得住一个上午的抵御仍然能保持城池不破，也算是一个奇迹。

尽管全城的男女老少都被调动起来参加守城，他们所有人都面临一个残酷的现实，那就是再也没有可补充的兵力了，甚至就连防御的弓箭等兵器也已所剩不多。所以，守城人们的心里都很清楚，洛阳已危在旦夕，或者说，匈奴大军攻破洛阳只是早一分钟或晚一分钟的问题，因为如纸扎泥捏一般的城墙根本就不可能挡住匈奴的攻击。

然而，城内所发生的里应外合的叛乱更让所有人心惊肉跳。那些被贵族们奴役的匈奴、鲜卑和羯人奴隶们，在这个时候趁机发动了叛乱，手持兵刃成群结伙地冲出家门，见人就杀，见物就抢，使危在旦夕的洛阳雪上加霜。

与城内的绝望相比，城外则是另一幅景象。身披兽皮的羯人几人一组扛着攻城梯站在队伍的最前面，做好了随时要冲到城墙下架设云梯登城的准备，身后是全身披挂骑在马上的匈奴骑兵，他们脸上全都洋溢着志在必得的自信，由数万人的嘴里共同发出震耳欲聋的怪叫声，在洛阳城的上空飘荡，令人毛骨悚然。

在势如破竹的匈奴大军面前，守城的晋军由于兵员枯竭军心早已涣散，导致斗志全无，所以抵抗只是象征性的。刚过午后，呼延晏就攻陷了平昌门，匈奴大军冲进了洛阳城。随后，匈奴的汉人将军王弥也率兵冲进东阳门，比之前的匈奴兵表现得更加野蛮，以超乎想象的残忍手段痛戮同族人民！

城池的陷落如此惊心动魄，混乱与恐慌，随处可见。晋怀帝司马炽闻听城门被破，早已吓得魂不守舍，急忙传令备船，试图从洛水逃走，但为时已晚，如潮水般涌入的匈奴人已经占据了城内的每一个位置。事实上，在宁平城大战时，苟曦就派人带着几十艘船，几百个兵，一千斛粮食迎接天子，迁都仓垣（今属河南开封），但是大臣们脑子不灵光，不愿意离开大城市搬到偏僻小城镇，力劝皇上留在洛阳。荀曦和士兵们只能失望而去。随着救驾的船只离开洛阳，司马炽最后一个救生圈就这样漂向远方。

四、史上最残暴杀戮

杀进洛阳的胡人就像一群野兽，对慌不择路四处奔逃的所有人大肆杀掠，一时间洛阳城内血流成河，无论王公贵族还是士官兵民，数万人皆惨死在匈奴与羯胡的屠刀之下。

公元311年6月1日的洛阳毫无疑问已经变成了一座人间地狱。这个华夏文明和中华民族的主要发源地，此刻正遭遇人类文明史上一次最残暴的杀戮。羯胡人马从各个城门蜂拥而至，沿街追杀争相逃命的民众，那些没有出门的人也未能幸免，无论贵贱，全遭戮杀，婴儿被摔死，男人被当场杀掉，女人则被拖出房门，或辱或奸，然后再行杀戮。有3万多人的洛阳城，顷刻间化为一座除胡人外丝毫没有人息的鬼城，各条街道到处都堆满了汉人的尸体，“血没马膝，如趟泥沼，汉人几无生者”。史书仅用了十四个字，就把洛阳惨绝人寰的杀戮场面描述得令人毛骨悚然，即便历史进入了21世纪后的今天，再重新品读这段话的时候，依然能清晰地感觉到后背阵阵发冷！

匈奴大将刘曜的队伍进城后，直奔皇宫而去，将司马炽没来得及带走的各类宝物洗劫一空，俘获了包括晋惠帝司马衷皇后羊献容在内的所有后宫佳丽，随后一把火将皇宫烧掉。

犹如惊弓之鸟的晋怀帝司马炽，在匈奴入城的那一刻带着太子司马铨及宗室随从乘船从水道逃离洛阳，但是没走出多远就被胡人抓住。除司马炽外，其他人包括太子司马铨和其他司马宗室以及随从的王公贵族全部遭到胡人当场斩杀。

野蛮的匈奴和他们的帮凶羯族一起，在中原地区大肆杀戮，仅用了短短的几年时间就杀死无辜汉人民众 800 多万！

历史将这场人间浩劫称为“永嘉之乱”。唐朝文人房玄龄在写《晋书》的时候，心情沉重满目悲愤地说：

“汉家子弟几欲被数屠殆尽！”

这十一个自带惊叹的文字，像十一把重锤狠狠地敲击我们的心，从字里行间能清晰地感受到房玄龄在写下这句话的时候，心情是怎样沉重、深叹、愤怒和悲恸！

当历史发展到了今天，我们不妨冷静客观深入地探讨，西晋在国力丰厚、物质生活充足的基础上，究竟是什么原因在那么短的时间内就能导致王朝快速覆灭，其中不难发现有以下几个重要因素：贫富悬殊导致的社会矛盾，士族的腐败与颓废导致的民族矛盾，官僚与富贾相互勾结导致的阶级矛盾。正是因为上述矛盾的积累，最终导致了西晋王朝的垮塌，这里只需一句话就能高度概括：追求别人无法达到的穷奢极欲和突破人类思维极限的暴殄天物，并以此作为自己的荣耀和他人追逐的目标！

[清　中早期]　佚名　茶马古道罕见沿线：滇藏茶马古道德钦段马帮常走线路（局部）

第五章

五胡十六国，茶叶西行初露端倪

西晋王朝的覆灭，代表着五胡十六国时期的开始，也代表着茶叶从这时开始向东南西北传播。匈奴毫无疑问把茶叶带去了北方，而鲜卑人则把茶叶带到了西部，以至于后来从鲜卑分离出来的吐谷浑人把茶叶当作了摇钱树，通过贸易手段，将茶叶长途贩运进了吐蕃王国，并且成为其后来立足西部的主要经济来源。

一、谁把饮茶传播出去?

西晋王朝的覆灭，代表着五胡十六国时期的开始，也代表着茶叶从这时开始向东南西北传播。匈奴毫无疑问把茶叶带去了北方，而鲜卑人则把茶叶带到了西部，以至于后来从鲜卑分离出来的吐谷浑人把茶叶当作了摇钱树，通过贸易手段，将茶叶长途贩运进了吐蕃王国，并且成为后来立足西部的主要经济来源。

究竟是谁把饮茶传播出去的呢？这需要从一个女人说起。

这个女人的大名叫羊献容，是中国历史上绝无仅有的“职业皇后”。之所以说她是“职业皇后”，是因为她的一生充满了传奇色彩，先后六次当上皇后，其中有五次被废，最后一次则是在同一时期分别做了两个不同朝代皇帝的老婆。

但是，在男权世界中，能创造传奇的女人都绝非偶然，必须具备几个先决条件，首先要有能看得过去的相貌；其次要有一个绝好的身世，因为只有好的家庭环境才能养成遇事不乱的良好心态；最后要能抓住机会，或者需要具有善于抓住机会的能力。只有具备了上述三条，才能让自己具备成为传奇的资本。

而上述三条，羊献容全部具备。

第一条，先说她的家庭吧。泰山羊家可不是普通家庭，是从东汉经三国再到西晋三个不同时代里极为罕见的显赫世家，她的祖上是大名鼎鼎的东汉高官羊续，而羊续之上祖先七代都曾任二千石级别的公卿或校尉。羊续的祖父羊侵，汉安帝刘祜时期任司隶校尉。羊续之父羊儒，汉桓帝时任太常。羊续因为是忠臣子孙受拜郎中，“悬鱼拒贿”的成语，就是颂扬羊续的清廉美德。

到羊续的儿子，也就是羊献容的太爷爷羊耽，更是一个不得了的人物，而他的侄子羊祜是西晋的开国元勋，他的老婆辛宪英知名度更高，有“名门智女”之称，三国时期颇为知名。但凡读过《三国演义》的人都知道，在第一百零七回《魏主政归司马氏 姜维兵败牛头山》里，罗贯中专门写了一首诗赞颂辛宪英：“为臣食禄当思报，事主临危合尽忠。辛氏宪英曾劝弟，故令千载颂高风。”

有关辛宪英的生平，《晋书·列女传·羊耽妻辛氏传》和曹魏名将夏侯渊之后夏侯湛所著《羊太常辛夫人传》，以及南朝宋史学家裴松之点注《三国志》中，都有辛宪英的大名。

羊献容的爷爷羊瑾，是羊耽与辛宪英嫡生长子，西晋时期任尚书右仆射。及至她父亲羊玄之，此时的羊家已出现颓迹，家道中落，远不如过去那么风光。羊玄之虽然还在朝中为官，只不过沾了世家士族的光，做了一个无职无权且碌碌无为的小小尚书郎而已。适逢八王之乱，司马家族打成一片，各自对阵厮杀，致使朝廷祸起萧墙，民不聊生。

这只是她的家世。出生在这样的家族的女子，毫无疑问都见过大世面，修养、学识、仪表想必差不到哪里去，具备了这些特点，自然也就会自幼养成一个良好的心态，否则，有几个女人能承受得了五立五废并在乱世中险些丧命的压力呢？

第二条，史书上虽然没有明确记载她的长相，不能说她沉鱼落雁，但是能让两任皇帝相继拜倒在她的石榴裙下，也就能说明问题。

第三条，就是机会，而给羊献容腾出这个机会的，却是她的前任皇后贾南风！

只要稍懂魏晋历史的人都知道，导致八王之乱的罪魁祸首是皇后贾南风。

贾南风是西晋开国元勋贾充的女儿，虽然不是像羊献容那样的名门望族，也算是三国魏晋时期的显赫门第，皇帝跟前的心腹红人。曹魏时期，贾充是魏帝身边的心腹，当曹髦喊出“司马昭之心路人皆知矣”这句千古名言时，貌似文气的贾充居然像个血气方刚的青皮，持剑护在曹髦身边。可谁也没想到，这只是他的缓兵之计，表面上是在保护曹髦，却在背后令太子舍人成济趁乱将曹髦杀死，以此博得司马昭的信任，为后来司马炎建立晋朝立下汗马功劳。

贾充原配夫人李婉，漂亮贤淑，在《世说新语注·妇人集》和《隋书经籍志注》都说她“淑美有才行”，但是后来因受到父亲的牵连，沦为庶人，被迫流徙，迫使贾充不得不忍痛与她分开。

与李婉分开后，贾充另娶城阳郡太守郭配之女郭槐。郭槐其人生性妒忌，心胸狭隘，先后两个儿子的乳母因被怀疑与贾充有染而被她逼得含冤屈死，导致两个儿子也先后死去。这让贾充深惧不已，故会经常怀念李婉。

贾充与郭槐之女便是后来改变了中国历史进程的西晋皇后贾南风！

二、“贾南风的皇后之路”

郭槐虽然粗鄙，但能言善辩，通过她能把贾充管束得服服帖帖这一点就不难看出，这个女人还是很有些手段的。

司马炎平定东吴后，国家很快就走向繁荣，对贾充等老臣也就逐渐开始疏离，并通过外调为官的手段将贾充驱离权力核心。曾经与贾充共为曹魏官员的荀勖出了一计，让贾充想办法将女儿嫁给太子司马衷，以换得留在京城的机会。但是贾充知道太子智商不高，没有接言。但是这事被郭槐得知，她便上了心。以她的心思，贾充是否留在都城并不重要，重要的是万一这事成了，自己也就成了皇亲国戚。今天的我们已经无法知道当年的郭槐究竟使用了什么手段，和时任皇后杨艳走动非常密切，并且成功说服了杨艳，在司马炎跟前大吹枕边风，最终贾南风得以嫁给了太子司马衷，风光地成了太子妃。

公元290年，司马炎驾崩，司马衷继位为帝，贾南风被封为皇后。当上了皇后的贾南风，由于和皇太后杨芷的外戚集团矛盾日趋加剧，便与其他诸王密谋将其除掉，从而引发了著名的八王之乱，导致了天下大乱。作为乱世的主要责任人，贾南风最终的下场也好不到哪里去，于公元 300 年 5 月 13 日被司马伦毒杀，殁年 43 岁。

三、羊献容的皇后之路

蔡东藩在《两晋演义》中，对贾南风如此评价："贾后凶暴未足，继以淫黩，中蒿丑声，播闻中外，古今有如是之浊秽，而不至乱且亡者，未之闻也。"

贾南风被处死后，司马伦宠臣孙秀上书"名誉皇帝"司马衷，宫中不可一日无后，由此，这个机会就落在了羊献容的头上。

羊献容之所以能坐上皇后的位置也并不是那么简单，首先她的家世给了她一个先决条件；其次，司马衷被贾南风那张丑陋且跋扈的嘴脸蹂躏了多年，尽管后宫佳丽有很多，却都被贾南风堵在外面，这个可怜的皇帝一个也见不着，所以此番再选皇后，随便一个女子的形象对他来说都貌若天仙，更何况羊献容娇容佳人，形象可人，司马衷肯定会心生欢喜。

如果仅具上述两点，羊献容还远远不具备成为皇后的条件，所以下面一点非常重要。主持司马衷挑选皇后的孙秀，与羊献容外公孙旂是本族近亲，因为有了这层裙带关系，羊献容的皇后之路便"近水楼台先得月"了。

在贾南风被处死的七个月后，也就是公元 300 年的 12 月 4 日（十一月初七），羊献容被晋惠帝司马衷正式册封为皇后。

虽然羊献容一步登天，成为一人之下万人之上的皇后，但是她明白，这种有政治背景的婚姻，往往会务实得连最起码的人之常情都不讲，但这也阻挡不住她厄运的开始，政治斗争的浪潮很快就将她裹挟进去，并在她的周围形成一个接一个的危险旋涡，随时都会把她带入死亡的恐惧之中，因而也就开始了她在中国历史上闻所未闻绝无仅有的过山车般的皇后命运。

这个时期，臭名昭著的八王之乱正闹得如火如荼，从皇室到百姓都遭到了不同程度的祸害，几乎所有人都在诅咒这个乱世。在羊献容刚刚为司马衷生下一个女儿后不久，公元303年，成都王司马颖和河间王司马颙讨伐长沙王司马乂。次年（公元304年）2月17日，司马颖上疏将羊献容废为庶人并幽禁于金墉城（今河南孟津一带）。同年7月3日，东海王司马越起兵征讨司马颖，并恢复了羊献容的皇后位置。然而，好景不长，司马颖麾下大将张方战败司马越后带兵进入洛阳，再次废黜了羊献容，并逼迫司马衷去了长安，随后又再次莫名其妙地恢复了羊献容的皇后身份。

如果以为经过了废、立，再废、再立，羊献容就能够顺利过关，那就太对不起八王之乱这个群魔乱舞的时代了。

就在羊献容又一次恢复身份的几个月后，于公元305年4月，张方再次废掉羊献容。但是，就在同年的11月，立节将军周权自封平西将军，重新再立羊献容为皇后。随后洛阳县令何乔起兵追杀周权，并再次废后。

就这样的被几个武夫说立就立，说废就废，一个将军，甚至一个小小的洛阳县令，都可以轻而易举地把当朝皇后给废掉，可见当时的政局已经混乱到了何种地步！据《晋书》记载，这一次废掉羊献容和前面几次都不太一样，而是动了杀机。河间王司马颙以皇帝司马衷的名义颁布诏书，力述羊献容多次为奸人所立，予以赐死，同时委派尚书田淑前往东台传达谕诏并要求亲自监杀羊献容。

但是，统领东台的司隶校尉刘暾、尚书仆射荀藩和河南尹周馥却抗旨不遵，先后上书为羊献容鸣冤。其中周馥上奏颇为激烈：

“……羊庶人门户残破，废放空宫，门禁峻密，若绝天地，无缘得与奸人构乱。众无智愚，皆谓不然，刑书猥至，罪不值辜，人心一愤，易致兴动。夫杀一人而天下喜悦者，宗庙社稷之福也。今杀一枯穷之人而令天下伤惨，臣惧凶竖乘间，妄生变故。臣忝司京辇，观察众心，实以深忧，宜当含忍。不胜所见，谨密启闻。愿陛下更深与太宰参详，勿令远近疑惑，取谤天下。”

司马颙当即大怒，立刻派出陈颜和吕朗前往捉拿刘暾，结果刘暾提前得到消息，连夜逃往青州。而赐死羊献容一事也就不了了之，算是捡回了一条命。公元 306 年 6 月，东海王司马越带领的鲜卑雇佣军打败了司马颖和司马颙，从而宣告八王之乱结束，之后把晋惠帝司马衷接回洛阳，羊献容也再一次恢复皇后身份。

完了吗？没有！

司马衷被接回洛阳的第二年，也就是公元 307 年 1 月 7 日，这位智力不足，又在祸乱之中受尽凌辱的窝囊皇帝突然驾崩，时年 48 岁。而九死一生的羊献容也随即成了“惠帝皇后”，被继位的晋怀帝司马炽移居到弘训宫。

虽然八王之乱随着成都王司马颖和河间王司马颙的被杀，似乎已经烟消云散，但是也埋下了亡国的祸根，因为更为凶险的“永嘉之乱”随后将至。

自司马衷驾崩后，“惠帝皇后”羊献容独自在弘训宫过了将近 4 年的安定生活。经过了心惊胆战的五废五立，经历了惊心动魄的生死劫难之后，早已心力交瘁，当一切都回归于平静后，什么争权夺利，什么争风吃醋，所有这些凡尘俗世都变成了一片片浮云随风而去，只有好好活着才是羊献容的唯一诉求。没人打扰也就与世无争，虽然茕茕孑立的生活平淡得没有丝毫味道，但总归没有了提心吊胆的生死袭扰，也无须钩心斗角的宫斗，所以日子过得很平淡，内心却很平静，素面朝天不施铅华，过得踏踏实实，读书写字，就像《晋书》中所说“日以烧炭煮茶过活”，也是一种自得其乐的生活方式。

羊献容之所以能在弘训宫里“烧炭煮茶”自娱自乐，这一点应该与她的家世有直接关系。魏晋时期，煮茶已经成为世家一种不可缺少的生活习惯，在名门世家长大的羊献容会煮茶品饮也是一个必然。

然而，就是这么个并不起眼且人人都会的“雕虫小技”，在此后不久，竟然成了羊献容达到人生巅峰的一个最重要的砝码！

就在羊献容逐渐适应了这种安定生活的4年后，爆发了历史上著名的“永嘉之乱”。公元311年，匈奴人突然进犯中原，以摧枯拉朽之势横扫西晋军队，很快打到了洛阳城下。

四、在弘训宫里煮茶

公元311年6月1日，匈奴大将刘曜攻破城门，率兵直奔皇宫。

此时，晋怀帝司马炽早已携带家眷大臣等通过水路逃出皇宫，但是后宫所有人却并不知道匈奴已经破城，直到匈奴虎狼之师突然闯入后宫，这才知道天下变了，顿时惊慌失措乱作一团。

正在弘训宫里煮茶的羊献容虽然已经听到了嘈杂声和哭喊声，但是并未像其他宫女那样惊吓得花容失色，似乎像没有发生任何事一样，仍然专心致志地往炉子里续炭煮茶。直到满脸杀气的刘曜闯进来，她并无半点惊慌，仍然能保持着一脸的沉静，并且不卑不亢地邀请刘曜坐下一起品茶。

可能很多人误以为刘曜非常凶悍残忍，但是，《晋书·刘曜传》中所描述的刘曜却是“读书志于广览，不精思章句，善属文，工草隶。雄武过人”。清代文人袁枚编纂的《随园诗话》中，随宋朝司马光《资治通鉴》和唐人王仁宇《开元天宝遗事》也沿用了这个说法，“刘曜善于属文，工草书隶。自幼聪慧，气度非凡”。

可能正是因为羊献容在煮茶时脸上所流露出的专注沉稳表情，或者是刘曜喝了她煮过的茶后感觉到了与众不同的滋味，总之，这个女人的超常表现给这个杀伐无常的匈奴悍将留下了深刻的印象，使他对这个西晋的前皇后产生了浓厚的兴趣，从这个时刻起，不仅改变了羊献容的命运，也使原本只在中原地区兴盛的茶叶有了新的发展契机。

史书中没有记载羊献容的出生信息，只记录了她崩于公元 322 年。自公元 311 年被刘曜纳为偏房，并得到了刘曜的特别宠爱，接连为刘曜生了三个儿子。通过这一点可以大致断定，当时她年纪不会很大。

公元 318 年，刘曜登基成为皇帝，并于次年立羊献容为皇后，至此，羊献容进入了她人生的高光时刻。房玄龄在《晋书》中说“羊氏内有特宠，外参朝政”。此处说羊献容受到了刘曜的“特宠”，除了被刘曜又一次立为皇后外，还有另外一层意思，就是暗指她有煮茶的技艺，因此深得刘曜的喜欢。 而她的所谓“外参朝政”，在当时正值异族进犯中原的“五胡乱华”的时代背景下，即便她能够被刘曜“集万千宠爱于一身”，但是在一个以匈奴和羯人为主的国体下，作为一个一度被视为“两脚羊”的汉人女子，又能够参什么政呢?

羊献容就这样坐上了前赵皇后的位置，但是如果能巩固她的地位，必然需要一个非常有效的中间体才可以，通过《晋书》的解读，这个中间体毫无疑问就是茶。

因为羊献容把煮茶带入了匈奴部族并逐渐形成了习惯，受到了不同程度的欢迎。在此期间，汉人除了小部分“衣冠南渡”跑到江南以外，大部分遭到了匈奴和羯人以及鲜卑人肆无忌惮的屠杀，印证了房玄龄所说“汉家子弟几欲被数屠殆尽”。在这样的时代背景下，能够和前赵接触比较多的只有鲜卑和氐羌等异族。由于战争的原因，特别是在灭晋战争中，匈奴人像司马越那样雇用了大量的鲜卑人冲锋陷阵，从而使很多鲜卑头领云集于匈奴属地，与刘曜等皇室贵胄往来过密，从时间上推断，鲜卑人也就是在这个时期与茶有了关系，从而也就能够解释后来从鲜卑分裂出来的吐谷浑人在西北地区死死卡住中原通往西部的商道，并通过茶叶来控制中原王朝与吐蕃之间的贸易的原因了。

鲜卑和匈奴、羯、氐、羌等异族同是“五胡乱华”的元凶。余太山著《古族新考》介绍，鲜卑和乌桓原来同属东胡族群中，秦汉时期东胡被匈奴冒顿单于所灭，其中一小部分人分别逃进了大兴安岭的“鲜卑山”和“乌桓山”中，以山名为族名，分别建立了鲜卑和乌桓，经过多年繁衍生息方才出山。三国时期，乌桓被曹操部将张辽团灭，剩余小股势力分别并入汉族和鲜卑。之后，曹操强制性把匈奴人迁至中原地区，原来的属地逐渐被鲜卑人占据。

在混乱的十六国时期，鲜卑人各部落逐渐形成了各自势力，之后的吐谷浑人便是鲜卑慕容部的一支，因内部矛盾导致分离，吐谷浑率部向西迁徙，最终占据了中原通往西域的通商之路，完全控制和垄断了中原与吐蕃的茶叶贸易。

第六章

魏晋南北朝，茶入江南

衣冠南渡不仅把中原的文化带去了南方，同时也把茶叶带了过去。江南地区自古产茶，这一点毋庸置疑，但是这些茶叶的种植范围只涉及今天的江苏、安徽、浙江以及福建等，与西晋末期的衣冠南渡有着密不可分的关系。

由于匈奴与羯胡进入中原，对汉人进行了大规模血腥屠杀，从而导致大量士族向南方迁徙，史称“衣冠南迁”，又称“衣冠南渡”。

“衣冠南渡”这个词的最早出处，是唐朝历史学家刘知几的《史通·邑里》，书中记录了西晋灭亡后，大批中原人向南迁徙的境况：“异哉，晋氏之有天下也！自雒阳荡覆，衣冠南渡，江左侨立州县，不存桑梓。”古代文人很是骚情，明明是亡国后成群的人拖家带口去逃难，不用颠沛流离或背井离乡也就罢了，却非要文绉绉地说成是“衣冠南渡”，把一场人类历史上绝无仅有的血腥杀戮而迫使民众流离失所的逃难迁徙，说得如此清新脱俗。

历史上著名的大规模“衣冠南渡”共有三次，第一次就是公元311年的“永嘉之乱”发生之后，晋怀帝和晋愍帝先后被俘，晋元帝司马睿率以缙绅士族为主的中原臣民南渡长江，在建康（今江苏南京）建都，任王导为丞相兼军咨祭酒，依靠南渡的中原士族，团结江东豪强，建立了东晋政府；第二次是公元755年唐朝“安史之乱”，中原士庶为避战乱而向南方迁徙；第三次则是北宋末期的“靖康之难”，公元1126年金兵攻破汴京，掳走徽、钦二帝，宋高宗赵构带领部众渡江，建都临安（今浙江杭州）。

此处的“衣冠南渡”专指西晋末年“永嘉之乱”之后，原居于中原地区的缙绅士族为躲避战祸被迫举家南迁，向长江以南迁徙。根据各地博物馆馆藏的相关史料以及当年迁徙者后裔所提供的家族谱系所整理的士族迁徙名录如下，在此仅供参考：

琅琊王氏、颜氏、诸葛氏；

泰山羊氏；

颍川庾氏、荀氏、钟氏；

谯国夏侯氏；

温县司马氏；

陈郡谢氏、袁氏；

龙亢桓氏；

高平郗氏；

河南褚氏；

陈留阮氏；

沛郡刘氏；

安定皇甫氏；

弘农杨氏；

陇西李氏；

太原王氏；

范阳祖氏。

因为衣冠南渡，也衍生出一个族群：客家人——未来成为茶叶的主要生产者之一。

关于客家人，《辞海》中是这样解释的：相传在4世纪初（西晋末年），生活在黄河流域的一部分汉人因战乱南徙渡江，至9世纪末（唐朝末年）和13世纪末（南宋末年）又有大批汉人南迁粤、闽、赣等地，即现在的广东、福建、广西、江西、湖南、台湾等省区以及海外。为了与当地原住民加以区别，这些外来移民被称为“客户”，是“客家”，所以称为“客家人”。

一、衣冠南渡，茶入江南

《辞海》如此描述的依据来自20世纪30年代，由章太炎、朱希祖、罗香林等近现代著名文化学家所论证“客家是汉民族中的一支”中所得。然而，广东著名学者、客家文化研究专家房学嘉教授在《客家源流探奥》一书中却有不同的见解：“客家人并不完全是中原移民，他既不完全是蛮，也不完全是汉，而是由古越族后裔与秦统一中国以来，来自中国北部及中部的中原流人，互相混合而形成的人们共同体。”

此书一出，即遭到其他客家文化研究学者的驳斥。河南大学原教授丘菊贤和原广东嘉应大学教授刘南彪发表在1997年《河南大学学报》的论文《客家问题研究要尊重历史事实》（社会科学版，第三十七卷第五期），以南北方民族大融合的观点，论证了客家人是经过北方人自西晋晚期、唐朝“安史之乱”以及宋朝“靖康之变”所引发的三次大迁徙而逐渐构成的一个以汉人为基础的群体。而这一观点也得到了日本史学家三崎良章的认同，在《五胡十六国——中国历史上的民族大迁徙》一书中做了相对客观的论述。

不过，关于客家人起源，或者是汉人入闽粤还是存有一定的争议。

千百年来，中国的史籍资源浩如烟海，丰富而翔实。可是，如果比对各不同时期的史书，就不难发现记述者因年代或因观点的不同，而致其中的说法出现漏洞和矛盾，疏忽漏记之处几乎随处可见。比如著名的“衣冠南渡，八姓入闽”，在时间上就出现了明显差别。按照史书记载，从公元308年，也就是“永嘉之乱”发生的前三年，就有林、陈、黄、郑、詹、邱、何、胡八个姓氏进入福建，是最早进入福建一带的北方人。此八姓原皆为中原大族，入闽后先在闽北建安（今建瓯）及闽东晋安（今福州）定居，之后渐向闽中和闽南沿海呈扇形扩散。可是，明代方志学家黄仲昭所撰《八闽通志》和清代嘉庆进士冯登府的《闽中金石志》却是这样记载：“登高山上有晋冢三，砖文曰：永康元年（300年），始改晋郡为晋邦。”这说明早在永嘉年之前的太康和永康年间，就已经有中原人迁徙至福建。

但是，乾隆年间由宫兆麟和汪大经编纂的《兴化府莆田县志》，又否定了上述的说法：“康熙二十九年九月二十四日，郡城西岩寺建山门，忽划地硅然有声……甃以巨砖。砖上花三面凸起，旁冢太康八年（287年）八月四日作。”太康八年要比永嘉之乱早24年。不过，这一说法后来得到了验证，1984

年初在泉州市南安丰州镇旭山村庙下队发掘了晋墓一座，墓砖上刻有“太康五年立”，也要早于永嘉之乱 27 年。因此可以证明，中原汉民南迁进入福建不仅仅是在永嘉之乱后的衣冠南渡，而在汉晋之际福建一带就已经有了汉人的足迹。

衣冠南渡不仅把中原的文化带去了南方，同时也把茶叶带了过去。不过，这里需要说明的一点是，江南地区自古产茶，这一点毋庸置疑，因为中原汉人饮茶已成为生活中的一个重要组成部分，把茶叶带去江南已经成为一个不争的事实，但是这些茶叶的种植范围只涉及今天的江苏、安徽、浙江以及福建等茶叶的主产区，都与西晋末期的衣冠南渡有着密不可分的关系，而更古老的湖北恩施、湖南保靖和广西梧州等祖代级茶，则是随着商代武丁时期及之后数百年中古巴人一同迁徙到了上述几个地区，与西晋时期的衣冠南渡相比，两者之间还有一定的区别。

二、茶叶东渡漂洋过海

茶叶的另一条传播渠道则是往东，漂洋过海去了日本。而把中国的茶叶引到日本的，是汉献帝的后裔。

关于刘协的后人迁徙日本的说法，主要依据来自公元 711 年日本奈良时代文史官万安侣所编纂的《古事记》和成书于约 672 年的《日本书纪》，都先后记载了献帝玄孙刘阿知携家人东渡日本的事件。

东汉从光武帝刘秀公元 25 年立国算起，经历了汉明帝刘庄、汉章帝刘炟、汉和帝刘肇、汉殇帝刘隆、汉安帝刘祜、汉婴帝刘懿、汉顺帝刘保、汉冲帝刘炳、汉质帝刘缵、汉桓帝刘志、汉灵帝刘宏、汉少帝刘辩和汉献帝刘协等，传八世共 14 帝，至公元 220 年汉献帝刘协被迫将皇位“禅让”给曹操之子曹丕为止，享国 195 年。

皇帝这个名头，在太平盛世时代表着至高无上和荣华富贵，但要是生在了乱世，它就成了催命符。

比如汉献帝刘协。

说起来刘协是个十足的倒霉皇帝，虽然不像他之前的刘炳、刘缵、刘懿、刘志、刘宏、刘辩那么短命，可他一生却活在憋屈和窝囊中，连大气都不敢喘一口，唯恐哪口气喘得不匀称而像他的哥哥刘辩一样招来杀身之祸。

刘协9岁那年，权臣董卓废黜少帝刘辩后将其立为皇帝，但实际上他并没有做过一天真正的天子。刚即位时，董卓把持朝政，所谓皇帝不过只是一个道具；后董卓被王允用离间计杀死，李傕、郭汜之间争斗不已，刘协实际已经成了他们争来夺去的战利品；好不容易逃到洛阳，没想到又落到了曹操的手里，成了曹操“挟天子以令诸侯”的工具。最后的下场不但要把皇位“禅让”给曹丕，还要奉献出自己的两个女儿给曹丕。

这皇帝做的，太窝心！

三、魏晋时代与刘阿知

公元220年10月，汉献帝告祭祖庙，使张音奏玺绶诏册，禅位于曹丕。曹丕在繁阳亭（今河南临颍繁城镇）登上受禅坛，接受玉玺，坐上了帝位，随即进入许都，改延康元年为黄初元年，国号为魏，追尊曹操为武皇帝，庙号太祖，废汉献帝刘协为山阳公，曹皇后为山阳公夫人，勒令其搬出皇宫，迁居山阳（今河南焦作），尽管仍然可以用汉天子礼乐，算是另眼看待，可毕竟拥有405年历史的大汉王朝终结在他的手上，刘家400多年的江山从此旁落别家。

汉献帝做了大半辈子的傀儡，到最后也没有摆脱被取代的命运。14年之后，即魏青龙二年（公元234年），献帝在窝囊中死去，终年54岁。魏明帝曹叡以汉天子礼仪将其葬于禅陵，谥号“孝献”。

日本史书《日本书纪》《古语拾遗》和《续日本纪》等文献都比较详细地记载了刘协后代去日本的过程。到刘协玄孙、第四代山阳公刘秋和其兄弟刘阿知的时候，历史已经进入了西晋。

不过，从汉献帝手里抢了江山的曹家也注定是一个短命鬼，虽然经历了曹丕、曹叡、曹芳、曹髦、曹奂五代皇帝，但除了曹丕尚有一定的政治智慧外，基本上也都是黄鼠狼下耗子——一窝不如一窝。

篡了汉朝大权的曹丕还算是有一定的政治抱负，意欲把魏国做强，在治理国家方面，追求效法上古仁君、贤臣之道。他对内施政恩威并重，巩固权力的同时集权在手，制法削藩，打击异己，诏令禁外戚宦官干政。对下又与民生休养生息，政倾惠民并复兴儒学。意在教化民众，恢复社会生活秩序，促进社会经济与文化的发展。

然而天公不给机会，公元 226 年，仅做了 6 年皇帝的曹丕就一命呜呼。从这个时候开始，曹魏帝国实际上就已经与曹家没有什么关系了，而成为司马懿和他的两个儿子司马师、司马昭的天下，父子三个先后替曹家当了管家，并且合作愉快、分工明确，曹皇帝只管大事，司马家负责小事。关键是在司马兄弟的掌管下，曹皇帝不但没什么大事，反而每天都活得小心翼翼格外谨慎，生怕司马父子脸色一变，自己就再也看不到明天的日出——曹家毫无保留地继承了汉末衣钵，也沦为了“荣誉皇帝”。

无论是让位于曹魏的汉献帝刘协，还是篡位者曹丕，乃至后来又把曹奂一脚给踢出局的司马炎，他们的所作所为都恰恰应验了孔子在《周易·系辞下》中所说的一句哲理名言：“德不配位，必有灾殃；德薄而位尊，智小而谋大，力小而任重，鲜不及矣。”

曹魏的最后一任皇帝曹奂好不容易熬到司马昭吹灯拔蜡的那一天，刚打算长出一口气，可没想到他儿子司马炎这盏灯更加不省油。没过多久，司马炎就毫不掩饰地命令曹家让出皇位赶快“下班走人”，连丁点面子都没给曹家留下，直接就把魏元帝曹奂轰出皇宫，自己坐上了皇位，硬生生地把历史拽进了晋朝。

晋朝，是中国历史上颇为诡异的一个朝代，经过了汉末、三国旷日持久的战争后，司马家族的晋朝迎来了一个“开明时代”，文化空前繁荣，但政治极为腐败，物质日益丰足，社会豪奢极欲，生活轻松舒适，文化百花齐放，轻酒重茶已成为风尚。在这种宽泛的制度下，既能出现石崇王恺斗富这样的狗血故事，也能诞生王羲之、索靖这样的书法圣人，更有政治上的八王之乱、五胡乱华，短暂和平之后瞬间再次陷入生灵涂炭的战祸之中，使晋朝这个在历史上看似鸡肋的朝代，更加显得波谲云诡。

世袭了山阳公的刘秋和刘阿知就生活在司马炎登基的环境下。关于刘阿知，除了在日本的史料中见到此人外，在中国却几乎没有任何记载，所以查找他的身份背景还是颇费一番周折。汉献帝刘协总共七个儿子三个女儿，长子和次子被曹操所杀，四子刘熙、五子刘懿、六子刘邈和七子刘敦皆被曹丕封王，只有三子（太子）刘冯世袭了山阳公。但刘冯早卒，他的儿子刘康继位世袭山阳公，袭爵 51 年，晋太康六年（公元 285 年）去世；刘康之后是刘瑾，袭爵 4 年，晋太康十年（公元 289 年）不禄；刘瑾之后便是与刘阿知同时代的刘秋，袭爵 20 年，至永嘉三年（公元 309 年）遭匈奴辱杀。

但是对刘阿知却只字未提。

因为缺少更多的史料为佐证，我们只能对刘阿知这个人做一些理性的猜测和分析。首先，可以断定刘阿知这个人物在历史上确实存在；其次，刘阿知显然只是一个小名，就像三国时期刘备之子刘禅小名阿斗一样。那么刘阿知的本名叫什么，却无从考证。但是这里有一个线索，从《刘氏宗族谱》中发现，刘瑾有五个儿子，长子早卒，次子刘秋，三子刘智等。

智与知同音，况且又是在同一时代中，刘智会不会就是刘阿知呢？

据日本原田家族族谱《大藏朝臣原田家历传》记载，刘阿知自幼聪慧，少年时即拜异人为师，熟通天象。到 3 世纪 80 年代末，虽然此时西晋开国皇帝司马炎还没死，大晋天下依然歌舞升平，但刘阿知已经看到天象呈混沌之势，料定天下必将大乱。于是刘阿知对他的旧臣们说："我久居此地，恐有覆灭之祸。听说倭奴国境内比较安定，我决定率家族东渡东瀛。"

大约从公元 288 年开始，刘阿知就开始了他的准备工作，包括造船、从各地征召能工巧匠、招募各类人才等，经过七个多月的准备，于公元 289 年 6 月，刘阿知率子刘都贺，舅父赵兴德，刘氏族人刘国鼎、刘涛子、刘鹤明、刘信子等携男女共计 2040 人，向秦朝的徐福学习，浩浩荡荡地来到了琅琊，从这里离开故土乘船东渡日本。不过，这位"徐福第二"可没有当年徐福那么潇洒，他们并非去东瀛求取仙丹，而是逃命。

也许刘阿知的确学得异术，仅过了 20 年后，他的预言得以验证，西晋末年爆发了匈奴入侵中原的"永嘉之乱"，西晋王朝被推翻，大批皇室、贵族遭到匈奴人杀害，山阳公刘秋也没能躲过这场浩劫。公元 309 年，匈奴军队攻入河内山阳郡，刘秋及其子嗣满门遭到血腥屠戮，唯有刘阿知这一脉人因提前出行，从而逃过一劫。

刘阿知一行一路上栉风沐雨，历尽艰险，经过 4 个月的艰难航行，于公元 289 年终于来到日本。到达日本后，刘阿知受到了日本王庭的热忱欢迎，被天皇赐号"东汉使主"，并封为阿知王，赐命定居于大和国高市郡桧前村（今日本奈良桧前村）[①]。据记载，当年随阿知王来日本的，还有段、郭、李、多、皂、朱、高七姓，都是当时一流的能工巧匠。

刘阿知一行到达日本后，之所以能够很快就被天皇封为贵族，其中有几个重要原因，首先，日本人当时对汉朝的国力军威早就心生仰慕，而刘阿知又是正宗的天朝皇族，从天皇赐刘阿知为"阿知使主"便可略知一二。其次，在刘阿知所率的两千多人中，大多是一些在当时掌握了先进生产技

① 参见《日本史概说》，商务印书馆，1992 年版。

术和汉朝文化知识的高人，这一部分人的到来，无疑使尚处在半原始社会的日本，被注入了一股具有极高层次的新鲜血液，毕竟这是一群有文化有技术有水平的“超高级知识分子”,给当时的日本带来了丰富的知识。总之，刘阿知的到来，给日本带来了翻天覆地的变化，这些变化在日本的史料中都有记载。刘阿知给日本带来的，毫无疑问是中华历史上最为发达的文明，比如，文化上的汉字和儒释道精神、农业上的水利和灌溉技术、工业上的冶金和陶瓷、军事上的兵书和武器、手工业上的造纸和纺织等。所有这一切，对于尚处在拿着棍子打仗的日本民族来说，毋庸置疑，都是不敢想象的人类最高文明。

而这才是刘阿知能在日本很快站稳脚跟的根本原因！

日本9世纪官修《新撰姓氏录》记载，阿知使主的儿子刘都贺，后被日本雄略天皇赐姓为直，子孙因此以直为姓。他的三个儿子分别叫作山木直，次志努直（一名成努直），次尔波伎直，其中，山木直又是日本民忌坟、桧原宿祢等25个姓氏的共同祖先，尔波伎直则是山口宿祢等8个日本姓氏的共同祖先，而跟随刘阿知来到日本的其他七姓随从人员，也都在日本先后衍生出大藏氏、坂上氏、原田氏、高桥氏、丹波氏、多纪氏、施药院氏、金保氏、秋月氏、波多江氏、江上氏、田尻氏、原氏、三原氏、小金丸氏、平野氏、末吉氏、田村氏、德山氏、小岛氏等几十个日本姓氏。

四、草庵茶道：日本饮茶之风探源

史料显示，刘阿知一行到达日本时正值西晋晚期，这个时期饮茶之风已在中原王朝盛行，但是，没有足够的资料能够证明后来延至日本的喝茶习惯是否起源于他，抑或后来日本僧人来到中国找寻茶叶根源是否与此有关，都没有见到任何记载。

关于汉献帝后裔在日本的消息，大多只是根据流传在日本的一些民间传说经文学加工而成书，包括《日本书纪》《古语拾遗》等在内，其风格类似于中国东汉时期的《山海经》，虽然属于日本最古老的正史，但从事件记载而言尚缺少源头逻辑的自洽性，所以无论日本还是中国的官方媒体都很少有明确记录。

日本文献中出现饮茶的记载，则已经到了中国的隋朝。公元 607 年，日本第 33 代天皇，也是日本史上第一位女天皇推古，出于国内政体改革的需要，专门派遣以小野妹子为“遣隋使”的官方使团于公元 608 年到达洛阳，要求隋炀帝向其传授包括政治体制、文化教育以及宗教等日本急需的相关内容。其中使团成员中的高向玄理、南渊请安等随行人员特别引人注目，因为他们皆为早期汉族归化为日本人的后代，这一点似乎可以证明刘阿知东渡日本的事实。

据《日本书纪》记载，日本使团在隋访问考察期间，学到了饮茶的习惯和有关茶叶的知识，得到天皇的认可。另据《隋唐书》记载，隋朝派出裴世清作为“伴同使”陪同日本“遣隋使”返回日本，以及小野妹子于公元 610 年再度返回隋朝时，都提出过对茶叶的需求，均获得隋炀帝的同意，并随船同时抵达。

在之后的 100 多年中，中日两国多有往来，日本从中国的隋唐时代广泛地接受了先进的中原文化，包括饮茶习惯。福建师范大学教授蔡春华在为冈仓天心《茶之书》中文版写的导言中，明确地写下了这一时期的日本风情：“奈良时期，日本在中国的影响下开始饮茶，平安初期天台宗大师最澄从中国带回的茶种就种植于京都。”

这里所说的奈良时期和平安时期，分别指的是公元 710—784 年和公元 794—1192 年。以奈良时期为起点，日本的饮茶习惯逐渐得到广泛认同，因而到了 16 世纪，由千利休将饮茶推向极致，创造了著名的“草庵茶道”。

[明]　丁云鹏　玉川子煮茶图（局部）

第七章

茶叶的经济效应：因茶致富

作为中原民族生活调剂品的茶叶，对于北方的少数民族来说就像粮食和盐巴一样，成为生活必需品。卡住了茶叶的供应，几乎能断绝少数民族的生命。由此可以看出，对于游牧民族而言，无论是谁，只要掌握了茶叶的控制权，就等于有了统治的话语权！

一、多民族犯唐或多或少因为茶叶

今天，我们已经无法看见一千多年前长安的天空是否有苍鹰翱翔的景象，只能凭借着想象去揣摩盛世之下的大唐王朝，在一片喜庆的鼓乐声中向世人展示“路不拾遗，夜不闭户”的富庶。

唐朝，作为中国历史上最繁荣最昌盛的朝代，其实也和其他朝代一样，在289年的历史中也是忙得焦头烂额，从李世民的贞观年就没闲着，灭东突厥，亡吐谷浑，征高丽，打吐蕃，平契丹，战回纥，伐高昌，等等，各种战事没完没了地打，一直到中晚期的安史之乱、德宗削藩、宪宗削藩、武宗削藩、庞勋起义、王黄造反、藩镇战乱等，各种战争内乱从来没有消停过。而这些战争有一个共同点，除高丽和内乱外，其他外部游牧民族犯唐的战争中或多或少都是为了中原的那点茶叶。

不同于中原地区的饮茶习惯，饮茶在游牧民族是一种生理需求。包括吐蕃、契丹、女真、蒙古等在内的北方游牧民族，饮食多以牛羊肉、奶等燥热、油腻、不易消化之物为主，而茶叶富含维生素、单宁酸、茶碱等，游牧民族所缺少的果蔬营养成分，可以从中得以补充。茶中大量的芳香油还可以溶解动物脂肪、降低胆固醇、加强血管壁韧性。茶叶的功能恰好弥补了游牧民族饮食结构中缺少的环节。从另一个方面来说，饮茶对于游牧民族还有一个好处，就是体现在卫生方面。饮用滚开的热茶，可以杀灭细菌，也就减少了肠道以及血液中寄生虫感染的机会。饮茶，改变了他们喝冷水的习惯。所以他们需要大量的茶来加速身体对高热量食物的分解，以保证本民族的体魄和健康。因此，作为中原民族生活调剂品的茶叶，对于北方的少数民族来说就像粮食和盐巴一样，成为生活必需品。卡住了茶叶的供应，几乎能断绝少数民族的生命。

由此可以看出，对于游牧民族而言，无论是谁，只要掌握了茶叶的控制权，就等于有了统治的话语权！

在这些游牧民族中，茶叶需求量最大的是吐蕃。一直到今天，藏族人的茶叶消耗量始终非常大，每人平均年需求量为10千克，可见茶叶对吐蕃的重要意义，这也是茶马古道生成的原因。

吐蕃，距离大唐西京长安城八千多里的路程，早在东西汉时这里为西羌人的聚居地，后来被吐蕃人占据。吐蕃由何而来，如何出现，史书没有记载，但是根据藏文经典，有一个关于西藏的传说。观音菩萨让神变的猴子到雪域高原上修行，遇到一个女妖魔；女妖魔看中了神猴，要与他成亲，否则便将雪域高原变成魔鬼的世界。神猴左右为难，求助观音。观音答应他们成亲。神猴一代一代的后代吃着五谷，尾巴越来越短，成了人。这就是藏族的先民。这个故事从古代到现代都在流传。而且与现代生物进化论的学说有着惊人的相似，与人类起源的科学解释不谋而合。把本民族的祖先说成是猕猴变来的，还穿插上许多神话故事，这是我国许多民族共有的特点，并不是藏民特有。

历史行进至公元6世纪初叶，曾威震天下的北魏帝国在内忧外患的打击下，最终彻底崩溃，只留下一堆华丽的历史碎片。千里北方大地上，狐兔狂奔，胡沙漫天，各路军阀势力为了获得北方地区的统治权，大打出手。真正从群雄中杀出重围的，是鲜卑化的汉人高欢和鲜卑化的匈奴人宇文泰，震撼历史的双雄争霸拉开了大幕。此后，河桥之战、沙苑之战、邙山之战、玉壁之战，历史铭刻了属于他们短暂的高光时刻。

在尸横遍野血流成河的厮杀之后，一切总会被时间终结，但幸运的是，在高欢和宇文泰的子孙们的坚持下，脱胎于东魏的高氏北齐帝国和脱胎于西魏的宇文氏北周帝国，延续着父辈的荒谬与铁血，上演了一出出精彩的攻防战。但让他们都没有想到的是，他们并不是最终的胜利者。笑到最后的，却是一个名叫普六茹那罗延的汉人，他就是杨坚，因为他的出现，从而终结了起自五胡乱华，后延十六国的混乱局面，建立了一个统一的王朝——隋朝。

历史总是充满着不可预知的神秘色彩。

从杨坚坐上皇位的那一天起，最让他头疼的，不是北齐和北周那些不成调的残兵败将，也不是行将自灭的匈奴鲜卑等游牧民族，而是盘踞在西部的吐谷浑。

这里需要说明的是，最早将中原的茶叶带入吐蕃的，并不是汉人，而是远在西部的吐谷浑人。

二、招人痛恨的茶贩吐谷浑

吐谷浑人在历史上绝对算得上是一朵奇葩，这个民族除了强悍外，最大的特点就是聪明，只是这个聪明他们没用在正道上。千万不要小看没什么文化的吐谷浑人，尽管他们没有自己的文字，可是他们的脑瓜子不是一般好使，一个个猴精，而且账目算得非常清楚。这一点，仅从他们和吐蕃、契丹以及后来的西夏党项等民族所做的茶叶生意就能看得出来。

因为没有文字记载，谁也不知道，也说不清楚当时的吐谷浑人是究竟通过怎样的手段，开辟了吐蕃的茶叶市场，并且专控长达数百年。

虽然中原的茶叶已经进入了吐蕃，而且极受人们的欢迎，可问题是当时的茶叶杯水车薪，解决不了根本的问题，另外还要受吐谷浑人的控制——因为那个时候汉人还没有进藏，所有的茶叶必须经过吐谷浑之手才能进入高原。

根据《鲜卑的荣光》中介绍，吐谷浑早时是个人名，是辽东游牧部族鲜卑慕容氏单于慕容涉归之庶长子，早期居于今天的辽宁地界内，被封1700户奴隶。4世纪初，慕容涉归死，其嫡子慕容廆继为单于。慕容廆素与慕容吐谷浑不睦，之前就因为各自利益而冲突不断，慕容廆上位之后借口吐谷浑意欲谋反，欲“大义灭亲”，将吐谷浑置于死地。但是，消息走漏，吐谷浑得到了密报，对兄弟的所作所为伤心欲绝，只是为了面子与慕容廆草草地交了交手，也没分出到底谁胜谁败，就连夜率部离开大营，西迁上陇，止于枹罕。

慕容吐谷浑耗费了两年多的时间，才完成了他的万里大迁徙，从东北平原历经千山万水迁徙到西域，立刻就暴露出了他们的野性，先是灭了早先就居于此地的地主氐氐部落，随后又打跑了二东家羌氏，建立了自己的据点，在此地繁衍生息，子孙相承，逐渐发展成一个强悍部落，最终灭掉了其他部族，统治了今天的青海、甘南和四川西北地区的羌、氐等部落。吐谷浑死后，他的孙子慕容叶延统一了慕容氏，于沙洲（今青海贵南穆克滩一带）建立慕克川总部，设置司马、长史等官，以其祖父吐谷浑的名字为族名，至此，吐谷浑正式诞生。

上陇、枹罕等地，过去都是荒无人烟之地，吐谷浑号称是游牧民族，虽然面对草原，可背后是连寸毛都没有的浩瀚大漠，自然环境非常恶劣，只能依靠少量的放牧业维持本族的生存。尽管环境异常恶劣，再加上氐、羌等外族的不断袭扰，可吐谷浑还是在这里扎下了根。

慕容叶延开创了吐谷浑最昌盛的时代，除了拥有广袤的土地和设在沙州的总部外，还拥有四座大城，分别在清水川、赤水、浇河、吐屈真川等地。而所有这一切，除了他们凭借自己的强悍打跑了当地的原住民外，其余多半是通过茶叶贸易所获取。

起初的吐谷浑人还算是比较勤勉，用手里的畜牧产品包括羊毛、牛羊肉等物资从相距不远的汉人手里换取粮食、茶叶、盐等生活必需物资，但是到了慕容伏允的时代就不一样了，总感觉如此原始的兑换方式已经严重阻碍了吐谷浑人的发展，所以必须赶快想办法改变目前的困境。

吐谷浑在那个时代也确实并非善良之辈，用一句土话可以准确地形容这个民族：窝窝头踩一脚，怎么看都不像个好饼。吐谷浑就像个记吃不记打的熊孩子，隔三岔五地袭扰汉人边民，烧杀抢掠无所不干，抢掠完了也不久留，带着抢来的各种财富拔腿就跑，真的是来无踪去无影。居住在边界的汉人或来此地做生意的中原人，一提起可恶的吐谷浑，个个都恨得咬牙切齿。不仅仅是边民痛恨吐谷浑，就连中原的朝廷对其恶行也是忍无可忍。

善有善报，恶有恶报，不是不报，时候未到。吐谷浑变本加厉的袭扰终于惹恼了朝廷，隋大业五年（公元609年），隋炀帝杨广决定惩戒一下吐谷浑，让慕容氏长点记性，派出大将宇文述统领铁勒汗国军队，对吐谷浑实施了一次“外科手术式”打击。

三、茶叶赎人求平安

别看吐谷浑平日袭扰抢掠汉民心狠手辣，这也是一个毫无气节的民族。面对来势汹汹的大军，吐谷浑还没摆出阵势，就已被气势如虹的隋军打得满地找牙。可汗慕容伏允立刻恍然大悟，这回是真碰上“硬茬”了，于是，转瞬之间就变成一副孬种的惨相，赶紧派人前去向隋朝大将宇文述投降。

宇文述心里非常明白这是慕容伏允的缓兵诡计，不露声色地接受吐谷浑的投降请求。然而，慕容伏允分明已经看出了宇文述所显露出的腾腾杀气，只身带着家眷偷偷地溜走了。

第二天，还在大营里等候慕容伏允前来投降的宇文述却听说其已经趁夜悄悄溜走了，顿时暴跳如雷，下令把已经投降的吐谷浑人全部杀掉。

慕容伏允就此逃过了一劫。

不得不承认，吐谷浑不仅具有极强的生存能力，而且总是能赶上好运气。尽管慕容伏允几乎遭到了灭顶之灾，但毕竟还是死里逃生。而隋朝就没有那么幸运了，吐谷浑的问题还没解决，家里的后院却起了火，唐王李渊起兵造反，并以势如破竹之势威逼社稷。

隋朝连国都快亡了，哪还有精力再去应对吐谷浑的挑衅？！于是，吐谷浑有了一个喘息的机会，老实了几年后，又恢复了之前的恶习，甚至变本加厉地杀人越货、绑架人质，而且不仅仅是在边界，就连深达数百里的边城凉州，也不再是平安之地。吐谷浑的目的仍然一如既往地简单：拿茶叶赎人！一时间就搞得边民人心惶惶，纷纷逃离。

千万不要以为吐谷浑人抢茶是为自己享用，他们可没这个福分。他们是把抢来的茶都卖给了常年急需茶叶的吐蕃人，然后再从吐蕃人手里换回来自高原的各种特产，包括他们用来继续作案的工具——马。

那个时候，虽然吐蕃人没有文字也没有文化，但是处在中国与印度、巴比伦等文明古国的中间地带，很早就成为中西方文化的联结点和结合点。一千多年以来，这三大古文明不约而同在这里汇合，相互交流、了解，来自异乡的古文化，直到今天仍然随处可见。但是在这之前，也就是唐朝以前，吐蕃人很少走出过白雪皑皑的高原，几乎对外边的世界一无所知，他们甚至根本就不知道，在雪山之外还有一个更大的世界，所以人们的头脑很简单，思维方式也就非常朴素。

当吐谷浑人带着从汉人手里抢来的茶叶走进这个高原雪国后，也给居住在这里的吐蕃人的生活带来了一次全新的改变。

比如，酥油茶。

这段历史没有文字的记载，只是在今天青海地区听老人说起过这样的历史过往。谁也不知道当初吐谷浑人究竟是什么时候把茶贩卖给吐蕃的，也只能根据一些民间传说，在想象中还原已经过去了将近两千年的尘封面貌。

据说吐谷浑人带着茶叶走进雪山时，给这片树叶赋予了一个颇为动听的故事：在很远很远的地方有一块宝地，产出的这种像“仙草”一样的树叶，能使人祛病化灾，明目安神，健康体魄，是神灵赐予人类的宝物。也许他们真的知道茶叶具有这样的功效，也许纯粹就是瞎忽悠。这种说法直到今天还在被那些茶商们沿用，和那些江湖骗子卖大力丸的手段如出一辙。但是没想到的是，吐谷浑还真把思维朴素的吐蕃人给忽悠信了。

只要吐谷浑人一忽悠，诚实的吐蕃人就百分之百地相信，甚至错误地以为这种“仙草”就是吐谷浑的特产，还专门派人到吐谷浑的地盘上来看看究竟是什么样的树能长出如此神奇的“仙草”。吐谷浑人明知自己家里没有这玩意儿，偏偏还得编出故事挡住吐蕃人：那是神灵赐予的神树，哪能随便什么人都能看？

吐蕃人居然又一次相信了吐谷浑人的谎话，于是就要求吐谷浑增加“仙草”的供应量。

但是，吐谷浑毕竟不产茶，他们所有的茶都是靠抢得来，而且品种品质都不敢保证统一性，即便如此，也远远不能满足吐蕃人的消费需求。如今吐蕃人要求加大数量，比狐狸还狡猾的吐谷浑人就趁机抬高价格。

由于接到了吐蕃的超级“大订单”，吐谷浑快速发家致富的春天也就到来了，于是全民动员，从可汗到庶民，男女老少齐上阵，加大抢劫力度，目标就是汉人的茶叶。

这个一分钱成本都不需要的生意让吐谷浑越做越上瘾，从开始的小打小闹，发展到后来举国抢劫的地步。三五六九就过界抢劫，甚至狂妄到深入中原腹地一千里，有茶抢茶，没茶就抢人，总之是见什么抢什么，之后再把人质押到边界，要家属来赎，而且不要银子只要茶，一个人头也不多要，只要二百担，一手交茶一手放人。那些没人来赎的汉人可就惨了，直接在边界上被杀害——连自己都吃不上饭的吐谷浑，哪里还有余粮给俘虏吃？

于是，人质的家属们纷纷四处找人买茶，茶叶的成交量在这个时候有了一个惊人的提升，一时间，中原与吐谷浑边界的茶叶交易呈现出不一般的火爆，那些从西南过来的茶商们纷纷云集此地。吐谷浑人见到这个场面，乐得喜笑颜开：来了就好，对不起，茶和人都留下，让其他人继续再来。

吐谷浑用这种方式和吐蕃建立起了“长期友好”的贸易往来，茶叶源源不断地通过长长的骆驼队伍运到吐蕃，然后再赶着成群的马匹和当地土特产回来。

还没等到隋朝把吐谷浑打服，朝代就发生了变化。慕容伏允闻讯暗喜，错误地认为新王朝肯定忙着收拾前朝的烂摊子，还顾不上地处偏远的西部，于是就指挥全体族人集体上阵，对汉地进行大规模偷袭。

然而，事实证明他错了，因为李世民可是个不惯毛病的人。

吐谷浑人的抢掠已经到了令人发指的地步，唐太宗李世民果断出兵，要下狠手镇压。唐贞观八年，李世民亲自点将，由左骁卫大将军段志玄为西海道行军总管，左骁卫将军樊兴为赤水道行军总管，两路大军即刻启程，出击吐谷浑。

两路大军浩浩荡荡从长安出发，一路上历经近一个月的路程到达目的地，试图以势如破竹的强大势力对吐谷浑进行总攻。可是，当大军浩浩荡荡地到那里才发现，吐谷浑人故伎重演，早就闻风跑了，连头也不回一口气跑进了沙漠。

长途跋涉地忙活了半天，竟然连吐谷浑的影子都没打着，把段志玄给气得差点儿吐血，当场下令：追！

这一场追击战，就像猫捉老鼠一样，唐军一口气追杀吐谷浑八百里。前面是吐谷浑人在拼命地跑，后面是唐军拼命地追。可笑的是，那些贪财不要命的吐谷浑人，赶着牛羊牲畜极为狼狈地四下逃窜，而那些跑得慢落在后面的，毫无疑问地都成了唐军的刀下之鬼。

士气大盛的唐军兵分两路夹击追赶，做成了一个口袋将吐谷浑人围在中间。这场战役斩杀无数，但是在清点俘虏的时候，唯独没有抓到吐谷浑的老大——慕容伏允，这个老狐狸像条泥鳅一样，竟然从唐军的天罗地网之中给溜了。段志玄暴怒，下令就是挖地三尺，也得把此人给揪出来。

可那是茫茫大漠啊，在大漠里想找到比猴子还精的慕容伏允，简直就像在大海里捞针——太难了！

段志玄只能带着莫大的遗憾班师回朝。

挨了一顿暴揍，吐谷浑人该老实了吧?

老实?那可就不是吐谷浑了，也绝对不是慕容伏允的风格!

唐军前脚刚走，慕容伏允后脚就冒了出来。只过了一个月，胆大包天的慕容伏允就又出来了，亲率吐谷浑大军竟然在光天化日之下，长途奔袭七百里，报复性地偷袭了毫无准备的长安外围第一大城凉州（今甘肃武威），大肆劫掠和屠戮之后扬长而去。

不作死就不会死，吐谷浑这回算是彻底把自己逼上了一条不归路!

贞观八年十一月（公元634年），李世民下诏，任命时年已64岁的李靖为西海道行军大总管，兵部尚书侯君集为积石道行军大总管，刑部尚书李道宗为鄯善道行军大总管，凉州总管李大亮为且末道行军总管，岷州总管李道彦为赤水道行军总管，以及突厥部落和契苾部落的“志愿军”，统率十万大军，直扑吐谷浑老巢。

第八章

茶叶在游牧民族中成为举足轻重的经济杠杆

高原的气压低，紫外线强，空气干燥，导致人体内的水分极易挥发，血管的膨压会增大，所以喝茶不仅可以为身体补充足够的水分，而且能增强血管的抗压能力。从另一个方面说，茶叶富含咖啡因、茶碱、鞣酸、挥发油等物质，能够对吐蕃人常年依靠肉类奶类等酸性食品的身体起到一个平衡作用，从而弥补了食品结构的缺陷。

一、茶在游牧民族食品结构中的平衡作用

唐朝一鼓作气收拾了吐谷浑，却没想到触动了吐蕃人的神经，已经习惯了饮茶的吐蕃人，因为没有了吐谷浑的供货，生活方式受到了严重影响。

对于那些没有去过西藏的人来说，大概永远都不会知道，茶叶在藏民的生活中具有多么重要的位置。

这要从高原极其恶劣的自然条件说起。

青藏高原地带的自然条件极其恶劣，到底能恶劣到什么程度呢？如果说仅仅是因为供应中断、高寒低温对人畜的生存造成威胁就算是恶劣的话，这算是很谦虚的说法了，更为严重的在于大雪掩埋草场，造成牲畜吃不到草而大批死亡。如果雪比较浅，牛羊可以把雪拱开吃下面的草，虽然费力，还不至于饿死。雪厚就困难了，不过如果有大风，雪可以被刮开，也不会成灾。最怕的就是雪后无风，又出来大太阳。西藏空气稀薄，太阳辐射的能量比同纬度地区高一倍或三分之一。在秋冬或冬春之交，中午时分的日晒可以使表面的雪半融化，中午一过又重新结冰，那就惨了。雪上形成一层冰壳，如果雪浅，草被冻在冰壳中，如果雪深，则草被埋在冰壳下。牲畜没有力量拱开冰壳，或者无法吃到冻在冰壳中的草，只能空着肚子忍受严寒，以致饿到彼此啃噬对方身上的毛，这样坚持不了几天就会开始大批死亡。

不过，仅仅是“高”所造成的气候恶劣，还不是全部问题，使西藏高原成为不适宜人类生存之地的另一个方面，是高海拔的另一个特点——缺氧。

中国很早以前就有这样的说法——“人活一口气”。“气”无所不在，分分秒秒伴随每个人，甚至连人死也叫“咽气”。虽然古人指的“气”含义很广，但是人所呼吸的空气肯定是其中最基本的元素。近代科学又进一步解释，生命最不可缺的是空气中的氧。人体就像一个靠热量提供能量的

锅炉。火的燃烧是产生热量的一种形式，其本质是一个氧化过程，氧气越充足，燃烧就越充分，提供的能量也就越大。锅炉使用鼓风机，目的就是让更多的氧气进入燃烧过程。谁都知道有没有鼓风机的燃烧绝对不一样。而所谓的“封火”，无论是把锅炉下面的通风口关上，还是把炉火上面压上湿煤，作用都是减少氧气的进入。你也会看出，那时火是多么暗淡，热量多么低。

正是因为这样极端恶劣的自然条件，再加上吐蕃尚处游牧部落时代，无农耕作物，食物多以肉类和奶制品为主，这样的膳食结构很难消化。还有一点，高原的气压低，紫外线强，空气干燥，导致人体内的水分极易挥发，血管的膨压会增大，所以喝茶不仅可以为身体补充足够的水分，而且能增强血管的抗压能力。从另一个方面说，茶叶富含咖啡因、茶碱、鞣酸、挥发油等物质，能够对吐蕃人常年依靠肉类奶类等酸性食品的身体起到一个平衡作用，从而弥补了食品结构的缺陷。

早先进入吐蕃的茶叶，品级都不是很高，基本上只能算是等级较差的毛茶。从兴于唐朝中晚期到宋朝时期的茶马古道上，茶叶入藏的重要地点雅州（今四川雅安）所生产的边茶来看，精品茶确实很少。

二、松赞干布如何解决茶叶货源难题？

大约在松赞干布之父、三十二代赞普朗日伦赞之前，甚至还要更早，就已经由吐谷浑人将茶叶贩卖进吐蕃，而且贩运的数量很大。而后人所说茶叶是在都松芒波杰时代进入的说法却不知其出处。因为有大量史料证明，至公元 7 世纪的 70 年代初期，酥油茶已经成为一种吐蕃人人都在饮用的饮品，而这个时候恰是松赞干布的曾孙都松芒波杰当政时期，这充分说明茶叶进藏已经有了很久的历史。

茶叶进入吐蕃，说话容易，可真去做却很难。按照今天已经判明的两条进入西藏地区的主要通道，无论是云南还是四川，单单路途之艰险，我们就可窥见一斑。如果说云南的茶马古道是经过马帮的骡踩马踏所走出来一条路的话，那么从雅州到打箭炉（今四川康定）的川藏茶马之路，则完全是靠人肩扛背驮踩出的，翻山越岭车马难行，其艰辛程度可以想象。

应该这样说，松赞干布是一个很有作为且绝顶聪明的人。

史书载，松赞干布的父亲朗日伦赞就是吐蕃一个很能干的赞普，即位后不长时间，就以一万精兵攻破了唐旄（《隋书》中所提到的女国），之后数年力图改革，从而得罪了不少既得利益者，其中包括其父王和母后家族中的吐蕃贵族，引起了内部叛乱，公元629年，即大唐贞观三年，朗日伦赞被他身边的人毒死，这时只有13岁的松赞干布被推上了王位。

松赞干布坐上王位的时候，整个吐蕃正处在一个纷乱时代，父王诸臣和母后诸族一起举兵叛变，工布、达波、娘波等地尽为叛乱者所据。不仅如此，西部的羊同部落乘势入侵，雅鲁藏布江北的苏毗旧贵族也在积极地进行“复国”活动，他们纷纷向吐蕃进兵发难。松赞干布面对这种内困外扰的严重局势，毅然继承父位，挑起了吐蕃第三十三代赞普的重任。

谁也说不清楚，松赞干布这个“三十三代”赞普究竟是怎么来的，在没有文字和数字记录的时代，这个“三十三代”的来历让人颇为生疑，因为最早的文献也只是记录到他的祖父时代，就连朗日伦赞的史料也不过只是寥寥几笔而已。但不管怎么说，13岁的松赞干布就是在那样一个复杂的环境中走上王座的，凭着他的沉着冷静，依靠新兴势力，征集起万余人，组成了一支精锐的队伍，就足以说明他的能力确实不同寻常。在经过了三年征战后，终于平定了内部叛乱，稳定了局势，控制了整个地区，再次恢复了吐蕃的统一，成为一代名垂青史的赞普，他的确有过人之处。

大唐贞观六年（公元632年），松赞干布率部众渡过雅鲁藏布江，把都城由泽当迁到逻些（今拉萨）。这样，既可以摆脱世代盘踞当地的某些心怀叵测的吐蕃贵族的羁绊和对生命的威胁；又可以把政治中心和军事中心归一，便于对军队的指挥和控制，这对于发展专制王权和巩固奴隶制度显然是有重大意义的。另外，从地理位置和自然条件来看，拉萨也是建基立业的好地方。那里气候宜人，景色优美，物产丰富。中心地势平坦开阔，四周群山环抱。远处山岭峡谷险要，进可攻，退可守。此后的历史证明，把拉萨作为吐蕃王朝的首府是正确的选择。

只用了 3 年的时间，这位刚满 16 岁的少年赞普就已经基本上解决了内部问题，但是，这个时候的松赞干布遇到了一个新问题。这就是那些极不靠谱的吐谷浑茶商们，再次无缘无故地断了茶叶的货源。

在此之前，吐谷浑给吐蕃断货的事发生了多次，最主要的原因是对方加价。迫于对茶叶的需求，吐蕃也只能一次又一次做出让步。然而，这一次断货，松赞干布不想再惯吐谷浑人毛病了，因为他想到了一个更为长久的办法。

其实，松赞干布早已从贩卖茶叶的吐谷浑人嘴里得知，在雪山外面的世界还有一个很强大的帝国叫作大唐，而且所有的茶叶都来自大唐帝国。这引起了松赞干布的兴趣，如果能直接与这个叫作大唐的国家建立起官方联系，那么茶叶的紧缺问题不就一下子解决了吗？

于是，大相禄东赞就给松赞干布出了一个主意，既然赞普能娶尼泊尔的泥波罗尺尊公主，为何就不能再娶一位东土大唐的公主呢？

这话正合松赞干布的心意，于是专门派出使臣前往唐朝拜见李世民。唐太宗李世民自然很是开心，从站稳江山后，一次又一次战役的胜利让大唐帝国声名显赫，使得四周的小国番邦都来朝贡，万国来朝之势不可抵挡，如今又多了个八千里外的吐蕃，李世民当然高兴。

与吐蕃使者同时来到长安的，还有吐谷浑可汗派来的使臣，只不过时间上比吐蕃提前了两天。吐谷浑人也恰恰就是打了这两天的时间差——他们是来提亲的，要求大唐皇帝能与他们结亲，可汗要求娶大唐的公主为妻。

三、吐蕃联姻茶源地大唐帝国

本来这事也没什么，因为吐蕃使者并不知道吐谷浑求亲这回事，只是在长安城里游览了几天，被大唐天子打发得很是滋润，带着大唐的回礼，兴高采烈地踏上回吐蕃的行程。

可问题偏偏出在大唐的内部。

贞观八年，段志玄在西域攻打吐谷浑的同时，李世民派冯德遐出使吐蕃，作为对吐蕃遣使者来中原朝贡的一次礼节性回访。

可能是初次出访番邦心里没谱，或者是高原氧气稀薄使大脑缺氧，抑或是被松赞干布多劝了几杯吐蕃的酒喝醉了，总而言之，冯德遐在不合适的时间不合适的地点对不合适的人说了一句不合适的话。

冯德遐所提到的，就是吐谷浑向中原提亲的事。并且后面还缀了一句，你们如果早来几天就好了。言外之意就是，皇上已经把公主给了吐谷浑可汗、如今已经被封为河源郡王的慕容诺曷钵了，你们没什么戏了。

作为使者，冯德遐这么说没有问题，他只是代表皇上把意思转达到位，说完了这话也就完成了自己的使命。可松赞干布听完了这话却当成了另一回事，而且还是一件很重要的事！

不仅仅是松赞干布当成了事，那几个陪同在座的大臣们听闻这话心里也很吃惊，既然大唐帝国能把公主嫁给吐谷浑可汗，为什么就不能给“智勇双全”的吐蕃赞普也送一个呢？

在吐蕃住了半年后，冯德遐返回中原。因提亲受阻的松赞干布并不甘心，又专门派了使臣陪同前往，而使臣此行的目的只有一个，再次代表松赞干布向唐太宗提亲。

没想到，吐蕃使臣的这个提议刚一开口，就被李世民拒绝了：不行！

其实，这样的要求吐蕃即便不提，自己心里也很清楚，李世民断然不会同意。原因首先是大唐和吐蕃还没熟到那个份上，刚一认识就向人家要个女儿，这事显然不那么合适。其次是大唐没有那么多公主外嫁，再者吐蕃是一个隔了八千多里路，连文字都没有的小国，又有哪个公主愿意去那么远的地方呢？

可是吐蕃来的使节似乎并不打算空手而归，再三要求大唐皇帝一定要给他们的赞普许一个公主为妻，同时也说出了自己的理由，因为在此前，东突厥和吐谷浑的可汗都已经娶了中原的公主，按照吐蕃的理解是，我们的赞普也该有一个中原的公主为妻。因为按照他们质朴的思维，一旦这门亲事成了，大唐就是吐蕃的丈人家，既然是丈人，那么女婿要点儿茶叶也就成了一件顺理成章的事了，至于数量嘛，自然也就会多给一些。

只是让他们想不通的是，这个想法却让李世民直接给否决了。使臣在长安碰壁之后，回到吐蕃不敢如实说，就编了个瞎话，说本来大唐皇帝已经同意了，可偏偏冒出来个吐谷浑，在皇帝面前挑拨离间，说了不少吐蕃的坏话，所以皇帝又反悔了。

李世民的拒绝本来就已经惹恼了血气方刚的松赞干布，再加上使臣一番添油加醋的胡说，这位年仅 19 岁的吐蕃赞普听信了使臣的谗言，就把这口恶气全部归结到了吐谷浑头上。

想打吐谷浑并不是松赞干布的一时之气，而是吐谷浑就和他的名字一样，太浑了，他们利用手里掌握的茶叶资源，随意涨价，只要吐蕃说个不字，吐谷浑就当场断货！

四、吐蕃与吐谷浑，茶源争斗

听说过店大欺客，还真没听说过有小店也敢欺客的，更何况这些茶还是他们抢来的！

被奸商吐谷浑坑了，又让傲慢的大唐辱了，松赞干布这口气如何能咽得下去？他越想越觉得这事窝囊，于是当即决定，出兵，打吐谷浑！

其实，松赞干布之所以这么做，也就是让所有人，包括东土大唐的皇帝都知道一个道理，吐蕃的势力不在你们之下！或者也可以另外解释，这个时候的松赞干布估计是被吐谷浑气糊涂了。出兵攻打吐谷浑，他自认为是一个一箭双雕的妙计，一方面是要报复被大唐的羞辱，另一方面又可以直接打击背信弃义的吐谷浑，让他们知道不讲信誉的代价，同时再派使臣前往长安，继续说服李世民赐给他一个公主。

而这个时候的吐谷浑，刚刚挨了大唐的一顿暴打，还没有恢复元气。慕容伏允死后，在中原长大的慕容顺继位当了可汗。但是仅仅过了三个月，慕容顺就被同族人杀了，他的儿子慕容诺曷钵继位。慕容诺曷钵坐上可汗的位子还没几天，就闻听吐蕃王松赞干布率领的二十万大军气势汹汹来战，立马派出使臣前去议和。可他哪里知道，心里窝了一口恶气的松赞干布根本就不吃他这一套。

与大唐相比，吐蕃人可不会讲道理。当吐谷浑听到使臣被斩的消息后，一个个都吓得面如土色，以迅雷不及掩耳之势，把值钱的东西打包装好，然后快速地四散奔逃。

松赞干布原本想进城后杀个痛快，以便让骄傲的中原人见识一下吐蕃人的厉害。可是当他们进了城以后才发现，这里已经成了一座空城。

攒足了劲想狠狠暴打一顿吐谷浑的松赞干布，压根就没想到竟然是这样一个结果，从遥远的高原长途跋涉来此征战吐谷浑，结果连个人影都没见着，见此情形的松赞干布更是暴跳如雷，下令烧掉吐谷浑所有房屋。

没能解得了心头之气的松赞干布，于是下令，全体大军调头直接去打大唐的边境重镇——松州。

五、夜袭松州吐蕃大军

李世民听奏松州告急，于是当即下旨，急令吏部尚书侯君集为当弥道行营大总管，右领军大将军执失思力为白兰道行军总管，左武卫将军牛进达为阔水道行军总管，右领军将军刘兰为洮河道行军总管，总共领军五万人前往松州救急。

牛进达所率领的先锋部队昼夜兼程地来到松州外围时，就看到吐蕃兵把松州城围了个水泄不通，而且气焰极其嚣张，在城下不断地进行挑衅。而城墙上的唐兵唐将却并不搭理他们，脸上带着讥讽的微笑，冷冷地看着他们的表演。牛进达摆摆手，示意部队停下，查看了一下四周的环境，便命令手下安营扎寨。手下望着近在咫尺的松州城，脸上的表情却是极为不解。但牛进达的嘴角只是露出一丝狰狞的微笑，语气却很轻松地对手下的将领说：“今夜出兵！”

夜袭，只要读过《三国演义》的人都知道，那是一个早已在中原战场上玩滥了的游戏，但是对于没有文字也不懂兵法的吐蕃人来说，他们过去打仗从来靠的都是马快刀利，什么三十六计，什么《孙子兵法》，他们别说没见过，就连听都没听说过。夜袭对他们来说还属于新生事物，白天战斗晚上休息是他们的一贯风格，半夜不睡觉起来打仗那是疯子的行为。

非常遗憾，即将与他们进行对决的这些中原人，偏偏就是这种白天睡觉晚上起来打仗的疯子！不过，这也让他们头一回领教了夜袭的厉害，并且在以后的战争中也学会了中原这一能置人死地的狠招。

天慢慢地黑下来，在松州城外虚张声势的吐蕃人，终于结束了一天的表演，一个个都疲惫不堪，人困马乏地早早睡下。他们连做梦都想不到的是，在这个看似没有什么异样的夜晚，这个已经被围困了许久的地方，即将变成他们一座噩梦难醒的硕大坟场。

时为九月初六，天上没有月亮，但见夜幕中的点点繁星闪耀，显出一片颇为诡异的静谧。然而，就是这么一个貌似宁静的夜晚，却隐含着腾腾的杀机。午夜刚过，周围一片漆黑，牛进达的军队已经悄无声息地从左右两侧包抄过来，每个兵士的手里拿着两支浸泡了松油的未点燃的火把，潜伏在吐蕃军大营外的土堆旁边，焦急地等待指挥官发出点火的命令。

在之后的很多年里，有关那个火光灿烂的夜晚所发生的一切，都永远地留在了所有目击者的记忆中，无论是胜利一方还是失败一方。当第一拨唐军突然向吐蕃大营投出第一批火把后，整个吐蕃大营随即被熊熊大火所包围。大火夹着烟雾冲天而起，一时间，风借火势，火助风威，烈火席卷了整个吐蕃大营，一切全都被点燃了。大火像洪水般蔓延开来，吐蕃军人发出非人的嘶吼四处狂奔，但是，凶猛的火焰瞬间就将他们吞噬。因剧烈燃烧在瞬间产生的热浪，就连唐军所骑的马匹都受到了惊吓，突然停住，在原地腾空狂乱嘶鸣。紧接着就是一群如从天降的唐兵冲了过来，带着令人惊骇的震天杀声，冲向了还在睡梦中的吐蕃兵士。

站在高处指挥的牛进达，杀气腾腾地看着山下的大火。大火夹着冲天而起的浓烈烟雾，火红的天空映衬着大营内那些衣衫不整的吐蕃士兵们惨叫着胡乱奔逃，而天空弥漫着黑色灰烬和尸体被烧焦的味道，随风飘散。冲天的大火引燃了旷野郊外的杂草，带着噼里啪啦的干裂声，也一并汇向了主火场的吐蕃大营。

那天晚上，似乎整个吐蕃大营都已投身于燃烧的烈焰之中，所有营帐都在火海中化为灰烬。

唐军发起总攻的那个时间，吐蕃的指挥官们尚在营帐内饮酒作乐，突然之间的一声炮响，打破了这种诡异宁静的同时，也把这几个将领给彻底打蒙了，一个个目瞪口呆面面相觑地站在原地发呆。

随着炮声响过之后，突然传来一阵惊天动地的杀声，数不清的唐军似是从地下冒出来一样，如同下山的猛虎，极尽各种手段，须臾间就把毫无防备的吐蕃军队杀了个人仰马翻，其他的吐蕃人见势不妙，狼狈逃窜，一口气逃到了一堵墙外，才敢回头向大营方向张望，只见大营早已是火海一片，刀光剑影。

事后证明，慌不择路的逃窜绝对不是保命的方式，他们似乎已经忘了，对面的城里同样也是敌人。惊魂未定的吐蕃人还没来得及喘息，只听到一声催命的破锣响过之后，松州城门突然洞开，从里面又杀出了守将韩威的一队人马，把这些从大营里仓皇溃逃出来的吐蕃兵再次杀了个人仰马翻。一时间杀声、马嘶声和兵器的碰撞声以及被杀者濒临死亡恐怖的惨叫声混作一片，松州城外血流成河。

是夜，吐蕃部队当场被斩近万人，伤者更是不计其数。天亮时分，当牛进达来查看战场时，那个场面依然令人震撼。

这就是战争的残酷！

但是，即便获得了如此大捷，牛进达依然感到非常失落，当他摩拳擦掌地从长安出征时，就铆足了劲发誓，一定要把不知天高地厚的吐蕃彻底打败，可让他万万没想到的是，嚣张狂妄一时的吐蕃竟然这么不经打，这边刚一交手，还没等用上三分力气，那边松赞干布就提出议和了。

[明] 文徵明 浒溪草堂图（局部）

第九章

茶马互市的兴起，茶叶进入西藏

松赞干布与文成公主结合，赤德祖赞与金城公主联姻，奠定了唐朝与吐蕃两百多年的甥舅亲谊。但是之后直到唐晚期，双方又因为各自的利益来来回回发生过数次战争，这些利益中一个突出的焦点就是茶！自唐宋以来，朝廷先后施行“茶马互市”“榷茶制”“引岸制”等策“以茶治边”，使安化和雅安等茶产地迅速得以发展。

一、谁家还有待嫁的公主?

虽然松赞干布不识字，但他也明白“好汉不吃眼前亏”这个道理。他没想到大唐下手会这么凶狠，一步就想把他的全军从这个世界上给抹掉，让他亲眼见识了唐朝的强悍。松州一战结结实实给他打得不轻，幸亏撤退得及时，否则二十万吐蕃大军就要全军覆没了。第一次交手，就让他真正领教了大唐的厉害。

松赞干布一边慌不择路地率领大军往吐蕃境内撤退，一边再次派出使臣赶快去长安谢罪投降。与以往的使臣不同，这一次出使长安的，是他身边的重臣：大相禄东赞。

把“国务院总理”都派来了，可见松赞干布的诚意了。

大相禄东赞抵达长安后，第一件事就是哀求李世民赶紧下旨，千万莫再追杀吐蕃的军队了。

李世民当即表示同意。

但禄东赞紧接着又提出了第二件事：请大唐皇帝无论如何给吐蕃王松赞干布赐一位公主为妻，否则的话我就住在长安不走了，一直等到你大唐天子点头答应为止。

见过固执的，还从来没见过这么固执的人，单这精神，就值得敬佩。禄东赞的态度很坚决，为了能与大唐上国攀上亲戚，人家吐蕃王国的国事都放下了，你大唐就是再铁石心肠，也该有所感动吧？李世民被松赞干布的请求气得哭笑不得，看来这人真的是吃了秤砣铁了心地一定要和大唐联姻。

说实话，这个要求确确实实给李世民出了一个很大的难题，吐蕃赞普对爱情的态度就是这么固执，即便被你暴打得鼻青脸肿，不但不记仇，还这么坚持自己的爱情观。这就叫：“头可断，血可流，娶大唐公主的决心不能丢！”

为了等候李世民的答复，禄东赞在长安逗留了三个多月。唐太宗见这个人机智聪敏，精通谋略，也非常喜欢，除了给他优厚礼遇外，甚至打算把琅玡公主外孙女段氏许他为妻。

其实李世民这样做的目的，就是想糊弄一下禄东赞：你就别一根筋死心眼地在这等下去了，赐给你一个妻子先回去。

可禄东赞并不领情，直接上奏告诉李世民，国中已有妻室，不可遗弃，况且这次是为赞普迎亲，赞普还未会见公主，自己怎能先娶？他这一番深明礼义、忠于职守的言论，颇为唐太宗和群臣所赞赏。谁说吐蕃没文化？人家所透露出的这种简单和质朴，就是大文化的表现。

碰上了这么个难缠的主，还真把雄才大略的李世民给难住了，单纯给松赞干布一个妻子没问题，大唐美女多的是，可美女不是公主，代表不了大唐的国体。摆在眼前亟待解决的问题是，谁家还有待嫁的公主？

李世民反复考虑了好几天，终于想起了一个人：江夏郡王李道宗。

李道宗和李世民是堂兄弟关系，隋唐时代的一员悍将，当年李渊起兵，李道宗是积极响应的一员猛将，此人不善言辞，上阵就知杀敌，从太原起事开始，一直跟随李渊打到长安，兢兢业业地冲在第一线，助李世民剿灭群雄而定天下，始终默默地跟在李世民身边，南征北战屡立战功，在功劳簿上被记下了一笔。以后又讨伐突厥、吐谷浑，功勋卓著，位极尊隆。唐朝建国后论功行赏，李道宗被封为江夏郡王。后来当唐太宗许婚松赞干布时，为了在政治上结托吐蕃，而选中了他的女儿。

关于文成公主究竟是不是李道宗的女儿，历史上颇有争议，因为搜遍所有史料，都未见有明确记载，几乎所有人都持同样的观点，只是从李道宗前往吐蕃送亲这一细节上，“疑似”文成公主是李道宗女儿，所以咱们这里也就继续假定文成公主就是他的亲生女儿吧。

李道宗这个人很聪明，只需从他指挥军队打仗就能看出，所以接到李世民的圣旨后，当即就明白了天子的良苦用心，即刻谢主隆恩，立即带上女儿赴京。

如果没有这个女儿，在和平年代里的李道宗一直都保持他的低调风格，这颗与世无争的名将之星，对政治斗争从不感兴趣，在他的世界里只有一个人，那就是他的堂兄李世民，只要李世民一声令下，李道宗即使赴汤蹈火也在所不辞。而战争一旦结束，他便回到自己的封地，逍遥自在地去享受自己的生活，至于京城宫廷里的明争暗斗，似乎引不起他的任何兴趣。

正是因为这样的风格，让李世民更加看重他，也更加信赖他，几乎在李世民参与的所有战役中，都能看到李道宗的身影，似乎他一出马，李世民才能有胜利的把握。换个层面来说，如果没有李世民对他的厚爱，也许早就被唐朝历史上那些星光璀璨的名将名流把他的光芒遮住了，或许他更愿意待在封地颐养天年而不会去参与那些无聊的政治活动。但是，偏偏他生了个漂亮的女儿，不仅漂亮，而且天资聪慧，于是，命运之神也就把他再次推上了历史的浪尖，让他不得不去与女儿的命运一道，为大唐江山随波逐流。

二、文成公主和黑茶的起源

贞观十二年，皇帝李世民给他下了一道圣旨，封他的女儿为文成公主，并诏令即刻启程前来长安，待嫁吐蕃王国松赞干布赞普。

在文成公主入吐蕃以前，大唐做了许多准备工作。首先是确定由唐太宗的族弟江夏王李道宗前往护送，其次确定了嫁妆的品类和数量，以前所未有的“国嫁”规格，将这场远嫁活动以极其隆重的仪式进行下去。文成公主入吐蕃的行程，事先也做了周密的安排，在吐谷浑边境修筑了行馆，作为公主和随从人员中途休息之所，以逐渐适应高原的气候。约定文成公主在进入吐蕃时，由松赞干布赞普率兵亲自到河源迎亲，甚至包括迎亲过程中，两个民族之间不同的礼仪在内，把每一个细节都做了充分细致的考虑。

订婚以后，文成公主并没有沉湎在远离家园和父母的哀伤之中，而是悉心筹划到吐蕃后如何迎接新生活、如何从事高原的建设。她召见禄东赞了解吐蕃地方的物产、风土人情各个方面，准备了妆奁和各种物资。

在她的妆奁中，有大量金银、绸帛、珍宝；还有大批书籍，除了儒家经典、史书、名家诗文、佛经，还有种树、医药、历法、工艺技术等书籍。还准备了耐寒抗旱的芜菁、各种谷物的种子，准备到吐蕃试种和推广，并把中原的先进文化和科技知识介绍给吐蕃人民。

当然，其中除了一些物质准备，还组织一支人数众多的随公主到吐蕃去服侍和服役的队伍，其中有公主奶母一家、官属和他们的家属、侍女、卫士，制造日用品的工匠和厨役等。为了公主的安全，李道宗挑选了一支卫队，人马精悍，装备整齐，衣甲鲜明。这是最早进入西藏高原的汉族人，他们对汉藏民族友谊和西藏的发展有很大贡献。

这一场轰轰烈烈的婚礼整整准备了三年时间，仅准备茶叶一项，就耗费了将近一年半的时间。据五代时期前蜀文人毛文锡撰著《茶谱》考证，文成公主的陪嫁茶叶，是今湖南安化地区生产的特供茶“渠江薄片”，从今天的湖南出发，到今陕西泾阳住停，换上包装后，再运达长安城。

这也是黑茶的起源。

三、文成公主进藏陪嫁茶叶四十万斤

直到贞观十五年，文成公主一行在江夏王李道宗的陪同下，连同随身所带的嫁妆和送亲迎亲的队伍，浩浩荡荡地踏上了前往吐蕃之路。文成公主进藏所走的这条路，在今天坐飞机不过几个小时的时间，然而他们一路走走停停，竟然走了整整两年。

从东土大唐到吐蕃这八千多里的道路有多么艰险，在此就不需要再多累述，还有更重要的是恶劣的天气原因，也阻碍了队伍的前进。但是文成公主进藏的壮举，不仅在政治上具有非常重要的意义，同时也给汉人入藏开辟了一条通道，从而中原与青藏高原之间有了一条通商之路，使更多的汉人进入了高原地区，加深了藏汉之间的直接交流。

唐朝给足了松赞干布面子，毕竟是公主大婚，大唐皇帝给予的嫁妆还是非常丰厚的，其中除上述所提到极为奢侈的嫁妆，还有吐蕃急需的四十万斤茶叶。

当然，松赞干布的谢礼也很大方。

而在文成公主入吐蕃之前，松赞干布也做了大量的工作，大兴土木进行沼泽的平整，修筑逻些（今拉萨）市街，建筑神殿。

一切准备就绪后，文成公主便择日启程。临行前唐太宗为禄东赞等吐蕃使臣设置了丰盛的宴会，为之饯行。启程之日，载着珠宝、绫罗、衣服、饰物、书籍等妆奁的马骡骆驼列成大队前行，还另备洁车载着释迦牟尼佛像。衣甲鲜明的卫队前后护卫着文成公主所乘的绣车，一些侍婢、官属随从人员也各乘车马，浩浩荡荡地离开长安。朝中文武百官也到郊外欢送。文成公主等行进到大城鄯城（今西宁）时，大队做了停留，然后前行两百余里到险峻的赤岭，下车换乘马，进入吐谷浑境内，文成公主第一次经历了高原的风霜后，受到河源郡王慕容诺曷钵和弘化公主的热烈欢迎，住在早已建成的行馆中。

经过一个多月的休息，解除旅途疲劳以后，又继续西行。在吐谷浑和吐蕃边界柏海（今青海扎陵湖），松赞干布带着禁卫军按约早已到此等候迎接。松赞干布与文成公主初次会见，便对这位娴静文雅的公主产生了爱慕，对于随从人员的众多，妆奁的丰厚，礼节的繁缛，都感到新奇。见到前来护送的李道宗，非常恭敬，执子婿礼。

唐]　宫乐图（会茗图）绢本设色

松赞干布陪同公主观览河源风光，见到侍女们的衣着华丽，珠宝饰物，隆重的亲迎仪式，尤其是文成公主的学识、风度，盛赞中原服饰之美，礼仪之盛，不胜羡慕。

行过亲迎礼后，李道宗告别公主和弃宗弄赞回朝复命。因为道路险阻，松赞干布先启程回逻些，公主带来的汉族工匠也先行出发，和吐蕃人民一起为公主平整道路，设立驿馆，开辟一条联系唐蕃的驿道。禄东赞和吐蕃大臣共同护送公主缓慢前行。

文成公主在路过的农业区，安装碾硙，留下芜菁种子和各种谷物种子，教导吐蕃人民各种种植方法。

文成公主到达逻些以后，吐蕃人民举行盛大的欢迎仪式，吐蕃人民穿着节日的盛装，载歌载舞庆祝赞普的婚礼。弃宗弄赞为公主举行盛大的宴会，婚礼十分奢华、热闹。松赞干布在婚礼上对亲近的大臣说：我祖上从来没有与中原上国通婚的先例，现在我能娶大唐公主，实在太幸福了，应当为公主筑一座城，以夸示子孙后代。

四、唐朝与吐蕃的茶马互市

吐蕃人的习俗是人们都以赭色涂面，公主看了很不习惯。松赞干布立即下令停止这种习俗。松赞干布在和公主相处时，都脱去毡裘，穿着唐朝所赐的华贵汉装。

松赞干布与文成公主结婚的时候刚满25岁，虽然他们之间的联姻也预示着中原与吐蕃之间拉近了距离，但是也为日后的不安定因素埋下了种子。

文成公主到逻些（今拉萨）后，松赞干布根据公主的心愿先后修建了小昭寺和十二座神殿，也为他的另一位夫人，来自尼泊尔的泥波罗尺尊公主修筑了大昭寺。把文成公主带去的一尊觉阿佛像，供奉在小昭寺内。为了纪念与文成公主结婚，松赞干布在公主经过的道路上建筑一座城寨，如中原的碉楼，气魄雄伟，十分壮观。吐蕃的习俗，王室冬天住在逻些王宫中，到了夏季，便移居琼结，在原野里建起巨大帐幕，用于居住，官吏也在此处理公事。山南泽当一带，柳林茂密，翠色宜人，文成公主喜欢这里的景色类似中原，也到这里定居，命令她所带来的随从人员和工匠，向当地人民传授整地开畦等耕作方法，安装水硙等技术。命侍女们教授当地人民纺织、刺绣，吐蕃人民很快便掌握了这些技术，对于吐蕃的发展起到了积极作用。松赞干布非常赞赏工匠的技巧，下令免除他们的差役。并且派使者到唐朝要求赠送蚕种，派遣酿酒、碾硙、建筑等各种技术工匠到吐蕃，帮助建设，唐朝一一满足了他的要求。

令人遗憾的是，松赞干布只活到了33岁便过早地死去，而他死后，吐蕃和大唐围绕着茶叶的问题又发生了多次剑拔弩张的不快，包括为了能获得大量的茶叶资源，挑拨诱使盛产茶叶的南诏国王阁罗凤起兵反唐，甚至在唐玄宗李隆基死后，吐蕃趁中原朝廷出现懈怠之际，出兵占据了大唐国都长安。

但是，即使松赞干布再多活几年，又能怎么样呢？

《唐书》记载：

“（贞观）十五年，妻以宗女文成公主，诏江夏王道宗持节护送，筑馆河源王之国。弄赞率兵次柏海亲迎，见道宗，执婿礼恭甚，见中国服饰之美，缩缩媿沮。归国，自以其先未有昏帝女者，乃为公主筑一城以夸后世，遂立宫室以居。公主恶国人赭面，弄赞下令国中禁之。自褫毡罽，袭纨绡，为华风。遣诸豪子弟入国学，习诗、书。又请儒者典书疏。”

自唐与吐蕃联姻后，有了一段时间比较长的友好关系。但是，李世民和松赞干布死后，从高宗李治时代双方之间就发生了一系列的擦枪走火事件，一直到松赞干布归天60年之后，他的第三代继位者吐蕃王赤德祖赞，一方面为了弘扬佛法，另一方面是希望得到唐朝的茶叶等物资，又迎娶了唐朝金城公主。松赞干布与文成公主结合，赤德祖赞与金城公主联姻，奠定了唐朝与吐蕃两百多年的甥舅亲谊。但是之后直到唐晚期，双方又因为各自的利益来来回回发生过数次战争，这些利益中一个突出的焦点就是茶！

《西藏政教鉴附录》中明确地说："茶叶自文成公主入藏地"，即湖南安化和四川雅安地区所产茶，贡奉朝廷后作和蕃礼品带进西藏地区。之后，安化与雅安藏茶源源不断地经过陕西泾阳至长安后输入西藏。自唐宋以来，朝廷先后施行"茶马互市""榷茶制""引岸制"等策"以茶治边"，使安化和雅安等茶产地得以迅速发展。

利益，从来都是战争的主要因素，也是战争的主要目的，从古到今，无论打着什么样借口的战争，最终的结果都落实到了少数人的利益上。为了达到他们的利益，无论中国还是欧洲都是如此，从部落杀戮到十字军东征，包括近现代的两次世界大战，战争的目的和利益完全结合在一起。战争的利益，同时又是充满了血腥的剥夺和抢掠，为了达到少数人的目的，有多少人被剥夺了生命而沦落为战争的牺牲品，又有多少百姓在战争中家破人亡！

第十章

唐朝与南诏，因茶而起的经济之战

从古到今，茶的第一属性固然是中国最具传统特色的饮品，但是，几乎从它诞生以来，就始终没有离开过“博弈”二字。历朝历代，无论是在政治还是在经济较量中，无辜的茶叶始终都作为其中的一个重要砝码，以极为尴尬的身份出现在纷乱的历史舞台上，目睹着一场又一场毫无人性的大肆杀戮。

一、茶叶原产地：南诏

在唐朝的一系列战事中，如果不提南诏之战，也就谈不上争夺茶叶之战的惨烈与悲壮了。

从古到今，茶的第一属性固然是中国最具传统特色的饮品，但是，几乎从它诞生以来，就始终没有离开过“博弈”二字。历朝历代，无论是在政治还是在经济较量中，无辜的茶叶始终都作为其中的一个重要砝码，以极为尴尬的身份出现在纷乱的历史舞台上，目睹着一场又一场毫无人性的大肆杀戮。

虽然由茶叶引发的战争硝烟已散，可是留在中国多舛历史命运中的，却是挥之不去且又难以书写的痛楚。在今天人们的思维中，茶，不过就是一片可以饮用的树叶，但是，我们应该从更深层的意义上去反思一下，在历史上由这片树叶给中国人所带来的深重灾难！

隋末唐初，在今云南大理的洱海周围及哀牢山、无量山北部地区，分布有乌蛮、白蛮众多部族和部落，公元649年到公元902年间在中国西南地区的乌蛮联合白蛮建立奴隶制的边疆民族政权。一般认为，乌蛮是今彝族的先民。其中有六个势力最大的乌蛮部落，史称“六诏”（“诏”之意即王），即蒙舍、蒙巂、浪穹、邓赕、施浪及越析，或称“八诏”，则加石和、石桥二诏（《新唐书》作时傍、矣川罗识）。

蒙舍诏地处各诏之南，故又称南诏。公元649年，也就是大唐贞观二十三年，蒙舍诏首领细奴逻建“大蒙国”，自称“奇嘉王”，臣属于唐，并遣使进长安朝贡。武则天时代，细奴逻之子逻盛亲自入朝朝贡。

蒙舍诏原居蒙舍（今云南巍山西北），至唐玄宗时，逻盛的孙子皮罗阁在唐的扶持下统一六诏，迁都太和城（今云南大理南太和村），公元779年又迁羊（阳）苴咩城（今云南大理）。公元783年，唐赐名皮罗阁为蒙归义，封云南王。皮罗阁及其子阁罗凤即以洱海地区为中心，发展其势力，向东消灭踞有今云南中部、东部和南部的爨氏，向西南囊括今澜沧江以西的寻传、朴子、望苴子等族地区。南诏在境内发展生产，沟通本地区及中南亚与中原经济、文化的联系，在历史上起着积极的作用。

众所周知，南诏为中国茶叶的原产地，其中攸乐、倚邦、革登、蛮砖、蛮枝、漫撒六大山头为著名的茶产地，这些茶经大唐监管课税后，除少量进入内地销售外，多数茶叶则通过马帮经康定进入吐蕃。

有关云南地区的事务，在唐朝初年就已经确定，由剑南节度使统管。所以剑南节度使在无形中又是云南等地的皇上皇，统管和协调云南各部族之间的关系以及大小事务。之后的近百年中，云南地区虽然杂乱事不少，但是毕竟没有遭遇到很大的纠葛。其中的主要原因还是在于历任剑南节度使的能力，至于发生在部族之间的纠纷问题，节度使的态度基本上都是睁一只眼闭一只眼，只要不出格，什么都好说。

这种现象一直维持到唐玄宗李隆基时代的天宝年间，权倾朝野的“天宝宰相”杨国忠正是红得发紫的时候，任命鲜于仲通为剑南节度使，越嶲都督张虔陀改任姚州都督，负责监视与控制南诏。

大唐控制了洱海地区以后，便加紧了对滇池区域的经营，对茶叶施行专控制度。因为南诏是茶叶的主要产区之一，作为军事战略不可缺少的储备物资，南诏的茶叶出口就成为大唐必须考虑的重要因素，要充分利用好将茶叶作为控制吐蕃的有效工具，所以对南诏地区的茶叶出口采取严格的控制和高额税收，从而导致南诏茶叶的价格暴涨，对吐蕃的茶叶供应量大幅度减少。但是，此举引起了南诏和吐蕃两地的强烈不满。

其实南诏和吐蕃的不满都可以理解，毕竟触及了双方的利益。一旦减少了茶叶进口，不仅仅会致使吐蕃本族发生“茶叶危机”，甚至会影响到向其称臣的泥婆罗（今尼泊尔）等属国的安定。而南诏则更为实际，所收获的茶叶因为税赋过高不能及时销售，造成了大量的积压，只能眼睁睁地看着茶叶变质，不能变现，最后不得不全部扔掉，使原本还能过得去的生活，变得比以往更加清苦。所以，当地人如果能再继续安分守己地听大唐的话，才真的成怪事了。

在这个背景下，剑南节度使章仇兼琼按照朝廷的计划，下令修筑安宁城，开步头路直达安南，以防吐蕃等外族势力进犯南诏抢茶。这一举措开始并未遭到当地爨氏各部的强烈反对，然而，随着筑城的不断推进，给当地头人带来了税赋的压力，爨氏以唐朝官员的筑城举动破坏了当地的风水，会给当地百姓带来灾难为名，要求停止筑城。

二、都督府茶叶的专控制度

爨氏虽然几次请求官吏停止城池的修建，但都督竹灵倩非但没有听从，反而加快了筑城的进度。大唐官员的傲慢态度让爨氏大怒，于唐天宝四年（公元745年）以南宁（今云南曲靖）州都督爨归王、南宁州大鬼王爨崇道叔侄为首的爨部诸首领，包括昆州（今云南昆明）刺史棋、求州王（今云南武定）爨守懿、螺山（今云南普吉）大鬼爨彦吕发动武装叛乱，率五千人击退外围唐军，并攻破安宁，拆毁城垣，杀了筑城使者竹灵倩。

叛乱爆发后，章仇兼琼很快上书朝廷报告了局势，唐明皇李隆基即刻派遣中使孙希庄、御史韩洽和都督李宓前往处置，同时委派云南王皮罗阁出兵对爨氏进行讨伐。

当皮罗阁指挥的军队到达波州（今云南祥云）时，爨归王及爨崇道叔侄、爨彦吕等惧怕报复，率兄弟千余人以泥涂面，从南宁到南诏大营谢罪，并表示“冤枉”，请皮罗阁代奏朝廷，申雪前事（攻安宁，杀竹灵倩）。皮罗阁露章（“明码”）上奏皇帝，往返二十五日，唐玄宗的诏书下来：赦诸爨之罪。

明明是毁城、杀封疆大吏的“叛乱”，还有何“冤屈”呢？

这就要说到南宁州都督府的沿革。唐高祖武德至唐太宗贞观年间，在味县（后称石城，今云南曲靖）先后建立的南宁、郎州都督府和内地一样，是“正府”，由“流官”任都督。唐高宗永徽初，撤销郎州都督府，改建为南宁州都督府，但不再是“正府”，而成为戎州（今四川宜宾）都督府下属的羁縻州府，任命当地“渠帅”爨归王的祖父爨荣宗为都督，管理戎州都督府最南边的十四个羁縻州：归武、汤望、严、奏龙、从、品、武昌、声、盘、威、武垣（镇）、英、南宁、麻。

章仇兼琼派遣越巂都督竹灵倩，前往姚州都督府管辖下的安宁筑城，修筑安宁至戎州都督府管辖下的步头的道路，而戎州、姚州都督府“无权过问”。所以，戎州、姚州都督府对诸爨的叛乱，非但不制止，实际是默许、纵容乃至支持。皮罗阁代奏朝廷申雪，当然意欲插手滇东。何况诸爨“认罪”，并答应要出资修复已被其毁坏的安宁城，因而唐廷得以“路通安南”，所以下诏一切释罪。这样既给了皮罗阁面子，也给自己在南诏所制定的不合理的茶叶专控制度找了个台阶。

为了拉拢爨部首领，皮罗阁将自己的两个女儿，一个嫁给了爨归王的儿子爨守隅，另一个嫁给了爨崇道的儿子爨辅朝。然而，在此次平叛的过程中，李宓却使用了离间计，暗中煽动爨首，挑拨爨崇道。当皮罗阁撤兵回师洱海后不久，爨崇道立即就下手暗杀了他的叔叔爨归王和爨归用。

爨归王的妻子阿姹只好向南诏求救，阁罗凤率兵出击，杀了作乱的爨崇道父子，导致大唐与南诏之间矛盾激化。皮罗阁死后，阁罗凤继位，两者之间的关系变得愈加微妙，也就在这个时候，越巂都督张虔陀犯了一个极其低级的错误，导致阁罗凤在吐蕃的唆使下叛乱，从此脱离大唐而投身吐蕃。

说起这几位封疆大吏，虽然不能说全部都是心术不正之徒，起码一多半没安什么好心，一个个靠着对杨国忠的行贿，只是依仗自己在朝里有靠山，对自己的本职工作并不关心，对虎视眈眈觊觎南诏的吐蕃不管不问，却偏偏肆意干涉南诏的内部事务，甚至故意有心挑起事端。尤其是越巂都督张虔陀，已经弱智到无可救药的地步了。

吐蕃为了能从南诏生产的茶叶中获得更多的利益，一直都和继任的云南王阁罗凤眉来眼去，而阁罗凤的态度也很暧昧，两者各怀心思，彼此也都心照不宣，唯独端坐在姚州城里的都督张虔陀被蒙在鼓里。

三、茶叶礼物后的历史“钓鱼”谜案

天宝九年（公元750年），阁罗凤带着新下的茶叶，与妻子一起来到姚州拜会张虔陀。身为唐朝都督，负有安边抚民重任的张虔陀，却因为他的一些不当行为，导致大唐蒙受了一场难以启齿的灾难，同时他自己也因此把小命给搭了进去。

原因是张虔陀竟然阴差阳错地看上了阁罗凤的妻子。

现在说起来，阁罗凤的这个妻子估计也并非贤良淑德之人，或者说这根本就是阁罗凤给张虔陀设下的一个套，因为没有任何史料证明这位云南王还有一个这样的妻子。

原本张虔陀见阁罗凤前来没带什么值钱的东西，心里不怎么舒服，耷拉个脸最多应付一下了事。可他出门来到大堂才发现，阁罗凤的妻子长得竟然那么漂亮，于是他挽留阁罗凤夫妻共进午餐，阁罗凤也没有推辞，于是，一出极其吊诡的大戏从这个时候开始正式上演。

这场宴席总共有四个人参加，除了张虔陀和阁罗凤夫妇外，还有张虔陀的一个偏将。在吃饭的过程中，宾主之间也没什么话题可聊，因为张虔陀的心思根本就没放在吃饭或聊天上。也可能是多喝了几杯的原因吧，张虔陀的眼神不停地直往阁夫人的身上扫。“恰巧”就赶在这个时候，阁罗凤因“尿急”离开了饭桌，这一下给张虔陀留下了机会。

一见阁罗凤起身，张虔陀立刻就给他的那位偏将使了个眼色，偏将也心领神会，很识趣地陪同阁罗凤一起去了茅房。

一看阁罗凤走了，张虔陀一把捏住了阁夫人的手，而阁夫人也是半推半就。

然而，这一幕“恰巧”又被回来的阁罗凤给看到，脸色顿时就变了，直接拔出腰刀指向了张虔陀。张虔陀一看阁罗凤翻脸，吓得面色土灰，哆里哆嗦地跑了出去。

这种手段到今天也一直被人使用。不过，平心而论，就阁罗凤朴素的智商而言，做出一个这样的局来对付张虔陀的可能性微乎其微，所以，他背后必定有高人支招，而这个支招的高人十有八九就是吐蕃。

四、茶叶经营和南诏之战

此时的吐蕃已经不再是一百多年前那个有勇无谋的游牧部落了，自从文成公主进入吐蕃后，松赞干布明白了有文化和没文化之间的巨大差别，不仅着人造了文字，还把中原的《孙子兵法》《三十六计》等书全部译成了吐蕃文。这么说吧，自从吐蕃有了文字后，中原乃至印度几乎所有的文化全都搬进了吐蕃，虽然在使用上还不是那么娴熟，可这就已经足够了。因为有了文字，让本来就骁勇善战的吐蕃将领们更是如虎添翼，攻城掠寨如囊中探物，使得吐蕃疆土不断扩大，已经直接威胁到了大唐的本土安全。

那么，张虔陀的事就这么完了吗？

怎么可能！

阁罗凤这才刚刚抓住了张虔陀的把柄，好戏才拉开了帷幕，哪能这么简单地说完就完？如果不把这事往大处搞，岂不是对不住躲在幕后出谋划策设计诡计的那些人？

回去后，阁罗凤的怒气依旧未消，大声叹息道：“大唐有如此邪恶之徒，必丧社稷矣！”同时以“九重天子难承咫尺之颜，万里忠臣岂受奸邪之害”之名，专门指派心腹军将杨罗颠为他的特别使臣，长途跋涉远赴长安向唐玄宗控诉张虔陀的罪行。

这就叫作“先礼后兵”，又叫作“一石二鸟”。我阁罗凤的老婆被你大唐官员给调戏了，皇上你得给个说法吧？如果处理了张虔陀，咱们一切都好说，否则的话，不要说我阁罗凤对不起你大唐王朝！

而这个时候的唐明皇李隆基正沉溺在杨贵妃的温柔梦里不愿醒，朝里的大小事务全部都交给了杨国忠，他反倒落了个清净。

时任度支员外郎兼侍御史的杨国忠（不过，那时他还叫杨钊），奉李隆基旨意在长安接待了杨罗颠一行，听杨罗颠义愤填膺又添油加醋地控诉了张虔陀的罪行后，也紧皱起了眉头。对他来说，这还真是一个不太好处理的事。因为鲜于仲通是杨国忠的恩人，当初如果没有鲜于仲通的引见，他这辈子也不可能有今天这等荣华富贵，而张虔陀又是鲜于仲通的人，同时也是他上疏李隆基把张虔陀调为姚州都督。如今发生了这么件丢人的事，让他自己都觉得没了面子。

杨国忠，原名杨钊，蒲州永乐（今山西芮城）人，据说是武则天面首二张之一张易之的外甥，也是杨贵妃的同宗祖兄。

早年的杨钊，是个社会痞子小混混，家境贫寒可吃喝嫖赌样样都沾，不学无术却坑蒙拐骗无一不会。因经常向别人伸手借钱，而借到手之后又从来不还，所以被人瞧不起。三十多岁的时候，于无奈中只好从军到了四川，在一个偶然的机会里杨钊结识了当地的富二代鲜于仲通。可以这样说，从鲜于仲通身上杨钊得出了一个结论，要想出人头地，必先发愤图强。所以，在那段时间里，杨钊非常刻苦地学习。但是，杨钊所不知的是，鲜于仲通不仅仅是家里有钱有势的大富豪，更重要的，他是时任剑南节度使章仇兼琼身边的绝对心腹。一直到天宝初年，鲜于仲通向章仇兼琼力荐杨钊进京，杨钊这才知道其身份。

章仇兼琼之所以能听从鲜于仲通的提议，将杨钊提拔为采访支使，其中有很深的政治用意，一方面是杨钊与已被封为贵妃的杨玉环为同族兄妹，完全有可能在长安站住脚，为自己日后进京升迁埋下一个伏笔；而另一方面，则是通过杨氏的裙带关系，有效遏制当时的权臣李林甫。然而，也可能就是因为当初的这个决定，使章仇兼琼日后没有在史书中留下任何记载。

杨国忠把杨罗颠与自己的谈话掐头去尾地向李隆基做了汇报，并信誓旦旦地为张虔陀的人格做了担保，把所有的不是都反扣在南诏身上，致使唐玄宗误听误信，亲自出面斥责杨罗颠，从而使原本可以和平解决的南诏危机，彻底滑向了战争边缘。

杨罗颠回到云南后，当面向阁罗凤述说了京城之行的前后经过，阁罗凤闻听当即就暴跳如雷。他本来的想法是，这件事希望大唐朝廷能拿出一个合适的解决办法，并且借此要求朝廷减免南诏的税赋，由其自主实施对吐蕃等地的茶叶出口和经营。然而，大唐皇帝并没有这样做，这让阁罗凤无法咽下这口气。于是下令准备战争！

次日清晨，阁罗凤亲率三万大军征伐姚城。

当张虔陀站在姚州城的城楼上看到黑压压的南诏军时，他唯一的办法就是紧闭城门，等待援军。

可是，姚州城被阁罗凤围了个密不透风，派人出去送信并不是件容易事。所以，等候援军，不过就是在安慰自己。

这种自我安慰也维持不了多久。午饭刚过，南诏军就向姚州城发动了第一波攻势。城墙里的守军毫不犹豫地向攻城的南诏军射出一阵箭雨，在一片杂乱凄惨的叫声中，南诏军丢下上百具尸首转身撤了回去。第一波刚刚退下，第二波冲击紧随其后，大呼小叫地又开始向城墙发起攻势。

守城的唐军在击退了南诏军的两次冲锋后，突然发现了一个致命的问题，因为前两轮对攻城的敌人耗用的箭矢过多，现在已经没有箭了！

张虔陀绝望地从箭楼里偷偷往下窥视南诏军的动向。他心里很清楚，姚州城破只是个时间问题，一旦破了城，自己的性命肯定保不住。于是他做出了一个决定：向阁罗凤投降！

南诏军却没闲着，继续发动第三轮进攻。这一轮进攻的兵士们几乎没费多大的劲就攻到了姚州城的城墙下。就在他们准备攻击城门的时候，城门突然从里面打开，张虔陀手举降书从城内走出。

但是，阁罗凤并不接受他的投降，冷冷地看了他一眼，突然抽出腰刀杀死了张虔陀。

《南诏德化碑》[①]记录了张虔陀六大罪状："又越嶲都督张虔陀尝任云南别驾，以其旧识风宜，表奏请为都督。而反诳惑中禁，职起乱阶。吐蕃是汉积雠，遂与阴谋，拟共灭我。一也。诚节王之庶弟，以其不忠不孝，贬在长沙。而彼奏归，拟令向我。二也。崇道蔑盟构逆，罪合诛夷，而却收录与宿，欲令雠我。三也。应与我恶者，竝授官荣。与我好者，咸遭抑屈，务在我下。四也。筑城收质，缮甲练兵，密欲袭我。五也。重科白直，倍税军粮，征求无度，务欲敝我。六也。"

① 《南诏德化碑》位于今云南大理。

第十一章

南诏叛唐入蕃，实乃茶源

早在贞观九年（公元635年），大唐灭了吐谷浑后，就已经断掉了吐蕃的茶叶供应链，之后，松赞干布通过联姻，以更直接的方式从大唐获取了稳定的货源。但是，在松赞干布死后，大相禄东赞成为吐蕃权臣，他在茶叶的供应问题上与大唐始终有很大的分歧——这时的大唐对吐蕃茶叶供应的价格已经很低了，但是吐蕃仍然觉得太高，一再要求大唐把价格降下来，而大唐的确已经没有了降价的空间，所以双方围绕着各自的利益互不相让。

一、南诏叛唐入蕃

因为张虔陀酒后贪色，惹恼了阁罗凤，再加上唐玄宗偏听偏信了杨国忠对阁罗凤的谗言，使一件本应和平化解的危机升级为战争，致使阁罗凤亲自率军打破姚州城，诛杀张虔陀，然后举兵北上，一鼓作气占据了越巂都督府管辖的三十余个州县部落。

阁罗凤杀了张虔陀后，给他罗列了六大罪状，说张虔陀勾结吐蕃，企图前后夹击南诏；阴谋扶持阁罗凤的二弟诚节为南诏王，以颠覆阁罗凤的统治；唆使爨崇道与南诏为敌，制造事端；让南诏最不能容忍的是，只要和南诏关系不错的唐朝官员，张虔陀一概不用，而专门重用那些极端仇视南诏的人为官，企图孤立南诏；张虔陀时刻在进行军事准备，不时谋划战争，准备通过军事手段袭击南诏；故意加重对南诏的税赋征收，而且税收的尺度不限。

坦率地说，这就叫欲盖弥彰！

说张虔陀要勾结吐蕃前后夹击阁罗凤，只要稍微有点头脑的人都会分析，比如最简单的一个问题，张虔陀和吐蕃勾结推翻阁罗凤能得到什么好处？

不过，在这件事发生之前，张虔陀确实和吐蕃的特使有过接触，但所涉及的内容仅限于商业，也就是茶叶销售的问题，从来都没有涉及要与吐蕃有任何的军事行动。

至于其余的五条罪状，完全是阁罗凤的个人猜忌，说张虔陀阴谋扶持阁罗凤二弟诚节为南诏王和唆使爨崇道与南诏为敌，纯粹都是无中生有，不外乎是给自己找个貌似合适的理由借以除掉张虔陀，以便让南诏脱离大唐的管辖，而投入吐蕃的怀抱罢了。

说实话，大唐对南诏的政策太宽松了，虽然朝廷在云南境内设置了官府衙门，但除了必要的税收和边防外，基本上对南诏的事务并不过问太多，即便这样，也让阁罗凤心里很是不爽，他一心想要脱离唐朝而归顺吐蕃，因为吐蕃的赞普三番两次派使臣到南诏，软硬兼施地希望阁罗凤能够归顺吐蕃，并且给了他一个美好未来的承诺。

这才是阁罗凤起兵叛唐的主要原因。

然而，当阁罗凤真的脱离了大唐而归顺了吐蕃之后，才明白了什么叫作吃亏上当，什么叫作哑巴吃黄连！

起兵占领了大唐的城郭，并且杀了大唐的官员，阁罗凤心里很明白，此举必然惹恼朝廷，于是就做了这么个“天下公告”，并制造舆论说张虔陀罪行累累，不杀不足以平南诏民愤，这才把他给杀了，你看怎么办吧！

李隆基闻报，龙颜大怒，好你个阁罗凤，你吃了熊心豹子胆了是吧？不但杀我官员，还起兵叛乱，并且给自己找了个借口和理由，是欺我大唐没人？还是自己找打？小样，看我怎么收拾你！

图穷匕见，杀机顿起！

唐玄宗当即命剑南节度使鲜于仲通统帅六万大军，兵发南诏。

唐军兵分三路向云南开拔，第一路由鲜于仲通亲率，由越嶲一带沿清溪关道南下，进入今天的滇东北地区；第二路由大将军李晖率领，从会同路发起进攻，直接进入姚州地区；第三路由安南都督王知进率领，从步头路北上进入滇中地区。三路大军从不同的方向直奔南诏腹地,并在那里会合。

这个计划确实不错，如果大唐派出去的是个像当年侯君集、段志玄那样的智勇将军,打赢这场战役无疑是很轻松的事。可是,朝廷派出去的这位,却是不怎么靠谱的鲜于仲通。

鲜于仲通是个文官，而且是个善于玩弄权术的文官，从来没有带过一天兵，可杨国忠偏偏要举荐他为三军统帅带兵打仗，真不知道当时李隆基究竟是怎么想的，杨国忠说什么他就听什么。

由此可见这位宠臣的能力，连皇帝都能被他忽悠得溜溜转。

如果当年不是鲜于仲通的接济和提携，介绍杨国忠（当时他叫杨钊，这个名字一直叫到天宝九年，才被李隆基赐名杨国忠）认识了当初的节度使章仇兼琼，有机会进京直接面见唐玄宗的话，杨钊此生怕是难脱“弥汉”的命运了。后来杨国忠得势，鲜于仲通自然也就跟着发迹了。

一人得势，鸡犬升天啊！

鲜于仲通的大军于天宝十年（公元751年）到达南诏地界，对南诏形成了包围，并在曲靖设立了司令部，调度各路大军随时做好战斗准备。面对这种紧迫局面，阁罗凤吓得不知如何是好，赶紧派出杨子芬和姜如之来到曲靖，当面向鲜于仲通求和，同时把攻占姚州、诛杀张虔陀的前后经过做了全面陈述，说明事情完全是由张虔陀的不当举止所致，过错并不在南诏。而且吐蕃对南诏觊觎已久，如果大唐和南诏一旦开战，开战双方两败俱伤不说，更是让吐蕃有机可乘，且趁火打劫坐收渔利，最终吃亏的将是交战双方。在这种情况下，南诏愿意谢罪并做出赔偿，请大军撤出云南，继续维持和平友好关系，不给吐蕃任何机会，云云。

杨子芬的话说得确实有一定道理，引起了鲜于仲通的深思。张虔陀是鲜于仲通的心腹，而且已经被杀，窝在鲜于仲通心里的那股火可想而知。但是他个文官，不愿打仗也不会打仗甚至不懂打仗，或者说，纸上谈兵他是个行家，一旦实战他立马就成了逗眼。听了杨子芬和姜如之的真诚陈述后，鲜于仲通的内心发生了变化，在打与不打之间纠结。

然而，也就在这个时候，他得到了一个消息，阁罗凤在向唐军请和的同时，也派出了使臣前往吐蕃搬兵求援。这种两面三刀的做法让鲜于仲通勃然大怒，当即下令将杨子芬和姜如之扣作人质，命军队继续开拔，向洱海地区进发，为了大唐的尊严，一定要让阁罗凤付出惨痛代价！

二、吐蕃西域寻茶梦断

早在一百多年前的贞观九年，大唐灭了吐谷浑后，就已经断掉了吐蕃的茶叶供应链，之后，松赞干布通过联姻，以更直接的方式从大唐获取了稳定的货源。但是，在松赞干布死后，大相禄东赞成为吐蕃权臣，他在茶叶的供应问题上与大唐始终有很大的分歧。

其实这时的大唐对吐蕃茶叶供应的价格已经降到了最低，但是吐蕃仍然觉得太高，一再要求大唐把价格降下来，而大唐的确已经没有了降价的空间，所以双方围绕着各自的利益互不相让。

阿里巴巴创始人马云曾经说过一段颇令人玩味的话：熟人买卖，你卖给他多少钱，都会觉得你挣他钱，卖给他多便宜也不领情！你的成本、时间等人家都不看在眼里，宁愿被别人骗，让别人挣钱，也不支持认识的人，因为他心里总是在想，你到底挣了他多少钱，而不是你帮他省了多少钱。这就是穷人思维！富人之所以富，是愿意照顾熟人生意，相互关照，福报自然会多，朋友也会支持你，财运才会越来越旺！

这言简意赅地道出了人性！

因为双方意见达不成一致，只能兵戎相见。从唐高宗李治，到睿宗李旦，大唐与吐蕃之间的利益战事，几乎从未间断。吐蕃人错误地认为当初是由吐谷浑人将茶叶带入高原，那么茶叶的产地就应该在西域一带，所以，吐蕃轮番向西域一带发起猛烈攻势。

来来往往的战役打了几十年，这期间大唐天子已经从李治到了李旦，后来又到了武则天时代。大唐江山都已经换了好几任的皇帝了，可吐蕃还在龟兹、于阗、疏勒、碎叶一带，拼了老命地要找到“仙草”的确切位置。在他们当时的思维中，认定这种吐蕃人赖以生存的“仙草”，是被大唐故意给藏了起来，所以动用了吃奶的力气，大有一种不达目的不罢休的决心。

这种纠缠不清的局面一直持续到武则天时代的长寿元年（公元692年），才彻底被打破。

据《新唐书》所记：武则天于长寿元年“诏右鹰扬卫将军王孝杰为武威道行军总管，率西州都督唐休璟、左武卫大将军阿史那忠节击吐蕃”，所记就是时任武威军总管王孝杰率十七万唐军击败了由禄东赞的孙子噶尔・勃论赞刃率领的三十万吐蕃大军，一举收复了龟兹、于阗、疏勒、碎叶等西域城镇。

三、直捣南诏，生擒阁罗凤

从此，大唐让吐蕃在西域寻找茶叶资源的梦想彻底破灭了。

但是后来，在一次极为意外的情况下，吐蕃人终于发现，茶叶并非产在西域，而是南诏。吐蕃这才恍然大悟，赶紧调回头将目标又转向了南诏这边。从阁罗凤他爹皮罗阁时代，吐蕃就三番两次派人前来利诱，但都被皮罗阁以婉转的方式挡回。

吐蕃见利诱不成，就联合云南其他部落对南诏发兵进攻。皮罗阁在大唐的支持下，痛击吐蕃，并统一了云南六诏，使南诏进入了快速发展阶段。然而，皮罗阁死后，其子阁罗凤继位，却起了叛唐投吐蕃的心。

南诏的腹心地带是洱海坝子，东临洱海，西依苍山，是一块狭长形冲积扇平原，南北长约 50 千米，东西最宽的地方也不过 8 千米，且南端有龙尾关，北居龙首关。这里先后建有南诏国的三座都城，太和城、大趋城和阳苴咩城，从而成为南诏地区的心脏地带和根据地。从战略上看，东面洱海茫茫，水路进攻不是那么容易。西面则苍山高耸，平均海拔超过 3000 多米，奇峰罗列，山势险峻，且峰顶终年积雪，形成一道天然屏障，如果唐军想要翻越苍山，由西向东向南诏腹地发起攻势的可能性极小。而南面龙尾城西扼苍山，东边的西洱河又是一道天堑城壕，居高临下，易守难攻。北面的龙首关东临洱海，西靠苍山云弄峰，占据了苍山与洱海之间的地方。南诏都城襟山带水，顺着山势筑城，地势极为险要。

在这样险恶的地理环境下，鲜于仲通毕竟不是贞观年代那些骁勇战神，依他的能力，想要攻打南诏的胜算究竟有多少呢？

此时，唐军的一队骁骑，在大将王天运的带领下，已经秘密绕道点苍山西坡，在漾濞一带登山，做好了奇袭的准备。鲜于仲通则亲率主力，直抵龙尾关（江口）。而阁罗凤的准备工作尚未完成，因为他请来的吐蕃援军目前还没有到达指定位置，为了争取到足够的时间，阁罗凤采取了缓兵之计，再次派出使臣前往唐军大营，向鲜于仲通求和。

这时的鲜于仲通已经横下必战的决心，脸上的表情不无得意，运筹帷幄地遥望着远端的太和城，似乎南诏已经成为他砧板上的一块肉，想怎么切全由他来决定，所以无论阁罗凤采取怎样的请和方式，他都予以断然拒绝。因为按照他的思路，六万大军已经包围了苍山洱海之间的南诏腹地，况且还有奇兵从苍山西坡突袭，只要王天运一发起攻势，他便指挥大军由西洱河东岸，借水道向西发起进攻，同时，陆路部队分两路猛攻龙尾龙首二关，南北夹击，可一举拿下，直捣南诏太和城，生擒阁罗凤。

但是就在这个时候，鲜于仲通犯下了一个致命的错误，他忘记了，或者根本就不懂“兵贵神速”这个道理，就在南诏再次派使者前来议和的同时，他却下了一道极其愚蠢的命令——部队就地扎寨！

这等于白白地给了南诏一天的准备时间！

也就是在这一天的时间里，吐蕃御史论若赞已经率领大军迂回到了唐军的身后，而阁罗凤的儿子凤伽异、大将军段全葛率军队在苍山西坡的“丘迁和”（今漾濞石门关一带）从正面迎击唐军。

而造成唐军滞后这一天的直接责任人是鲜于仲通的心腹参将袁正平，因为此人的一个极其低级的错误，从而导致唐军的毁灭性惨败。

按照预定的作战方案，当大将王天运带领他的骠骑兵到达作战地带时，由鲜于仲通指挥主力大军对南诏率先发起进攻，而王天运的奇袭部队则趁乱以点苍山为制高点，居高临下进行突袭，并顺势而下在侧翼形成一把锋利的尖刀，直插敌人心脏部位的太和城下，左右两军顺势切断敌人后援，造成前后不衔接，再由唐军分段将其消灭，并形成对太和城的包围，迫使阁罗凤投降。

这个作战方案对鲜于仲通这样一个门外汉而言，可以说制定得完美无瑕，但是，他们忘记了一个致命的问题，背后还有一个更为凶险的敌人：吐蕃！

但是，偏偏鲜于仲通硬是对吐蕃的威胁视而不见，便强令按此方案执行。

这就是英雄与烈士之间的差距，一丝一毫的疏忽，往往都会导致整个战役的失败。

其时，王天运率领的三千骠骑兵在极为艰苦的条件下，已经成功翻越了点苍山，并已按照事先制订的作战计划，在指定的时间内到达了指定的地点后，向唐军大营发出了信号。

古语说得好：兵熊熊一个，将熊熊一窝。

四、悲壮之士王天运

王天运所发出的信号，袁正平竟然没有看到，反而被阁罗凤先发现了。于是，唐军等来的是灭顶之灾！

王天运注定要成为那个时代的一名悲壮之士！

从严格意义上来说，王天运算得上是唐玄宗时代的一员骁勇战将，几乎参加了之前的所有战役，最为著名的一次，便是天宝七年（公元748年）作为主帅高句丽人高仙芝麾下的一员主将，长途奔袭攻打小勃律。

小勃律国位于今克什米尔西北部，都城是孽多城（今吉尔吉特）。唐朝时是葱岭上两个较大的国家之一，原为唐属国，是吐蕃通往安西（今新疆库车）四镇的交通要道。吐蕃曾多次离间小勃律与大唐之间的关系，均不奏效。后来，吐蕃赞普把公主嫁给小勃律王苏失利之为妻，苏失利之随后脱离大唐，率小勃律国归附于吐蕃。吐蕃进而控制了西北各国。可以说，是在小勃律国的带领下，西北二十余国全部臣服于吐蕃，并且直接中断了对唐朝的朝贡。大唐的几任安西节度使田仁琬、盖嘉运、夫蒙灵詧等数次派兵讨伐，因距离遥远且地势险要，再加上吐蕃大军的援助，全部都无功而返。

直到天宝六年（公元747年）三月，唐玄宗下诏，以安西副都护、都知兵马使、充四镇节度副使高仙芝为行营节度使，率军万人长途跋涉征讨小勃律。在此次战役中，王天运表现英勇，亲率一千骠骑兵冲锋陷阵，所到之处无不披靡，俘虏了小勃律王苏失利之和吐蕃公主。

是役让王天运一战成名，并得到了李隆基的恩赐。在征服了小勃律后，其余跟随小勃律降臣吐蕃的二十几个小藩国，只要听到王天运的名字便闻风丧胆，纷纷缴械，再一次归顺大唐。

天宝八年十一月初五，吐火罗（在小勃律以西，今阿富汗共和国的北部）叶护失里怛伽罗上表大唐朝廷说："朅师王亲附吐蕃（今青藏高原），困苦小勃律镇军，阻其粮道。臣思破凶徒，望发安西兵，以来岁正月至小勃律，六月至大勃律。"

高仙芝奉命出军，仍以王天运为先锋大将。从安西到竭师国（今巴基斯坦奇特拉尔）的距离还要远于小勃律，由于有了第一次远征的经验，高仙芝这次准备更加充分，加上形势对唐军有利，唐军的行军虽然艰苦，却很顺利。至天宝九年（公元750年）二月抵达。高仙芝命王天运率部出击，王天运领命，再次大显神威，仅以五百奇兵突然出现在与唐军对阵的竭师国军队身后，致使竭师国军队阵型大乱，唐军没费多大气力就将其击败，并俘虏了竭师王勃特没。

就是如此一员前锋悍将，没想到却因为一个不懂军事的主帅而死在了南诏，且死得非常窝囊！

如果一代悍将王天运此行没有去南诏，而是再次跟随高仙芝西征，历史上著名的怛罗斯之战唐朝会败得那么惨吗?

历史永远不会有这样的假设，只有现实，而这个现实就是，大唐的军队征南诏败了，怛罗斯战役也败了，而且两场战役都是足以让大唐蒙羞的惨败！无论是南诏战役还是怛罗斯战役的失败，都恰恰成为大唐走向衰败的分水岭。在怛罗斯这场输给了波斯的战争中，从某种意义上和古希腊与斯巴达的那场伯罗奔尼撒战争很相似，都是因为一个人而输掉的战争，只不过古希腊是换了主帅，而唐军却是缺少了一位主力锋将！

吃了败仗的高仙芝不知是否曾望天兴叹:若王天运在，他还能失败吗?

这次南诏之战，王天运依然率三千骑兵奇袭，极为艰难地翻越了点苍山，来到指定地点，并及时向鲜于仲通的唐军大营发出信号，等候大军的出击。但是，让他没想到的是，大营内竟然毫无反应，于是又发了第二次信号。这一次信号终于被发现了，但并不是唐军，而是南诏军。

阁罗凤毕竟是当地的地头蛇，对整个南诏的地形非常清楚，当即令大将段全葛率军去点苍山西坡“丘迁和”，即今天漾濞石门关一带，又派儿子风伽异作为南诏军的疑兵到前方拦截，诱使唐军到洱海东岸，而自己则与吐蕃大军一起，经鲁川（今双廊）、鲁南（今海东）至江口（今下关）包抄唐军的身后。

正当王天运焦急万分时，突然听到近前杀声四起，黑压压的南诏军在主帅段全葛的指挥下，已经把他们死死围住。毫无准备的唐军，虽然都是跟着王天运南征北战的勇猛之士，但面对这突如其来的变故也都惊得目瞪口呆，还没等反应过来，汹涌如潮的南诏大军就已经冲杀到了近前，三千唐军惨遭南诏蛮兵的大肆屠杀，仅十余人从乱军中逃出。

王天运即使有浑身解数，这次也难逃厄运了。

段全葛此时已策马杀到王天运的跟前，无心恋战的王天运勉强地接了几招后，指挥残军骑马向后撤退，却不幸后路也被封死，只得再回头向正前方的敌军冲杀，企图杀出一条血路。毕竟对当地的地形不是十分了解，面对百倍于己的强大敌军，自知已经在劫难逃，王天运仰天长叹了一声，随后拔剑自刎而死。段全葛随后冲过来，用刀割下王天运的首级，将其悬挂于太和城上。

曾经名震西域八面威风，让吐蕃闻风丧胆并生擒小勃律王苏失利之和竭师王勃特没的一代将星，就这么悲惨地死在了在历史上几乎没有留下什么名气的段全葛的手上！

当对面的鲜于仲通大军看到这一惨剧时，竟然吓得束手无策。就在他们愣神之际，风伽异已率军杀到近前，唐军毫无准备四散而去。而埋伏在唐军身后的阁罗凤又突然出现，带领吐蕃兵士疯狂地向唐军发起又一轮攻击，迫使唐军再度后撤至洱海旁边。

南诏和吐蕃合军再次从两线发动袭击，将唐军拦腰斩断，于是一场原本势如破竹的胜利很快变成了猝败，六万唐军被杀，尸首堆满了山谷，鲜于仲通想给敌人来个前后夹击，最后却被人家来了个前后夹击。

在前有追兵，后有浩瀚洱海的情况下，被逼上绝路的唐军已经没有了选择，只能与吐蕃和南诏军决一死战。然而，就在这个时候，鲜于仲通却置数万唐军于不顾，自己带着几个随从偷偷地逃跑了。

没有了主帅的唐军只好向阁罗凤投降。已经杀红了眼的阁罗凤坚决不接受唐军官兵的投降，下达了一道毫无人性的命令，亲自指挥南诏吐蕃联军向放下武器的唐军展开丧心病狂的野蛮杀戮，唐军将士的鲜血染红了整个洱海。

此举令人发指！六万大军就这样全军覆没，惨遭南诏和吐蕃的疯狂杀戮，六万人马命丧山谷，唐军尸骨填满洱海！

战争的惨烈令人唏嘘不已！

由此可见，阁罗凤投靠吐蕃的决心非常坚决，并非像某些历史学家所说的，是受到了唐朝逼迫，才不得已而为之。他甚至恬不知耻地在公元766 年树立了《南诏德化碑》，洋洋洒洒地用三千多字，堂而皇之地为自己的背叛说出了数条理由，原因全部都在唐朝，而唯独他无耻投奔吐蕃是应该的。

而临阵逃跑之后，鲜于仲通不但没有受到任何处罚，反而被杨国忠隐瞒了失败的真相，禀报李隆基“获得了大胜利”。不理朝政的李隆基也没有多问，对杨国忠听之任之，竟然为鲜于仲通摆下了大败南诏的“庆功宴”，赐予黄金万两，并下诏擢升为“京兆尹”。

事过千年之后，我们实在无法探知这位葬送了六万将士的鲜于大人，究竟是以一种怎样的心态端坐在这场“庆功宴”上的，难道他从来就没想过那些在西洱河边尸横遍野的唐军吗？而一代大奸杨国忠也觉得很得意，自己这个牛吹得颇为清新脱俗，既为惨败找到了借口，又给鲜于仲通找到了台阶。但是，他绝对不会考虑日后的疆土和大唐的社稷。

更要命的是，西洱河之败让唐朝把四川地区的精兵几乎赔光，使四川防务能力大为削弱。南诏坚决投靠吐蕃，配合吐蕃连年祸害唐朝边境，给四川百姓带来了无尽的灾难，一直延续到中唐时期。就鲜于仲通这样一个品行低劣的小人，仅仅因为投靠了杨国忠就得到重用提拔，政治环境如此糟糕，就算没有安史之乱，盛唐黄金时代的结束，恐怕也只是时间问题了。

战事就这么结束了吗？

肯定没有！就在南诏之战惨败的两年后，大唐又横空出世了这么一位屡战屡败的败家人物：李宓。

南诏和吐蕃的勾结，在大败了唐军后，他们的欲望也随之加大，继续向唐朝疆土进犯。

五、李宓与惨败的天宝战争

天宝十三年（公元754年）唐玄宗李隆基再次下诏，由姚州都督李宓为主帅，广府节度何履光、中使萨道悬逊为副将，率军十万，粮草辎重兵士十万，总共二十万大军再征南诏，兵分两路，一路由北方南下，一路从安南北上，浩浩荡荡开赴云南。

为此次征战所招募的兵员，是从陕西、河南等北方地区征调的，大多数的北方人闻听南诏乃蛮荒之地，"瘴气袭人"，历来都是有去无还，因此纷纷逃避兵役。杨国忠亲自下令，必须采取强制措施进行征兵，如有不从者，即押至兵所施行看管，闹得人心惶惶。

当时的大诗人杜甫目睹了这次出征，写下了脍炙人口的《兵车行》，流传至今：

车辚辚，马萧萧，行人弓箭各在腰。
耶娘妻子走相送，尘埃不见咸阳桥。
牵衣顿足拦道哭，哭声直上干云霄。
道旁过者问行人，行人但云点行频。
或从十五北防河，便至四十西营田。
去时里正与裹头，归来头白还戍边。
边庭流血成海水，武皇开边意未已。
君不闻汉家山东二百州，千村万落生荆杞。
纵有健妇把锄犁，禾生陇亩无东西。
况复秦兵耐苦战，被驱不异犬与鸡。
长者虽有问，役夫敢申恨？
且如今年冬，未休关西卒。
县官急索租，租税从何出？
信知生男恶，反是生女好。
生女犹得嫁比邻，生男埋没随百草。
君不见青海头，古来白骨无人收。

新鬼烦冤旧鬼哭，天阴雨湿声啾啾。

谁能想象得出，盛唐时期，京畿要冲，王朝腹地，竟然是这样一幅兵荒马乱、民不聊生的景象。

李宓再征南诏，事先还是做了一定的准备工作。临出征前，他专程到老恩师、代国公、当朝宰相郭元振家里请教征战南诏的方略，郭元振以三国时诸葛亮七擒孟获之法，叮嘱李宓欲破南诏，须攻心为上，同时又推荐他的侄子郭仲翔到李宓军中任职。

天宝十三年六月，李宓大军经长途奔袭后来到云南，前方传来报告说南诏军正在姚州大肆抢掠。李宓下令唐军日夜兼行赶赴姚州。正在姚州城内哄抢财物的南诏军根本就没有想到，唐军如天兵天将一样从天而降，所以没有任何战斗准备，被冲上来的唐军一顿迎头痛击。南诏军遭斩首二百余级后，仓皇逃窜至距离姚州五十里外的元谋县境内。

首战即胜，而且没费吹灰之力就把南诏打得狼狈溃逃，这一战让李宓直接膨胀地出现了幻觉，竟然觉得自己具有很高的军事天赋。

至六月中旬，李宓大军抵达洱海之滨，从洱海东岸、龙尾关、龙首关三个方向对南诏都城太和城形成包围之势，南诏军队被唐军围困在苍山洱海的坝子之间，形势万分危急。

而李宓看上去并不急于进攻，他听从了郭仲翔的建议，把中军大帐设在洱海东岸的陇坪，以便统辖全军。同时，采用水陆协同作战的方法，一边命令士卒日夜赶造战船，做好从洱海东岸渡海作战的准备，一边指挥军队猛攻龙尾、龙首二关。

但是，他还是犯了和鲜于仲通一样的错误，忘记了外围吐蕃的存在。尽管郭仲翔早有提醒，千万要注意提防游弋于外围的吐蕃，同时派人传播将军的威德，以此招彝白兵民，使其内附；且不可深入其地，以免中南诏的奸诈计。可李宓并没有接受，他错误地以为，南诏现已成为惊弓之鸟，闻听大军将至早已丧胆。

而阁罗凤此时一直在密切关注唐军的动态，当他发现了唐军造船试图通过水陆两栖的方式进攻太和城时，便密令军将王乐宽于夜晚率先对唐军水师展开袭击。

是夜，王乐宽趁着月黑星稀之际，率队进入设立在洱海旁的唐军造船厂，突然发起攻势。唐军水军营内大乱，火光冲天，造船厂随即被捣毁，所有船只被南诏抢获，而唐军则是尸横遍野，溃不成军。

水军受重创，唐军水陆俱进的策略土崩瓦解，同时也严重挫败了唐军士气。

北面，唐军深入邓川，轮流攻击龙首关。李宓亲自上阵，试图尽快攻下龙首关后长驱直入，与何履光部会合，南北夹击太和城。但是，没想到在这里遇到了一块难啃的硬骨头，由南诏的精锐部队“罗苴子”镇守的龙尾关，挫败了唐军一次又一次的进攻。这时，吐蕃军队驰援南诏，抄了唐军后路，出其不意攻占了邓川，唐军已经处于腹背受敌的高度危险之中。

可李宓尚未意识到大军已经处于一击即溃的边缘，一意孤行地继续往南诏与吐蕃军队的伏击圈深处走去。行到乌蛮(彝族)界上,只见万山叠翠，草木蒙茸，正拟退到平衍处屯扎，寻找土人问路时，却没想到，南诏主帅阁罗凤带各蛮酋兵如飞地穿林渡岭而来，用百发百中的木弓强弩药箭围住李宓军于太和城附近决战。而尾追于身后的吐蕃士兵，已经把唐军堵在了密林深处，实施内外夹击，打得进攻龙首关的唐军“流血成川，积尸壅水”。

唐军再遭惨败，主帅李宓因作战失利，从今天的下关镇西洱河天生桥处跳水而死。(多年前的那里也曾经是孟获最后被诸葛亮所擒之处。)

而从南面进攻南诏的唐军，在何履光的率领下，经过苦战，突破龙尾关天险，直逼太和城下，但这个时候他已经失去了北面进攻的支持，孤掌难鸣，最终还是被南诏和吐蕃联军击溃。

大唐第二次征讨南诏就此宣告失败，除万余残兵趁乱逃出外，大部分唐军全都战死于此。

天宝战争后，阁罗凤终于如愿，向吐蕃称臣，吐蕃封阁罗凤为“赞普”，南诏改国号为“赞普钟蒙国大诏”，阁罗凤建元“赞普钟”。此处的“赞普”为吐蕃语，意为“兄弟”，南诏与吐蕃从此结为兄弟之国。南诏乘势占据了大渡河以南的土地，同时与吐蕃一道，协力侵扰唐朝。

南诏、吐蕃结盟的约五十年的时间里，战事频起，成为唐朝的心腹大患。

唐朝方面，天宝战争使举国骚动，朝廷内外甚至是普通百姓，对杨国忠等执意发动天宝战争深为不满。由于大规模的战争使武将势力增强，藩镇割据情势加剧，地方势力恶性膨胀，唐朝深陷危机之中。任平卢、范阳、河东三镇节度使的安禄山，以讨伐杨国忠为名，乘机于天宝十四年（公元 755 年）起兵，发动了长达八年之久的“安史之乱”，盛唐自此走向了衰败。

吐蕃把南诏的未来描绘得可谓天花乱坠，让所有南诏人看了都垂涎三尺，但稍一冷静便会明白吐蕃的真正动机。

偏偏阁罗凤还信以为真了，哭着喊着也得离开对他一直还算不错的大唐亲妈，而非要去投奔一个叫作吐蕃的后娘。

掉进后娘手里的孩子还能有个好吗？南诏的噩梦从此拉开了帷幕。

唐朝大诗人白居易有诗，再现了当年的南诏战争：

蛮子朝，泛皮船兮渡绳桥，来自嶲州道路遥。
入界先经蜀川过，蜀将收功先表贺。
臣闻云南六诏蛮，东连牂牁西连蕃。
六诏星居初琐碎，合为一诏渐强大。
开元皇帝虽圣神，唯蛮倔强不来宾。
鲜于仲通六万卒，征蛮一阵全军没。
至今西洱河岸边，箭孔刀痕满枯骨。
谁知今日慕华风，不劳一人蛮自通。

诚由陛下休明德，亦赖微臣诱谕功。

德宗省表知如此，笑令中使迎蛮子。

蛮子导从者谁何，摩挲俗羽双隈伽。

清平官持赤藤杖，大将军系金呿嗟。

异牟寻男寻阁劝，特敕召对延英殿。

上心贵在怀远蛮，引临玉座近天颜。

冕旒不垂亲劳俫。赐衣赐食移时对。

移时对，不可得，大臣相看有羡色。

可怜宰相拖紫佩金章，朝日唯闻对一刻。

[明]　文徵明　惠山茶会图（局部）

第十二章

契丹：奶茶的兴起与背后的经济账

严格地说，茶叶是财富，茶叶是政治，茶叶是战争，茶叶曾经是左右一个政权的命脉，茶叶是保证一个国家安全的战备物资，茶叶是平衡对外政治的重要砝码！因为财富左右了政治，因为政治而发生了战争。当残酷的战争硝烟散去之后，取而代之的则是另外一场看不见硝烟的隐形战争自始至终在我们身边发生，而且历经千百年，一直到今天，这场战争从来都没有平息过。

一、茶叶究竟是什么？

茶叶究竟是什么呢？

严格地说，茶叶是财富，茶叶是政治，茶叶是战争，茶叶曾经是左右一个政权的命脉，茶叶是保证一个国家安全的战备物资，茶叶是平衡对外政治的重要砝码！因为财富左右了政治，因为政治而发生了战争。当残酷的战争硝烟散去之后，取而代之的则是另外一场看不见硝烟的隐形战争自始至终在我们身边发生，而且历经千百年，一直到今天，这场战争从来都没有平息过。

自从我们的祖先发现了茶，在人类饮品文明发展过程的六个标志[①]（啤酒、红酒、茶叶、蒸馏酒、咖啡、可乐）中占据了一个极为重要的位置，由茶叶引发的各种战争已经血淋淋地写满了历史，唐宋元明清，哪一个朝代没有因为茶叶而硝烟四起哀鸿遍地？日美荷英法，又有哪个列强没有因为茶叶而残酷搏杀血流成河？但是生活在今天的人们可能从来都不曾想过，在中国历史上非常著名的丝绸之路和海上丝绸之路上，我们的祖先对外输出的不仅仅是丝绸，更多的其实是茶叶！也正是因为茶叶，使唐宋时代的中国实现了强国之梦！

在已经过去了的一千多年前，就是这么一片小小的树叶，竟然会成为撼动一个王朝兴衰的主要因素之一！当今天的很多人都在不同的场合下肆无忌惮大谈所谓茶文化的时候，不知道是否曾经想过，真正的茶文化，是由弥天血腥和成堆白骨制造出来的残酷历史！

唐朝，是中国历史上最鼎盛的时代之一，无论文化还是经济在当时都发展到了极致，茶也因此而得以发展并光大，曾经涌现出陆羽的《茶经》、卢仝的《走笔谢孟谏议寄新茶》等脍炙人口的作品，李白、杜甫、白居易、

---

① ［美］斯丹迪奇：《六个瓶子里的历史》，中信出版社2016年版。

刘禹锡等大诗人都曾经写过大量关于茶的诗，茶成为盛唐时代的一道风景。开元年间，北方佛教禅宗兴起，坐禅祛睡，倡导饮茶，饮茶之风由南方向北方迅速发展，备受推崇。

唐朝喝茶的方式与今天完全不同，唐朝早期的喝茶方式叫作“煎茶术”。“煎茶术”的过程很复杂，从近年在陕西大佛寺出土的唐代茶器来看，当时喝茶绝非普通人所能为。一直到唐朝晚期，喝茶的方式又进了一步，统称为“点茶术”，但是与从元朝至明朝一直流传到现在的“泡茶术”相比，还有非常大的差距，而制茶的工艺也发生了根本性改变，从传统的晒青、蒸青工艺发展到了炒青工艺，从茶饼也发展到了散茶，所以再继续沿用唐宋时期的茶叶理论，在今天显然已不合适。

唐代毋庸置疑是中国茶叶发展和兴盛的第一个时期，这个时候人们主要是煎茶。所谓煎茶就是将制好的茶饼在火边烤软，然后包裹在纸里防止精华外泄，待其放凉，将茶饼在碾中碾碎，同时将水烧开，一沸加盐或者加入胡椒、肉豆蔻之类的名贵香料，二沸投茶末，三沸加上一瓢二沸时舀出来的水，茶汤出锅。此时茶汤类似菜汤。唐人陆羽写的《茶经》共三卷十章，其中从第四章煎茶煮茶饼的二十四种工具来看，当时的时代主流，一定是煎茶，而且陆老先生的《茶经》被奉为经典，可以想见当时他这么写书是有事实根据的，也就是说唐代人的饮茶方式大都是煎茶。

然而，“安史之乱”后，中国历史中曾经最辉煌也最显赫的大唐王朝，像一条千疮百孔、伤痕累累的破船，在暴风骤雨到来之际漂泊在茫茫大海中，随即被掀翻倾覆，从此消失在茫茫史海中。

“安史之乱”后，大唐帝国元气大伤，曾经的辉煌不再，国库严重亏空，随着茶叶经济在经济总量中的占比日渐提升，茶叶课税问题引起了朝廷的重视。为了尽快摆脱经济困境，茶税正式提上议事日程。唐德宗建中元年（公元 780 年），朝廷下诏正式征收茶税。据《唐会要》第八十四卷所载：侍郎赵赞建议“诸道津要都会之所。皆置吏。阅商人财货。计钱每贯税二十文。

[元] 赵原　陆羽烹茶图（局部）

天下所出竹木茶漆。皆什一税之。充常平本钱。"

至唐宣宗大中六年（公元 852 年），更是通过当时的盐铁转运使裴休在长沙立《税茶十二法》，以规范地方政府税收，并打击偷税行为，对茶农生产和茶商经营制定了明确的税收保障制度。

为管理好茶税，朝廷还专门设置了"盐茶道""盐铁使"等官职，使茶税在财政收入中的占比逐渐提升。及唐宣宗时期，"天下税茶增倍贞元"，茶税年收入高达 80 万贯，已经成为与盐、铁齐头并进的第三大税源。

但是，破船毕竟是破船，更何况这条破船已经伤痕累累千疮百孔，即便再采取任何补救行为，也无济于事，倾覆不过早晚而已。

死撑硬扛的唐朝，终于在公元 908 年 4 月 22 日，最后一个皇帝李柷于惊慌中，被迫将皇位"禅让"。至此，具有 289 年历史的李家王朝彻底退出了历史舞台。同日，朱温登基亮相，改国号为后梁，中国历史随即再次进入了动荡混乱的黑暗时期。

二、契丹看中中原，也意在茶叶

自唐灭亡以后，中国的历史跌入了一段极其黑暗的迷途之中，再一次进入了大割据时代。在北方广大地区，军阀混战的结果是先后出现了后梁、后唐、后晋、后汉和后周五个较强大的王朝。与此同时，南方各地又陆续并存过九个较小的割据政权，即吴、南唐、吴越、楚、前蜀、后蜀、南汉、南平及闽等九国；北方河东地区则有北汉势力。史称"五代十国"。

五代十国，一般认为从公元 907 年朱温灭唐到 960 年北宋建立为止，总共 53 年。在这 50 多年中，中国的历史就像搭了一个专供跳梁小丑们表演的破舞台，让一个又一个大大小小的丑角云集于此，群魔乱舞，闹剧连台，制造了一出接一出的令人啼笑皆非的活报剧[①]，乱哄哄地开始又乱哄哄地收场。

当然，在这个舞台上表演的不仅有小丑，也有英雄，只不过英雄的数量不多。历史曾经有过一句名言，叫作乱世出英雄，而郭威恰恰就是那个时代造就出的一位具有深远影响的英雄。换句话说，如果没有郭威打下的基础，中国可能就没有大宋 319 年的历史，也就更不可能出现影响深远的茶叶盛世。

还记得吐谷浑吗？

没错，就是唐朝时专抢汉人的吐谷浑。

自从有文字记载这个西域小国开始，吐谷浑就和中原有扯不清道不明的渊源。这是一个足以让中原朝廷头疼的民族，他们的祖先从抢劫汉人开始发迹，一步一步地走向了“兴盛”，虽然从隋朝就已对其进行征讨，但是没起到什么作用，以至于到唐贞观年，李世民先后派出大将段志玄和李靖率大军去讨伐，也只是老实了一阵子，没过几年他们就又开始折腾。因为他们最简单的方式就是——打得了就打，打不了就跑。

对于这样一个很难调教的小国，大唐政权被气得哭笑不得，打他一顿，还不等你这边出兵，人家早就得到消息跑了；不打吧，他就忘了自己是谁，把大唐气得咬牙切齿。

一直到公元 663 年，终于有人咽不下这口气，要出面收拾这个吐谷浑了。因吐谷浑做事太出格，以雁过拔毛的方式从吐蕃商人手里强征茶叶税，导致吐蕃不快，冲突进而升级。谁也说不出究竟是谁先动的手，反正双方就这么打起来了，而且是互相攻伐。

更加可笑的是，两边开打之后，都一齐向唐高宗告对方的刁状，反正

① 活报剧：简称“活报”，意为“活的报纸”。一种用速写手法迅速反映时事的戏剧形式。——编者注

公说公有理，婆说婆有理，并同时都要求唐朝出兵帮忙。唐高宗懒得搭理他们，对前来求援的双方均置之不理。吐蕃一看大唐朝廷不管，正中他们下怀，便什么话都不再说了，直接向吐谷浑发兵，将这个难缠的小国给修理了一顿，除吐谷浑可汗曷钵与弘化公主率领几千人弃国逃到凉州（今甘肃武威）外，其余大部分吐谷浑人均被吐蕃统治。而汗曷钵则向大唐请求迁徙到内地，得朝廷恩准，吐谷浑再度向东迁徙，来到了燕云地区。

说起吐谷浑，我们不得不佩服这个族群的抗击打能力和超强的生存能力。当年吐谷浑人从原属地辽东一直向西迁徙，来到了环境恶劣人烟稀少的青藏高原，灭掉了氐打跑了羌，一举成为当地的一个强悍部族。落寞后，他们又从遥远的西北长途跋涉迁徙到距离中原很近的燕云地区，这种精神确实可赞。虽然仍旧不改他们的陋习，依然小偷小摸地干些不怎么光明的勾当，时不时地越界从汉人手里抢掠几票，可毕竟没有闹出什么大乱子，所以不太惹人注目。而他们也就这么平和地过了几代，却万万没想到突然间又杀出了一个契丹。

契丹人看上中原的主要原因，就是茶叶。他们很早就知道了茶叶的重要性，但是能买的茶叶都是二手货，他们也和吐蕃人一样，需要从吐谷浑人的手里获取。吐谷浑毕竟不产茶，他们也是从中原的商人手里抢得的，所以货源并没有保障。更重要的一点是，吐谷浑人经常是狮子大开口，漫天要价，从最早的一匹普通马换 200 担茶，到后来的 150 担茶，并且指定要好马，就这还摆出一副爱要不要的架势。

三、契丹人发明了奶茶

契丹人大约形成于北魏时代。关于契丹族的起源，有一个古老的传说，有男子乘白马自湟河（今西拉木伦河）而来，女子乘青牛自土河（今老哈河）

而来，二者相遇，结为配偶，生了八个儿子。这八个儿子以及他们的子孙繁衍成为八个部落，逐渐发展成为以后的契丹族。

当然，这只是个传说，史料记载的契丹族历史，与吐谷浑同样都属于东胡后裔鲜卑人，只是部落不同而已，吐谷浑是慕容部落，而契丹是柔然部落。但契丹究竟是不是鲜卑人的一个部族，在很长一段时间里一直都是历史学家们争论的焦点。

在没有正式定义之前，本书假定契丹为鲜卑后裔，这样的话就可以追溯到西周初期。据《国语》卷十四《晋语八》所载："昔成王盟诸侯于岐阳。楚为荆蛮，置茅蕝，设望表，与鲜卑守燎，故不与盟。"而三国时东吴史学家韦昭在注解《国语》一文时专门做了这样的解释："蕝，谓束茅而立之，所以缩酒；望表，谓望祭山川，立木以为表，表其位也。鲜卑，东夷国。燎，庭燎也。"

历史文献最早记载契丹族开始于公元389年，柔然部被另一支鲜卑拓跋氏的北魏打败后，就分为两支逃向了渺无人迹的荒原。其中北柔然退到外兴安岭一带，成为蒙古人的祖先室韦，而南柔然避居今内蒙古的西喇木伦河以南、老哈河以北地区，以聚族分部的组织形式过着游牧和渔猎的氏族社会生活。这个时候柔然的八个部落的名称分别叫作悉万丹、何大何、伏弗郁、羽陵、匹絜、黎、吐六于、日连。在战事动荡的岁月中，各部逐渐走向联合，形成契丹民族，中间先后经过了大贺氏和遥辇氏两个部落联盟时代。

契丹族是中国历史上一个有着深远影响的少数民族。它以原意为镔铁的"契丹"一词作为民族称号，以表示坚强的民族精神，象征契丹人顽强的意志和坚不可摧的民族精神。

那时的契丹人还是在塞外荒原上驰骋的原始部落，除了在几次战争中曾经当过隋唐的雇佣兵外，几乎没到过中原，但是有一样，他们在中原学会了喝茶。契丹人喝茶，大约从唐朝中期开始，那些在战争中幸存下来的契丹人，把在中原养成的喝茶习惯带回了部族。那时中原人喝茶需要添加一些调味品，以缓解茶叶中的苦涩，而契丹人则发明了往奶中加入茶叶，由此改变了原有的游牧部落的饮食习惯，并成为一种风气。几十年下来后，契丹也就逐渐成为当时最大的茶叶消费民族。然而北方地区不产茶，再加上中原朝廷把茶叶当作一种战略物资，对游牧民族施行严格的出口管制，所以契丹人只好通过其他渠道获得茶叶。

我们今天不得不佩服吐谷浑人的这种传播精神，他们具有超强的商业意识和敏感度。正当契丹人四处寻找茶叶的时候，吐谷浑人就出现了。

吐谷浑人利用手里掌握的茶叶资源，从契丹人手里换回一群群名马，再到幽州（今北京）从汉人茶商手里交换茶叶，然后再用茶叶去交换契丹人的名马，周而复始乐此不疲。就这样，吐谷浑赶着成群的契丹马，翻过高山来到中原，再用骆驼把中原的茶叶运回草原，一来二去很快就建立起了一条产业链，于是资本很快就越滚越大。而中原的茶商也因为与吐谷浑人通过茶叶换马的方式大发其财，很快在幽州形成了一个很大的茶马交易市场，以山西人为主的茶商纷纷来到幽州与吐谷浑人做茶叶生意。在之后相当长的一段时间里，吐谷浑掌控了幽州茶马市场的绝对话语权。

或许正是因为食品中有了茶叶，从而改变了契丹人的饮食习惯，使这个游牧民族变得越来越强大，寿命也越来越长，从过去的平均寿命 35 岁，提高到了 43.2 岁。至耶律阿保机他爷爷那个时代，即 9 世纪中期，契丹国已经很强盛了。

依靠投机倒把而暴富了的吐谷浑，就像今天的某些暴发户，从契丹人身上赚了个盆满钵满，竟然嘚瑟得有些找不到北了。这大概是人性的一个通病吧，一旦兜里有了钱，说话的声音也比以往大得多。吐谷浑人就是如此，他们似乎忘了与之打交道的是一条随时都能跳起来吃掉他的老虎，在契丹人面前不是挑肥拣瘦嫌契丹人的马这不好那不好，就是信口开河胡说八道将茶叶价格一涨再涨。契丹人对吐谷浑的做法已经心怀不满，但此时并没有表现出来。

没有表现出来不代表没有记在心里。

然而，汉人茶商为了获得更高的利润，成群结队地向北发展，将茶叶市场一直开到了漠北。

急功近利的吐谷浑人只考虑到了眼前的利益——既然茶商把茶叶直接发到了漠北，让他们省去了时间成本和人工成本，也就意味着他们的利润会更大。但他们忘记了一点，契丹就在跟前，他们很有可能会与汉人直接洽购茶叶。

四、契丹人与汉人茶商的接触与交易

时间不长，契丹人还真的与汉人茶商有了接触。当他们发现汉人的茶叶不但质量好，而且价格还便宜的时候，这才恍然大悟，原来这么多年一直都被吐谷浑给骗了。

契丹人勃然大怒！

唐朝末年，契丹迭剌部的首领耶律阿保机乘中原之乱，统一各部取代痕德堇，于公元907年即可汗位。他先后镇压了契丹贵族的叛乱，并征服奚、室韦、阻卜等部落，声势浩大不同凡响。公元916年（辽神册元年），耶律阿保机建立了奴隶制国家——契丹国，建年号为神册。辽太祖耶律阿保机多用汉人，康默记、韩延徽、韩知古等皆为佐命功臣。

耶律阿保机刚一登基，就毫不犹豫地对吐谷浑下手了。吐谷浑人依旧沿用了老祖先的方式，打不过就跑呗！但是，他们大概忘了，这里不是西域，而是浩瀚无垠的草原。所以，骑着马的契丹人也不着急，在广袤的草原上与吐谷浑玩起了老鹰抓小鸡的游戏，跑吧，看你能跑到哪里去。

赶着牲畜拎着家产带着老婆孩子一路逃窜的吐谷浑人，那些老弱病残腿脚不利落的，早就成了契丹人的刀下之鬼了，剩下年轻力壮的是真的已经累得快吐血了，刚刚想坐下来喘口气，契丹人的马立刻就出现在视野里，于是慌不择路地爬起来再继续往前跑。两条腿的人毕竟跑不过四条腿的马，何况还要赶着成群的牛羊呢。而契丹人一旦追过来，便肆无忌惮地掠夺吐谷浑人的财富，把抓来的吐谷浑人当作契丹的奴隶，在草原上按照中原模式建立起奴隶的买卖市场，只需两匹马的价格就能买走一名年轻力壮的吐谷浑奴隶，还一度因为俘获的吐谷浑人太多，导致了价格下滑，一匹马就可以换回两个奴隶，外带一个女奴。

耶律阿保机出生时，契丹的贵族阶层正在为争夺联盟首领之位而打得不可开交。耶律阿保机的祖父匀德在残酷的政治斗争中被杀，父亲和叔叔、伯伯们逃出去躲了起来。祖母对于这时出生的耶律阿保机非常喜爱，但又担心他被仇人加害，因此常将他藏在别处的帐内，不让他见外人。

如果说契丹人只是凭借自己的孔武之力而生存，那么耶律阿保机就是他们中间的人精。此人自幼聪敏，才智过人。长大成人后，耶律阿保机身体魁梧健壮，胸怀大志，而且武功高强，更要命的是，他竟然懂得兵法，谁也不知道，他的这套兵法理论是从哪里学来的。

《辽史》上说耶律阿保机“身长九尺，丰上锐下，目光射人，关弓三百斤”，大概就是因为这样的原因，深得当时掌权的伯父耶律释鲁的信任，任命耶律阿保机为遥辇氏痕德堇可汗的挞马狘沙里（扈卫官），组建侍卫亲军。凭借这支精锐武装，耶律阿保机迅速崛起，率领挞马部（扈卫队）战胜了近邻诸小部。

公元 905 年，唐朝垂亡，他应晋王李克用之邀到云州（今山西大同）相会，结为兄弟，约定共讨梁王朱温和卢龙军节度使刘仁恭，但终因无利可图而没有践约。唐天祐三年（公元 906 年）12 月，痕德堇可汗卒，遗命推选耶律阿保机为汗。按照传统制度，可汗之位要三年改选一次。耶律阿保机的目标是像中原的皇帝一样建立终身制和世袭制，所以他不可能任可汗满三年后交出大权，他要凭借自己的实力和威望继续坐在可汗的宝座上，向皇帝的目标努力。

次年（公元907年），耶律阿保机废传统选汗制，在心腹支持下，燔柴告天，即皇帝位，上尊号天皇帝。

早期的契丹人明白了茶叶的重要性后，就一直在寻找茶叶的原产地。那时候，茶叶的专属权被牢牢把控在吐谷浑人的手里，契丹人也只能相信吐谷浑人随口编出来的谎言。后来，他们终于从长途跋涉来到漠北地区做茶叶生意的汉人嘴里知道了茶叶的产地在中原，便一心想要打败那个在没落边缘垂死挣扎的强大帝国，但是，双方真刀真枪地交过几次手之后，耶律阿保机才明白了一个道理：什么叫瘦死的骆驼比马大。

第十三章

茶叶帝国：影响民生的战备物资

严格意义上说，从郭威开始，中原王朝奠定了自唐朝以来茶叶帝国的地位。

由于郭威对茶叶施行了出口专控，全面封锁了幽州的茶马市场，引起了契丹人的极度不满，多次欲对后周出兵，却因惧怕郭威的威猛，再加上国力不支，只得派人向后周要求放开茶马贸易，郭威也趁机将茶叶价格抬高，曾经不可一世的契丹没有其他选择，只能勉强接受。

一、郭威与茶叶帝国的地位

严格意义上说，从郭威开始，中原王朝奠定了自唐朝以来的茶叶帝国地位。

关于郭威其人，可以先从一个故事开始。我们都读过施耐庵的《水浒传》，其中第三回的标题为“史大郎夜走华阴县，鲁提辖拳打镇关西”，讲的是行侠仗义的鲁达鲁提辖救助金氏父女脱险，并三拳打死恶霸镇关西的精彩场面，生动而鲜活地向读者展现了鲁达的侠义性格和不朽的艺术形象。

这个故事根据真人真事改编而来，不过其原型并不是后来上了梁山的花和尚鲁智深，而是郭威。

郭威，公元 903 年出生于河北邢州一个家境贫寒的人家，原姓常，因父母早亡，孤苦伶仃的他只好住进了姨娘的家，从此随了姨父的姓氏。正史记载，郭威的童年时代可谓贫困不堪，曾经为村人牧牛，有个小号叫郭雀儿。在他 4 岁的时候，中国历史中最辉煌也最显赫的李唐王朝已然崩溃。

可想而知，他生活在那样的家庭环境和时代背景下，自然也谈不上什么家庭教育，更不用说入学读书了，所以形成了疾恶如仇好打不平的秉性，用今天的话说，就是一个四处招惹是非的“熊孩子”。他 18 岁时投了军，在战场上敢于冲锋陷阵获得了上司的奖赏，因此在潞州被升为小校，大约相当于今天的排长。有一天他在集市上看到当地著名的泼皮流氓“镇关西”欺负一对父女，遂拔刀将“镇关西”给捅死了。

杀人偿命，欠债还钱，是中国历朝历代的一道法律规定。杀了人的郭威也不例外，被押在监舍等候斩决。也就在这个时候，负责审理他这个案子的州将李继韬见郭威一表人才，料定此人未来必成栋梁之材，便不忍杀他，竟然在一个下着大雨的夜里，偷偷地将他给放了。

让郭威连做梦都想不到的是，就因为杀了“镇关西”的这一刀，还因为李继韬的这一放，不仅彻底改变了他的人生，也改变了中国的历史命运。

当然，这之后如果没有柴夫人的相助，就郭威这一介武夫，而且还是一个逃犯，即便他有天大的能耐也未必能做出什么轰轰烈烈的大事。

就在郭威人生最灰暗的时刻，他遇到了柴夫人。这位柴夫人便是《水浒传》里柴进柴大官人的祖上柴世宗柴荣的姑姑。

在柴夫人的调教下，郭威从文化到武艺水平都得到了极大的提升。等他出山的时候，乱世中的五代十国，也已经从朱温的后梁、李存勖的后唐、石敬瑭的后晋到了刘知远的后汉时期。朝代更迭就像翻书一样，带着腥风血雨一路匆忙地赶往下一个朝代，所有人都眼花缭乱、目瞪口呆，刚刚开张的朝廷，还没等有什么作为就已被改朝换代了。

二、严控茶叶出口与茶税

刘知远坐上后汉皇位后，立即宣称自己是汉孝景帝第七个儿子中山靖王刘胜的后代，反正刘胜有 120 多个儿子，爱从哪查就从哪查吧，谁也不知道到处留情的中山靖王到底有没有一位沙陀人的王妃。所以说，任何谎言只要重复百遍，连自己都能信以为真。

刘知远虽然能把自己的家世从贫民改作皇室血脉，却改变不了早已注定的短命。他当上皇帝还不到一年，就没有缘由地得了“偏枯”（中风），不久就死了。关于刘知远的所作所为，借用《旧五代史》的评价，足以说明一切：“虽有应运之名，而未睹为君之德也。”可见其口碑着实不怎么样。

刘知远死后，他 19 岁的儿子刘承佑从幕后走到了台前，继承了刘知远留下的后汉遗产，在郭威等人的拥立下做了皇帝。

可是，刘承佑还没等把皇位焐热，居然先下诏诛杀了郭威全家，郭威因在外驻兵逃过一劫。得知噩耗时，这个从战场上一路拼杀过来的八尺汉子勃然大怒，立即下令带兵进京。

公元950年12月26日，郭威起兵造反。一个月后，事件发生了戏剧性反转。公元951年1月29日，郭威所部抵达黄河边，率众渡过黄河在澶州安营。1月30日早晨，军队正要出发，突然有数千官兵开始骚动。郭威不知何故，命令关闭营门，骚动的将士们在一帮大将的带领下，翻屋而入，撕下一面黄旗披在郭威身上，全体将士对着郭威高呼万岁，军队也转而向南开进。

郭威就这么当上了皇帝。

这场面看着眼熟吧？多年后赵匡胤陈桥兵变黄袍加身，用的也是这一套方式，只不过郭威才是原创，而赵匡胤是盗版。

从此，历史进入了郭威、柴荣的后周时代！

郭威正式登基称帝，建国号为大周，年号广顺，后汉王朝就此宣告灭亡。

郭威生于乱世，长于军伍，勇武有力，豪爽负气，略通兵法，善抚将士，以军功累迁至枢密使高位。终以军事实力为后盾，取后汉而代之，是五代时期军人专权的代表人物。他在位期间，尤其在提倡节俭、严惩贪官、严禁军队扰民等方面，推行了诸多有益的措施，使唐末以来极为混乱的北方社会开始走上安定的道路。

郭威登基后，对累朝控制极为严酷的盐、酒、皮革的禁令稍予放宽，唯独没有放开的便是茶叶，尤其是对异族的茶叶出口，更是加大了税收力度，并且交由政府的专门机构按需给予出口准许。此举导致茶叶价格数倍增长，引起了番邦的极度不满，但因惧怕郭威，也不敢造次。为恢复农业生产，郭威也采取了有效措施。授无主田土给数十万名归中原的幽州饥民，放免其差税。以田分给现佃户充永业，使编户增加3万多。无主荒地听任农民耕垦为永业，提高农民生产的积极性。

严格意义上说，从郭威开始，中原王朝奠定了自唐朝以来茶叶帝国的地位。

由于郭威对茶叶施行了出口专控，全面封锁了幽州的茶马市场，引起契丹人的极度不满，多次欲对后周出兵，却因惧怕郭威的威猛，再加上国力不支，只得派人向后周要求放开茶马贸易，郭威也趁机将茶叶价格抬高，曾经不可一世的契丹没有其他选择，只能勉强接受。

后周不仅对契丹施行了严格的茶叶控制，对另一个消费茶叶的大户吐蕃同样也是如此，特别是针对吐蕃茶叶的主要供应通道，更是派重兵把控，死死卡住了吐蕃的茶叶供应量，致使已经七零八落的吐蕃，因茶叶的严重短缺而内乱不断。

当初，目光短浅的阁罗凤带领南诏背弃大唐投奔吐蕃后，中原就切断了从南诏到吐蕃的茶叶运输线路，无论西域还是四川，凡是通往吐蕃的必经之道，都有重兵把守，所以，被视为吐蕃生活不可缺少的茶叶之路牢牢地把控在大唐的手里，而吐蕃一旦离开了茶叶，不仅给本族的生活带来重大影响，同时也对其控制的另外几个藩属国失去了一个重要的控制手段。

三、南诏国的灭亡

吐蕃急需大量的茶叶，而南诏生产的茶叶根本就运不出去，大唐的这一招也的确够狠，这也是逼得南诏多次攻打四川进犯成都的一个主要原因。阁罗凤死后，他的孙子异牟寻继位，欲打破唐朝的封锁，联合吐蕃共计二十万大军进犯蜀地。唐将李晟率禁卫军四千人，加上唐金吾大将军曲环率领的邠、陇和范阳的部队五千余人迎战。这场看似实力悬殊的战斗最终以唐军大获全胜而告终，斩敌六千，俘虏无数，吐蕃和南诏士兵仅掉落悬崖摔死者，竟有十余万之众，这一战彻底伤了南诏的元气。此役之后，吐蕃将南诏从“兄弟国”降为了藩属国，并以高压手段迫使南诏高额进贡。异牟寻被逼无奈，只得听从汉人清平官郑回的意见，重新归顺唐朝。

曾经一度成为中原心腹大患的吐蕃，因四十一世赞普朗达玛疯狂杀佛，再加上与南诏闹翻，致茶叶进口无论从滇地还是中原都被彻底断绝，因而引起了臣民的强烈不满，朗达玛遭到僧人雇用的死士拉隆多吉暗杀，曾经强大的吐蕃王国在唐朝灭亡前就已土崩瓦解；而叛离大唐，曾经不可一世的南诏也早已经灰飞烟灭。由于南诏连年用兵，西掠骠国，两陷安南、掠邕州、攻黔州，四次攻打越巂、成都，所到之处掳掠抢杀，导致民怨沸腾，终于引起广大奴隶和百姓起义。郑回的后人、权臣郑买嗣顺应民意，将阁罗凤的蒙氏家族不论男女老幼全部诛杀，彻底斩草除根，从此世间再无蒙氏传人！如果阁罗凤在天有灵，不知作何感想。

南诏国从此绝迹。

四、柴荣与劼跌氏

公元954年2月，在位三年的后周开国皇帝郭威驾崩，中国历史上唯一能与唐太宗李世民比肩的皇帝周世宗柴荣继位，年号为显德。

柴荣的身世虽然没有郭威那么苦命，却也是从底层开始。他姑姑柴夫人和郭威成婚以后，就被柴夫人接到了京城，事实上是和郭威一起跟着柴夫人读书。当郭威成事以后，便一直在郭威手下做事。

柴荣是从他姑姑柴夫人那里知道了茶的重要属性，原来茶不仅仅只限于平常的饮用，更重要的是它属于非常重要的战备物资。公元941年，刘知远军中瘟疫肆虐，大量兵士染疾而亡，军心受到严重动摇，然而，唯独郭威的部队没有一例被传染，因为他喜欢茶，同时也让兵士们养成了每天煮茶饮用的习惯，有效地控制了瘟疫在军中的蔓延。仅从这一点就足可以说明茶在历史上所起到的重要作用。所以在郭威的支持下，柴荣跟着吐谷浑人开始学起了茶叶生意。

带柴荣贩茶的师傅叫颉跌氏，往来的路线是从四川江陵一带将茶叶运至洛阳，再贩卖到幽州。

尽管燕云十六州此时已经被契丹人占领，但是吐谷浑人所创办的茶马交易市场依然还在，经过了几十年血雨腥风的考验后，幽州的茶马市场已经日趋规范，那些曾经试图抄近道直接与契丹人交易的中原茶商，在一次次领教了契丹人的血腥残暴后，都已纷纷逃离这块是非之地。中原茶商离开后，茶马交易市场被没什么文化的契丹人接了过去，但是，一向骁勇强悍的契丹人发现，自己除了能抢能征外，根本就玩不转生意，只好再请吐谷浑人出面经营。所以，幽州的茶马市场又重新回到了吐谷浑人的手里。

劼跌氏是石敬瑭时代跟随首领白承福翻越高山险阻，逃脱了契丹人的残酷统治，投奔了当时还是后晋河东节度使的刘知远的那批吐谷浑人中的一分子。那个时候他还年轻，被编入了郭威的军队，在跟着郭威打契丹的战斗中失去了一条胳膊，之后就离开了军队。

讲义气的郭威并没有撇下劼跌氏撒手不管，而是给了他一笔钱由他去自谋职业。劼跌氏从此进入了茶商行列，成为当时赫赫有名的大商人。

关于劼跌氏，正史记载的并不多，多见于一些颂扬郭威、柴荣的演义或戏曲中，有些甚至把此人说成是生活在欧亚大陆的游牧民族嚈哒人，也就是后人所说的“白匈奴”。唯有北宋史官陶岳的《五代史补》中对其有一个简单描述，证实了他确实是吐谷浑人。至于他因何姓了劼跌而不从祖姓慕容，史书上没有明确的记载，也许就像后来他们的族长改姓氏为白一样吧！

五、江陵成为茶叶的大集散地

迄今为止，没有任何人能说明，也没有任何史料能够证明，吐谷浑人究竟是先天就对茶叶有感觉呢，还是这个民族一根筋地只认识茶叶这一种

[清]　佚名　柳荫品茶图（局部）

商品，总而言之，在中国历史上但凡能与吐谷浑联系上的商品，或者是由吐谷浑发起和参与的所有战争中，主要原因都与茶叶有关。

颉跌氏毫无疑问也是这样的一个吐谷浑人，正是因为他的出现，使柴荣对茶叶有了一个更加深刻的认识。

柴荣当年为什么要跟着颉跌氏到江陵贩茶呢？

江陵当时归属割据于此的南平高氏政权，史称荆南，开国之祖叫高季兴，人称“高赖子”。荆南是十国中最小的一个，辖地不过江陵一带，可谓兵微将寡、地狭民稀，又被中原王朝和吴、楚、蜀等强兵团团包围。然而，偏偏就在如此的乱世中，南平依然能够长期生存，不仅仅能生存，而且还活得有滋有味。

这就是五代十国期间的奇葩之处。

荆南之所以能在夹缝中生存下来的一个主要原因，还是在于它的位置。因为周边的国家都把它当作一个缓冲带，而江陵又是通往南北的大枢纽，所有南来的北往的都要从这里经过，这里是一个幕后交易的绝佳之处。也恰恰就是这个原因，坐镇南平的高家皇上吃准了这一点，就对周围的老大们耍起了不怎么光明的把戏，无论是谁，只要从江陵的地界上经过，对不起，都得留下几块买路钱，如果不给就直接下手抢，毫不客气。而大佬们一旦提抗议发照会了，高家又装得像个没事人一样，做出一副“慷慨”的样子，将所有财物如数退还。千万别以为从此这里就可以路路通畅了，下回如若再不交过路费，人家还是照抢不误！

但是，江陵并不产茶，只是占了一个得天独厚的优势，那就是交通，而真正产茶之处在南平的南边楚国，由楚国的茶商将茶贩运到江陵，再由江陵流向各地。

这个楚国可不是春秋战国时代的那个楚国，它在今天的湖南，又称南楚或者马楚，是因为国君姓马而取此名。

南楚的开国皇帝叫马殷，据说是个木匠，而且手艺还不错。五代十国期间马殷占据湖南，自立为王。做了皇帝后，他提倡人民做桑蚕和瓷器等转口贸易，特别鼓励当地农民大范围种植茶叶，在周边地区的襄州、唐州、复州等地设立了不少湖南茶叶的专卖店，以此获得了非常可观的税收。其中，江陵是最大的湖南茶叶外部集散地，以品种多、数量大、价格低等特点受到天下茶商们的欢迎，尤其是江陵的交通，水路、陆路四通八达，让买卖双方都得到了很大的利益。而马楚王国则通过茶叶的销售发了大财，又换骡子又换马，家境不是一般的富庶，中原诸国无不垂涎三尺，诉其“于中原卖茶之利，岁百万计”。所以，一直到今天，茶叶都被认为是最赚钱的生意。

那么，从中原来江陵最大的买主，自然就是身后有郭威做靠山的吐谷浑人劼跌氏了。劼跌氏带着柴荣从洛阳来到江陵，再从这里把茶叶贩运到幽州，不仅让柴荣知道了茶叶的价值，更让他明白了茶叶的战略意义。

这就是柴荣要对契丹施行茶叶专控的原因！

第十四章

宋朝：茶马贸易带来的繁荣

茶叶，对于那些游牧民族来说，不亚于他们的一日三餐，比如契丹和吐蕃，喝茶已经成为他们生活中不可缺少的一个重要内容，由于他们的饮食习惯主要以食肉饮酪为主，只有茶叶中所含的成分才能化解油腻、帮助消化，所以他们对茶有特殊的爱好。

一、赵匡胤与大宋王朝

公元 959 年，对于刚刚有了起色的后周来说，是一个殇年，胸怀大略的柴荣驾崩。此时，赵匡胤也学着当年的郭威，号称契丹来犯，把军队带出去，然后搞了一个盗版的“黄袍加身”。

再返回汴梁的赵匡胤已经不再是殿前都点检了，而是像大变活人一样，成了大宋朝的开国皇帝，迫使年仅 8 岁的小皇帝柴宗训将皇位“禅让”给了他，再次上演了中国历史上一幕草根逆袭的篡位“活报剧”。

此时柴荣尸骨未寒，十一月刚刚在新郑的庆陵下葬，两个月后，公元 960 年 2 月，五代史中最强盛的后周帝位，就这样被柴荣生前最信赖的人夺走，如果柴荣在天有灵，他会怎样找赵匡胤算这个账呢？

前面已经说过，历史永远都是一条单行道，没有如果二字！

翻遍了所有的宋代史料，基本上都是说赵匡胤是中国历史上的仁义之君，然而，他的所作所为却非常让人质疑。比如，被赶下皇位的小皇帝柴宗训未到弱冠之年就死了，历史上说非常遗憾，因为他有父亲柴荣的早死情结。那么他的弟弟柴熙谨呢？活得还没有柴宗训长，更小的柴熙让、柴熙诲也都早死，让后来给宋朝修史的人都不知道怎么解释。

只有一个解释，他要将柴家人全部灭掉后，才有可能心安理得去做他的大宋开国皇帝。

历史就这样稀里糊涂地从后周变成了大宋王朝，在接下来 320 年的舞台上，赵家的十八个子孙开始依次轮番出场，一直到 1279 年落幕为止。

不过，我们也不能把赵匡胤说得一无是处，毕竟是在那样一个社会背景下，能够终止黑暗走向光明，也算得上是一个莫大的功绩。

回过头来再捋一遍乌烟瘴气的五代十国，从朱温篡了唐朝的江山开始，包括朱温在内，从李存勖、石敬瑭、刘知远再到郭威，加在一起总共 14 个皇帝，这还不算南唐、后蜀、南楚、南吴等十国，短短的 50 年里经历了四五十个皇帝，像走马灯一样。中国历史最黑暗的53年也确实该出现一个终结者，来结束如此漫长的混乱时局。

最终这个角色落到了不显山不露水的赵匡胤的肩膀上。

赵匡胤从追随郭威那一天开始就一直在战场上拼杀，一次次地从死人堆里爬出来，抹一把脸上的血痕，再继续蹚过下一个死人堆。用一个还算文雅的词来形容他的前半生，就是在戎马倥偬中度过。

可是一旦不打仗了，赵匡胤还会干什么？赵匡胤还真的犯了难。正当赵匡胤一筹莫展的时候，宰相赵普给他出了个主意，还是先想办法挣钱吧。

赵匡胤立刻就明白了，要治理好一个国家，就必须要有钱。

二、世代传承的茶叶贩子是吐谷浑人

自古以来，钱都是一个国家的根本。钱虽然是个俗物，却是衡量事物价值最重要的标准，是推动世界进步的重要力量，也是每一个人自我成长的最重要的因素。诺贝尔经济学奖获得者哈耶克曾经说过一句很有名的话："钱是人类发明的最伟大的自由工具。"而这个道理远在中国古代就已经妇孺皆知了。

快速致富是个很好的思路，可关键是从什么地方开始着眼呢？世界大道千千万，从哪下手是关键。

于是，赵匡胤就问赵普，咱们该怎么挣钱？

赵普这个人非常狡猾，虽然出道很晚，但是他很明白自己应该在什么时候说什么样的话做什么样的事。后周显德三年（公元956年），赵普还只是一个名不见经传的小人物，当时的后周宰相范质将其推荐为随军的判官，这时候他才和赵匡胤认识，并且很快就成为核心集团成员，是赵匡胤的绝对亲信。在“陈桥兵变”中,赵普就起到了关键的作用,赵匡胤登基后,著名的“杯酒释兵权”也是他给赵匡胤出的一个损招。而此时的赵普只是诡异地笑了笑，什么也没说，只把手往北边指了指。

北边，自然就是契丹。

赵匡胤是走南闯北见过大世面的人，而且在柴荣手底下干了那么多年，也深知茶叶的重要性。看到赵普手指的方向，立刻就恍然大悟。是啊，这几年因为后周实施的制裁政策，已经让辽国吃尽了没茶的苦头，而中原的茶叶又运不出去，只能眼睁睁地看着大堆大堆的茶叶被当作肥料。赵匡胤点了点头，把手指指向了南方。

思路有了，但是谁去执行呢？毫无疑问，能够担当起这个任务的，当然还是世代传承的茶叶贩子吐谷浑人。

可问题是，吐谷浑人不是已经在公元955年就被契丹人又赶回西域了吗？

不错，当时后周皇帝柴荣为了制裁契丹，全面封锁了对契丹的物资供应，从而导致了幽州抢茶事件，劼跌氏不顾自己年事已高，以师傅的身份亲自到汴梁请求柴荣网开一面，但是柴荣从战略角度考虑，当场予以拒绝。劼跌氏恼怒交加，当场死在宫中，引起了吐谷浑人的极度不满，再次投靠契丹，并且由赫连奇鲁带领辽国派出的一支奚族武装去江陵抢茶，结果在返回的路上，被后周悍将李重进连人带货一起给截和，从而让残暴的辽穆宗耶律璟暴跳如雷，对吐谷浑大开杀戒，屠刀下的吐谷浑人只好再次逃回到西域。

然而，不要忘了吐谷浑人是出了名的“打不死的小强”，当年隋朝名将宇文述没打服他，吐蕃屠城也没打服他，唐朝的段志玄、李靖、侯君集等悍将倾巢出动，曾经先后两度征讨，甚至将其头领慕容伏允逼死在茫茫大漠之中，也仍然没有把他打服。唐末时期，酋长赫连铎（就是赫连奇鲁的祖上）带着一部分吐谷浑人加入了唐军，战败后逃往幽州一带，并在此休养生息。没想到五代时期又冒出一个契丹，让吐谷浑再次遭遇灭族之虞，可即便如此也还是没灭了这个种族。当公元 955 年再次遭到契丹的野蛮杀戮时，吐谷浑人被迫迁徙回西域，但是还有一小部分人自始至终都生活在汴梁、洛阳一带。

当时代的列车快速地驶进了一千多年后的今天，那些曾经在中国历史上辉煌过一时的匈奴、氐羌、乌桓、鲜卑、羯人、党项、奚族、沙陀、契丹等游牧民族都早已经云消雾散，甚至淡出了人们的记忆，唯有吐谷浑这个民族还依然存在，而且一直到今天。

由此可见这个民族的生存能力有多强！

三、管理茶叶的权力机构是三司

在汴梁和洛阳一带生活的吐谷浑人，基本上都是当年跟随白承福投奔刘知远的那一部分人，当契丹人在幽州抢劫屠杀吐谷浑人的时候，这些人侥幸地逃过了这场灭顶之灾。他们在这一地区至少已生活了两代人，甚至更多，无论生活习惯还是语言基本上都已经汉化，除去肤色和中原人有所差异外，其他方面都非常相似，而且他们的后代已经开始读汉族书，学习汉族的文化。虽然外表和汉人很相似，但是吐谷浑内部依然沿袭了传统的宗教信仰，生活方式还是以群体聚居为主，而且这部分人还是首领决策制，只要在这一带居住，就必须听从首领的调遣。

居住在汴梁的吐谷浑首领叫趟怛毅，据说这个姓氏来自吐谷浑王族慕容氏。关于趟怛毅这个人，史料中的记载不多，只是在一本英国的茶叶杂志上提到过这个名字，并讲述了他在五代十国以及北宋初期由中原往西域贩运茶叶的一些片段和走过的路线。所以，此处仅仅是通过音译介绍这位历史人物。

以趟怛毅为首领的这一支吐谷浑人，一直都住在汴梁和洛阳一带，所做的生意还是茶叶。吐谷浑人的生意经营区域划分得非常清楚，早在后周时代，柴荣对契丹实施制裁之前，北方幽州的茶马市场一直是勂跌氏以及赫连奇鲁、白燕忠等人的地盘，甚至已经形成了一个壁垒，这个集团以外的人很难切进去。趟怛毅虽然很想进入幽州市场，可由于勂跌氏等人的阻拦，始终没有如愿。所以，他们的经营范围只能往西走。虽然往西运茶的路很艰苦，各方面都不如近在咫尺的幽州市场，但也使他们躲过了契丹人的屠杀。

人生，不是眉毛上面的汗水就是眉毛下面的泪水，总得给自己选一样。

与幽州的茶马市场相比较，趟怛毅往西贩运茶叶的路线很长，经长安沿渭水过虢县（今陕西宝鸡）至秦州上邽（今甘肃天水）后，将行程一分为四，第一路到此将茶叶交给当地的吐蕃人或被称为吐蕃“生户”的羌人即结束，再由吐蕃或羌人将茶叶经若尔盖草原运抵著名的打箭炉；第二路为北线，从上邽再继续前行至汧县（今甘肃陇县），越六盘山，沿祖厉河，在靖远渡黄河至姑臧（今甘肃武威），将货物交给前来接应的当地吐谷浑茶商；第三路是狄道（今甘肃临洮）、枹罕（今甘肃临夏），由永靖渡黄河，穿西宁，越大斗拔谷（今甘肃张掖扁都口）至张掖，同样也是把货交给吐谷浑茶商；第四路就是中线，从上邽过陇山，至金城郡（今甘肃兰州），渡黄河，溯庄浪河，翻乌鞘岭至姑臧，再从敦煌至葱岭（今帕米尔）或怛罗斯（今印度江布尔）。

这四条线路，恰恰就是 1877 年被德国地理学家李希霍芬在他的著作《中国》中所命名的“丝绸之路”。

趟怛毅和他的小伙伴们就是这样常年奔波在这条线路上，把中原的茶叶源源不断地贩运到了西域。

以茶换马同时再分别课茶马税，这不是宋朝的发明，而是源自唐朝。赵普借鉴了唐朝的方式，并在此基础上根据目前北宋的现状进行了修订，制定出了一个比较完善的方案，呈递给赵匡胤审阅。

在这个方案中赵普明确分析了当时国内茶叶的生产总量，出口的需求总量以及大约课税的收入和换马的数量以及条件，并且特别注明，先由吐谷浑人重新打开市场，然后再逐步将经营权收回来，实行禁榷制，也就是国家专卖。说句实话，这个方案比较符合赵普这人的贪婪心理。

尽管后周击败南唐后，国库里已经看到了银子，但是对于治理一个国家来说这些银子不过是杯水车薪，起不了任何作用。左传说“国之大事，在祀与戎”，而戎之大事在马，北宋初期仅战马一项，平均每年的需求数量就在两万五千匹到三万匹左右，这还不包括战争的消耗。据史料记载，按照当时的价格来计算马价，平均每匹的价格约三十贯钱，以每年买马二万五千匹计算，就需要耗资七十五万贯，这是一大笔开支。北宋初年，如果大量铜钱流往宋朝统治以外地区，肯定会导致钱荒，影响货币流通与市场繁荣，更何况根本拿不出这么多钱。更为重要的是，“戎人得钱，悉销铸为（兵）器”，这就等于直接给对方输送武器，增强了他们进攻的能力，从而削弱了自身的抵御能力，在军事上造成极大的危害。所以绝对不能以铜钱买马，只有以茶换马最合算，因为茶叶货源相对充足，又是游牧民族的生活必需品，这样做基本可以保证钱币的外流控制，而且以茶叶为杠杆，一来一往可以双重征税，从根本上解决财政危机问题。

仅从宋朝最高机构的设置上，就能够明白茶叶有多么重要了。比如最高的权力机构分为三省六部，辖设二十四司，其中最高决策层就是中书省、枢密院和三司。中书省为最高行政机构，枢密院为最高军事机构，而三司就是国家最高的财政机构。三司包括管理资源的盐铁司、管理收入的度支司和管理税赋的户部司，而只有茶叶，在这三个部门都设有专人负责监管。

四、宋代茶马贸易政策和举措

茶叶，对于那些游牧民族来说，不亚于他们的一日三餐，比如契丹和吐蕃，喝茶已经成为他们生活中不可缺少的一项重要内容。由于他们的饮食习惯主要以食肉饮酪为主，只有茶叶中所含的成分才能化解油腻、帮助消化，所以他们对茶有特殊的爱好。茶和盐同属于他们不可或缺的生活必需品，从而导出许多谚语，如“宁可三日无油盐，不可一日不喝茶”“腥肉之食，非茶不消，青稞之热，非茶不解”，进而到“番人嗜乳酪，不得茶，则困以病”的地步，直至婚丧喜庆和祭祀活动中都少不了茶。可见茶在高寒草原游牧族人民生活中的作用和地位何等重要。

宋代茶马贸易政策从初期就制定得比较完善，各种举措也很有力。如易马数额与价格“随市增减，价例不定”“马价分九等”，各等按骏马折茶不一；买马的茶价低于专卖的价格，“马来既众，则售茶亦多”有利多销；又规定品质好的茶叶专用于博马，在博马任务没有完成之前，禁止商人从事贩运等严格的规定。

当然，其中有一个重要的环节，就是所有茶叶必须由国家总经销，任何个人不得从事私茶的贩运，一经查获，必将受到严厉的制裁。

朝廷的那些官员们在赵普的组织下，开始紧锣密鼓地商定政策，同时也派出官员先去探摸越怛毅的底。

从古到今，无论中国还是外国，商人从来都是把利益放在首要位置。作为一个商人，越怛毅毫无疑问肯定希望能新开辟一条更近、更安全而且能更简单获利的经营路线。既然底牌都已经明白了，朝廷这边的所有细节也都得以解决，这才派出代表和越怛毅进行正式的谈判。前来谈判的这个人级别不低，是后来任淮南转运使的苏晓，他是北宋初期的大书法家、茶叶专家。一个省部级官员和一个外族的茶叶贩子直接对话，这样的事在此之前几乎没有过，可见赵匡胤对茶叶贸易的重视程度。

至于苏晓到底和越怛毅是如何谈的，史料没有任何记载，但是从吐谷浑很快又在易州（今河北）新开了一个规模不小的茶马交易市场来看，双方还是达成了合作意向，北宋朝廷除了从茶叶销售当中提取茶叶税金外，同时承诺负责保证吐谷浑人的安全，提供武装对运输车辆进行护卫。

很快，距离幽州不远的易州就建起了一个颇具规模的茶马交易市场。然而没多久，朝廷就发现南唐进贡的五十万斤茶叶根本就不够卖，而淮南一带的茶树由于战争所致，大部分已经遭到毁坏，虽然正在全力以赴组织当地茶农进行补种，可真要等到产茶至少要两年以后。

赵匡胤的头又大了，想不到吐谷浑人的经商能力竟然这么强，短短时间内就卖掉了这么多茶。可眼下又面临着新的问题，茶叶不够卖。世界上最让人郁闷的事就是，眼看着到手的钱却拿不回来，这岂不是要急死活人？那么还有哪里有茶叶呢？

回答非常肯定：南唐。

谁都知道，只要把南唐全部打下，茶叶要多少就有多少。这个时候，那个曾经不可一世的文艺青年李璟，在挨了柴荣一顿暴揍后，自知长江已不再是所谓的天堑，金陵岌岌可危，随时都有可能被攻破，无奈之下只好迁都去了洪州（今江西南昌），到了洪州不久，就郁闷而死，他的儿子李煜继位，也就是著名诗人唐后主。按说，北宋在这个时候打南唐是最佳时机，可是内部发生的叛乱已经让赵匡胤焦头烂额，哪里还有精力去征南唐？

第一个跳出来造反的，是昭义军节度使李筠。李筠原名李荣，因避后周世宗柴荣的名讳，于显德元年（公元 954 年）改为李筠。此人是后周太祖郭威的“死铁”，自幼就善于骑射，勇猛善战力大无比，自始至终跟随郭威出生入死南征北战，立下了赫赫战功，尤其是公元 945 年，在跟随郭威击溃耶律德光的铁鹞骑军的那场战役中，李筠一战成名。郭威死后，李筠听命于柴荣，此后数年之间，李筠驻扎潞州，在后周世宗屡次与北汉构兵过程中，以奇兵屡破支援晋阳（北汉）的辽军。从显德二年到六年李筠连年与北汉作战，先后攻克辽州（今山西左权）与长清寨等，俘获刺史、大将数百名。周世宗论功行赏，李筠因功荣进太尉。

这样一个死忠后周的人如果不造反才怪！

真是按下葫芦起来瓢，刚刚平定了一个姓李的造反派，还不等赵匡胤喘口气，又一个姓李的打出了反旗。

如果李重进不造反的话，整个北宋没有人会相信，这也早就在赵匡胤的预料之中，毕竟他和其他人有着根本的不同，毕竟他和后周有着直接的血缘关系，因为他是郭威的亲外甥。所以说他不造反，心甘情愿地做北宋的顺民，谁都不会相信。

从李筠起兵到李重进造反，这两位造反派从开始就分别受到了来自敌对势力的支持，李筠受到北汉皇帝刘钧的赞助，而李重进却得到了后蜀皇帝孟昶的赞赏，而这两位扯起反旗的前后周悍将也都抱有同样的目的，就是希望借助于他人之手，以达到自己的目的，同时也希望此举能够得到那些曾经一起共事的老同事们、老战友们的支持，同时感召那些曾经拿过后周俸禄的文武官员们，大家都能够团结起来，把赵匡胤和他的大宋彻底赶出历史。

但是这个可能性根本就不可能存在，虽然这两个造反派都有不错的想法，可是让他们始料不及的是，朝内不但没有人响应，反而过去的那些老同事们和昔日一起出生入死的战友们，都在赵匡胤的指挥下，义无反顾地拿起屠刀向他们的头上砍去。两场叛乱就这样先后被赵匡胤平息了。

虽然北宋已经将这两股反叛势力及其余孽全部消灭，可自身也付出了不小的代价，如果在这个时候攻打南唐，北宋肯定占不了什么便宜。尽管南唐在这之前已遭到了当时后周的沉重打击，可毕竟还是具有相当强的实力，以北宋目前的形势，和南唐一旦打起来谁输谁赢还不一定。可是不打的话，茶叶从哪里来呢？

赵匡胤陷入了纠结之中。

第十五章

私茶猖獗，茶叶成为变现最快的手段

在中国的最大茶叶产区中，如果没有南汉和南唐再加上吴越，纵是你赵匡胤有天大的胆量，都没有底气地说自己已经控制了茶叶的所有权，因为天下人都知道，真正的产茶大区恰恰都集中在这几个地方。

一、私茶猖獗影响中原官茶

吐谷浑人在易州新建的茶马交易市场呈现出异常火爆的局面，引起了其他人的关注。然而，在接下来的一段时间里，赵匡胤却发现，西线的茶叶供应量出现急剧下滑，究其原因，发现大量的湘茶和后蜀的边茶以非常低廉的价格，分别通过两条不同的路径直接进入了吐蕃，因而中原官茶受到了极大的冲击。

发现了这个现象后，赵匡胤立刻就向朝廷举报了这些贩运私茶的走私分子，希望赶快出台一个政策，以有效地控制私茶的贩运。起初朝廷还真没当回事，认为一两个小小的走私团伙影响不了大局。但是谁也没想到，事态在向更坏的方向发展，到公元963年时，走私茶已经猖獗地进入了易州市场，以惊人的规模铺天盖地涌进市场，直接影响到了中原官茶的销售。

是谁如此大胆，竟然敢动皇帝的奶酪？

赵匡胤闻奏当即大怒，传旨下去，严查私茶的来历，对那些私运茶叶的走私分子绝不心慈手软，一个字：斩！结果很快就出来了，所有私茶全部来自同一个地方，荆南的江陵。

如果不拿下荆南，北宋就面临几个亟待解决的问题，一是物流运输，只要荆南存在，私茶仍然会肆无忌惮地流向各地；二是无法直接获得荆南的山茶资源，大量的税收仍将通过荆南外流；三是无法截断湘茶的通道，湖南乃茶叶的主要产区，也是南楚的生命之源，如果继续放任自流，中央财政必然会继续受到冲击。

正当赵匡胤在荆南的问题上举棋不定时，机会来了。

这个机会并非来自荆南，而是旁边的邻居，也就是以前的南楚。

想当年，木匠出身的马殷把南楚治理得井井有条，通过几场规模不大的地方战争，消灭了湖南境内的割据势力，实现了湖南的统一。马殷政权时期，采取了内靖乱军、外御强藩等政策，使百姓获得了一个相对安定的环境。经济上，采取兴修水利、奖励农桑、发展茶业、提倡纺织、通商中原等措施，使社会经济得到了较快的发展。为了发展商业，马殷采纳大臣高郁的建议，铸造铅、铁钱币在境内流通。由于铅铁钱币笨重，携带不便，商旅出境外贸易，大都“无所用钱”，往往在楚国就地购买大量产品销往各地，这样楚地境内生产的产品通过“易天下百货”而变得富饶。而南楚的财富来源，主要还是依靠茶叶，也就是说，南楚的兴盛与茶叶贸易有直接关系。全盛时期的南楚辖域包括潭、衡、永、道、郴、邵、岳、朗、澧、辰、溆、连、昭、宜、全、桂、梧、贺、蒙、富、严、柳、象、容共二十四州，下设武安、武平、静江等五个节镇，即今湖南全境和广西大部、贵州东部和广东北部。

马殷死于公元 930 年，之后曾经富庶的南楚日益走向了衰落，马希萼是马殷的所有儿子中最不靠谱也是最能败家的一个，不但把他老子亲手缔建的南楚给败没了，连他自己的小命也给搭了进去。

公元 950 年，马希萼起兵造反，杀了他的弟弟马希广后自立为王。然而他却不知道，隔壁的邻居南唐皇帝李璟正瞪着贪婪的双眼在看着这几个马家的不肖子们自相残杀。李璟觉着自己到了该出手的时候了，于是趁着南楚之乱，迅速出兵，一举灭掉了南楚，任命周行逢为节度使，掌管南楚所有事务。

南唐被后周打败并向后周称臣，曾经的南唐属地也一并给了后周，由柴荣再封周行逢为武平节度使，直到赵匡胤的建隆三年（公元 962 年），周行逢去世，将位子传给年仅 11 岁的儿子周保权。没想到，周行逢刚死，他的手下大将张文表就扯起了反旗，自立为王，从而背叛了宋朝。

赵匡胤刚好还没想好如何把这两个产茶大区纳归于宋朝，这下张文表给了他一个出兵的借口，于是派大将慕容延钊、监军李处耘率军南下起兵讨伐，兵不血刃地收复了荆南，成就了北宋王朝又一个假途灭虢的经典案例。收复荆南后，宋军借道江陵继续向南开进，通过水路很快就进入了湖南地界。就在北宋军队刚刚进入湖南的时候，周保权告知朝廷说，这里的平叛工作已经结束，就不麻烦朝廷了。

但宋军根本就不管这一套，继续往南开拔。11岁的小王周保权和他手下的将军们一看这个阵势，立马就傻了眼，这哪里是来平叛，分明是在灭我们。慌里慌张地赶紧派出军队阻截。宋军不由分说就冲上来，三下五除二就把周家的兵马给打了个稀里哗啦。

一举拿下了茶叶的两大产区，赵匡胤心满意足了吗？没有！因为他的眼里还有另一个更加重要的地方，那就是孟昶统治下的后蜀，著名的雅州边茶产区，每年以上百万斤的数量经过打箭炉进入吐蕃，再由吐蕃转运至其他地区，给后蜀换来成群的战马和白花花的税银。

眼巴巴地看着那么多的钱装进了人家的口袋，这事搁谁也眼红，更何况想钱想疯了的赵匡胤呢？他觉得到了该兼并后蜀的时候了。

想要兼并后蜀必须得先有理由，没有理由的攻打只能是侵略。

而这时赵匡胤收到了后蜀使者献上的孟昶遣使赴北汉联合攻宋的秘信。赵匡胤大喜："吾西过有名矣"。

一直到今天，谁也说不清楚究竟是赵匡胤的命好还是后蜀皇帝孟昶运气差，更不知道这一切到底是不是赵匡胤单边弄出来的一个阴谋，因为这一切发生得太不可思议了，甚至更像说书人编出来的故事，难道地球上只有你赵匡胤，无论想讨伐谁，都能丝毫不差地踩上那个点？这也太经不起推敲了吧！《红楼梦》里一句话倒是很值得人们去玩味：真亦假时假亦真！

不管怎么说，历史就是这么玩出来的。

二、谁能掌握茶叶生产销售的话语权？

宋太祖乾德三年，也就是公元965年，孟昶出降，巴蜀从此换了新主人。

抓革命还不能耽误促生产。如今南楚搞定了，荆南搞定了，后蜀也搞定了，北宋顺理成章地掌握了茶叶从生产到销售的话语权了吧？且慢，南汉和南唐呢？对了，还有一个始终都很低调，从不显山露水，只知老老实实地在江南水乡临安埋头种茶的吴越。在中国最大的茶叶产区中，如果没有南汉和南唐再加上吴越，纵是赵匡胤有天大的胆量，都没有底气说自己已经控制了茶叶的所有权，因为天下人都知道，真正的产茶大区恰恰都集中在这几个地方。

不过，成功地将南楚、荆南和后蜀并入北宋版图，也确实让赵匡胤兴奋了一时，第一次尝到了做大宋天子的骄傲滋味，以至于那些远在天边的番族夷民都感到了北宋天子的威猛，千里迢迢前来汴梁进贡，其他的小番就不必说了，只说一下那几个后来让中原人民噩梦难醒的"著名"的游牧民族，就知道从这个时候开始人家已经看上你了。远在契丹以北的女真，不远千里之遥特遣使者前来奉上一百匹宝马，而更加遥远的平存拓跋部，慷慨地进贡了三百匹优质宝驹——青海的河曲马，又名党项马。还有一个刚刚诞生，小名叫作室韦的部落，供奉了上百匹好马！然而，谁都没想到的是，就是这三个游牧民族，在之后的三百多年里成为令北宋王朝惊悚的代名词。而与之相比，时下的契丹反倒真的成了好人！

就是这三个家伙，一个比一个更加贪婪、更加暴戾、更加残忍。起始是拓跋，在西域一带折腾折腾，还不至于让北宋感到没法生存；之后的女真竟然撼动了宋朝的半壁江山；而最后来的室韦，不仅彻底要了宋朝的命，更把地球闹得天翻地覆，让世界上各个种族的人都感到绝望！它后来改名叫作蒙古！

[宋]　宋徽宗赵佶　十八学士图（局部）　台北“故宫博物院”藏

第十六章

南唐吴越：战争背后的茶叶悲歌

南方则通过原来的南汉属地番禺、刺桐等港口，进一步扩大了茶叶和陶瓷器皿的出口，再加上国内的茶叶需求量不断加大，茶叶又一次成为市场的热销产品。而宋朝的茶叶市场发展到了空前的规模，各种茶叶只要一上市，随即便会出现热卖追捧。然而，随着茶叶的热销，产量却再度出现了供不应求的现象。从茶叶贸易尝到甜头的赵匡胤，已经将目光转向了南唐和吴越两地，毕竟这两个地方才是真正意义上的产茶大区。

一、契丹和北宋兵戎相见的真相——茶叶价格

就在北宋征讨南汉的时候，北方的契丹调动了六万人马，在事先没有任何预兆的前提下，分别偷袭了定州和易州，将两地财产洗劫一空，尤其是易州经营茶叶的吐谷浑人，更是损失惨重。

边关再度告急！

而这个时候的北宋也是捉襟见肘，本来就那么多的兵员，一部分在征讨南汉，剩下的不但要守住南楚、荆南这些刚刚纳入版图的地方，还要不停平复后蜀等地的内乱，再加上镇守京城也需要少量军队，此刻确实是兵员不足。赵匡胤想来想去，最终决定起用一个新人：太监田钦祚率兵三千前往边关救急。

三千？契丹那可是六万人马啊，这岂不是拿鸡蛋碰石头吗？可是眼下的赵匡胤已经到了实在没人可派的地步，只能派出三千人马，跟着一个从来没有打过仗的太监上了前线。

出征之前，赵匡胤并没有告诉田钦祚契丹到底有多少人，只是大概地说了一声敌众我寡。

田钦祚就这样带着三千名死士一样的士兵，从汴梁直接就冲到了战场。起初契丹人还真没把这寥寥的几千人放在眼里，甚至嗤笑中原人为什么要无缘无故地前来送死。但是，两军一交手，契丹人就感觉到不对劲，他们所面对的哪里是中原的大兵？分明是三千个前来索命的活阎王，领头的骑在马上似乎根本就不看对方排列出的阵势，手持宝剑闭着双眼不要命地往前冲，跟在他身后的那些士兵，一个个抡着手里的大刀见人砍人见马砍马，完全没有什么招数可言。一时间，浓烈的血腥味弥漫整个疆场，宋军以哀兵之势势如破竹，所到之处人头遍地血流成河。见过玩儿命的，还真没见过这么玩儿命的！契丹军彻底乱了阵脚，从将领到士兵也顾不上什么节操了，先保住自己的小命吧！

毕竟契丹也已经很久没有经历过如此规模的战事了，看到前面冲过来这么一群不要命的亡命之徒，早已经吓得心惊胆战，根本就无法抵挡对方潮水般的冲锋。

这一战，从早上六七点开始，一直到傍晚五六点才收兵。这期间田钦祚的马被敌箭射伤，紧随其后的副将王超急忙将自己的马换给他，继续率领士兵向契丹大军冲杀。《宋史》称此役“钦祚与敌战满城，敌骑少却，乘胜至遂城，钦祚马中流矢而踣。骑士王超以马授钦祚，军复振，自旦至晡，杀伤甚众”，阵前斩首契丹近万级，伤残不计其数。

田钦祚一战成名，而这场战役就是北宋历史上最著名的“三千打六万”！

连赵匡胤都没想到，田钦祚竟然如此勇猛无敌，听到前方传来的捷报，喜不自胜地对身边的人说：“敌数犯边，我以二十四绢购一契丹首，其精兵不过十万人止费二百万绢，则敌尽矣。”

这一仗，不仅让契丹丢尽了脸面，也让刚登基的辽景宗头一次尝到了北宋的厉害，六万铁骑竟然被一个太监领着区区三千人打得丢盔弃甲。

于是耶律贤派出使臣前往汴梁与北宋商谈，主要问题还是针对茶叶价格。

二、大战后北宋茶叶市场空前繁荣

北宋其实也不愿再继续打仗，谁都知道打仗就是在烧钱，所以打也要打得有意义，比如打后蜀、平南楚、征南汉，至少都是让宋朝的疆域又增加了一块领地和税收。而与契丹毫无结果地打来打去，这钱就烧得实在是太冤枉了。所以，北宋也愿意坐下来谈判。

任何谈判首先涉及的一个主要问题，就是各自的利益。北宋和辽国之间的谈判自然也一样，无论双方绕了多大一个弯子，最终的核心焦点还是要落回到茶叶的供应价格上。

公元 971 年，经过了几轮谈判后，北宋和辽国就茶马榷商问题达成了一致意见。宋朝以每百斤茶叶换契丹一匹良马，每年的供应量不低于五百万斤，而且都是现货交易，互不欠账。也就是说，契丹每年必须用五万匹上好的战马才能得到宋朝的茶叶。

中国历史上第一个官方制定的茶叶出口价格由此诞生。

如此一来吐谷浑人不干了，大宋怎么出尔反尔呢？当初说得很好，茶叶的事全部交给吐谷浑人来做，可现在怎么却变卦了？竟然绕过了吐谷浑而直接和契丹做上了买卖，推完磨就杀驴，这也太不仁义了吧！

吐谷浑人愤怒了，他们再度聚集起来，要向朝廷讨一个说法。其中一部分血气方刚的年轻人趁机在街面上制造事端，采用极端的方式对汉人经营的店铺实施打砸抢，甚至当街杀人放火，一时间闹得汴梁城里人心惶惶。这起因茶而引发的骚乱被称为“胡人之乱”。赵匡胤的弟弟赵光义（赵炅）时任开封府尹，直接指挥和参与了对吐谷浑人的镇压，并将居住在中原的吐谷浑人由官兵押解全部迁回西域。但是这段记录在他登基做了皇帝后，连同他的儿子赵恒先后两度删改《太祖实录》，使有关该事件的所有记录被全部删除，具体的时间年表也随之一起消失，只是在一些史料的边角中，尚能找到一些关联的信息。不过根据时间推断，该事件大致应该发生在公元 971 年到公元 972 年之间。

因为北宋和契丹直接发生了贸易往来，导致吐谷浑损失惨重，但是北宋并不买账，并且采用了强势态度，将吐谷浑人全部迁出中原。被遣送回西域后，吐谷浑人很快就和党项人勾搭到一起，对宋朝的西北再度构成威胁。

在赵匡胤的主持下，北宋和契丹达成了贸易协定，以茶、绢、丝、盐、瓷等为主的中原商品源源不断地进入了辽国，而辽国的战马、皮货、蘑菇以及奶制品等土特产品，也通过正常的物资交流进入中原。昔日如同冤家的两国进入了友好和平的蜜月期，并在未来的几年内关系发展一直良好，除了北汉问题以外，几乎没有发生过大规模战争，两地在这几年时间里都得到了有效发展。尤其是辽国，辽景宗耶律贤一改耶律璟时代滥杀政敌的暴行，采取宽容政策，以缓和统治上层的矛盾。同时他推行了一系列改革措施，重用耶律屋质、耶律贤适、高勋、郭袭、耶律休哥、耶律沙等贤臣良将，与民休息，虚心纳谏求治，为后来的全盛时代打下了基础。

既然北方已经缔结了睦邻友好，北宋的贸易往来也日渐走向平稳，通过陆路向辽国出口的北方通道已经畅通，西部保留了原后蜀时代从雅州到打箭炉运送茶叶的“茶马古道”，而南方则通过原来的南汉属地番禺、刺桐等港口，进一步扩大了茶叶和陶瓷器皿的出口，再加上国内的茶叶需求量不断加大，茶叶又一次成为市场的热销产品。而宋朝的茶叶市场发展到了空前的规模，各种茶叶只要一上市，便会出现热卖追捧。只是随着茶叶的热销，产量再度供不应求。从茶叶贸易尝到甜头的赵匡胤，将目光转向了南唐和吴越两地，毕竟这两个地方才是真正意义上的产茶大区。

三、南唐后主《临江仙》

公元 974 年，赵匡胤决定拿下南唐，理由很简单：卧榻之侧岂容他人鼾睡！

自后周时代，南唐被柴荣痛打一顿后，已经变得非常老实，尤其是李璟死后李煜接班，更是对日渐强大的北宋政权毕恭毕敬。南唐后主李煜既没有他爷爷李昪老谋深算的城府，也没有他爹率性轻狂的血性，他这一代成了唯唯诺诺的傀儡，不敢乱说乱动只能老老实实待在金陵。从严格意义上说，李煜和后来的宋徽宗赵佶以及再后来的明熹宗朱由校一样，如果不做皇帝，会在另一片领域里大有作为。

按照常理说，南唐的皇位其实与李煜没多大关系，因为他是中主李璟的第六个儿子，最早李璟册封他大哥李弘冀为接班人。李弘冀虽然有远大的抱负，可心理过于阴暗。据欧阳修《新五代史》载："煜字重光，初名从嘉，景第六子也。煜为人仁孝，善属文，工书画，而丰额骈齿，一目重瞳子。"李煜为了躲避李弘冀，只潜心修经写诗，对政事不管不问，并给自己起了一个闲号"钟隐"。

虽然李煜用逃避的方式明确表示自己不参与皇位的竞争，但是并未挡住李弘冀的强悍，为了王储之争杀了叔父李景遂，李璟一怒之下废了他的太子身份，李弘冀却并未就此收手，为了夺回自己的位置，竟然又试图对李璟下手，结果被家眷发现，最终被打入冷宫，一年后郁郁而终。而李煜的二哥三哥四哥五哥也都先他而去，公元 961 年李璟死在洪州（今江西南昌），皇位最终落到了李煜的头上。

无论"钟隐"还是"钟峰隐者"，它都成为李煜登基后的一个习惯，不问朝政，不懂政治，也不管军事，我行我素潜心作诗。许是性格所致，或者是少小时代的环境影响，李煜生性懦弱且优柔寡断，虽然后来当了皇帝，但也难以掩隐他的忧郁。后来宋军攻破金陵，李煜仍在他的皇宫里大写抒情诗词。正是这首吟诵了千年的名词《临江仙》，让今天的我们看到了李煜当时承受了多大的内心压力：

樱桃落尽春归去，蝶翻金粉双飞。子规啼月小楼西，玉钩罗幕，惆怅暮烟垂。别巷寂寥人散后，望残烟草低迷。炉香闲袅凤凰儿，空持罗带，回首恨依依。

这就是李煜。

深知自己惹不起日渐强大的大宋帝国，李煜从来不敢说半个不字，因

[宋] 钱慧安 烹茶洗砚图

为他已经目睹了后蜀的陨落，南楚的凋零，荆南的倒闭，还有南汉寿终正寝的整个过程，所以在极其惶恐中紧张度日，唯恐自己言语有误导致杀身之祸。

四、南唐吴越的茶叶悲歌：违命侯

自从南汉被北宋打败以后，李煜更如惊弓之鸟，忧心如焚，每天与臣下设宴酣饮，忧愁悲歌不已。并且主动去除唐号，改称“江南国主”，并于次年贬损仪制，撤去金陵台殿鸱吻，把中书、门下省改为左、右内史府，尚书省改为司会府，御史台改为司宪府，翰林改为文馆，枢密院改为光政；将前面所有封的王一概降为公，以此避讳宋朝，以示尊崇。

但是面对已经下定了决心的赵匡胤，李煜能躲过这一劫吗？

开宝七年（公元974年）九月初九，赵匡胤命宣徽南院使曹彬为升州西南面行营马步军战棹都部署、山南东道节度使潘美为都监、颍州团练使曹翰为先锋都指挥使，统李汉琼、田钦祚（就是“三千打六万”的那位爷）、刘遇、梁迥、王明、丁德裕及吴越王钱俶军，率领十几万大军，舰船上千艘，兵分五路进攻南唐。

顺便简单地介绍一下吴越。在五代十国时期，吴越地域虽小，可也算得上一国，最早由钱俶的爷爷钱镠所创，辖钱塘、钱江、余杭、安国、于潜、唐山、富阳、新城八县。在钱王的鼓励下，境内广种福田，以农蚕茶渔为主，兴修水利工程，并通过海上与日本、朝鲜等地进行贸易往来，史载“五代之际，天下纷扰，杀人如麻，独吴越人民安居乐业，百年不知兵革”，使吴越百姓过了一段太平富裕的日子。即便如此，皇帝仍然多次下令减免赋税“以宽吾民”，仓廪积蓄可供十年，堪称富甲一方。如此富庶之地，如果没人惦记的话，那可就真奇怪了！

吴越历经三代、五帝共85年的统治，经过辛勤开拓建设，将杭州发展成为全国经济繁荣和文化荟萃之地。欧阳修在《有美堂记》里有这样的描述：

“钱塘自五代时，不被干戈，其人民幸福富庶安乐。十余万家，环以湖山，左右映带，而闽海商贾，风帆浪泊，出入于烟涛杳霭之间，可谓盛矣！”

北宋决定攻打南唐时，钱俶做了一个令人惊讶的决定：把李煜的密信交给了赵匡胤。

开宝九年（公元976年）正月，金陵城破，历时39年的南唐灭亡。如果从公元927年徐温死，李昪（那时候还叫徐知诰）正式接班，掌握了当时的杨吴政权开始算起，有着近半个世纪的李氏王朝，在经历了李昪、李璟、李煜三个时代后，从此进入了历史，而赵匡胤也完成了除北汉以外的中原统一。

李煜无疑是一个悲剧。他手捧降书，连同南唐十九州、一百零八县以及年产一千八百万斤茶、五百万匹绢一齐向强大的北宋投降，随即被押解至汴梁。虽然此前李煜曾多次表示要效忠宋朝，可仍然被赵匡胤羞辱地封为“违命侯”，开始了他潦倒的囚徒生活。至第三年，宋太宗的太平兴国三年七夕，李煜刚刚度过他42岁生日后的几个小时，被最为阴险的赵炅（赵光义）赐酒毒死了。一代词帝就此远离了这个离乱的世界，也远离了他的忧郁和疾苦，给后人留下了近七十首脍炙人口的诗词，以至于在他死后一千多年里，人们始终尊崇他为中国文学所做出的卓越贡献。

至今在开封老城外的西北角仍有一村，名曰孙（逊）李唐庄，据说就是当年这位“违命侯”李煜在开封的宅邸。

也就是这首著名的《虞美人·春花秋月何时了》，让李煜离开了尘世：

春花秋月何时了，往事知多少？

小楼昨夜又东风，故国不堪回首月明中。

雕栏玉砌应犹在，只是朱颜改。

问君能有几多愁？恰似一江春水向东流。

第十七章

北宋财源之本与茶农造反

茶叶，是北宋的财源之本，无论是谁胆敢动国本，无疑是在找死。动了朝廷蛋糕的这两个人分别叫王小波和李顺，一个茶商，一个茶农。这两个人扯旗造反的原因很容易理解，就是茶叶价格的变化，让他们的生活无法继续下去了。

一、要么茶叶降价，要么打仗

大宋收复南唐同一年的11月14日，赵匡胤离开了人世。

史书对宋太祖赵匡胤的死因，只有寥寥数笔，没有任何进一步的描述和解释。所谓“斧声烛影”之谜，是与苏轼大约同时代的和尚文莹所著《湘山野录（续录）》中的记载：

“……俄而阴霾四起，天气陡变，雪雹骤降，移仗下阁。急传宫钥开端门，召开封尹，即太宗也。延入大寝，酌酒对饮。宦官、宫妾悉屏之，但遥见烛影下，太宗时或避席，有不可胜之状。饮讫，禁漏三鼓，殿雪已数寸。帝引柱斧戳雪，顾太宗曰：‘好做，好做！’遂解带就寝，鼻息如雷霆。是夕，太宗留宿禁内，将五鼓，周庐者寂无所闻，帝已崩矣。太宗受遗诏于柩前即位。逮晓登明堂，宣遗诏罢，声恸，引近臣环玉衣以瞻圣体，玉色温莹如出汤沐。”

赵匡胤就这样突然地，也很意外地死了，既没有遗言，也没有遗诏，之后的宋朝便立即进入了赵光义时代。无论《宋史》还是南宋李焘的《续资治通鉴长编》中，对赵光义登基都是用了含糊之词，唯独在《辽史》[1]中，蒙古人称：“赵炅自立”！历史上对赵光义这个人物素来没有什么很高的评价，似乎只有一个词与他的一生很匹配：平庸。

公元982年，赵光义听说吐谷浑人已经和党项人沆瀣一气，要与大宋帝国分庭抗礼。于是下旨，招拓跋氏头领李继捧及党项贵族全部迁到汴梁，否则，帝国将停止对他们的茶叶供应，而且党项人的青白盐也将在北宋视为禁销产品。

在漫长的历史长河中，党项这个民族一直非常神秘，这个民族究竟从

---

① 《辽史・卷八・本纪第八・景宗下》：“宋主匡胤殂，其弟炅自立。”

哪里来？没有明确的记载。有的说党项是原属西羌的一支，从汉朝时迁徙到河陇及关中一带。也有的说，他们的祖先是鲜卑人，和吐谷浑一样来自北方，但这些说法都没有史料考证，只知道这个时期的党项族过着不知稼穑、草木记岁的原始游牧部落生活。

关于党项人究竟来自何方，有一首诗歌比较确切地说明了党项人的祖先可能是来自雪山深处的青藏高原：

“黑头石城漠水边，赤面父冢白河上，高弥药国在彼方。”

这里的高弥药国，说的就是党项，而其中的“赤面”，指的是人脸的颜色为深褐色，应该说的就是高原高强度紫外线所致。所以说，党项人的祖先极有可能和西羌有着密不可分的关系。

党项以部落为划分单位，以姓氏作为部落名称，逐渐形成了著名的党项八部，其中以拓跋氏最为强盛。此外还有黑党项、雪山党项等部落。他们一直生活在当时的两支极强盛的民族阴影下，一支是从雪山杀出来的吐蕃，另一支则是从北方迁徙过去的吐谷浑。大约从隋朝开始，党项逐渐依附于中原政权，一直到唐朝，因为接连遭到吐谷浑和吐蕃的侵扰，才在朝廷的特批下，把原匈奴遗留下的古城夏州（陕西靖边）等五州划给了党项，他们才终于有了自己的一方土地。至唐末僖宗李儇时代，党项头领拓跋思恭因征讨黄巢有功，被封为夏州节度使，其势力范围以夏州为中心，包括夏、绥、宥、银、静五州（今鄂尔多斯南部地区）之地，同时赐予国姓李。

从此，党项人就一直居住在这里，一直到公元982年，赵光义的太平兴国五年才被北宋朝廷一纸诏书，将党项的贵族悉数迁到汴梁。

李继捧确实很听话，为了党项人的生存，不得不接受宋太宗的指示，几乎没有什么犹豫，就义无反顾地在宋军的“陪伴”下来到了京都汴梁。

但是，有一个人却没来汴梁报道，此人叫李继迁，李继捧的堂弟。当时他假扮成出殡的队伍，带着身边的几个人逃出了宋军的严密看守，奔向了茫茫大漠深处一个叫作“地斤泽”的地方。正是因为这个没有前来汴梁报道的李继迁，给宋朝带来了很大的麻烦。

虽然李继迁跑路了，可这时他还没形成什么气候，对北宋尚构不成威胁。再说北面的形势也很严峻，赵光义也没有精力顾得上他这一头，所以暂时先把他搁在了一边。

由于平衡关系被打破，契丹对中原的进犯越来越频繁，而且每一次的规模都不小，目的就是要迫使北宋就范，乖乖地坐到谈判桌上重新签订贸易约定。大约就在这个时候，辽景宗耶律贤死了。丢失了瓦桥关的赵光义听到这个消息后大喜过望，觉得到了该给自己找回面子的时候了，他要趁这个机会再次御驾亲征，一定要把燕云十六州拿回来。

不过，他的方案一出台，就遭到了文武百官的反对，认为这个时候出兵不厚道，而且偷袭契丹绝对不是个好机会，契丹人毫无疑问地已经在所有的关键位置上都派驻了重兵，宋军如果选在这个时候长途奔袭，肯定要遭受重创。还有另一个原因，虽然耶律贤死了，继位的耶律隆绪只有12岁，但真正的对手却是那个强大的女人——时年29岁的寡妇萧燕燕，也就是后来契丹赫赫有名的萧太后。

在之后的几年里，双方在战场上依旧你来我往地刀枪相见，虽然互有胜负但冲突规模并不大。在此期间，虽然双方也曾开展过必要的外交沟通，但契丹人死死抱住一个想法，要么你的茶叶降价，要么就继续打下去。这样打打杀杀的一直到公元986年，赵光义觉得很不过瘾，与其这样小打小闹，不如干脆来一场大的，直接打败契丹，顺手把燕云十六州收回大宋的版图。

二、战后契丹掌握茶马话事主权

公元986年，赵光义再一次披挂上阵，携所有能出战的将军，倾国之力率三十万大军，兵分三路向幽州进发。

而远在辽国上京的萧燕燕闻听赵光义率领三十万大军要一口吃掉幽州，也展露出她强悍的一面，在契丹明显兵力不足的前提下，一方面招募女真、室韦和奚族的兵马前来迎战强大的宋军，同时，她也做出了一个让所有人都震惊的决定——

她也要御驾亲征！

结果呢？

一千多年后的今天，再去记录这场战役的过程已经没有任何意义，结果只有一个，就是以北宋的惨败而宣告结束，输得比“高粱河战役”还要惨。赵匡胤时代“三千打六万”或“五千灭十万”那种让契丹闻风丧胆的著名战例，这时候都已变成历史。兵是一样的兵，将也还是那些将，仅仅换了一个皇帝，结果就发生了天地大逆转。其时，宋军中不但有当年那些骁勇善战的猛人如曹彬、崔彦进、田钦祚、潘美等，还又增加了无敌战将杨业，以及傅潜、王侁等新生代。按说这是一场力量绝对优势于敌方的战役，胜算不言而喻。然而事实却是这三十万大军以及那些曾经勇猛的战将们，匪夷所思地战败了，尤以拥兵近二十万的东路军，在曹彬的率领下，竟然被契丹打得慌不择路抱头鼠窜，而契丹则变成了绞肉机，把强大的宋军打得七零八落溃不成军，一战即斩杀十余万宋军将士。

而西路军呢？杨业率领孤军追击契丹，与监军王侁事先约好，两军在陈家谷口会师。但当杨业杀到此处时，却没有见到王侁的援军。此时杨业已经深陷契丹将领耶律斜轸所设的埋伏圈，只能力拼突围，据说仅杨老令公自己就手刃契丹兵将二百余人，却终因寡不敌众身负重伤被俘虏。

杨业被俘后被押送到幽州，萧燕燕和韩德让亲自出面劝降，但杨业早已横下决心，只求速死绝不投降，数日后绝食自杀，以死报效国家。

杨业死了，并非戏文所说碰死在李陵碑前，而是被俘后壮烈殉国。无论他以哪种方式死去，应该说都是奸臣所致，不过这个奸臣并不是潘美，而是王侁。杨业殉国,很重要的一个原因来自朝廷内部:因为他是一员降将，所以处处受到那些所谓“根正苗红”的大臣的排挤。比如，陈家谷口一战，他明明已经与王侁和潘美商定好计策，但是到了那里却没人接应，最终导致全军覆没，自己被俘。此事王侁的责任最大，因为他是监军，直接代表皇帝监督军队的一举一动，潘美的能力再强，也不得不听从他的号令。而潘美也有责任，如果他坚持自己的观点，也许杨业的结局不会如此悲壮。

此战的失败造成的后果是，契丹完全击溃了北宋的国防力量，以至于在未来很长一段时间里，北宋没有了任何对外的抵抗能力，从而间接地帮了远在西边的党项人一个大忙，使他们很快成为中原王朝的另一个强敌。

因为赵光义的草率再加上对军事的无知，以错误观点指挥的这场彻底输掉的战役，极像公元前211年迦太基与罗马之间发生的梅托罗会战。意气风发的哈斯朱用鄙视的目光盯着即将亡国的罗马，却没想到罗马人在尼禄的率领下，竟然将强大的迦太基送上了一条不归之路。而宋朝这场战斗的失败，无疑是自赵匡胤开国以来蒙受的最大损失，国力急剧下降。

既然打败了，就得接受契丹提出的议和条件。刚刚获胜的契丹以强者的身份提出了新的条件，比之前的所有贸易约定更加苛刻。不仅茶叶价格比之前降低一半，契丹提供的马匹数量也不及之前的三分之一，并且不再分等级。此外，契丹国内的滞销品成为双方贸易的主要商品。面对这种强买强卖且毫无平等可言的议和条件，战败的北宋在谈判桌上已经没有了任何话语权，只有老老实实地接受现状。

赵光义通过加大税收力度来弥补战争失败而欠下的亏空，尤其对茶叶征税的力度变大。在所有的茶叶贸易中，再一次提升税费引起了靠茶吃饭的茶农和茶商的极度不满，最终导致了四川茶农和茶商李顺、王小波的起义。而西边的李继迁也在快速壮大，一度走向中兴的北宋王朝在赵光义的折腾下，处在了风雨摇曳的边缘。

三、北宋财源之本与茶农造反

茶叶，是北宋的财源之本，无论是谁胆敢动国本，无疑是在找死。动了朝廷蛋糕的这两个人分别叫王小波和李顺，一个茶商，一个茶农。

这两个人扯旗造反的原因很容易理解，就是茶叶价格的变化，让他们的生活无法继续下去了。王小波通过其小舅子李顺从茶农手里拿到茶叶，然后组织牲畜、人工长途贩运到打箭炉，再从当地的吐蕃茶商那里换回马和其他当地土特产到中原卖掉，换回现银后再支付给茶农，这一循环至少要三个月到半年的时间。

这样的合作方式一直进行到公元 992 年，王小波还是一如既往地从李顺那里收茶。茶还是那些茶，价也还是那个价，马帮走的还是那条路，但是这次王小波再回来的时候，形势却早已发生了变化。

由于大宋帝国在与契丹的战争中惨败而导致国库亏空，朝廷不得不重新制定了税赋政策，再加上当地县令齐元振的个人腐败，茶的价格发生了变化。也就是说，王小波历经千辛万苦走下的这一趟茶马之路，不但赚不到钱，反而还要亏损很多。但是不做生意的话，茶商和茶农吃什么呢？

对于王小波等茶商来说，在税赋加重，成本提高的情况下，想要继续吃茶叶这碗饭，唯一的可能就是铤而走险，在茶叶中掺假。

当他们再次历尽千难万险地把茶叶运到打箭炉时，竟然被对方发现了掺假行为。导致王小波不但没赚到钱，反而血本无归！

茶农的思想很简单，卖了茶就得给钱，要不然这日子就没法过了。可血本无归的王小波拿不出钱怎么办？这下所有人都不干了，一百多名茶农都来找李顺要钱，李顺无奈，只有去逼他的姐夫王小波。

茶农逼李顺，李顺逼王小波，终于把王小波的底火给逼了出来。现在想来，在当时的环境下，王小波等人是不会考虑朝廷因素的，只会把所有的罪责都强加到齐元振的头上。问题还不仅如此，新的税赋政策导致了内地茶叶价格的大幅度提高，所以人工费用肯定也要增加。但是打箭炉那边却不受内地税政的制约，不会因为内地的价格提高而随之调价。这分明是齐元振假借朝廷的名义断了他们的活路。所以在这样的情况下，他们只有造反一条路。

四、贩茶西域商道被切断

公元993年2月，四川爆发王小波、李顺的农民起义，打出的旗号是“均贫富”，两人带着一百多名茶农冲进衙门，占领了青城县，杀了县令齐元振，打开县府仓库，把所有的金钱粮食全部发给了当地百姓。他们由此得到了百姓的支持，纷纷加入造反队伍，很快就壮大到了一万多人，连克邛州（今邛崃）、蜀州（今四川崇州）等地，所向披靡。到12月，王小波率义军进攻江原县，被守将张杞一箭射在脸上。虽然义军最终攻破城池并斩杀张杞，但王小波终因伤势过重而死。

王小波死后，李顺被推举为义军领袖，继续带领义军冲锋陷阵，次年正月进逼到成都城下，朝廷命官纷纷逃走。正月十六日，成都终于被义军攻破，李顺在此成立了一个新的王国——大蜀国，并自立为大蜀王，年号为应运元年。

远在汴梁的赵光义闻听此信，立刻调太监王继恩为西川招安使，从剑门关进入蜀地，另派雷有终、裴庄、尹元等率兵自湖北入夔门，对义军进行镇压。赵光义一边派兵镇压，一边下诏招抚，并且命张咏知成都府伺机入川。4 月，王继恩军破剑州、绵州（今四川绵阳）、阆州、巴州（今四川巴中），所到之处斩杀无数。东路官军亦进入夔门，攻战于涪江流域。王继恩率军猛攻成都。十多万起义军攖城拒守，双方展开激战。5 月 6 日，成都失陷，十万义军尽遭王继恩斩杀。

与西边的党项人相比较，王小波、李顺毕竟对北宋政权还构不成威胁，但李继迁就不一样了。就在北宋朝廷派兵进川围剿李顺的同时，李继迁在西边也没闲着，在吐谷浑一个头领的授意下攻破凉州，获得了大量茶叶，并且断掉了从内地往西域一带贩茶的路线。

从内地通往吐蕃的茶马之路因王小波、李顺的造反断掉了。而李继迁受吐谷浑头领的唆使，大肆抢劫茶商，无疑又切断了宋朝的一条财路。

赵光义派出他的大舅哥，大将李继隆西征。虽然李继隆把李继迁打跑了，但他的后面还有一个大神——契丹。原来契丹早已经封李继迁为“西夏王，成为他的后台，所以李继迁才敢这么明火执仗地和北宋对峙，让赵光义伤透了脑筋。

且慢，对于李继迁而言这才刚刚开始，他的儿子李德明和孙子李元昊，才是让北宋睡不着觉的心腹大患。不知道此时的赵光义是否应该反思，自己在公元 982 年做出的那个将党项人全部迁居到汴梁的决定，到底有多么荒唐！

[宋] 刘松年 撵茶图(局部)

第十八章

“澶渊之盟”，一切皆因与茶叶较劲

连年的战争，北宋被异族封锁了对外贸易的所有通道，已经造成了茶叶的产能严重过剩，茶农们只能再一次眼睁睁地看着采摘下来的茶叶腐烂发霉而无法销售。

一、宋真宗时代的边茶困境

北宋进入宋真宗时代。

一直到今天，很多人随口说出“书中自有黄金屋，书中自有颜如玉”这句著名的励学诗时，只不过仅仅局限在断章取义的层面，而未必知道这首诗的作者据传就是这位宋真宗赵恒，更有极少数人知道这首名闻天下的《劝学篇》的原文是这样说的：

富家不用买良田，书中自有千钟粟。
安居不用架高堂，书中自有黄金屋。
娶妻莫恨无良媒，书中有女颜如玉。
出门莫恨无人随，书中车马多如簇。
男儿欲遂平生志，五经勤向窗前读。

严格地说，宋真宗赵恒接过来的是一个烂摊子。赵匡胤励精图治，用十六年把一个千疮百孔的国家治理得刚有起色，就被赵光义给挥霍得一干二净，在既有外患兼有内忧的前提下，赵恒又该如何收拾这盘残局呢？

先说外患，北边，契丹并没有因为彻底打残了宋朝而就此收手，反而变本加厉地在边界上肆虐，杀人越货、抢劫掳掠，致使边界地区民不聊生。西边，党项人的势力不断扩大，并与契丹结为同盟，屡屡侵扰附近州县，还截断了西线的通商之路，贩往西部的茶叶只要经过他们，就会遭到抢劫，已经对宋朝形成了威胁。

内忧也不是个小事，虽然王小波、李顺造反已经被平息，但他们遗留下来的一系列问题亟待解决。首先是进往吐蕃的边茶，因为税赋调整尚没有完全恢复通商，致使雅州沿途积压了大量的茶和茶客，王小波、李顺造反的余火随时有可能再度爆发；其次是官府与百姓之间的矛盾日趋严重，贫富差距越来越大，与后蜀孟昶时代不可再同日而语。而朝廷内部的压力似乎更大，四方水旱盗贼不肖恶行每天都有上报，从皇帝到大臣不仅每天要接收大量从外面传回来的负面信息，还要面对一个更加严重的问题，用文明词汇形容叫捉襟见肘囊中羞涩，换句大白话说就是兜里没钱！

这些事全部都压在了赵恒的头上，搞得他焦头烂额。

与赵光义相比，赵恒倒是一个非常务实的皇帝。这可能起源于此前他并无当皇帝的野心，所以心态更加平和。公元995年，当寇准等一帮大臣上奏赵光义立赵恒为太子的时候，赵恒甚至还大吃一惊，责怪寇准不该鲁莽行事，因为之前的两个太子都没有好下场，他还没有做好要步他们后尘的准备。

二、赵恒面对的挑战

让老百姓能吃上饭！这话听起来似乎很容易，可做起来到底有多难呢？

赵恒只要翻开账本就知道，如果不能解决这个问题，大宋帝国距离灭亡就为期不远了，可是手里没钱又确实让人犯愁。

大宋帝国主要税收来源的经济作物——茶叶出现了严重问题。首先是川茶，雅州地区的边茶因为受到王小波、李顺以及后来追随者不断造反的影响，茶马之路出现滞销，段氏天下的大理茶叶乘虚而入，直接进入了吐蕃地区；西路经长安沿渭水过虢县（今陕西宝鸡）至秦州上邽（今甘肃天水）再分四路通往西域的路途，如今已经完全被党项人和吐谷浑人控制，别说贩茶了，人能活着回来就很不错了；北方更不用说，契丹自从打败宋朝后，趁着北宋朝廷内部空虚，变本加厉地骚扰和侵袭中原，隔三差五就过境劫掠一番，使中原的茶商闻风丧胆，早已离开了这个是非之地。唯有南方的番禺和漳泉二州，把茶叶、瓷器以及丝绸制品等物资通过海路运输出去销售——这条后来被法国汉学家埃玛纽埃尔·爱德华·沙畹命名的“海上丝绸之路”，经过马六甲海峡后到达印度，再从当地换回各种香料、染料等特产在中原销售。

但其他地区的茶叶就没有这么幸运了，连年的战争，被异族封锁了对外贸易的所有通道，造成了茶叶严重的产能过剩，茶农们只能再一次眼睁睁地看着采摘下来的茶叶腐烂发霉而无法销售。

而比茶叶积压更为严重的问题，是朝廷养了一群数目惊人的闲人！

赵光义时代的开科纳士，可谓创造了中国历史上的奇迹，首先是开科的次数多，其次是招进来的人多。仅太平兴国五年的第一次开考，竟然就考上了一百多位进士，在这个不学无术的君主眼里，似乎只要认识俩字，都可以成为进士。当然这也不能一概而论，其中确实有真才实学的栋梁之材，比如李沆、王旦等在历史上留下一笔的著名人物，但更多的还是一些不成气候、整天在各级衙门里混的人。从这时起，赵光义就上了开科的瘾，几乎每两年就招进一大批闲人，待到宋真宗时代，北宋已经养了二十多万名无所事事却按月从国库里领取俸禄的闲官。这么一笔庞大的开支足以把金山银海都吃空了，何况这个时候的北宋已经到了山穷水尽的地步！

这就是赵恒所面临的现实！

那就先从这些闲人开始吧。从咸平四年（公元1001年）开始，一直到之后的三年内，赵恒总共裁掉了没什么用的官吏十九万五千八百人。

严格地说，赵恒是中国历史上最勤政的皇帝之一，除了睡觉，几乎把所有的时间都用在了工作上。从清晨开始，就在前殿接见大臣，听闻奏事，能当场解决的马上给予答复，不能解决的，则与宰相们商量后再行回复，当日事当日就得完成，绝不拖沓过夜。这样的接见往往到临近中午才结束，午饭后开始处理奏章，下午即是读书时间，而晚间则和他当太子时一样，听他的老师李沆等讲学，研究经史，共议国事，直到深夜才回宫就寝。

北宋这条破船，终于在赵恒的努力下，暂时摆脱了倾覆的危险。

三、宋朝向辽国贡品：茶叶五十万斤

公元1005年1月3日，景德元年十一月二十，在寇准的劝说下，宋真宗赵恒御驾亲征，渡过黄河，亲达前线，要与契丹决一死战。皇帝出征，极大地鼓舞了前线将士们的士气，于是一位前来收拾残局的人物就此出现。

此人是大将李继隆！

李继隆登上城楼的同时，也给契丹人带来一件能让他们痛不欲生的礼物——床子弩。这算是一件新式武器了，如果说曹玮在西北使用的地弩是专门攻打骑兵的致命法宝，那么床子弩就是攻城的利器，而且射程之远是契丹人做梦都想不到的。这样一个其貌不扬的怪家伙，被李继隆搬上了城楼，瞄准了“嗷嗷”冲锋的辽军。

操持床子弩的将军叫张环，连他自己都没想到，他这一锤下去，竟然直接关系到了这场战争的结果，成为宋朝和契丹关系的一个重要历史拐点。

床子弩发射后，其中一箭正中契丹主帅萧挞凛的眼睛，当天晚上他就死了。

因为主帅的死，致辽军士气严重受挫，军中产生了厌战情绪。 萧太后等人听闻萧挞凛战死，痛哭不已，为之“辍朝五日”。《辽史》载：“将与宋战，挞凛中弩，我兵失倚，和议始定。或者天厌其乱，使南北之民休息者耶！”

战争至此戛然而止。

就在这个时候，赵恒收到了契丹的信，依然是要求商定和谈。但是这个时候寇准监军不接受议和，因为契丹已经倾国之力前来攻打中原，而且现在败局已定，如果此时乘胜追击，必将收复燕云十六州。而赵恒则是从更长远的角度考虑，连年征战已经使国家和百姓遍体鳞伤了，此时议和是最佳时机。

赵恒决定，派官员曹利用前往契丹军中，与敌方派出的议和代表王继忠进行了协商,并且达成和解盟约,由宋朝每年给辽国“送”上岁币十万两,绢帛二十万匹。两国结为兄弟国家，永世不犯。

不过，辽国在后面又专门加了一条：茶叶五十万斤。曹利用对此非常不理解，已经给了你这么多钱，你还要茶叶干什么?

契丹的代表王继忠脸上却露出了诡异的一笑，曹利用顿时恍然大悟，原来这么多年契丹都是为了这把树叶子在和中原较劲啊！你倒是早说啊，想多要点茶叶没什么，何必你来我往地对撕了这么多年，这是何苦呢！

这便是宋朝著名的“澶渊之盟”。双方自结盟之后的近百年中再未发生任何战事，并且带动了边境地区的贸易往来，从此宋朝进入了快速发展通道。

“澶渊之盟”以后，北宋再次在边境上的雄州、霸州等地设置榷场开放交易，鼓励各路商人前往经商，并把北宋的制瓷和印刷技术传往契丹。同时，北宋政府用通过海路贸易换回来的香料、犀角、象牙，以及中原的土特产茶叶、瓷器、漆器、稻米和丝织品等交换辽国的羊、马、骆驼等牲畜，使两地的民间交易有了高速发展的机会。

一千多年来，围绕宋朝是否应该和契丹缔结“澶渊之盟”的问题，学界一直颇有争议。一部分学者认为，当时宋朝已经胜券在握，与辽国结盟体现了软弱；而另一部分人则说，正是因为有了这个结盟，使宋朝从此摆脱了契丹的不断骚扰，相互之间和平共处了60年。著名史学家黄仁宇先生在他的重要著作《中国大历史》中，客观地评价了“澶渊之盟”：“澶渊之盟是一种地缘政治的产物，表示着两种带竞争性的体制在地域上一度保持到力量的平衡。”从历史来看，这种“平衡”带来的最积极影响是使宋朝确立了“守内虚外”的军事方针。

但是60年后，在比大漠更远的黑龙江大兴安岭深处，随着一个孩子的诞生，中原所产的茶叶再次成为抢夺的焦点，局势也变得更加扑朔迷离。

第十九章

西夏的兴起与逼茶

在今天被称为“古丝绸之路”上，行走在茫茫大漠中的庞大驼队，排列着并不规整的队形，在把中原的丝绸、瓷器、茶叶连同文化一起传播出去的同时，也曾经引发了一场又一场万劫不复的战争，生灵遭到涂炭！看似平静的沙漠，或许正在讲述因为那片小小的树叶而致血流成河的悲壮的、悲惨的、悲戚的和悲恸的故事，还有那些被沙漠覆盖了千年的累累白骨，可能在哭诉发生在这条路上那些艰苦的、艰辛的、艰难的和艰险的过往。

一、党项脱汉，唯独留下茶叶

茶叶，作为造物主馈赠给中国人的独有饮品，有着极其复杂的发展历程。一千多年前，那条从西安出发，经秦州、兰州、庄浪茶马司后，再过凉州、甘州、肃州一直通达西域的西部商道——在今天被称为“古丝绸之路”上，行走在茫茫大漠中的庞大驼队，排列着并不规整的队形，在把中原的丝绸、瓷器、茶叶连同文化一起传播出去的同时，也曾经引发了一场又一场万劫不复的战争，生灵遭到涂炭！看似平静的沙漠，或许正在讲述因为那片小小的树叶而致血流成河的悲壮的、悲惨的、悲戚的和悲恸的故事，还有那些被沙漠覆盖了千年的累累白骨，可能在哭诉发生在这条路上的那些艰苦的、艰辛的、艰难的和艰险的过往。即便穿越了千年，我们似乎还能听到当年的驼铃和商旅的喘息声响彻硝烟散尽的历史天空，像一首空灵的挽歌，响彻在西北高原吊诡的风中，借以凭吊当年那些惨死的亡灵！

千年过后，我们可能已经忘记了曾经盘踞一隅的那一群一群无比贪婪且无比凶恶的狼，他们在中国的历史上一度是中原王朝的噩梦制造者：吐谷浑、吐蕃、党项、契丹、女真、蒙古，这些游牧部落就像傍晚时分的匆匆过客，在历史的舞台上仅露了一下脸，就随着历史的更迭，退出了舞台。

比如党项。

李继迁死后，他的儿子李德明又在广袤的西北没日没夜地继续折腾，把中原王朝折腾得毫无脾气。最终于公元1032年，和北宋朝廷玩了一辈子猫捉老鼠游戏的李德明死了，历史进入了他儿子李元昊这一代。

李德明死了，宋仁宗赵祯封给李元昊一大堆帽子——这可是他爷爷李继迁闹腾了一生都没有得到的认可，而他没费什么周折就全部到手。朝廷之所以这样做，动机和用心非常明了，只要你李元昊不称帝不脱离宋朝的统治，一切条件都可以谈。

但是，用心良苦的北宋朝廷很快就发现，李元昊抛弃了大宋颁发的所有奖状，把仁宗皇帝赏赐给那个刚死不久的李德明的七百匹丝绢全部烧毁，并且扣押了朝廷的钦差。

李元昊的想法此时已经暴露得非常清楚，谁都知道他已经铁定了心要与大宋翻脸，要在分裂这条路上跑到黑!

还在他小的时候，就见到行走在西部沙漠中的庞大驼队，运载着从中原销往西域的各种物资，这时候的宋朝已与契丹签订了“澶渊之盟”。从公元 938 年耶律德光进入中原起，到公元 1004 年结下盟约，经历了 66 年战争的中原王朝，终于摆脱了战争的阴霾，进入百废待兴的阶段，古丝绸之路也随之到了空前繁忙的时期。

幼小的李元昊指着驼队问他的父亲李德明，骆驼拉的是什么东西？李德明回答，是中原的茶叶。按照弗洛伊德的分析，儿时的记忆可能是影响人一生的最重要因素。也许李元昊就是这样的人，就连他少年时第一次参与抢劫，从商人手里掠来的物品，竟然也是茶叶。这是李元昊第一次对茶叶有了直观的印象，因为这时的他已经知道了用中原的茶叶可以换回很多东西。

他接了李德明的班登上大位后所做的第一件事，就是去汉化，党项人所有外表的元素都必须和汉人不一样，从服饰到各种习惯，必须与汉人区别开来，就连发型也做得别具风格，专门给党项人设计了另类的发式：中间秃瓢，两侧留发，并且“下令国中，使属蕃遵此，三日不从，许众共杀之”。其意思和后来清军入关强迫汉人“留头不留发，留发不留头”一样，都是用最简单的方式，从根本上剪除人们心中仅存的自尊。

李元昊将唐宋两朝皇帝所赐的李姓和赵姓全部摒弃，改姓氏“嵬名”，之后又命文臣野利仁荣在汉字的基础上创立了属于党项自己的文字，从此与汉文化彻底“拜拜”（为行文方便，下文仍用“李元昊”称谓）。

然而，他唯一保留下来的，是中原的茶叶！

二、西北独狼李元昊

李元昊花费了 6 年的时间准备，切割了所有与汉人有关联的符号，并下令切断了与宋朝的通商之路，终于在公元 1038 年正式宣布称帝，建立大夏国，史称西夏。这是他爷爷李继迁一生想做而没有做成的事，他爹李德明一生想做却没有胆量去做的事，而李元昊在光天化日之下竟然就这么做成了。

明犯强汉者，虽远必诛！西汉名将陈汤的这句话，鼓舞了中华民族千年的士气，面对李元昊如此明目张胆的背信弃义，如果朝廷继续无视这种分裂分子的猖狂作乱，岂不会遭到众臣的指责、后人的责骂？

征讨！

李元昊无视朝廷的善意劝告，一意孤行地建立了大夏国，并且切断了西行商道，大肆进犯宋朝疆域，抢掠烧杀无恶不作。这条由西汉张骞开辟的商道自此再也无人敢走，造成了宋朝的茶叶等物资大量积压，忍无可忍的北宋朝廷决定出兵讨伐。公元 1038 年，宋仁宗赵祯下诏，封夏竦为陕西经略安抚使，范仲淹、韩琦为副使，镇守西部，征讨西夏。

范仲淹？

没错，就是后来写下那千古名句“先天下之忧而忧，后天下之乐而乐”的范仲淹，时为龙图阁直学士，虽是文官，却对兵法战术颇有研究。初至延州（今延安），他即与韩琦等武将研究了如何应对西夏的排兵方案，更重要的是，他手里握着一张能要西夏人命的王牌！

果然，刚刚建国的李元昊在两次遭受了吐蕃唃厮啰的打击后，很快就缓过劲来，带领他的铁鹞子军开始进犯中原。

三、狄青、李元昊和范仲淹

公元 1039 年 11 月。这一年的西部冷得特别早，刚入冬不久，这里就下了一场罕见的大雪。天空布满乌云，刚刚下过的大雪给山峦之间铺上了一层银白。在这看似静谧的气氛中，有一种说不出的诡异，就像外面的积雪一样，沉甸甸地压在每个人的心里。

保安军（今陕西志丹），位于延州城的东北方向，是紧扼延州的一道重要关隘。保安军一旦失守，意味着延州危在旦夕。范仲淹对李元昊的用兵方式已经了如指掌，他深知保安军的险要，如果没有得力干将镇守于此，延州随时都可能被马快刀利的游牧民族攻破。不仅如此，因为延州在中原和西夏的边界，聚居在此地的人员非常复杂，除了汉人，还有吐蕃、羌等民族，当然也少不了党项人。

这也是范仲淹最担心的，所以他把手中的那张王牌摆到此处，只有此人才能成为党项人的噩梦。

狄青！

这是一个让党项人做梦都不愿梦到的人——而且还不止他一个，连同他的部下总共有一千多个能让神听着犯愁、鬼见到害怕的士兵。

那么党项有多少人呢？不多不少，三万人。可惜这三万个党项兵的运气太差，竟然闯进了狄青的手里，顿时就变成了三万个什么都不是的野鬼冤魂。

李元昊为进攻延州确实做了不少的准备工作，把能考虑的因素全部考虑到了，甚至做出了几套方案以备不虞。大概在他的思维中，宋军都是好吃懒做混日子磨洋工的大头兵，所以他很轻蔑地看了一眼保安军，就指挥手下兵卒发起了第一轮进攻。

狄青反倒显得不慌不忙，他将盘起的发髻放开，散乱地披在肩膀上，脸上罩着一副青铜面具，只露出两只阴森恐怖的眼睛，死死盯住前方不远处的党项人。他的身后，跟着三百个像狼一样的士兵，随时等待出击的命令。

党项人的距离越来越近，狄青突然跃起，纵身上马，第一个冲了出去，紧随其后的三百个虎狼兵，也发了狠地冲向党项军。党项军甚至没来得及反应，前面的兵士已经成了宋军的刀下之鬼。后面的党项军随之大乱，掉转马头就往回跑。

但是能跑得了吗？没想到第二波杀戮紧随其后，三百个勇士如同三百个不要命的疯子，在三万人的大军中肆意妄为。到了这个时候，杀人已经不需要什么章法，只要见到党项人就砍。一时间党项军营惨叫一片，而宋军的三百个勇士已经杀红了眼，刀枪剑戟上下飞舞，杀人如同切菜一般，直杀得党项人鬼哭狼嚎呼天抢地，留下遍地尸首狼狈地向后方撤退。当他们反应过来的时候，宋军已经完成了两轮进攻。

这场战斗狄青和他的部下共计斩敌三千余人，其中包括党项的三个头领级将军，而宋军的伤亡仅二十一人，狄青身上也挨了一刀，只是没有什么大碍。狄青的首秀，让李元昊和党项人明白，宋军中也有如此强悍的亡命将军，他带着一群颇具血性的中原士兵狂踹敌营，进出两轮如入无人之境！

范仲淹一直在前沿观察这场战斗，从他的面部表情可知，保安军有勇猛的狄青，可以确保延州的无恙。甚至在战后他还意气风发地写下《渔家傲·秋思》，以抒发自己胜利的喜悦：

塞下秋来风景异，衡阳雁去无留意。四面边声连角起。千嶂里，长烟落日孤城闭。

浊酒一杯家万里，燕然未勒归无计。羌管悠悠霜满地。人不寐，将军白发征夫泪。

这场战斗很像公元前485年古希腊时代的希波战争，斯巴达国王尼奥尼达斯率领三百个勇士在温泉关英勇阻击前来进犯的波斯大军，阵斩敌军两万多人，使敌军尸横遍野，遍地哀鸿。号称从不言败的波斯军从来都没想到，自己竟然会被三百人打得如此狼狈，连不可一世的波斯国王薛西斯也吓蒙了。

然而，在保安军挨了猛人狄青一顿臭揍的李元昊并不想这么轻易地善罢甘休，既然已经开战，就要打个明白。这个脸上刺着配军标志的囚犯不好惹，那就换个地方试试。

李元昊掉转马头，转向了另一个地方。

这个地方叫作承平砦，是一个比保安军略大但也大不了多少的寨子，守军有一千多人，驻守在这里的将军在历史上没什么名气，史料中只点了一个名字叫李立安。

也许李元昊就是冲着这个不知名的守将来的吧，但是很不幸，他来得太不是时候了，刚好遭遇了到这里巡防的仪州刺史、鄜延路兵马钤辖许怀德。这可是直接从京城空降下来的高官，赴任之前是东京禁军的都指挥使，相当于北京卫戍区的司令。

李元昊自以为倚仗三万兵马拿下承平砦乃小事一桩，可是还没等他的队伍靠近，就看到寨门突然打开，许怀德亲自上阵，带领手下仅有的一千名士兵从里面冲了出来，基本上还是复制了保安军的套路，上来也不说话，劈头盖脸就是一顿猛砍。

从保安军到承平砦，没多长时间就连续挨了两记闷棍，彻底把李元昊给打蒙了，这到底都是些什么人物啊？见面连个招呼也不打，冲过来就是一顿猛揍，党项人还没反应过来呢，对方已经撤回砦里了。

这到底都是些什么套路？

李元昊决定撤兵围城，在摸清对方的身份之前绝不贸然行事。让他再次没想到的是，这一围就是半个月，承平砦依然是顽石一块。里面好像四平八稳，甚至还隐隐地听到有人在唱戏。而外面的人可就待不住了，拿出了党项人的看家本领，站在外面大骂，但是里面的人根本就不搭理。

李元昊眼看着天气越来越冷，再这么耗下去后备物资很难说能跟得上，这仗打得窝囊、窝心、更让人窝火，继续围下去，面对一个无处下嘴的铁疙瘩也实在没什么意思；然而，如果现在就撤，白白地围了半个月不说，自己这面子也忒不好看了。就在他犹豫到底是撤还是继续围的时候，后面传来了消息，宋军把后方的辎重、粮草给劫了！李元昊听后惊得目瞪口呆。

《三十六计》中有一计，叫作“反客为主”，其解释为“乘隙插足，扼其主机，渐之进也”。虽然李元昊略通中原文化，但是他哪里懂得中原文化精髓之深？就在他围困承平砦的时候，宋军也并没有闲着。洛苑使、环庆路兵马钤辖高继隆，知庆州、礼宾使张崇俊，柔远寨主、左侍禁武英等将领各率人马集结，强势反攻至西夏境内，打掉了党项后方势力的同时，也顺手把李元昊的辎重、粮草等后勤物资给劫了。

这下，李元昊真的慌了，匆忙下令：撤！

走？哪有那么容易，被你围了半个月，无论如何也得出来送你一程。就在党项军准备撤军的时候，承平砦的大门再次打开，依然是许怀德第一个，他的旁边是承平砦的主人李立安，威风凛凛跟在后面的，依然还是那一千个兵。

党项人一看这阵势就慌了，站在对面的哪里是什么兵，简直是一千个索命的阎王。宋军还是那副德行，什么话也不说，只听到一声令下，那些兵像打了鸡血一般，玩命地扑了过来。

党项人被宋军打得极其狼狈，好不容易才摆脱了承平砦的追兵，可是谁也没有想到，保安军还在前面等着呢。骑在马上的，仍然是那个戴着青铜面具的索命鬼狄青，披散着头发，目光和这凛冽的天气一样，带着骇人的寒气无情地望着前方溃败下来的残兵败将，因为他已经在那里为党项人预备了一个硕大的坟场。

接下来发生的事情，在这里就不再重复了。总之，这一战李元昊败了，而且败得很惨！

两场局部战斗从表面上看是宋军获得了胜利，但是就整个战争而言，宋军却败得很惨。而导致全盘失败的主要原因，是另外一个姓范的，但是最终却让范仲淹给顶了雷。

范雍，宋真宗咸平年初进士，仁宗宝元二年即公元 1039 年，因李元昊另立西夏国而以资政殿学士、礼部侍郎为振武军节度使，知延州府。

说起来，范雍不是坏人，公正地说他是个善人，一个深明大义的善人，但是问题恰恰就出在了他的“善”字上。无论什么时代，行善要分人，如果对好人行善，将来会得到好报，而对恶人行善，可能会给自己带来很大的麻烦，比如像李元昊这样的狼，如果你真的对他动了善念起了善心，那么你就是活生生的东郭先生，这只狼必定会咬死你！

在保安军和承平砦没占到什么便宜的李元昊，越想越觉得自己这一趟出来既窝囊又晦气，偷鸡不成蚀把米。所以一路上他的情绪低落、非常郁闷，连续追问几员败将，我们战败的原因到底是什么？回答的结果是，不是我们不勇猛，而是敌人太狡猾。这样的回答对李元昊来说，就像什么都没说一样，于是他开始杀人，无论是谁只要败了一律推出去，杀！于是，李元昊的刀下，又多了几个屈死的鬼。可即便如此，也无法驱散他内心的阴霾。

忽然，他想起了两个人，就是他手下的两个汉臣，张元和吴昊，何不用汉人的思维模式来应对汉人的军事思想呢？

因为有了汉臣的计谋，李元昊针对宋军开始了他的下一步计划。他的计划到底是什么呢？其实只要稍微动动脑子，想想他爷爷李继迁当年所使用过的那些手段，就很容易破解当前的困局了。想当初，李继迁不敢和宋军硬碰硬地较量，就采用了诈降的方式，获得了当时银州守将曹光实的信任，从而导致了宋军全军覆没的悲惨结局。这种祖传下来的卑鄙，李元昊使用得游刃有余。几年前，吐蕃唃厮啰起内讧的时候，李元昊认为自己可以趁机捞取到一定的好处，于是发兵前往想趁火打劫，结果被打了个半死。危难之际，他再度祭起了诈降这个法宝，使吐蕃人信以为真。而城门一旦打开，吐蕃人的悲剧也就发生了，李元昊下令，把全城的人全部杀光，而且不论男女老幼！

如今他再次打起了诈降的主意，但是目标应该是谁呢？张元和吴昊异口同声地回答：范雍！之所以选择范雍作为诈降对象，张元的解释有一定道理：一是此人是文官不懂用兵之道；二是文人通常都是多愁善感的；三是他是延州主官，而这也是关键要点。只要范雍相信投降是真的，那么其他武将就不敢有什么相悖的意见。

李元昊表示同意，派出了两个小官分别前往延州和金明寨试探范雍，结果却是迥然不同。去金明寨的党项人还没等开口，就被守将李士彬挥刀斩为两段。而去延州的小官叫贺真，直接拜见了范雍，语气中充满了真诚，理由也很充分：范大人，这一仗我们败得很惨，说明你们宋军确实非常厉害，这次我代表李元昊先生，专程过来向你赔礼道歉，希望范大人大人有大量，让我们把那些战死在沙场的士兵遗体带回去，让他们入土为安吧。同时，我们也郑重宣布，从现在起，我们和宋朝重修于好，和平相处云云。

这一番话让这位范老夫子很受用，当场答应了贺真的请求，并且还细致地考虑到这些死者的遗体如果没有“包装”的话，也显得大宋天朝太没有人情味。于是下令，将所有战死的党项人尸体全部装进棺木。

此举一出，立刻“感动”了那些活着的党项士兵，排着队向宋军“投诚”，范雍也一一给予了适当的安排。

这时候宋营里面都掺杂了些什么人，即使用脚后跟也能想明白了。

四、西夏称臣，逼茶多加两万斤

公元1040年初，李元昊再次进犯大宋。

因为有了内应，结果可想而知。无论是好水川（今宁夏隆德北）之战、麟州（今陕西榆林）之战还是利用回鹘进攻沙洲（今甘肃敦煌）之战，宋军完败，唯有麟府（今陕西府谷）保卫战勉强获胜，算是没有四战皆墨，挽回了一点微不足道的面子。这也使韩琦、范仲淹遭到了贬谪，范仲淹因此写下了千古流芳的佳作《岳阳楼记》。

在这种情况下，宋仁宗只好派左谏议大夫庞籍与李元昊派出的李文贵在汴梁议和。从宋夏议和的过程中不难看出，李元昊就是那种见利忘义的小人。面对宋朝的议和官员，李文贵狮子大开口，提出的条件极为苛刻。要求宋朝每年给西夏进贡大量的银、绸缎和茶叶，以此来保证西部商道的通畅，否则不敢保证商队的人身安全。经双方再三协商终于达成一致，西夏向宋朝称臣，宋朝每年赐给西夏白银五万两，绢十三万匹，在这个基础上，李文贵要求宋朝每年再多加茶叶两万斤，还要在各种节日时额外赏赐茶叶一万斤，以及白银和绢等。

李元昊究竟为什么要发起这场战争？可以肯定地说有两个原因，一是要胁迫宋朝承认西夏，二是要与宋朝分享茶叶的供应，可以不劳而获地直接与宋朝分享这块巨额利润。

此次议和看上去宋朝有些屈辱，但是与之后近半个世纪的折腾相比，这才仅仅是个开始。

第二十章

《大观茶论》与龙凤茶的盛行

日常饮宴豪奢讲究不说，单讲饮茶之道，他都绝对算得上是第一流的玩家兼专家，只一本《大观茶论》便知他的理论堪比陆羽、水平并列蔡襄，最能说出品茶的个中深蕴。身为皇帝，他当然可以品尝来自全国各地的贡茶，有条件审视各种名茶的品相并品尝其滋味，同时还亲自参与实践，要求御茶苑制作精品茶团，大玩皇帝至尊口感的品位技艺。

一、宋徽宗与《大观茶论》

公元1100年，赵佶登基了！

平心而论，赵佶刚登基时并不是一个没有抱负的人，他决心致力于朝政的发展和建设。如果当初没有这么多想法，赵佶可以有很多种人生选项，要么远离政治，做一个纯粹的艺术家；要么做一个平庸的皇帝，不去给自己招惹那么多的是非和麻烦；要么自己很有主见，不去听身边那几个人的忽悠。上述这几项任选一样，估计他的下场都要好得多。可是偏偏他是一个有想法的人，而且是个脱离了低级趣味的人，站在艺术家的高度，以源于社会又高于社会的眼界去思考，然后再用同样的修为和这个邪恶的世界交流对话，这样的他不被这个世界里的怪兽们打残才怪！

严格地说，赵佶也很想干得像模像样，但是只要看看他任用的那几个宰相就明白，他们一个比一个不靠谱，只需听听那些名字，即便生活在近一千年后的今天，也都如雷贯耳：蔡京、李邦彦、王黼、朱勔，还有两个太监童贯和梁师成，此六位合称“北宋六贼”，再加上杨戬之流的掺和，有这么一帮败家子凑成的班底把持着朝政，即使大宋江山再好，也肯定好不到哪里去。连赵佶自己被金国掳至黑龙江“北狩”时，也曾感慨道：用人不淑啊！

不论是赵佶的悲剧还是北宋的悲剧，“北宋六贼”都难辞其咎。

因为前有“澶渊之盟”作为背书，中原王朝已和契丹不再互为仇敌，而变为“友好邻邦”，因此结束了双方剑拔弩张的对抗；西北方面，党项经过中原真宗、仁宗、英宗、神宗、哲宗等几代皇帝的打击，虽然基本被打残，但并没有被打垮和打服。一直好战的李元昊、大小梁太后已先后命归黄土，新的国君李乾顺也已纳表顺从，表示愿意痛改前非。虽然在边界周围还有零星摩擦，但动辄几万几十万人的大规模武装冲突已经没有了。在这样一片祥和的气氛下，宋朝的全部精力都放在了发展生产、致力经济上。

几乎谁都知道，宋徽宗赵佶是个天生的艺术玩家，绝不是块当皇帝的料，所以他称得上双料头衔：出色的大艺术家，但同时也是历史上最蹩脚的皇帝之一。

徽宗懂书画，创制瘦金体，花鸟人物都画得精美无比；他懂园林设计，在汴京开封大建皇家园林，建材选了最具艺术空灵想象的太湖石，不惜劳民伤财，派出大量民夫到太湖里打捞，还要再一路运到汴京，想来那工程也不亚于古埃及法老建筑金字塔。而在治国方面，他却显得格外蹩脚，不善从政，不懂用人，专用一些奸佞之徒，让他开开心心过好每一天，沉溺在莫谈国事的美好艺术世界中。日常的饮宴豪奢讲究不说，单讲饮茶之道，他都绝对算得上第一流的玩家兼专家，只一本《大观茶论》便知他的理论堪比陆羽、水平并列蔡襄，最能说出品茶的个中深蕴。身为皇帝，他当然可以品尝来自全国各地的贡茶，有条件审视各种名茶的品相并品尝其滋味，同时还亲自参与实践，要求御茶苑制作精品茶团，大玩皇帝至尊口感的品位技艺。

二、蔡京修订的盐铁茶法发挥了至关重要的作用

生活在今天的人们往往戴着有色眼镜来看待历史人物，多多少少都受到了后人所编的那些评书的影响，并以此来作为参照物。比如在京剧舞台上，只要看到大白脸，立刻就会联想到三国时期的曹操、北宋的蔡京、南宋的秦桧和明代的严嵩等奸人。但是，如果通过史书来研判一个人，就会发现他们的所作所为与他们当时所在的时代环境有很大的关系，在很多情况下，或是事与愿违，或是投其所好。

比如蔡京。

蔡京，绝非评书中所说的一味谄媚不学无术之徒。公元1070年，蔡

京与其弟蔡卞一起中进士，在当时一门双进士也算得上是一个不小的事件，可见其人的学识并不差，而且兄弟俩的书法在宋朝那个文人如林雅士成片的时代，能成为人人临习的苏黄米蔡之一，也是一件了不起的事。只不过后来因为蔡京的恶名，而把蔡京改成了蔡襄。

没有人会想到，如闲云野鹤般居于杭州，在逍遥自在中过活的蔡京，会有东山再起的那一天。

公元1102年，童贯作为赵佶的内官来到杭州，为其搜寻历朝历代的名人字画，这事恰被蔡京得知，便踊跃帮忙。仅这一样，就给童贯留下了深刻的印象。童贯从杭州带着各时期的字画回京向赵佶邀功的同时，顺便表扬一下帮了大忙的蔡京，这也合情合理。于是，在童贯的帮忙下，蔡京终于咸鱼翻身了。

童贯帮忙给赵佶递话不假，但是赵佶之所以能让蔡京顺利地回汴梁当宰相还有一个更重要的原因，那就是缺人，而且缺的是既能臣服于赵佶，又能左右文武，还得了解整个朝政体系。最关键的一点是，艺术家赵佶要重建皇宫，此举没有人同意，主要原因只有一个，没钱！

这所有的路都铺平了，接下来就看蔡京怎么走了。

这一时期主政的宰相范纯仁，也就是大名鼎鼎的大文豪范仲淹的儿子，刚刚去世，而掌握朝政的是赵佶最放心不下的一个人，故相韩琦之子韩忠彦。

当然，童贯帮忙也是动了一番脑子，他首先找到的是蔡京的旧人邓洵武，由他出面先忽悠赵佶，其次再通过另一个老家伙曾布来铺路，最后通过自己手里的那些人脉，架空韩忠彦。

这样，蔡京的机会就来了。

当上了宰相就得兑现承诺，蔡京上任后面临的第一件事就是徽宗皇帝要重新修建皇宫。修建皇宫可是需要一大笔钱的，倘若没钱，指望拿什么来修呢？

蔡京想出了办法，第一点，先给汴京做一个规划，然后变卖规划的土地，再出台一些相应的措施，忽悠百姓们都来买地建房，这样很快就套进来不少钱。第二点，借用当年新党的一些方法，重新修订盐铁茶法，同时加快西部商道，刺激茶叶大量出口。

几乎所有人都明白一个道理，只要能保证西部商道的安全，就能确保茶叶的出口，这是一个大前提。问题是打残了党项，西边就太平了吗？答案当然是否，因为这一带不仅有党项，还有吐谷浑和吐蕃。不过，此时的吐谷浑实力已严重削弱，可以忽略不计。但是，还有另一个更为可怕的敌人，吐蕃！

当时通过西部商道西行的茶叶以陕茶、川茶为主，加以部分湘茶，是与游牧民族易马的主要货源，“中茶易马，惟汉中、保宁，而湖南产茶，其直（值）贱，商人率越境私贩，中汉中、保宁者，仅一二十引”[①]。

由于茶叶产量可观，除能满足出口贸易外，朝廷也在国内大力推广茶叶。蔡京新修订的盐铁茶法发挥了很大的作用，仅茶叶一项的税收就为宋徽宗早期的发展带来丰足可观的经济效益。公元1107年，赵佶的名篇《大观茶论》问世，倡导所有人都参与饮茶。连皇帝都亲自为茶叶站台了，民众焉有不响应之理，饮茶自此便成了一种理所当然的风气，各种新品种纷纷出笼——龙园胜雪、御苑玉芽、万寿龙芽等茗品亮相市场，形式各异的饮茶斗茶活动如雨后春笋般在极短的时间内盛行于全国，饮茶的方式也从此发生了天翻地覆的变化。各种茶人不断推陈出新，花样也在发生着变化，由晋代延传至唐朝的煮茶方式早已过时，新的饮茶方式也应运而生。

这便是“点茶”。

---

① 《明史·食货志》（李洵校注版本），天津古籍出版社，2014年7月版。

三、宋朝的茶叶：片茶和散茶

点茶的出现，除极大地提升了饮茶的乐趣，把茶叶推向了一个前所未有的高潮之外，更重要的是极其符合徽宗一朝的艺术气质，能在茶汤中作画吟诗，使饮茶上升到了艺术的高度，凭着人们的想象，把一碗普通的茶演绎到了极致。

宋朝的茶叶通常分为两大类，一类是团茶，通过蒸汽紧压成片状，又被称为片茶，或者还因为在茶的表面涂有一层蜡，因而也叫作蜡面茶。另一种则是散茶，即没有经过蒸压工艺，采摘后直接干燥而成。欧阳修在《归田录》中说："腊茶出于剑、建，草茶盛于两浙。两浙之品，日注为第一。自景祐已后，洪州双井白芽渐盛，近岁制作尤精。"欧阳修虽然如此说，但在文章中仍然大发感慨：为官二十载也只是得到过2钱茶叶的赏赐！

由于宋代流行点茶，所用之茶皆为片茶。

《大观茶论》在某种层面上也反映了宋朝人对茶的认识和了解，作为艺术家的徽宗皇帝对茶的理解则更具文艺范儿：

"则非遑遽之时而好尚矣。本朝之兴，岁修建溪之贡，龙团凤饼，名冠天下；婺源之品，亦自此盛。延及于今，百废俱举，海内晏然，垂拱密勿，俱致无为。荐绅之士，韦布之流，沐浴膏泽，熏陶德化，咸以高雅相从事茗饮，故近岁以来，采择之精，制作之工，品第之胜，烹点之妙，莫不咸造其极。"

由于皇帝具有超高的审美和艺术水平，也带动了全国的艺术发展，把整个宋朝都引领到一个新的艺术高度。古代美学到宋朝达到了一个空前的高度，甚至要求绝对单纯，无论书画还是瓷器，做到了最大也是最为奢华的简单。这种以简单为最美的风格，直到20世纪40年代才被德国现代建筑师瓦尔特·格罗皮乌斯命名为"极简主义"（Minimalism），而这种风靡一时的“极简主义”仅仅是针对建筑风格而言，但是在近 1000 年前的宋朝早已经把这种极简风格广泛应用于生活之中。

四、龙凤茶的盛行提升了饮茶艺术

大学士丁谓受命来到北苑御茶园，负责督造御茶。丁谓首先将原先范围 30 里的茶园扩大到 300 里，并雇用了 4 万多名茶工进行茶叶制作。随后他又在研膏茶的基础上制作出龙凤团茶，每八饼为一斤。

制作龙凤团茶的工艺非常复杂，茶工们从茶山上采摘回茶叶后，要经过拣茶、蒸茶、榨茶、研茶、造茶和过黄六道规范而严苛的工序，每道工序都有相应的工具和技术。层层筛选之后，茶农再将它们进行紧密的包装。为了彰显尊贵，丁谓还特意设计了供皇家专用的茶饼模具，模具里编刻有精美的龙凤图案，将茶叶入模压制后，就变成了外形无比奢华的茶饼。茶饼上的龙凤图案，还要再用金箔装饰，于是“龙团凤饼”的名字也就此诞生。

至庆历六年，即公元 1046 年，蔡襄从福州知府转任福建转运使，主持北苑茶事。此后的两年时间里，蔡襄倾注了他所有的心血，在大龙团凤饼的基础上，创制出更加精致绝伦的小龙团凤饼，每二十饼为一斤。在外形上使用更加丰富的模型，有圆形、方形、菱形、花形等，上刻龙凤花草等图纹。龙纹称“龙团”或“团龙”，凤纹者称“凤团”或“团凤”，专供皇室饮用。

由于小龙团凤饼制造过于精细，产量极少，只有皇帝才能喝到，即便是他的近臣也很少能品尝到。

蔡襄为朝廷贡上了极品龙团凤饼，皇帝品尝后心情大悦，遂问蔡襄需要什么赏赐？蔡襄说，能赐一杯茶便心满意足矣！由此可见茶叶在宋朝的珍贵。

蔡襄之后，元丰年间又造出密云龙，绍圣年间再造出瑞云翔，随后又有三色细芽及新銙等。每有创新，茶质名声无不更上一层楼。据记载，北苑龙团茶仅宣和年间就制造新品达32种之多，可谓是为中国制茶技术开辟了新纪元。

蒸青工艺也由此开始！

随着北苑茶的名声大噪和茶饮的风行普及，民间的私焙也渐渐兴盛起来。据宋朝宋子安撰著《东溪试茶录》记载，宋建州官焙30多处，而私焙却有1336家。这些茶叶除了受到朝野内外的追捧，北苑蜡面茶还出口到了海外。据明代徐光启《农政全书》说："（茶）诚民生日用之所资，国家课利之一助也。"《东溪试茶录》中所载：

"茶之名有七：一曰白叶茶，民间大重，出于近岁，园焙时有之。地不以山川远近，发不以社之先后，芽叶如纸，民间以为茶瑞。取其第一者为斗茶，而气味殊薄，非食茶之比。今出壑源之大窠者六（叶仲元、叶世万、叶世荣、叶勇、叶世积、叶相）壑源岩下一，（叶务滋）源头二、（叶团、叶肱）壑源后坑一，（叶久）壑源岭根三，（叶公、叶品、叶居）林坑黄漈一，（游容）、丘坑一，（游用章）毕源一（王大照），佛岭尾一（游道生），沙溪之大梨漈上一，（谢汀）高石岩一，（云擦院）大梨一，（吕演）砰溪岭根一。（任道者）次有柑叶茶，树高丈余，径头七八寸，叶厚而圆，状类柑橘之叶，其芽发即肥乳，长二寸许，为食茶之上品。三曰早茶，亦类柑叶，发常先春，民间采制，为试焙者。四曰细叶茶，叶比柑叶细薄，树高者五六尺，芽短而不乳，今生沙溪山中，盖土薄而不茂也。五曰稽茶，叶细而厚密，芽晚而青黄。六曰晚茶，盖鸡茶之类，发比诸茶晚，生于社后。七曰丛茶，亦曰蘖茶，丛生高不数尺，一岁之间，发者数四，贫民取以为利。"

[明]　仇英　写经换茶图（局部）

在崇尚奢华精致的宋朝，龙凤茶的盛行推动了士大夫们饮茶艺术走向极致。他们大肆宣扬斗茶之风，而斗茶又大大促进了建州陶瓷业，尤其是建窑茶具的登峰造极。“茶色白，宜黑盏。”其中最为著名的当数兔毫盏，因其形似眼睛，又称为天目盏。因其与北苑茶相映生辉，是说禅论道时愉悦心智的另一道风景，从而名倾一时。

宋庆历八年，即公元 1048 年戊子仲春朔，时任福建转运使的柯适将蔡襄亲笔书写的一段文字凿刻在岩石上，记录下了当年的盛况：

“建州东凤凰山，厥植宜茶，惟北苑。太平兴国初，始为御焙，岁贡龙凤，上柬东宫，西幽、湖南、新会、北溪，属三十二焙。有署暨亭榭，中曰御茶堂。后坎泉甘，宗之曰御泉。前引二泉，曰龙凤池。庆历戊子仲春朔，柯适记。”

隐匿深山的千年石刻见证了历史沧桑，也向后人昭示着昔日荣耀。这块“凿字岩”的发现引起了国内外专家学者的关注和极大的兴趣。1995 年，福建省考古队先后两次进驻东峰镇焙前村，对“凿字岩”及北苑御焙遗址核心区域进行考古挖掘工作，确证焙前村南山谷近万平方米的地层就是宋代北苑御焙遗址所在地。同年，日本茶道专家赤沼多佳来到北苑，见到凿字岩，激动不已，确认北苑为日本茶道的发源地，并虔诚地举香跪拜。之后，日本京都国立博物馆次长林屋晴三远渡重洋来到北苑，亲自考证确认赤沼多佳的结论。此后，每年都会有海外的专家、茶人慕名前来瞻仰寻根。

正当茶叶在北宋兴盛的时候，汴梁城内却突然出现了一群陌生面孔的异族人，使包括茶叶在内的各种贸易方式发生了天翻地覆的变化，也促使茶叶突然之间进入了发展的快车道。正是这种变化，后来成为北宋灭亡的原因之一。

这群人便是来自中东地区的犹太人！

第二十一章

北宋中晚期，繁茶盛叶下的危机四伏

因上有皇帝加持，下有人出资坐庄，使北宋末年的茶叶生意快速达到了前所未有的高峰，人们对茶叶的热情高涨，让茶叶的品种和品质也都有了极大的提高。繁盛的北宋中晚期把茶叶的制作工艺引到了极致，聪明的制茶人根据茶树品种的差异而不断创新，使得新品迭出。地理环境的差异和不断推出的新茶品种，使建州成了瞩目之地。

一、犹太人在中国

在今天的河南省开封市颇为繁华的东司门旁边，有一条破旧的小巷，叫作“教经胡同”。这条貌不惊人且早已破败的胡同，却因为是犹太人的聚居地而名声在外，尤其是在该胡同的21号院，在一幢违章建筑的墙上，印着一个非常醒目的蓝色大卫六角星图案，以显示这里居民的犹太血统。然而，由于以色列的《回归法》严格按母系相传的界定方法来断定犹太人的身份，而开封犹太人深受汉族文化的影响，子女的身份都以父系相传，所以，他们早已同中国社会融为一体，以致作为一个侨居的民族和宗教集团已不复存在。

据不完全统计，至今居住在开封以及周边的犹太后裔至少有两千人，而具有犹太血统的更是不计其数，其中包括著名影星蒋雯丽，也坦承自己的祖辈是来自开封的犹太人，并曾经亲自回到故里寻根溯源。

1990年，《地名知识》第五期曾刊载了一篇署名文章，简单地介绍了犹太人来到开封的过程。北宋中晚期，有一支犹太人携带家眷辗转万里来到北宋的国都东京汴梁。这支犹太人来到汴梁后，主动向北宋皇帝殷勤致意，同时进贡了西洋布匹和其他物品。皇帝欣然接受了他们的礼品，向他们提供了颇受犹太人赞颂的优厚待遇。现保存在开封市博物馆的犹太人在1489年所撰的《重建清真寺记》中就有明确的记载：“归我中夏，遵守祖风，留遗汴梁。”这充分说明，这一支在后世颇为驰名的中国犹太人，从北宋时期就在开封长久地定居下来。

开封的犹太人总共有七姓八家，分别是艾、赵、张、石、金、高和两家李姓人，其中李家虽然同姓但不同家。这些姓氏的由来，也揭示了犹太人和中国人的历史渊源，比如，李姓来自犹太的列维，石姓来自示巴，艾姓则来自亚当，只有赵姓由宋徽宗所赐。

犹太人究竟是从什么地方，在什么样的背景下远涉万里之遥来到中原的？历史上有多种说法。一种说法是远古时期的周朝，犹太人就跟随周穆王一起从遥远的中东地区来到中原；另一种说法则是西汉时期，公元前36年，悍将陈汤矫诏西征围剿已经逃到西域的北匈奴郅支单于时，流落在当地的犹太人跟随汉军来到长安，但是这两种说法都没有见到书面记载。而史料中有记载的，则是唐朝晚期，《唐书》中说，唐末黄巢造反大开杀戒，在广州屠杀“胡人”十几万人，其中就包括犹太人在内。这一点在10世纪阿拉伯旅游家阿布·赛义德·哈桑所著的《中国印度记闻录》等外文史料中得到了印证。

在当代犹太历史研究权威潘光教授所编著的《犹太人在中国》一书中，客观地讲解了犹太人在北宋徽宗时期来到汴梁的过程。

广泛意义上所发现的犹太人在中国的物证，除了1901年英国考古学家M.A.斯坦因在我国和田地区发现了公元8世纪犹太商人用希伯来文书写的书信和1908年法国考古学家伯希和在敦煌千佛洞内发现的10—11世纪晚期希伯来文的祈祷书外，最重要的一个就是北宋的徽宗年间来到中原王朝的犹太社团。

在《犹太人在中国》一书中，潘光教授用了大量图片文献，系统地介绍了大批犹太人从连通中亚的古丝绸之路经印度来到中原相对比较准确的时间。虽然该书没有进一步说明这支犹太人具体的迁徙路线和原因，但根据其迁徙时间和背景，最大的可能性是与当时欧洲发动的“十字军东征”有直接关系，再加上自古以来犹太人就有迁徙的习惯，所以为躲避战乱四处逃亡的理由也就比较充分，而聚集到汴梁则是一个突发事件。

所谓“十字军东征”，是指在罗马天主教教皇的准许下进行的、持续了将近200年的一系列带有明显宗教性的军事行动，由西欧的封建领主和骑士以收复阿拉伯穆斯林入侵占领的土地的名义对地中海东岸国家发动的战争。但凡读过《圣经》《耶稣传》以及中世纪欧洲史和十字军史的读者都明白一个道理，中世纪时期，近乎穷困潦倒的欧洲人，之所以要打着十字军的旗号进犯亚洲，并非为了他们信奉的宗教，更重要的原因是要发财！

由西方宗教所发动的东征战争，从公元1096年十字军第一次进入亚洲开始算起，亚洲的土地上前后经历过九次血与火的洗礼。因为十字架是基督教的象征，所以每个参加出征的人胸前和臂上都佩戴“十字”标记，故史称“十字军”。

从时间上推算，犹太人长途跋涉迁徙到中原北宋王朝的大致时间应为公元1103年到1108年之间。

教皇乌尔班二世在公元1096年发动的第一次十字军东征，十万名十字军兵分四路于公元1097年在拜占庭的君士坦丁堡会师，随后渡过博斯普鲁斯海峡进入小亚细亚，一路长驱直入，攻破了小亚细亚第一重镇安条克后继续向东挺进，终于在公元1099年7月15日，经过了38天的艰苦围攻，十字军攻陷了耶路撒冷。在完全控制了该城市后，立刻就对耶路撒冷展开了可怕的洗劫与屠杀。已经丧失了人性的十字军大开杀戒，所到之处血流成河，致使大量手无寸铁的穆斯林和犹太人惨遭杀戮。阿拉伯著名史学家阿西尔在其著作《全史》中，面对欧洲人的野蛮屠杀，愤怒地写下了“久闻不如一见的法兰克人果然像野兽一样凶狠和狂野，我所听到那些骇人听闻的事情，都是他们犯下的，这让我永远无法对这些豺狼虎豹产生好感！”

从世界历史上说，犹太人是人类历史中最悲催的民族，在其漫长的两千多年建国历程中，大部分时间都是在被迫流浪和遭受迫害中度过的，从亚述、巴比伦到罗马，每一个侵入者都以奴役和屠杀犹太民族并试图灭绝其宗教信仰为首要大事。在基督教统治世界以后，尤其是在十字军攻陷耶路撒冷后，犹太人的噩梦又一次开始了。

欧洲十字军的血腥屠杀，迫使大量犹太人为躲避战祸而四处流亡迁徙。今天从耶路撒冷到开封的路程为7500多千米，以正常的步行速度，为每小时6千米左右，全程走完需要两个多月的时间，如果再加上跋山涉水以及天气条件等客观原因，最多需要十个月时间即可到达。因而，逃避十字军战乱是犹太人进入北宋王朝的最大可能。

二、北宋晚期茶叶风尚流行

迄今为止，尽管查阅了各种史料，学界也没有找到任何证据能证明犹太人参与了北宋末年的茶叶经营，然而，通过北宋晚期突然流行起来的茶叶风尚，让我们不由自主地会产生一种似曾相识的感觉。如果翻开《货币战争》，通过罗斯柴尔德家族的发迹史，是否会受到某种启发呢？

时至今日，无论在耶路撒冷圣地、罗马台伯河畔、佛罗伦萨古桥，或者在今天的纽约华尔街街头，如果我们去探寻金融史迹，就不难从些许细节中发现犹太人的精明与才干，虽筚路蓝缕于初，却终成世界金融巨头。细数古今，几乎所有重要的金融事件，都与犹太人有着千丝万缕的关系。从某种意义上说，只要有犹太人出现的地方，经济就肯定会出现繁荣景象，而犹太人凭借着敏锐的金融嗅觉，在任何地区都绝不可能轻易放过任何一个发财的机会，尽管这个机会带有很大的风险性，甚至会造成灭顶之灾，他们也绝不会随意放弃！

从残损不齐的史料中已经无法窥探犹太人在北宋晚期进入汴梁后的所作所为，以及与之到达时间非常契合的茶叶盛行之风，尽管前有“澶渊之盟”后的和平年代为茶叶的大量种植打下基础，后有徽宗皇帝赵佶的《大观茶论》为茶叶背书，但要形成一个产业的庞大商业关系，又有谁能扛起这么大的运营体系呢？

虽然史料已经无法查证，但是旁证的蛛丝马迹中，似乎能够找到一些耐人寻味的线索。

根据《重建清真寺记》的记载，这些定居于汴梁的犹太人，于金世宗大定三年，即公元1163年，在土市子东南，也就是今天的南教经胡同一带开始购置土地，并在此创建寺院，取“清者，精一无二。真者，正而无邪”之意,为寺院取了一个中国味十足的院名“一赐乐业教清真寺”。这里的“一赐乐业”是希伯来语的音译，即以色列的意思，统称为“礼拜寺”。从此这里就成了中国创立最早，历史最悠久，保存时间最长，中外最为著名的犹太教教堂，也是居住在开封地区的犹太人的宗教活动中心。

历史的逻辑在此处出现了无法自洽的疑点。几乎所有史籍中都提到的靖康之变，及女真进入汴梁后，对城内进行极为野蛮的烧杀抢掠，可为什么却对犹太人网开一面呢？更何况于金世宗完颜乌禄时期，犹太人就能够在土市子购置土地建立自己的寺院，其中的原因真的那么简单吗？

历史在这个关键点上似乎漏掉了一条重要信息，但是在现代传播学中，有一个很明确的定义，信息在这个世界上产生以后，会出现两个后果：第一，它所有衍生出来的信息之间，所发生的逻辑必然自洽。一旦删除或更改了这个信息源，逻辑规律就会遭到破坏而很难自洽，所以很容易被发现。第二，在信息传播的整个过程中，链条往往会很长，因为信息一旦产生，往往会和其他信息融合，包括人物、事件等在传播过程中的相互穿插与融合，从而产生出长长的信息链。

如果按照上述定义对这个时期的犹太人做一个推论，就会发现很多疑点。这一时期的很多史料都明确地记载，当女真人攻破汴梁后，京城成为笼罩在恐怖杀戮之中的人间地狱，在这样恶劣的环境下，犹太人不但平安地存活下来，还获得了女真的恩惠，足以说明犹太人在女真进犯中原的过程中，至少扮演了一个隐秘且不太厚道的角色！

因上有皇帝加持，下有人出资坐庄，北宋末年的茶叶生意快速达到了前所未有的高峰，人们对茶叶都热情高涨，让茶叶的品种和品质也都有了极大的提高。

繁盛的北宋中晚期把茶叶的制作工艺引到极致，聪明的制茶人根据茶树品种的差异而不断创新，使得新品迭出。地理环境的差异和不断推出的新茶品种，使建州成了瞩目之地，就如宋子安在《东溪试茶录》中所说："北苑西距建安之洄溪二十里而近，东至东宫百里而遥。过洄溪，逾东宫，则仅能成饼耳，独北苑前连属诸山者最胜。"

宋子安将建安茶总结了七个品种，分别是早茶、白叶茶、柑叶茶、细叶茶、稽茶、晚茶和丛茶，并特别说出了茶叶品种之间的不同，是因为"茶于草木为灵最矣，去亩步之间，别移其性"。

从宋太宗赵光义的太平兴国二年（公元 977 年）起，北苑作为皇家的贡茶产区就开始进贡大龙和大凤茶，一斤为 8 饼，年贡 50 斤左右；至仁宗庆历年间蔡襄主政福建，再创制了小龙、小凤茶，茶品极高，产量很低，一年仅有 10 斤茶进贡朝廷。直到徽宗朝，因为皇帝的喜好，使得茶叶进入了鼎盛时期，满朝文武和百姓纷纷跟风，享乐观念盛行，使茶叶产销量骤增，创下了历史新高。尤以大观、政和年间为盛，饮茶之风行遍各地，囤茶和炒作等市场行为日益兴起，包括大量胡人参与其中，将中原茶叶贩至夷地，收益颇丰。

在这些"胡人"中是否有犹太人呢？史料中没有提及，但是根据犹太人的经商传统，他们断不可能放弃这个天大的商机。

三、茶叶热销，新品源源不断

随着茶叶的热销，各种新品也源源不断地推出。仅贡茶而言，新增加了造贡新銙、御苑玉芽、万寿龙芽和寸金等新茶，到政和年间，又加上了造试新銙、白茶、瑞云翔龙和太平嘉瑞，还有宣和年间的龙团胜雪等 20 多种名贵茶，更不用说那些面向大众的品种。北宋晚期究竟推出了多少新品种茶，已经数不胜数。

茶叶的迅猛发展，使北宋王朝的税收大幅增加，由此带动了茶叶的周边产业以及手工业的高速发展，同时也使文化艺术达到了前所未有的极致程度。

盛世之下，人往往会想入非非。到了政和元年，也就是公元1111年，赵佶忽然天方夜谭地开始琢磨有关燕云十六州的事。

燕云十六州，由五代十国时期后晋皇帝石敬瑭割让给了当时的契丹皇帝耶律德光，连同居住在这一地区的民众一起都划入了契丹人的管辖和统治之内，从那时候起，当地汉人就像落入后娘手里的孩子，开始了噩梦。后周皇帝柴荣和宋太宗赵光义都曾想通过武力收回领地，结果全部功亏一篑。所以，收回燕云十六州一直都是宋朝历代皇帝的最大心愿。

依照蔡京和童贯的主意，无论是西部党项，还是北方契丹，只要能引起契丹的恼怒，徽宗这事也许就成了。但是，千万不要认为这两个人和赵佶一样考虑的是社稷问题，他们所想的是一旦爆发了大规模战争，所有的钱就不再由赵佶掌控，否则也就不会说蔡京是“北宋六贼”之首了。

历史就像在高速公路上奔驰的汽车，全速前进的过程中经常会因为一个硌脚的小石子陡然发生小小的偏离。然而，就是因为这小小的偏离，带来了截然不同的历史结局。赵佶毫无疑问地在那个时代做了一颗小石子，让北宋这辆高速奔驰的车突然失控，而后一头撞向了巨石，从而让历史的轨迹发生了根本性的变化。

就在这一年（公元1111年），宋徽宗派遣端明殿大学士郑允中为团长、童贯为副团长的朝廷特使访问团代表宋徽宗前往辽国，就双边的具体事宜进行磋商。

但是，童贯在出使契丹的过程中发生了一个意外事件，使这次正常的互访往来变成了一次诡异之旅，诡异到直至北宋灭亡，也没有人能够找出准确的答案。而制造这个意外的，是一个叫马植的不速之客。

四、马植与童贯

史料中没有马植的生年记载，从已知的文献中能获知，他的家境不错，在燕云地区算得上富裕人家，读过书也做过官，曾做过最高的官是辽国崇禄寺少卿，所以对辽国内部情况有比较系统的了解。当他得知中原朝廷派使臣来辽国进行访问时，花钱买通了外面的守卫，连夜闯进了童贯下榻的客房。

童贯住的那个地方当时还不怎么出名，但是800多年后，这地方成为举世瞩目的焦点，1937年7月7日，日本侵略者在此制造了举世震惊的“卢沟桥事变”，从此中国进入了全面抗战时期，时至今日，所有的中国人在每年的7月7日，心里都会想起这个地方。

童贯当时下榻之处旁边有条河，今天叫作永定河，古称卢沟河，只是那会儿河上还没有那座桥，直到78年后的公元1189年才开工建造这座总长266.5米、宽7.5米的卢沟桥，到公元1192年3月修建完毕，至于立在桥身两侧的281根望柱上的石狮子，那已经是公元1444年明英宗朱祁镇时期的事了。

马植究竟出于什么居心前来面陈童贯，历史在行进了近千年后，已经无法追究真相，但是他能如实向童贯报告当时契丹的真实状况，至少给了童贯在谈判桌上很重要的筹码，这一点确实是真的。所谓诡异的一点是，他给童贯出了一个计策，当下女真正在逐渐强大，宋朝为何不趁这个机会联合女真共同伐辽呢？如果能与女真联手，契丹的末日就不远了，中原王朝不费吹灰之力收复燕云十六州便指日可待。

正是这个计策，成为后来北宋王朝垮台的主要原因。

童贯获得这个消息后喜出望外，因为他很清楚，燕云十六州是宋朝历代皇帝的一块心病，无论是太祖还是太宗，做梦都想把这个地方收回来，尤其是太宗时期，大军已经包围了幽州城，就差那么一点点，却最终功亏一箦。高梁河一役，大宋十万大军被契丹打得一败涂地，就连宋太宗赵光义也险些命丧疆场，以极其狼狈的方式逃回汴京。

从此没人再敢提及收复燕云十六州。但是不提并不代表皇帝不去思考，就像赵匡胤所说的：卧榻之侧岂容他人鼾睡，况且趴在自己身边的还是一只随时都有可能跳起来伤人的饿狼。如今，这只曾经在大宋的国土上肆意东咬西噬的饿狼已经老了，且病入膏肓，如果趁这个机会与女真联手，前后夹击必能致契丹于死地，那么燕云十六州也唾手可得！

燕云十六州，真的能那么容易就回来吗？

第二十二章

黄金树叶可赎燕云十六州

茶叶，在包括女真在内的游牧民族中，是可以作为货币进行流通的重要资源，而且距离中原地区茶园的距离越远，其价值就越高。无论契丹、吐蕃、党项、女真，还是后来兴起的蒙古，他们进犯中原之初都是一个目的，那就是垂涎中原的茶叶。因为在他们的眼里，只要能掌握了茶叶，就能掌握所有。比如，契丹人从女真手里换来“海东青”的物资，就是被女真视为宝贝的茶叶。

一、女真进攻北宋是因为天天都能喝上茶

女真的战力确实不可小觑，几乎没费吹灰之力，就轻而易举地从契丹手里夺回了燕云十六州，而且直接灭了从唐末开始就对中原王朝构成威胁的契丹帝国。但是，宋朝想要拿回这块故土，却并不那么容易。

公元 1123 年 4 月 17 日，童贯带人前往幽州办理交接手续时，才发现整个幽州早已面目皆非。女真在这四个月里，把能杀的人都杀了，能毁的建筑都毁了，能带走的财宝也都带走了。这还不算完，临走时他们又掳掠了一大批女人带回上京（今黑龙江哈尔滨阿城），“中原士大夫之家姝姬、丽色、光美、娟秀凡二三千人北归其国，酣歌宴乐，唯知声色之娱”。

欲哭无泪啊！

然而，赵佶并不这么想。从公元 936 年起，幽州已经远离故国 187 年，如今在宋徽宗的努力下，费了九牛二虎之力，终于得以回归。赵佶这个兴奋啊，即便是死了，也对得起地下的列祖列宗了。

不过，先不要高兴得太早，女真那边虽然已经想好了条件，但是还没有想好开一个怎样的价格！

他们要的是金银珠宝和茶叶！

茶叶，在包括女真在内的游牧民族中，是可以作为货币进行流通的重要资源，而且距离中原地区茶园的距离越远，其价值就越高。无论契丹、吐蕃、党项、女真，还是后来兴起的蒙古，他们进犯中原之初都是一个目的，那就是垂涎中原的茶叶。因为在他们的眼里，只要能掌握茶叶，就能掌握所有。比如，契丹人从女真手里换来“海东青”的物资，就是被女真视为宝贝的茶叶。

其实宋朝官员也很明白，女真之所以不要银子而要茶叶的目的，就在于他们可以把茶叶拿回榷场，就像契丹人控制他们一样，他们同样可以控制其他部族。这个账能算得如此明白，女真可真不是一般的游牧民族。

茶叶，不过是一片小小的树叶，却可以决定一个民族的命运，也可以决定一个王朝的盛衰！

宋朝究竟给了女真多少金银珠宝加茶叶才赎回燕云十六州？史书中没有记录具体数量，但是从日后女真不惜血本地攻打北宋来看，应该不是个小数。对于一个视茶如金的游牧民族，这就好像荒原里一条饿极了的狼，只要见到食物就会不顾一切地扑过去。

花费了重金的燕云十六州非但没有保住，还连同中原内地也危在旦夕。公元 1125 年 11 月 7 日，女真随意地找了一个借口，便兵分两路，三十万大军分头对宋朝发起进攻。完颜宗望率东路军出平州向幽州进攻，完颜宗翰则统帅西路军，从云中（今山西大同）出发，第一目标太原。两路军提前约定，各自攻破目标后渡过黄河，在汴梁城外会师。

女真正式向宋朝宣战！

二、女真铁蹄南下，突攻汴京城

从“仁宗盛世”之后，宋朝的经济得到了空前发展，从此进入了快速通道，手工业、制造业、造船业、航海业、种植业等，各行各业都已经达到了领先全球的水平，尤其是种植业，粮食生产自不用说，桑蚕和茶叶的产量都达到了历史最高水平。

北宋的富足毫无疑问地会引起周边仍处于水深火热之中的游牧部落的眼红，因为打败了契丹而排名上升的党项（此时已经成为西夏）自不用说，更可怕的是，在遥远的北方，有一双更加阴森恐怖的眼睛正在死死盯着北宋。它就是女真。

从恶劣的自然条件和契丹的夹缝中艰难存活下来的女真，随着气候条件的缓和和契丹的没落，逐渐变得强大。但是，完颜乌古乃并没有看到那一天，他的儿子完颜劾里钵也没有机会看到女真奴役强大的北宋，甚至连孙子完颜阿骨打都没能看到女真是如何饕餮北宋的金贵贡茶的。真正打败北宋的，是完颜阿骨打的四弟，也就是金太宗完颜吴乞买，又名完颜晟。

势如破竹的女真大军，毫不留情地碾压闻风丧胆的宋朝军队，而赵佶却丝毫不知道厄运已经近在眼前，一直到女真攻至保州（今河北保定），他才突然知道自己已身处险境。谁都知道，女真的铁蹄一旦突破了保州，后面就仅有中山府（今河北定州）和大名府（今河北大名县）两城，局面与当年的“澶渊大战”何其相似。赵佶吓得大惊失色，哆哆嗦嗦地问，女真距离汴京还有多久？

大臣回答：十天！

十天？宋徽宗当场就被吓傻了，眼前一黑就昏死过去。其时是公元1125年（宋宣和七年）12月23日，也是他当了25年徽宗皇帝的最后一天。醒过来后，他所做的第一件事就是立刻召集文武大臣上殿开会，颁下了他有生以来的最后一道诏令：朕因岁已老迈，决定从今天开始就不再当皇帝了，皇位让给儿子赵桓。

赵佶把儿子强按在皇位上，赵桓就这么稀里糊涂地当上了皇帝，是为宋钦宗。而赵佶嘴里所说的他已老迈，其实不过才43岁而已！

赵桓坐上皇位后，局面非但没有任何改变，还越来越危险。女真完颜宗望所率的东路军几乎没花费什么力气，就攻破了中山府和大名府，直逼黄河。一旦渡过黄河，汴京就危在旦夕。

宋宣和八年（公元1126年）正月初一，赵桓改年号为靖康。正月初二，女真兵临汴京城下。就在女真包围汴梁的头一天晚上，赵信竟然只带着几个太监和贴身侍卫悄悄地溜出城，一路狂奔向南逃去。

正月初三，女真发起了第一波对汴京城的进攻。他们选取的进攻目标明显经过了反复思考，避开了防守严密的东南两个方向，从两个防守比较薄弱的外城门动手。

汴梁城在后周皇帝柴荣的安排下，由大臣王朴亲自施工，重新修建而成，除了统一规划外，更重要的是加强了内外的防守。后来宋太祖和宋太宗时期，又分别对城墙进行过必要的加固，我们只要看看那幅著名的《清明上河图》，就能对汴京的整个情况有大概的了解。比如城门，各城门之间互联互通，无论哪个城门受到进攻的威胁，其他城门的士兵都能以最快的速度进行支援。城门分内外两部分，外城门由卫州门、新酸枣门、封丘门、陈桥门、新曹门、新宋门、陈州门、南薰门、戴楼门、新郑门、万胜门、固子门共十二个陆城门和东水门、西水门、西北（利泽门）、东北水门、陈州水门五个水门组成；而内城门则包括景龙门、旧封丘门、曹门、宋门、保康门、朱雀门、郑门、梁门，以及金水门、汴河北岸角门子、蔡河水门、汴河南岸角门子四个水门。

女真发起进攻的，是新酸枣门和封丘门。这两个门分别位于汴京城的西和北两个方向，尤其是封丘门，一旦被突破，面对的就是延福宫和艮岳，再往前就直接进了皇宫。所以说女真选择从这里动手，是经过了充分考虑的。其实这倒并不是说女真有多么聪明，因为选择从南面进攻，首先要确保有绝对把握拿下最外面的两道水门，然后才有可能乘船渡过很宽很深的护城河，而这两道水门之间设有机关，无论哪一道水门一旦关闭，进去的士兵毫无疑问就成为城上守军的靶子，人家想让你怎么死你就得怎么死，几乎没有活着回去的可能。

所以，女真选择了后面的两道门。相对于城南的两道门，这里算是薄弱环节。所谓薄弱,也不是说随随便便就能攻得进去,仅仅是“相对”而言。虽然北面也有两道水门，但这两道水门的关联度不是很高，从这里攻破水门的难度比较小，但是这边城墙的墙体很高很厚，要突破也并非易事。

那么此时城内总共有多少兵力呢？根据北宋末年大约有一百万总兵力推算，西北方向大约有十万守军在防守党项，山西一带尚有不到二十万的兵力，其余全部在各个战役中分别被契丹和女真剿灭，所以此时东京汴梁的兵力最多不过八到十万人。

八到十万人面临如狼似虎的三十万女真（实为十万），在这样的危急形势下，汴京真正到了命悬一线的紧要关头。但是还有比这更加危险的事在发生，大殿之上围绕着投降或抗击正吵得翻天覆地。以白时中、李邦彦等人为代表的投降派和以李纲为首的死守派正在激烈交锋。可惜李纲官微言轻，虽然他已经尽了最大的努力苦苦劝说赵桓，但在白时中的步步紧逼下明显处于下风。紧要关头，一员老将站在了李纲这一边。

这员老将是年逾古稀的西北悍将种师道！

三、掠夺茶叶等物资与靖康之耻

人类的历史，或者说人类的文明，说白了就是一部血淋淋的战争史。从地球上有了人类这个物种后，一直到21世纪的今天，大大小小的战争就从没有停止过。而战争的主要手段，都是通过杀戮来消灭对方，究其原因，都是为了利益。利益，从某种意义上理解，是所有战争的导火索，统治阶级为了达到自己的目的，往往以弱肉强食的方式，采用最残酷的手段，不惜涂炭无辜人民的生命，这便是所谓的“丛林法则”。

退回到约九百年前那场宋金之间的战争，也是为了利益。通过完颜吴乞买对“宋人富庶到日必饮茶”所表现出的那种妒忌和贪婪，不难看出他对利益的渴求和欲望。他之所以发起这场战争，除了自身的政治要求，更重要的还是在于通过武力夺取宋朝的物资！

女真攻破汴京的具体时间是公元1127年1月9日。

来自长白山深处的野蛮部落在攻下了汴梁后，对城内实施了惨绝人寰的屠杀。由于李邦彦等投降派的妥协，致使城里的庶民百姓把家里所有的积蓄都“上贡”给了女真，然而女真破城后，百姓并没有得到女真的宽恕。

女真人进城后，就开始对庶民百姓进行大肆烧杀抢掠、奸淫妇女等暴行，《靖康稗史笺证》中对这次国难做了比较详细的描写。在遭到极其野蛮的杀戮后，侥幸活下来的庶民却又迎来了饥饿和瘟疫。张择端笔下《清明上河图》中曾经的盛世汴梁已经不复存在，取而代之的是一片肃杀，一座血流成河遍地死人的死城。

一直到公元1127年4月1日，汴梁城被攻破三个月后，女真掳掠了大量金银财宝后开始分两路撤退。在撤退时，女真人还烧毁了开封城郊的房屋无数。“东至柳子，西至西京，南至汉上，北至河朔”，在这样一个广大的地区，女真“杀人如刈麻，臭闻数百里”，给广大北宋人民带来了深重的灾难，罪行滔天，令人发指。

汴梁成了一座死城，遍地瓦砾，尸横街头，血流成河。180年前，同样攻破汴梁的契丹皇帝耶律德光，对手下下了一道死谕，凡进入汴梁城者，除特殊情况外，一律不得随意杀戮，不得随意放火。

但是，女真呢？

他们撤出汴梁时分为两路，一路由完颜宗望监押，其中有宋徽宗、郑皇后及亲王、皇孙、驸马、公主、妃嫔等，于三日前沿滑州向北而去；另一路由完颜宗翰监押，包括宋钦宗、朱皇后、太子、宗室及孙傅、张叔夜等几个不肯屈服的官员，从郑州北行。被金人掳去的还有朝廷各种礼器、古董文物、图籍、宫人、内侍、倡优、工匠等，被驱掳的百姓男女不下十万人，北宋王朝府库蓄积被抢劫一空。金兵所到之处，生灵涂炭。如此惨烈的灾难，给宋人留下了难以治愈的伤痛。

靖康之耻，是宋朝躯体上的一块疤痕，虽然历经了将近九百年的岁月，这创伤已经结痂痊愈，却仍然不忍直视。

今天的我们已经无法想象一手葬送了北宋王朝的徽宗、钦宗二帝，在北国冰天雪地的那段日子里，除了反思自己亡国所受到的屈辱，是否还思考了更多？现在看已经不重要了，毕竟因为茶叶而发生的战争还在继续。

叹息也好，愤怒也罢，时光总会让我们咬紧牙关再站起来，掩埋了死难者的遗体，擦净了身上的血迹，是时候走进高宗时期了。

四、发现茶叶财富之地在长江以南

征服了中原，并且生擒了宋朝的两个皇帝后，完颜吴乞买这才惊讶地发现，他日思夜想的财富之门——茶叶的产地并不在长江以北，而是在长江以南。于是下令女真继续追击。

这个时候，完颜宗望已经死了，统兵前来追击的是完颜宗弼，也就是家喻户晓人人恨之的“金兀术”。

据已故著名历史学家邓广铭先生所著的学术著作《岳飞传》中对完颜宗弼的描写，此人非常凶残，毫无人性，他所攻陷的城池，一律屠城，上至耄耋老人，下至待哺婴儿，全部杀害。只可惜此人命大，几次都能在绝处逢生，其中最著名的两场战役，一场是在黄天荡被宋军包围得插翅难逃，可偏偏就让他跑了；另一场则是秦岭大散关之战，遭到悍将吴玠的围殴，且被打得极为难看，仅差半步之遥就成了宋军箭下之鬼。可在关键时刻有人替他挡了这一箭，让他死里逃生。中原有一句俗语，叫作卤水点豆腐，一物降一物。完颜宗弼的克星就是岳飞，每次他遇到岳飞，就立刻变得啥也不是。

据邓广铭先生所考据的岳飞，虽是一个作战勇猛、智商很高的人物，但情商却是他的短板。

第二十三章

南宋，以茶增持国力

由于吕颐浩以及后来的宰相们大力推广茶叶种植，茶叶生产得以发展，仅过了三年时间，就见到了收益，仅在南宋初期的绍兴年间，南宋政权就通过茶叶课税而快速增强了国力，使遭受到女真严重破坏的经济得以快速恢复，而茶叶的生产经营在这个过程中发挥了巨大的作用，也是南宋王朝在之后的北伐战争中最重要的军事开支来源之一。

一、历史上的奸臣秦桧

说到岳飞，无论如何都绕不开秦桧。

关于岳飞和秦桧，相信大多数人都是从清朝人钱彩所著《说岳全传》或者是刘兰芳评书《岳飞传》中知道了这两个历史人物，一个是“精忠报国”的爱国将领，另一个则是以“莫须有”罪名残害忠良的卖国奸臣，作为两个当事人，在历史上形成了鲜明对照。或者说，如果没有秦桧，岳飞依然是岳飞，又或者没有岳飞，也许秦桧就不是今天这个臭名远播的秦桧了——毕竟南宋时期像韩侂胄、史弥远、贾似道等大奸太多，秦桧也不过就是其中之一而已。所以说，历史的记录者常因为带有明显的个人情绪，而忽略了一个基本的概念，那就是所有事件都必须找出一个逻辑原点，这绝非通过一本文学作品就能解释清楚。无论钱彩也好，刘兰芳也罢，这些作品中描述的岳飞和秦桧，与真实历史中的人物并不是一回事。当然，这里有一个前提，无论历史上真实的还是文学作品中的岳飞，都是中国历史上的民族英雄，而秦桧则是历史上著名的奸臣，这一点永远都不可否认。

在岳飞的孙子岳珂所编著的关于岳飞生平的《鄂国金佗稡编》和《鄂国金佗稡编续编》中，有岳飞曾经率兵杀进过幽州城内的记载，但是在时间方面比较模糊。真实的时间应该是公元 1122 年宋军收复燕云十六州的幽州战役时，刚满 20 岁的岳飞进入了刘韐的军队，参加了当时郭药师所率的“怨军”，被刘韐任命为宋军“敢战士”中的一名“踏白使”（突击小队长），随降将郭药师攻进了燕京城。遗憾的是，因为刘光世临阵见死不救，最后导致这次进攻失败。

应该说岳飞是一个极具军事天赋的帅才，但他的政治手段却与他的军事才能不匹配，同时代的名将也并非只有他和韩世忠，还有刘锜、张浚、吴玠吴璘兄弟、刘光世以及参与构害岳飞的张俊等。这些将领除岳飞外，全部来自宋军最强的西军。

让岳飞一战成名的，是绍兴元年（公元 1131 年）31 岁的他奉旨北伐。之所以这里说“奉旨”二字，显然是受到了赵构的钦点。临出征前，赵构还特地御笔写下手谕，对岳飞专门设置了一道紧箍咒：“今朝廷从卿所请，已降画一，令卿收复襄阳数郡。惟是服者舍之，拒者伐之，追奔之际，慎无出李横所守旧界，却致引惹，有误大计。虽立奇功，必加尔罚，务在遵禀号令而已。”

既然打仗，还不让往死里打，这打的是哪门子仗？寥寥几语，道出了赵构的投降思想。

岳飞出征的第一战，就是攻打由伪齐驻守的郢州城。守将荆超自诩城高兵强，对只有区区三万人且名不见经传的岳飞根本就没放在眼里，甚至把岳飞的招降书当众撕碎，并派出一个叫刘楫的人站在城楼上，对岳飞恶毒咒骂。

岳飞大怒，首战派出了年仅 15 岁的长子岳云带兵攻城。结果，郢州的城高兵强都是浮云，不到一个时辰，岳云已经站在了城墙之上，而那位自称神勇的守将荆超，却跳下城墙当场摔死。至于咒骂岳飞的刘楫，则被生擒，其命运自然也是好不到哪里去。

首战告捷，岳家军兵分两路继续征战，派大将张宪猛攻随州，自己则亲自进攻襄阳古城。但是张宪出师不利，刚到随州城下还没来得及攻城，就被伪齐女真联军死死缠住。在这种情况下，另一员骁将主动请缨，三天之内拿下随州，否则的话，提头来见！

二、岳飞与岳家军

这员大将就是民间赫赫有名的福将——牛皋！其实牛皋绝对不是《岳飞传》中描写的莽将，而是有勇有谋绝顶聪明，仅随州一战就足以证明他的实力。被敌人绊在路上五天的张宪，没想到牛皋只用了一个下午就把随州拿下，这还包括了他在路上的时间。

几乎与此同时，岳飞也攻下了襄阳。号称伪齐第一猛将的李成，虽然丢了襄阳，却并没有走远，而是在附近重新集结了所有兵力，连同前来增援的女真，据说总共有三十万之众。

三十万人马，这个数字显然过于夸张，如果能公正地减到一半，至少还有十五万人。而岳飞有多少？总共三万！三万对十五万，又是一次兵力悬殊的对决，岳飞的胜算能有多少？

这根本就不是一个悬念。两军一列阵，岳飞就明白了李成是什么水平。说来他俩还是老相识，靖康之乱之后，杜充派岳飞剿灭李成等人的民兵，但是岳飞并没有动手，而是好言将其劝出。没想到，他竟然投靠了女真，成了伪齐“皇帝”刘豫手下的第一悍将。

连对方的底牌都看到了，这仗还能打不赢吗？岳飞干净利落地把李成打得丢盔卸甲，继续向下一个州城进军。

伪齐果然不是岳家军的对手，儿皇帝刘豫只好亲自去女真搬来救兵。要替伪齐“报仇雪恨”的这位将军叫刘合孛堇，此人没什么名气，率五万纯女真人马，想把岳飞消灭在北伐路上。

宋军与女真之间的战斗，多赢在计谋和地形的优势上，而面对面的野战对攻却从来没有取胜的记录。但是这一次不同，岳飞要带领他的岳家军与强悍的女真展开一场对攻野战，让女真人知道，宋朝有一个叫岳鹏举的猛将！

两军会战的地点位于邓州西北一块开阔的平地上，这里的视野非常好，远处的邓州能看得清清楚楚，一眼望去，周围一切尽在眼底，所有一切都在双方的视界内，既藏匿不下伏兵，也使不了任何计谋。可见刘合孛堇选这个地方，也颇费了一番思量。

战斗从上午开始，岳家军中张宪、王贵、董先和牛皋、岳云、杨再兴策马从两侧出击，以极快的速度冲击女真。而女真面对如此凶猛悍将竟然产生了怯敌情绪，仓皇应对。仅一个回合便失去了主动，气势上就已经被宋军压住。之后的岳家军越战越猛，以高昂的士气杀向敌人。

战斗在惨烈的厮杀中进行，一直打到太阳偏西，整个世界似乎突然之间静了下来，弥漫着血腥的战场上，双方战死的士兵和战马倒了一地，仅有几面没倒的破旗有气无力地随风飘扬。

战斗就这么无声无息地结束了！刘合孛堇独骑逃遁，五万女真全部战死，而岳家军阵亡四千。此战把所有人都惊得目瞪口呆，岳飞再创辉煌！

接下来的邓州、唐州和信阳军几乎全部不战而胜，两个月岳飞收复了六郡。

然而，一连串的胜利后，引来了女真更加残酷的报复，一次又一次的疯狂反扑，给南宋朝廷施加了很大的压力。随着女真铁蹄的肆意践踏，宋朝从曾经的富庶变得一贫如洗，更要命的是，西部商道已被彻底封死，即便有再多的商品也没有办法输出，只能通过海洋这一条路了。

宋朝从太祖时期就定下了规矩，为了预防藩镇的再度出现影响社稷，所有军队的开支必须由国家统一支出，绝对不允许任何人私养军队。可是摆在南宋朝廷面前的最大问题，是国库里必须要有银子！

就在赵构被钱急得焦头烂额之际，一个人出现了。他就是“靖康之乱”时因为向女真人提出严重抗议而同二帝一同被掳去北方的秦桧。

秦桧，字会之，公元 1090 年生于黄州，祖籍为江宁（今江苏南京）人，宋徽宗政和五年（公元 1115 年）进士及第。时年 25 岁的秦桧，在科举考试中取得了不错的成绩。

秦桧的发迹也并非一帆风顺，绍兴元年（公元 1131 年）他回到临安后，于次年第一次坐上了宰相的宝座，和时任宰相吕颐浩平起平坐。但仅过了一年，就遭到了罢黜。公元 1138 年，秦桧因为说了一个让赵构没有办法拒绝的所谓“谋略”，即与女真进行议和，提出“南人归南北人回北”，得到了赵构的默许，因而第二次成为宰相。复职之后的秦桧深刻领会并执行了赵构的投降思想，一方面通过自己的手段拼命为穷困潦倒的南宋攫取利益，另一方面则是做好了与女真议和的全部准备。

其时，金国虽然是金熙宗完颜亶当政，但实际上大权牢牢地控制在完颜宗弼（金兀术）的手中。面对南方朝廷的求和，完颜宗弼非常矛盾，他所痛恨和惧怕的不仅仅是岳飞，还有黄天荡一战中险些让他全军覆没的韩世忠，秦岭仙人关之战让他命悬一线侥幸逃生的悍将吴玠和中原战场上重创金军的"拐子马"、几乎将他阵斩的宋军名将刘锜。

但是，这仅仅是政治层面的问题。面对女真蛮人的步步紧逼和南宋王朝日益拮据的国库，经济问题更是南宋亟待解决的重中之重！从另一个方面来说，如果经济上不去，所有的政治、军事、外交都是白扯。所以赵构起用秦桧，不仅是要摆平政治上的不利局面，更想要把经济工作搞好。

用什么方式来钱最快呢？

在吕颐浩担纲朝政时期，即在江浙一带通过大面积种植茶树来缓解燃眉之急。这位长期主持农业和后勤保障的官员心里非常清楚，利用茶叶的利润来拯救濒于破产的南宋，虽然手段比较慢，但是可以成为一条长久之计。

由于吕颐浩以及后来的宰相们大力推广茶叶种植，茶叶生产得以发展，仅过了三年时间，就见到了收益，仅在南宋初期的绍兴年间，南宋政权就通过茶叶课税而迅速增强了国力，使遭受女真严重破坏的经济得以快速恢复，而茶叶的生产经营在这个过程中发挥了巨大的作用，也是南宋王朝在之后的北伐战争中最重要的军事开支来源之一。

三、茶文化到了鼎盛时代

南宋时期的茶，虽然不似北宋晚期那么精细，但贡茶依然继承了宋朝的传统，对茶叶的等级有严苛的标准。

粗色茶七纲计五品：拣芽、小龙、小凤、大龙、大凤。宋朝贡茶的使用范围，首先要提供给皇帝，其次才是宰相、亲王、公主以及其他皇族成员和高级官员。贡茶一般按质地、绔式、纲次的不同而有高品和下品的区分，在官僚等级森严的宋朝，对大臣赐以贡茶是按照受赐者的官位高低而赐予品第不同的茶叶。这一制度从宋太宗时期的“规模龙凤”开始，而龙凤茶本身就是“规取像类，以别庶饮”，因而使得各种绔式的茶叶自然而然地表现出等级高下的区别。所以，宋初工部侍郎杨亿在其著作《杨文公谈苑》中说，“龙茶以供乘舆及赐执政亲王、长主。余皇族、学士、将帅，皆得凤茶”。

到南宋时期，贡茶共有41品，分成十二纲进贡。其中细色茶五纲，计36品：龙焙贡新、龙焙试新、龙团胜雪、白茶、御苑玉芽、万寿龙芽、上林第一、乙夜清供、承平雅玩、龙凤英华、玉除清赏、启沃承恩、雪英、云叶、蜀葵、金钱、玉华、寸金、无比寿芽、万春银叶、宜年宝玉、玉庆清云、无疆寿龙、玉叶长春、瑞云翔龙、长寿玉圭、兴国岩绔、香口焙銙、上品拣芽、新收拣芽、太平嘉瑞、龙苑报春、南山应瑞、兴国岩拣芽、兴国岩小龙、兴国岩小凤，总贡量约为7000片，约等于350斤。

这已经充分说明，南宋的政治经济文化已经发生了很大的变化，虽然犹不及徽宗时期。这些变化的根本原因，在于茶叶所做出的巨大贡献，从而成就了国库的税收，使南宋从一个因战祸而破败的王朝能快速复苏。因为茶叶生产的快速发展，也形成了中国历史上茶文化的鼎盛时代。仅就茶文化而言，有了突飞猛进的发展。南宋时期沿袭了北宋的传统，斗茶成风，一看汤色，二看汤花，三看水线，成为斗茶的一个标准，由此，茶器风靡一时，由建州烧制的建盏就成了一种极为特殊的瓷器，并且成为人人追捧的风尚。

吕颐浩所推出的茶叶种植拉动经济的战略显然已经奏效，然而，百密难免有一疏，吕颐浩大概忘记了一个很重要的问题，仅通过国内的茶叶税收，固然能够在短时间内赢得利润，可更大的税收来源——往西部贩运茶叶等商品，通道已经被女真人扼死，这条关乎着南宋王朝安危的极为重要的国防后勤要道所存在的极大风险已经让茶商们闻风丧胆，因而使“以茶榷马”成为过去，造成了茶叶外贸不畅，战马不能及时进口的尴尬。所以，当务之急是必须另外开辟一条新的通道，这已经成了南宋朝廷和茶商迫在眉睫的问题。在这种情况下，有人想到了通过水路向外运输茶叶。

提出海上通商之路这个大胆设想的人叫李寅之，是福建莆田的一个普通小吏。他提出海上通商的依据是，远在春秋时期，泉州港就是重要的水路运输中心，在五代十国期间就有很多外夷船只进入过泉州港，而且通过水路往外运输茶叶也并不是先例，以前就曾经有过，比如在五代十国时期，南楚等地所产的茶叶绝大部分就通过水路运到江陵，再从江陵通过陆路贩运到今天的陕西泾阳，然后再从泾阳流向各地。

这条水路贸易通道，便是1913年被法国人埃玛纽埃尔·爱德华·沙畹所命名的“海上丝绸之路”。而正是因为这条水路，使得因为宋金战争而中断多年的茶马互市又得以延续，成为当时一条兴盛的海上商路。

如果当时由南宋人自行命名，或18世纪以后由英国人对这条海上贸易商道取名的话，这条路后来会不会叫“茶叶之路”呢？

四、秦桧主政宰相，始终推行茶叶生产

秦桧先后在宰相的位子上坐了19年，这19年的时间，他继续推行吕颐浩提出的茶叶生产，并且根据海上贸易的需要大力推动造船、陶瓷和纺织工业。他做到了赵构想做的所有事，也包括杀害岳飞。

从传统角度来说，宋朝是一个讲究祖制的朝代，从赵匡胤开国之初，就有一个“杀武不杀文”的约定，原意是“士大夫及上书言事者不杀”，而“杯酒释兵权”后，武将就基本上丧失了话语权，因为赵匡胤曾经对那些功高震主的将军们说得很清楚，从今以后只许你老老实实，不许你乱说乱动。

也就是从这个时候开始，宋朝就形成了“重文抑武”的政治格局。

杀了岳飞，不但能震慑那些顽固的主战将领，还可以获得金国的默许，以一个人的生命为代价，换来整个南宋的“和平与稳定”，这个账应该比较划算。可是，赵构也深知中国人的民族情结，不愿意承担千古骂名，却还要把岳飞杀掉，所以杀人的恶名也就自然而然地落在同样也希望求和的秦桧头上。

当然，即便把杀岳飞的责任都推到赵构身上，也不代表秦桧是个好人。《宋书·秦桧传》记：“桧两据相位，凡十九年，劫制君父，包藏祸心，倡和误国，忘仇斁伦。一时忠臣良将，诛锄略尽。其顽钝无耻者，率为桧用，争以诬陷善类为功。其矫诬也，无罪可状，不过曰谤讪，曰指斥，曰怨望，曰立党沽名，甚则曰有无君心。”

[宋] 钱选　卢仝烹茶图（局部）　台北“故宫博物院”收藏

3

茶叶走向世界

第二十四章

南宋经济与茶叶、丝绸、瓷器等物资的海上贸易

因为茶叶是中国人的精神图腾，早已经植入每个中国人的生命中了。所以，那些远在阿拉伯的中国战俘们更需要茶叶。公元766年7月，经过了4年的准备后，中国的第一艘远洋商船满载着瓷器、丝绸、茶叶等物资从泉州启航，开启了到尸罗夫港（今位于伊朗布什尔省）的首航，同时，这也使阿拉伯人第一次知道了来自东方的茶叶！

一、茶叶、丝绸、瓷器等促进南宋经济

随着茶叶、丝绸、瓷器等商品水路运输的兴盛，带动了包括造船、铸造及与之相关的产业得以快速发展，使南宋在很短的时间内经济就得到了好转。然而，水路运输兴旺发达之际，也成就了另外一个职业：海盗。

在人类历史中，海盗算得上是一个极其古老的“行业”，甚至也可以将其理解为“海盗改变了历史”。

所谓海盗，泛指在海洋或通过海洋对沿岸地区以暴力手段实施的所有抢劫掳掠行为的人。据古埃及哈特舍普苏特女皇朝（公元前1479年—公元前1458年）时代的楔形文字记载，当时参与海上贸易的商人就与海盗结合为一体，至后来的腓尼基人、古希腊人、古罗马人以及迦太基人也都参与了这种亦盗亦商的劫掠行为。德国海盗历史学作家哈因茨·诺伊基尔亨所著《海盗》中记载：古代希腊人通常把那些远海航行以寻求奇遇和虏获财物的男人称为“海盗”，并通过在海滨地带勒石刻字的方式，详细记叙海盗抢劫财物和掳掠人口的事件。由此，“海盗”这一名词逐渐转化为恐惧的同义词。

有关海盗的最早记载，是来自古希腊的神话传说。荷马史诗《伊利亚特》中的英雄阿喀琉斯，就有“我率领我的船队，攻占了人们的城市，带走城里的所有宝物，全部献给阿特柔斯的儿子阿伽门农”的话语，虽然这是在表彰阿喀琉斯的勇猛与忠诚，但是其过程则是如假包换的海盗行为。

古希腊“历史之父”希罗多德在他的巨著《历史》中，首次涉及海盗这个话题，记述了公元前6世纪古希腊爱琴海萨摩斯岛的统治者波利克拉特斯的故事。虽然希罗多德并没有刻意指出波利克拉特斯就是海盗，但是描述的却是“袭击过往船只，劫掠沿岸城市”等行为，而这些行为毋庸置疑恰恰等同于海盗。

中国历史上记载的海盗，据岛为王的田横属于较早时期的一个代表。

虽然史书未有田横盗抢财物的记载，但是他的行为对后世的海盗活动产生了很大影响，包括东汉时期的张伯路，东晋海盗孙恩、卢循，唐末王郢，南宋张庭之、李严，元代朱清、张瑄，明代汪直、徐海、郑芝龙等历代海盗，都效仿田横，拜其为宗祖，利用海岛作为基地，在海上劫掠往来船只，与朝廷官府进行抗争。特别是《后汉书》中所记载的东汉时期的张柏路，算得上是中国历史上最早进入正史中的特大海盗："永初三年，海贼张伯路等三千余人，冠赤帻，服绛衣，自称'将军'，寇滨海九郡。"

中原王朝的海上贸易虽然远从春秋时期就已经出现，至唐代中后期开始勃兴，到宋代尤以南宋为标志，在陆路贸易被女真彻底截断之后，从而进入一个快速发展阶段。在求生逐利这一人性的驱动下，大量的沿海人民投入海上贸易的队伍之中，而中央王朝对这一新的贸易形势的控制则在不断地加强，这种控制一方面是政府需要税收与垄断来攫取海上贸易的利润，另一方面则是对沿海商人集团的打压——在缺乏妥协与分享的传统中，权力是一种零和游戏。所以从总的趋势来看，在帝制时代，中央政府对海上贸易的"紧箍咒"是逐渐缩紧的。至南宋时期官府已允许私人自由出海贸易，但需要从中抽取高额的税收（而茶、丝绸、瓷器等特殊商品的贸易由政府垄断）。

但是，海上贸易也存在着巨大的风险，除了气候原因能导致货船倾覆，还有海盗的出没。比如从福建到南中国海一带，海边渔民通常都是借出海捕鱼为名，实际行海上劫掠之事。中国海盗史专家、福建师范大学历史系教授郑广南在《中国海盗史》一书中说，这些半渔半匪的海盗在这一带海域抢劫来往商船的行为一度非常猖獗，海盗们很有可能和当地官府互相勾结，因为被抢劫来的丝绸茶叶等货物，一般都低价再卖给官府。

不过，与著名的占婆国海盗相比，这些中国的"业余海盗"充其量也就是个可以忽略不计的小角色，最多也就是抢些值钱的货，不会轻易地伤害船员。但是占婆国的海盗可没有这么仁慈，他们的凶残程度令人发指，所有商船在通过这片海域时，一旦与他们遭遇，就只有求上天保佑的份了。

占婆国，中国史书中称其为林邑、占城，其地理位置大致位于今天的越南中南部一带。它的地理特征非常类似于中国东南沿海，源短流急的高山河流从海岸山脉俯冲而下，独流入海，形成面积狭小的沿海冲积平原，而各条独流入海的中小河流又被横向伸入海洋的山脉所阻隔，于是各个狭小的沿海冲积平原形成了相对独立且封闭的地理单元。今天越南中南部，从北至南的每一个沿海冲积小平原，分别构成了广平、广治、承天顺化、广南、广义、平定、富安、庆和、宁顺、平顺等沿海省份，据上海古籍出版社2014年出版的法国历史学家马伯乐、鄂卢梭所著的《占婆史》介绍，占婆为“逼处山海之间，东岸海潴遍布”，又“岛屿环列，小湾无数”，有着独特的地理景观。

首先，这样的地理特征导致了占婆的政治形态为松散的联盟，每一个沿海小平原都有较强的自主性，而不是类似于中国有强有力的中央政府。把它们联结在一起的可能是信仰——占婆是一个印度教国家，现在遗留的美山遗址，和真腊（今柬埔寨境内）的吴哥遗址一样，都是印度教的遗存。

其次，人员与宗教信仰都很复杂的东南亚海域，岛屿、峡湾众多，又扼守着东西方贸易的狭窄通道，从很早开始，这里便成了海盗的温床，就像当代的索马里一样，高度依靠海盗行为，以达到致富的目的。

对于近千年之前扼据着东南亚最复杂的这片水域的数个城邦小国来说，我们现在将其称为“海盗”的行为，就当时他们的处境而言，要维持最基本的生存保障，只能依靠海上抢劫，除此之外别无其他赚钱的渠道，这也是一个政权通过海上劫掠以解决财政困难的一个非常尴尬的办法。如东南亚的三佛齐（其国都位于今印尼苏门答腊岛的巨港）在其强盛时期，对过往马六甲海峡的船只收取高昂的费用，而在其财政吃紧的衰弱时期，便使用武力来强迫别国船只停留在他们的港口，其行为已经形同海盗，继其之后兴起的位于马六甲海峡北岸的马六甲王国也干过同样的勾当，英国历史学家霍尔甚至直接称它是由一群海盗组成的国家。

随着南宋海上对外贸易量的不断增加，茶叶和丝绸、瓷器一样，已经成为重要的出口物资，出口数量与日俱增。以泉州为主要起点的海上交通航线总共有六条：泉州至占城；泉州至三佛齐（今印尼苏门答腊一带）、阇婆（今印尼境内）、渤泥（今加里曼丹文莱一带）等地；泉州经马六甲海峡至印度、波斯湾；泉州经南海、三佛齐入波斯湾；泉州至菲律宾古国麻逸、三屿（今属菲律宾）等地；泉州至高丽、日本。

事实上，自唐朝开始，在广州就设立了市舶使，总管东南地区的海上贸易和路线。《新唐书·地理志》中就详细记载了从广州到尸罗夫港的海上交通线：商船自广州出发，途经今天的越南、泰国、马来西亚、印度尼西亚、马六甲海峡、斯里兰卡、印度、巴基斯坦后驶入波斯湾，经尸罗夫港最后到达伊拉克的巴士拉。

英国著名历史学家彼得·弗兰科潘在他的作品《丝绸之路：一部全新的世界史》中，专门对尸罗夫港的繁荣做了详细介绍：

“尸罗夫港是进口东方商品的主要通道，那里的商人向当地富裕的居民承诺，他们一定以令人心动的价格提供所有商品。”

“我从未在伊斯兰世界见过如此雄伟、如此美丽的建筑。”10 世纪的一位作者这样称赞尸罗夫港。

二、怛罗斯城之战

历史走到了 21 世纪的今天，曾经辉煌的尸罗夫港已经不复存在，原因是发生在公元 977 年的一场大地震，导致这个兴盛一时的古代海港开始走向衰落，新的港口和交易中心转移到了霍尔木兹港，而尸罗夫港最终在13世纪被彻底废弃，从此逐渐沦为被世界遗忘的角落。

这座在一段时间里极其繁荣的传奇海港在沉寂了几个世纪后，终于在1835年得以重见天日，一位路过此地的印度海军舰长肯普陀纳重新发现了这个古老的海港，但是由于历史上各种各样的原因所致，直到1933年才被英国人M.A.斯坦因首次进行考古调查。

通过大量的史料发现，10世纪之前的尸罗夫港之所以会如此繁荣，除了主要是来自东方的商品以外，同时也是唐朝的一场著名战争所致，这场战争就是盛世大唐与黑衣大食（阿拔斯王朝，首都位于今伊拉克的巴格达）之间于公元751年爆发的“怛罗斯战役”。正是因为这场战争，让东土大唐和尸罗夫港的商人几乎同时发现了另一个巨大的商机。

怛罗斯战役的起因其实很简单，是大唐西域的藩属国石国（今乌兹别克斯坦塔什干一带，唐昭武九姓国之一），因“无藩臣礼”，惹得唐玄宗李隆基颇为不满，遂命安西节度使高仙芝领兵问罪。

史书中只用了短短的“无藩臣礼”就将几乎要了大唐半条命的重大事件给轻而易举地“高度概括”了，只不过就是希望这场输得不怎么光彩的战役大而化之而已，而事实上却并非这么简单。真正的原因是李隆基打算除掉有反叛企图的石国国王车鼻施，扶持亲唐的副王莫贺咄吐屯而已。

公元750年，高仙芝率兵讨伐石国。石国国王车鼻施见中原王朝派来了大军气势汹汹兵临城下，立刻站到城楼上举手投降。城下的高仙芝见对方尚未出战就挂了白旗，就蒙骗国王出城洽和。国王不知是计，便带领文武官员走出城门。但是，高仙芝突然翻脸，当即拿下了国王全家，同时纵兵闯进城内大开杀戒，对城里的无辜百姓大肆屠杀，石国城内顿时血流成河。高仙芝随后押解着国王一行班师回朝，但是，在押解过程中，石国的王子却偷偷地逃出生天。《资治通鉴》说：“高仙芝之虏石国王也，石国王子逃诣诸胡，具告仙芝欺诱贪暴之状。诸胡皆怒，潜引大食欲攻四镇……”

这个石国王子一路向西逃向阿拉伯帝国，并在沿途把唐朝屠戮石国的经历向西域诸国大肆传播，因此，西域诸国对大唐彻底失去了信任，纷纷都转向阿拉伯帝国。

当时阿拉伯帝国刚刚经历了改朝换代，通过武力推翻了伍麦叶王朝的阿拔斯王朝，尚在危机四伏内忧外患之中，伍麦叶王朝的残存势力还没有完全肃清，伊比利亚（今葡萄牙和西班牙）、突尼斯以及非洲西部约四分之一的土地还未降服，而拜占庭也在这个时候趁火打劫，使阿拉伯帝国的精锐主力都在集中精力对付东罗马，再腾出手来与强大的唐朝对决也不是那么容易的事。

大唐王朝在得到了石国王子向黑衣大食求助的情报后，便决定先发制人，主动进攻大食。公元751年4月，高仙芝率军再次从安西出发，翻过了帕米尔高原（葱岭），越过了沙漠，经过了三个多月的长途跋涉后，来到了最早由石国控制的怛罗斯。

怛罗斯城位于今天的哈萨克斯坦境内，西汉元帝时期，那位喊出“明犯强汉者，虽远必诛！”的猛将陈汤，就是在这里击杀了北匈奴的郅支单于。历史在翻过去近800年后，两支劲旅又一次在这里遭遇。

《新唐书·石国传》说：“怛罗斯城，石国常分兵镇之。”说明这里一直都是石国一个极为重要的战略要冲，而距离不远处的撒马尔罕，就是阿拉伯帝国的实际控制领域。在高仙芝率领唐朝大军到达怛罗斯之前，黑衣大食已经在这里完成了布防，只等劳师远征的高仙芝进入了。

但是，高仙芝并不知道这一切，当他的军队赶到的时候，即刻对怛罗斯城进行围攻，顾不得兵书里所说兵困马乏不可战也之忌，立刻摆开阵势准备开打。

而黑衣大食发现唐军已经抵达怛罗斯城后，立刻调集十万大军迎战，双方在旁边的怛罗斯河（今称塔拉兹河，位于哈萨克斯坦塔拉兹市附近）相遇。从《新唐书》或者《资治通鉴》上透露出的战况是，在高仙芝的指挥下，战场上的唐军骁勇无比，依靠步兵的强弓劲弩，很快就控制住了战场的局势。之后，唐军骑兵力拼对方骑兵，直接压制了阿拉伯人的攻势。但是，由于阿拉伯在人数上占了太大的优势，使唐军虽然略有优势，却很难看到胜利。

这场战役的转折点出现在开战后的第五天。史书所记载的是阿拉伯帝国出巨资收买了随唐军一起出战的葛逻禄番兵主帅，诱使其临阵叛变，加之高仙芝的所作所为已经令所有葛逻禄番兵寒了心，因而在战场上反叛也在情理之中。受到腹背夹击的唐军终于招架不住对方一次又一次凌厉的进攻，被打得溃不成军，以惨败结束了这场战役。曾经亲自经历这场战役并被黑衣大食所俘虏，后来成为旅行家的杜环，在他的旅行笔记《经行记》中，以自身的经历记录："其川（此处特指碎叶川）西头有城，名曰怛罗斯，石国人镇，即天宝十年（751年）高仙芝军败之地。"

这场战役唐军究竟投入了多少兵力一直是个谜，阿拉伯的记载是唐军投入了十万兵力，唐代史学家杜佑编纂的《通典》中则说是七万，而《新唐书》和《旧唐书》都说只有两万人，唯《资治通鉴》说高仙芝"将番汉三万众击大食"。时至今日，我们已无从知道唐军投入的具体兵力，但是，无论有多少人参与了这场惨烈的厮杀，在战役结束后只有千余人返回本土。

此战让高仙芝一败涂地，除了战死的士兵，还有大量的士兵成了俘虏，他自己则只带着残余的一千多人仓皇且狼狈地回到了大唐。而对手阿拉伯帝国无疑是这场战役的最大赢家，因为他们从俘虏的大量唐军士兵中获得了来自东方极有价值的文化科技，其中包括秘而不宣的造纸术、丝绸和瓷器等东方瑰宝，仅造纸技术这一项就让阿拔斯王朝快速崛起。而在这场战役的前后，阿拔斯王朝还是一个"其气候温，土地无冰雪。人多疟痢，一年之内，十中五死"①的穷困之地。

① 杜环《经行记》，出自[唐]杜佑《通典》。

三、茶叶是中国人的精神图腾

一千多年后的今天，我们再度提到怛罗斯战役的时候，心里还难免异常沉重。客观地说，这场战役算得上是唐朝的一个挥不去的噩梦，连同随后的两次同样惨败的“南诏之战”,彻底暴露了唐朝的军事实力和战力水平，让安禄山钻了空子趁机谋反。而回过头来看怛罗斯战役，这原本是一场不该发生的战争，但是偏偏就这样发生了，如果当初李隆基能够有些许的理智，或者高仙芝没有好大喜功、没有凶狠残暴且也没有战场轻敌，也许这一切包括之后的“安史之乱”都有可能不会发生，而唐朝的盛世也许还会更长久一些。

发现尸罗夫港巨大商机的，恰恰就是参与过怛罗斯战役并被阿拉伯帝国俘虏的文人杜环。连这位来自东土大唐、见惯了盛世长安的汉人都对尸罗夫港的繁华与富裕感到震惊,他在《经行记》中惊叹地记录了这里的一切：

“郛廓之内，廛闬之中，土地所生，无物不有。四方辐凑，万货丰贱，锦绣珠贝，满于市肆。驼马驴骡，充于街巷……琉璃器皿、鍮石瓶钵，盖不可算数。粳米白面，不异中华。”

在怛罗斯战役中被俘的杜环应该是第一个从亚洲到达过非洲的中国人，公元751年到公元762年，用了11年的时间遍游了当时的阿拉伯帝国全境，跟随帝国使团从耶路撒冷出发，经埃及、努比亚到苏丹、埃塞俄比亚阿克苏姆王国，以及地中海南岸的突尼斯、摩洛哥等地，并写下了他的个人见闻录《经行记》。其中最引人注目的,就是关于尸罗夫港的这一段。

遗憾的是,《经行记》原书久佚，唯在杜佑于《通典》卷一百九十三“边防典”摘引数段。杜佑在这部分的《西戎总序》里说：“族子环随镇西节度使高仙芝西征，天宝十载至西海，宝应初，因贾商船舶自广州而回，著《经行记》。”

杜环于公元762年从埃塞俄比亚到达阿拉伯帝国统治的波斯湾，从那里搭乘商船到达今天的马六甲一带，再换乘中国商船并于当年抵达广州。这一点足以证明唐朝在此之前的海上贸易航线只是在占婆一带，最远也仅仅到达马六甲附近的港口，再经阿拉伯商船把源自中国的商品带到尸罗夫港。而杜环的《经行记》几乎给所有商人和商船主们传递了一个非常重要的信息，原来除了马六甲还有一条更远的航运路线！

中国商人考虑到的首个问题是，如果真的像杜环所说，大批的唐军士兵在怛罗斯战役中被阿拔斯王朝俘虏，那么他们的生活中一定不能缺少茶叶！因为茶叶是中国人的精神图腾，早已经植入每个中国人的生命中了。所以，那些远在阿拉伯的中国战俘们更需要茶叶。公元766年7月，经过了4年的准备后，中国的第一艘远洋商船满载着瓷器、丝绸、茶叶等物资从泉州启航，开启了到尸罗夫港的首航，同时，这也使阿拉伯人第一次知道了来自东方的茶叶！

唐朝商人所发现的这个商机很快就被阿拉伯商人获悉，没过多久，大量的阿拉伯—尸罗夫商人就跟随远航的商船涌进泉州（刺桐城）和广州。这些胡商在尸罗夫和中国之间来回穿梭，把香料、珠宝和象牙等货物运到中国，再从中国采购丝绸、茶叶和瓷器运回贩卖。也就是从这个时候开始，泉州进入了繁荣时期。随着大量的阿拉伯人、波斯人和犹太人的到来，远洋贸易日渐兴隆，几乎垄断了整个港口，而泉州城也随之变成了另外一种风情，朝廷专门给这些来华的“胡商”划出了聚居区“番坊”，番坊内包括清真寺、犹太教堂、基督教堂和佛教寺庙、中国道观等宗教建筑，与满城的刺桐树有机地结合在一起，各种西亚式建筑，标有阿拉伯文、希伯来文和中文的商铺字号鳞次栉比，穿戴风格迥异、操着不同口音不同语言的人充斥着街面，整个城市显现出空前的生机，一派繁茂景象。阿拉伯商人从尸罗夫经停占婆或苏门答腊，带来了东南亚和西亚以及非洲的商品，再从泉州把中国商品经长途贩运销售到阿拉伯，从中获得丰厚的利润。由于胡商的采购量较大,使得中国产业也需要作出适当调整,比如,丝绸和茶叶,唐中期以后桑树和茶树的种植规模有了很大的提高，而阿拉伯人的饮茶习惯也就是从这时候悄然兴起，之后伴同着贸易往来，茶叶也随之进入了阿拉伯地区。

在伊斯兰的教义中，商贸与宗教之间有着密切的关系，宗教也赋予商贸很高的声望。商户与清真寺的距离代表着商人的地位，比如，香水、香料或者香烛的经营场所一般都在清真寺的旁边，然后是金银商铺，而修鞋的则距离最远。

泉州的胡商番坊就是这样，多年经营也引来更多的阿拉伯商人不断加入，使这里清真寺周围的“榷场”也越发火爆。朝廷在距离清真寺不远的地方设置了一个中心广场，是举办各类表演娱乐活动的场所，来自各个地区不同肤色的艺人在这里进行耍蛇、驯熊、跳舞等表演，一派祥和气象。阿拉伯人开的茶馆也在这时出现在榷场的周围，他们喝茶的方式与中国人有所不同，因为他们习惯在茶中加入藏红花等珍贵药材，别有一番风味。

然而，就在这些胡商们沉溺于赚钱的快乐中不能自拔时，一场空前的灾难悄悄降临。

四、茶叶、瓷器的航船遭遇占婆海盗

公元 875 年（唐僖宗乾符二年），河南盐商王仙芝和山东盐商黄巢因不满朝廷的盐业禁令而发起了暴动。公元 878 年，黄巢挥师南下进入福建，仅泉州一地就有数万胡商遭到屠杀，胡商的所有财产被洗掠一空，所居的房屋被焚烧,泉州从昔日的繁华之地变成了人间地狱。之后,黄巢再犯广州,所到之处一片瓦砾，十余万胡商惨遭杀戮，广州城内遍地哀鸿！

历史在这个时刻突然停摆！

至南宋时期，海上贸易已经到了一个历史新阶段。根据南宋赵汝适《诸藩志》中的记载，南宋时期与之有贸易往来的国家或地区有50多个，主要包括越南、阿拉伯、日本、朝鲜、印度、爪哇、苏门答腊等。海外的奇珍异宝如象牙、香料、琉璃、鹦鹉以及其他土特产通过海上贸易到达泉州等港口，而南宋输出的瓷器、茶叶、丝绸等也远销到外国。可以想象当时泉州港的繁荣程度，“舟楫辐辏望之不见其首尾”绝非一种夸大。

但是，大量的商船都是通过直航到达波斯湾，而不需要再通过占婆转运，没有了中间商赚差价这一环节，航运和货物成本都大大降低。然而这么一来，也等于直接掐断了占婆国的财路，因此海盗势力不断扩大。

占婆地区并非都是占婆人，而是由极其复杂的人员构成的，其中就有不少人来自福建沿海一带，由于经年累月在这里生活，已经逐渐当地化，被来自阿拉伯一带的商人惊恐地称为“土生唐人”。

从《宋会要辑稿》中记录的出自阿拉伯商人的所谓“土生唐人”，也许是目前能找到的最早的关于华人在境外做海盗的史料。而这些“土生唐人”，表明他们是移居占婆的华人二代或三代以上。后世的文献记载表明，从女真进犯中原，尤其是四太子完颜宗弼率军攻打江南的时候，宋代的宁波一带沿海地区就有大量华人移居占婆，后来又有福建沿海一带的居民也先后移民到了这个地方，形成了当地一股很大的势力。这些华人虽然在经济上与当地人互相合作，并曾多次主动组织占婆远赴宋朝进行朝贡贸易，并担任纲首（船长）、翻译等，但是在政治上，他们与占婆的统治者似乎是各有所求，基本上就是一种貌合神离的关系。

这些人的主要职业就是海盗，因为海盗是一个“无本万利”的差事，最多搭上几条原本就不怎么值钱的命而已。这些海盗们除了抢劫路过本地海域的商船之外，另一项重要的抢夺目标便是人口。当时的东南亚各国奴隶贸易盛行，抢夺人口作为奴隶贩卖是一种各国海盗常见的勾当。

占婆的福建人主要攻击目标是来自阿拉伯地区的船舶，而对中国的商船还算是网开一面，可能一是考虑都是同宗同祖，二是顾忌帝国的大船随时都有可能过来对他们予以清剿，三是他们还是有一定的战略眼光，考虑如何与中原王朝做生意，毕竟中国是一个很大的贸易体，占婆还是希望能从中分得一杯羹，幻想有朝一日再恢复曾经的辉煌，所以对来自中国的商船一般不轻易动手。

《占婆国》里记述了一个非常搞笑的乌龙故事，说南宋乾道四年（公元 1168 年），占婆“番首”邹亚娜[①]遣使杨卜萨达麻携带 10 万余斤乳香来到宋朝朝贡，并试图借机与南宋官员进行接触。朝廷对这种纯贸易往来的使节（一般与政治没有关系）没有什么兴趣，所以就不允许前往临安，都是打发到泉州，直接与市舶司进行交易。在接到了杨卜萨达麻的请求后，朝廷按惯例回执，要他们“免到阙，皆与市舶司洽”（不要到临安来）。

乳香是一种珍贵的药材，为橄榄科植物乳香树树皮渗出的树脂，产地主要来自埃塞俄比亚和马里等非洲地区。当杨卜萨达麻带来如此数量的乳香当作贡品时，泉州市舶司的官员心里自然非常清楚这些东西的来历，尤其是来自占婆这么一个名声不怎么好的地方。

按照以往，市舶司睁一只眼闭一只眼也就把这些东西给照单收下了，然而，这次他们却面临着一个非常棘手的问题。据《宋会要辑稿》载，就在杨卜萨达麻出现在泉州的时候，恰好碰到了来自阿拔斯王朝的商人乌师点。在半年前的公元 1167 年 12 月 28 日，乌师点率领的一支阿拉伯船队携带乳香、象牙等贵重物品前来中国做生意，打算在泉州卸下这批乳香等名贵药材后，再装运瓷器和茶叶等货物返航，但是在途经占婆时，遭到了占婆海盗的袭击，不仅把船上物品洗劫一空，还将同船来的阿拉伯商人佛记霞、啰池等人残忍地杀死。而带领海盗进行抢劫并杀人越货的，恰恰就是眼前这个杨卜萨达麻。

---

① 邹亚娜是宋朝史料中对“阇耶因陀罗跋摩四世”的称呼，据马伯乐的分析，是其汉译对音。

仇人相见分外眼红，连乌师点自己都没想到，在千里之外的中国竟然再次遇到了这群海盗，他抓住机会，立刻向泉州市舶司控告杨卜萨达麻所贡的乳香正是他们抢劫的阿拔斯王朝商船的货物。泉州市舶司的官员掐指一算，被抢的时间与乌师点的商船经过占婆海域的时间相吻合，从占婆人历来的品行来看，这项指控很有可能是确凿的，至少当时宋朝人相信了乌师点。市舶司当即将案犯杨卜萨达麻等人暂时入监扣押，同时速报朝廷。南宋孝宗皇帝做出了最后裁决："（将杨卜萨达麻）以理遣回。"

由此可见占婆海盗的凶残！

第二十五章

中原饮茶之风从蒙古入中亚

茶叶很有可能在更早的时期就已经进入了欧洲大陆，现在已经无法探寻产自中国的茶叶究竟是通过陆路上的“丝绸之路”还是海上运输的方式进入了花剌子模（今乌兹别克斯坦和土库曼斯坦）的，但是这里的人对茶叶确实情有独钟，甚至曾一度控制了中原通往西域的西部商道（今称丝绸之路）上包括茶叶在内的全部物资。因为掌控了茶叶资源，这个国家快速暴富，在西部商道上的枢纽城市撒马尔罕建立了大型的中转基地，专门向周边的印度、波斯等国贩卖茶叶、瓷器以及丝绸等来自东方的商品。

一、严控茶叶走私的现象

正当南宋皇帝赵构杀了岳飞向金国求和的同时，北方的蒙古正在崛起。

蒙古人的直系祖先是和鲜卑、契丹人属同一语系的东胡部落中的柔然人。关于柔然人的来源，由于史籍记载歧异、简略，说法各有不同，有东胡、鲜卑、匈奴、塞外杂胡诸说。如《魏书·蠕蠕传》提及蠕蠕为“东胡之苗裔”“匈奴之裔”“先世源由，出于大魏”；《宋书·索虏传》《梁书·芮芮传》均认为柔然是“匈奴别种”。而《南齐书·芮芮虏传》则以为是“塞外杂胡”等。所以，蒙古人极有可能是匈奴和鲜卑等游牧民族的混血。隋唐时期，他们大多分布在契丹之北、鞑靼之西、突厥之东（洮儿河以北，东起嫩江，西至呼伦贝尔）的广大地域。曾受突厥的统治，突厥人称呼他们为达怛（鞑靼）[①]。

除此之外还有另一种说法，蒙古人的祖先其实就是古代的匈奴。据考古学家考证，匈奴是夏桀的后代。当年商汤打败了夏桀，俘获并囚禁了国君姒桀，但桀的几个儿子却逃走了，经世代繁衍最终形成了匈奴。如果按照这个理论延伸，匈奴就是蒙古人和突厥人的共同祖先，匈奴国是蒙古历史上的第一个朝代，这应该算是一个基本的历史常识。

不过，有关蒙古是否出自室韦的说法，在史学界还存在一定的争议，有专家对宋代学者洪皓所提出的蒙古出自东胡室韦这一说法表示异议，原因是室韦之地和女真仅仅只是一江之隔，而蒙古却在远隔千里之外的漠北，这一点在《蒙古秘史》中已经标出了蒙古人的具体生活区域：自 10 世纪始，大约是五代的后周和北宋初年的时候，蒙古人就已经生活在三河之源的布尔罕山，与室韦人相距数千里之遥。但是这个说法也不能完全确定，毕竟其中还有时间的差别，再说，无论室韦也好，蒙古也罢，他们的基本属性

---

① 《旧唐书》卷一百九十九下、列传第一百四十九：室韦者，契丹之别类也。居越河北，其国在京师东北七千里。东至黑水靺鞨，西至突厥，南接契丹，北至于海。

都是游牧民族，从这个地方到那个地方，走个几千上万里路不是个什么奇怪的事，就像当年的吐谷浑，从东北出发，整整走了一个大对角，游荡了数万里最后走到了西部。所以，蒙古人大范围的迁徙，只是属于游牧民族的生活方式而已。

正是游牧民族的这种游弋不定的生活方式，导致了世界人种的大变异。比如欧洲人。

千万不要以为欧洲人先天就长成今天这个模样，其实古代的突厥人最早也是属于蒙古人种，高加索的相貌只是后来才混入其中的。所谓游牧民族，就是到处游荡地放牧，今年在蒙古草原放牧，过几年草场闹雪灾、鼠灾、蝗灾或其他灾难时，就可能转场去中亚草原了，再过十年中亚草原再闹灾时，可能就转场去东欧草原了。游牧民族的最大特点就是一路抢劫一路掠夺人口，可能一个突厥男人在中亚掠夺了一个波斯女人，并与其生一个混血的儿子，十几年后他混血的儿子在东欧又掠夺了一个俄罗斯女人生个孙子是高加索人了，结果一家人中蒙古人、欧亚混血、欧洲人就都齐了，今天的欧洲人或许就是以这样的方式演变过来的。

因为没有靠谱的证据链自洽，我们只能将“蒙古出自东胡室韦”作为蒙古的唯一出处。唐朝贞观三年（公元629年），唐将李靖奉李世民之命，率军征东突厥，突定襄破阴山，俘获突厥可汗劼利，至此，突厥归顺大唐。在这种情况下，人少力薄的室韦人和其他几个游牧部落面对强大的大唐，风头一转便称臣于强大的唐朝了。

室韦人或蒙古人喝茶的习惯应该是跟粟末靺鞨人学来的。据《资治通鉴》记载，唐朝初期，粟末靺鞨大酋长乞乞仲象和乞四比羽拜名将刘仁轨为师，并跟随其南征北战，出生入死，最终得到真传。而恰恰就是从这个时期开始，唐朝的贵族们对煎茶饮用产生了浓厚的兴趣。包括乞乞仲象、乞四比羽和另外一名当时与薛仁贵齐名的将领李谨行等一批驻留在长安的靺鞨贵族们，或许是为了向中原人示好，也跟着汉人开始煎茶饮茶，逐渐地让他们对这片叫作茶的树叶产生了浓厚的兴趣，并在返回驻地营州（今辽宁朝阳）时，把中原饮茶之风带回。

武则天时期的万岁通天元年（公元696年），因受不了营州官员赵文翙的横征暴敛，粟末靺鞨头领乞乞仲象与契丹可汗李尽忠、孙万荣一道起兵反唐，乞乞仲象的儿子大祚荣在松花江流域建立了渤海国，以茶叶为手段，牢牢地控制了包括室韦、黑水靺鞨以及部分奚族在内的其他部落。

由乞乞仲象和他的儿子大祚荣建立起来的渤海国，依靠茶叶为掌控手段，控制住了周边部族，唐大和九年（公元835年），唐文宗李昂对茶叶大量外流至异族甚为不满，为严格控制茶叶的走私现象，下诏曰："私鬻三犯皆三百斤，乃论死；长行群旅，茶虽少皆死；雇载三犯至五百斤，居舍侩保四犯至千斤者，皆死；园户私鬻百斤以上，杖背，三犯，加重徭。"至此，才算对渤海国的茶叶有了一个明确的控制。

因为百多年来赖以生存的财路突然之间被唐朝给掐死，这使得渤海国陷入了政治和经济方面的被动，开始走向了没落，最终在其立国218年后，于公元926年，渤海国上京龙泉府被契丹耶律阿保机所攻破，末代国王大諲譔投降，从而宣布渤海国灭亡，茶叶江山的控制权落入了契丹之手。

而室韦人则就没有那么幸运了，至李隆基时代，当年被李世民所灭的突厥死灰复燃，再度起兵作乱（史称西突厥），对毫无准备的室韦人施行了灭绝性杀戮，将曾经效力于李唐、后来附庸安禄山的室韦几乎斩尽杀绝。据说，室韦人仅仅剩下几十个人从突厥人的屠刀下侥幸逃出，向北一直跑到了外兴安岭一带，才终于逃脱了这场灭族之灾。

也正是跑出去的这几十人，最终把室韦——达怛人发扬光大，最终诞生了一个后来影响世界、破坏力极强的支系——蒙兀室韦。

二、中原朝廷的茶叶打通了与草原的贸易

大约在9—11世纪，蒙兀室韦从望建河下游之东逐渐向西迁徙，到了斡难河、克鲁伦河和土剌河三河的上源一带，分成尼鲁温蒙古和迭儿列斤蒙古两大支，合称为合木黑蒙古，其中包括许多大大小小的氏族和部落。除合木黑蒙古之外，当时在蒙古高原活动的，还有蔑儿乞、塔塔儿、克烈、乃蛮、斡亦剌等部。这个时候的蒙古毕竟遭遇了西突厥杀戮后才过了不到两百年的时间，尚属于一个弱势群体，再加上这些氏族部落之间内部的厮杀，对外抵御能力很差，所以不得不先后受到北方强大的契丹，以及后来崛起的黑水靺鞨——女真的统治。

铁木真这一支的孛儿只斤氏，起源大约可以追溯到唐末时代。当唐中兴时期西突厥作乱，几乎斩尽杀绝室韦人的时候，从屠刀下侥幸地逃出来的几十个人把室韦的种子带了出来，并在天高地远的外兴安岭得到繁衍生息，繁育出了十几个弱小部落，其中的一支成为后来让全世界都闻风丧胆的乞颜·孛儿只斤氏。

至唐朝末年，曾经兴盛一时的大唐帝国因内忧外患而走向了没落，蒙兀室韦人此时已经走出了额尔古纳·昆。正当他们从辽阔的原野一直向南、向西扩展自己活动范围的时候，中国的政治形势也发生着重大变化。

公元907年，朱温废黜了唐朝的最后一个皇帝李柷，中国历史上曾经最为昌盛的李唐帝国从此宣告走进历史，而接下来的就是天昏地暗民不聊生的五代十国时期。

这期间，散布在蒙古高原的各部族一直接受正在强大的契丹人的统治。而契丹控制室韦人的最有效方式，也和其他部族一样，将中原的茶叶和盐作为手段，对室韦进行严格的管控。在这期间，室韦人与内地的联系日益紧密，从北宋初期，他们就长途跋涉向宋高祖赵匡胤进贡了优质的蒙古马，并直接获得了中原朝廷的茶叶，从此打通了中原王朝与草原之间的贸易通道。

然而，此举并没有维持多久，赵匡胤所在的北宋初期，虽然与北方强大的契丹之间的关系有所缓和，甚至一度恢复了边界贸易，但是随着赵匡胤和辽景宗耶律璟的先后死去，中原和契丹的关系再度变得剑拔弩张。北宋继任皇帝赵光义和契丹接班的耶律贤为了各自利益，你来我往地进行了无数次战役。两地之间战事的不断升级，不仅造成了宋朝和契丹之间的两败俱伤，更为严重的是，两地之间的战争也直接影响了包括室韦在内的其他部族的生活。

比如，边界贸易的中断。

“澶渊之盟”后，中原和契丹终于结束了长达一百多年的战争对峙，并且全面开放了边界榷场，曾经腥风血雨的边界出现了一片繁荣祥和的景象。这种和谐不仅仅是有利于契丹，对女真和蒙兀室韦来说，也无疑是一个天大的利好，尤其是蒙兀室韦，从这个时候开始，他们不需要再受到契丹人对中原物资的严密控制，也不用再提心吊胆地冒着被辽国发现的风险，偷偷摸摸地与中原贸易往来，可以堂而皇之地进入榷场，用他们的马和奶制品，直接与中原商贩们做交易，换回他们所需要的粮食、瓷器、盐、丝织品和茶叶等物资。

《茶的世界史》中介绍：蒙古人喝茶的习惯要漫长很多。也正是因为有了喝茶的习惯，中原茶叶大量地进入了蒙兀室韦，因为热茶的出现，改变了这个游牧民族的生活方式，减少了疾病的发生。就是在这样的背景下，蒙兀室韦进入了一个空前的繁育高峰。

三、茶叶贸易带来的繁荣

中国历史上的茶马交易由来已久，因为中原地区不产马，而战马又是冷兵器时代最重要的国防装备，所以，历朝历代都把马当作最重要的国防物资，比如最为名贵的马种就是汗血宝马，产自距离中原一万多里外的费尔干纳河谷，一个叫作大宛国（今乌兹别克斯坦境内）的地方。最早的茶马交易记录应该是在西汉时期，著名的伏波将军马援，为了能得到汗血宝马，曾派人带着中原的茶前往大宛国，但是，使臣却被大宛国王杀死。汉武帝暴怒，派出李广利前往征讨，最终获得完胜。

这是一场本不该发生的战争，虽然汉朝打败了大宛国，并如愿以偿地得到了包括汗血宝马在内的优良名驹三千余匹，但是已经成为贸易史上的一个失败案例，即由贸易而起，却以战争的方式结束。不过，战争虽然是一种野蛮行为，可也是解决问题的最简单的方式。自大宛国战争以后，中原与游牧部落之间就开始了茶马交易，一直到西晋末年的“五胡乱华”，交易才告一段落。至后来的吐谷浑人与吐蕃做茶马交易，极有可能是受到了这些历史的影响。

《新唐书》和大约成书于唐代宗李豫广德年间的《封氏闻见记》中，都记录了中原与游牧部落的市茶：“往年回鹘入朝，大驱名马市茶而归。”

五代十国后期，后周高祖郭威从战略角度出发，正式把茶叶纳入了国家专控物资。至北宋初年，赵匡胤在后周关于茶叶专控的基础上，又亲自制定了茶马交易的价格标准，无论吐蕃还是契丹，全部一视同仁，天下没有第二个价，一匹马换一百斤茶。此举不但保证了北宋初期的战马数量，而且有效地控制了茶叶的出口数量，使刚刚摆脱了战祸的北宋初期，只用了短短几年时间就逐渐恢复了国力。而到了南宋时期，茶叶更是发挥了巨大的作用，仅仅用了几年的时间，茶叶贸易所带来的巨大的收益，就使南宋王朝摆脱了因女真兵乱所导致的重创局面，从而出现了“国库充盈，百姓安居”的繁荣景象。

随着边界交易的放开和不断扩大，特别是到了金代，大量铁器流入，促进了蒙古各部族社会、经济、文化的发展，也加强了他们对中原地区的向心力和凝聚力。在辽、金时期，蒙古高原各部族大多从事畜牧业和狩猎业，并已逐渐脱离原始氏族社会，开始进入阶级社会。

早期的游牧民族，部落贵族为了掠夺财富和奴隶，建立了自己的武装，称为“护卫军”,而护卫军与贵族则结成“那可儿”关系。“那可儿”多译为“伴当”，他们平时是主人的侍卫，战时则冲锋陷阵，极受主人信任。由于战争的需要，若干部落的贵族还往往结成联盟，推举联盟首领为“汗”。各部落的贵族首领都把通过战争掠夺财物、奴隶作为自己的天职和荣誉。因此，当时的形势是群雄争锋，逐鹿高原，进行着残酷的掠夺和屠杀。在长期的征战和兼并中，蒙古部落逐渐强大起来，并占据了鄂嫩河上中游和肯特山地区。

但凡到过草原的人，一定会喜欢空旷的原野上散落的蒙古包和蒙古包上空袅袅升腾的炊烟，悠扬的马头琴，会让人体会到一种别开生面的异族风情。因为这时很容易让人联想到“风吹草低见牛羊”的画面，闻到自然的没有污染的空气中飘荡的野草的味道。偶尔，会有蒙古长调从牧民的喉咙里跌宕而出，像极了从远古的时空刮来的微风，遥远而悠扬。那里的人们接近原始的生活有着朴实无华的纯真，勒勒车赶着牛羊在青山碧水的大草原上游荡，就像天边一片片流动的白云，自由且随意。在茫茫无际的大草原上，策马驰骋，会让每一个人心生成吉思汉的豪迈，体会到弯弓射大雕的粗犷，感受到恍然飘过的蒙古帝国，让疲惫的身心在这里彻底得到放松!

四、茶叶商船冲进中亚、西亚

公元 1206 年，孛儿只斤・铁木真统一了蒙古，在斡难河畔登上大汗之位，尊号为成吉思汗。

蒙古帝国崛起后，在成吉思汗的率领下，以极其恐怖的强悍攻击力征服了西亚和欧洲大部，所到之处无不令人失魂落魄，大汗所走过的地方，上无飞鸟下无走兽，天地之间一片肃杀，除了风再也听不到任何声音。即便是风，也是带血的腥风，蒙古人以极为残暴的杀戮手段征服了欧亚大陆，同时也把灿烂的文明之地践踏为荒漠，将喧嚣的繁荣之城屠戮成地狱。由蒙古人创造性发明的快速闪击战，使欧亚大陆各个帝国无不闻风丧胆，马蹄声过，血流成河，尸横遍野，人畜绝迹，寸草不生。一眼望去，视界之内了无声息，地平线的尽头只有残垣断壁和干涸的血迹。

让成吉思汗杀向中亚的，是一个叫花剌子模的地方。

花剌子模人喜欢喝茶，这可能与其早些年归附于被女真打跑到中亚，由耶律大石建立的西辽有直接关系。但这种说法仅仅是一个假设，因为中国的茶叶进入中亚的时间要远比这个时间更早。英国史学家加文·孟习斯所著《1434》中记载，阿拉伯商人在公元 1140 年左右就已经来到了中国的泉州开始做生意。然而这个记载也不是最早的，更早的是在唐朝，通过大唐与黑衣大食之间的怛罗斯战役，茶叶就已经进入了中亚和西亚地区，并且于公元 766 年，唐朝的商船装载着茶叶、丝绸和陶瓷制品到达了尸罗夫港，引起了当地人的惊叹。

但是，茶叶很有可能在更早的时期就已经进入了欧洲大陆，现在已经无法探寻产自中国的茶叶究竟是通过陆路上的“丝绸之路”还是海上运输的方式进入了花剌子模的，但是这里的人对茶叶确实情有独钟，甚至曾一度控制了中原通往西域的西部商道（今称丝绸之路）上包括茶叶在内的全部物资。因为掌控了茶叶资源，这个国家快速暴富，在西部商道上的枢纽城市撒马尔罕建立了大型的中转基地，专门向周边的印度、波斯等国贩卖茶叶、瓷器以及丝绸等来自东方的商品。

花剌子模最为昌盛的时期是阿拉丁·摩诃末执政期间，也恰恰就是占据了西部商道这棵摇钱树的那段时间。其时，正值摩诃末打败了西辽后不久，就有意继续往东开疆拓土，所以就派出了以哈拉丁为首的一队人马作为使团，前往东方古国摸一下对方的底。

当哈拉丁一行进入中原时，撞入他们视线的，正是蒙古与女真之间的战争。花剌子模人亲眼看到了蒙古人的凶悍，也就不敢再提往东开拓的事，只提了两国要把生意继续做下去，至于其他事情也就没有开口。可问题是这帮人不是买卖人，生意上那一套规矩根本就不懂，更不知道商品的行情，只好胡说八道漫天要价。

成吉思汗并不知道他们的真正用意，对他们十分宽厚并以礼相待，当听到他们报出的商品价格时，只觉得这伙人的生意方式太过奸诈，并没有往更坏处想，便让人打开了自己的仓库，让这些远道而来的“商人们”看个明白。

进了仓库，这些来自中亚的“商人们”全部都傻眼了。一个个被惊得目瞪口呆，见过有钱的，可从来没见过这么有钱的，敢情什么金银珠宝，人家这里都不缺！毕竟仓库里所堆积的是蒙古人刚刚从女真手里抢掠来的半个国库的财富，能不富有吗？

打发走了这些中亚的“商人”,成吉思汗就开始琢磨礼尚还需往来的事。可是，还处在原始部落时期的蒙古人，哪里懂得什么叫做贸易？成吉思汗经过一番考虑后，决定派出一个由畏兀儿、葛逻禄人所组成的五百人的商人团队，在一个印度商人的引导下，带着中原所产的茶叶、丝绸、瓷器等商品，沿着古西部商道一路跋山涉水，浩浩荡荡地前往花剌子模。

但是，当他们的驼队风尘仆仆地刚刚进入花剌子模边界的时候就出事了，而且是出了一件直接让花剌子模亡国的大事！

花剌子模边界城市讹答剌（今称奥特拉尔，位于哈萨克斯坦阿雷思河和锡尔河交汇处）的守将亦纳勒术算得上是一个忠于职守的军人，作为苏丹摩诃末的侄子，他在他的祖国的边防线上，恪尽职守地一站就是很多年，已经不知道有多少从东方来的驼队从他面前走过，最多也就是勒索几个第纳尔[①]的好处。相较于其他那些同样站岗的军人，他在这里算得上是一个肥差了。

当蒙古人的驼队到达讹答剌后，亦纳勒术照例进行检查。当他突然发现驼队中除了正常的货物，还携带了大量的金银，显然与过去的生意方式截然不同，除了对蒙古商人产生怀疑，他更是起了贪心，要把这些财宝据为己有。于是当即下令，把所有人全部扣押，同时把情况火速报告给摩诃末。

摩诃末收到亦纳勒术的报告也起了疑心，万一这五百人是蒙古士兵，岂不是前来做内应的？在那一刻他可能自己也产生了幻觉，当即下令，把财宝留下，人全部杀掉。

可怜这些蒙古商人就这么稀里糊涂地客死异乡。然而，其中一个叫多达的商人，居然趁乱自己逃了出去，一直逃回到漠北，向成吉思汗哭诉这一遭遇。

成吉思汗当即勃然大怒，自己的诚意竟然遭到如此羞辱。但这时他的精力还放在与女真的战争上，顾不上那么遥远的敌人，临时先派了他的一个手下马合木前往花剌子模去交涉这起事件。

但是，当马合木一行来到了花剌子模后，摩诃末却表现得非常蛮横。马合木据理力争，提出两个条件：(1) 要求花剌子模对每一位无辜死难者进行赔偿；(2) 交出亦纳勒术，由蒙古人进行处理。

按说马合木的要求并不过分，毕竟是花剌子模动手杀了这么多人。但是谁也不知道当时摩诃末到底是怎么想的，自以为势力强大，或是被蒙古人戳到了他的软肋？如果他早知道，自己的这一鲁莽决定会给整个花剌子模带来灭顶之灾的话，他无论如何也不敢把马合木给杀了。

自恃在自家地盘上的摩诃末，对马合木所提出的问题无言以对。恼羞

---

① 一种历史悠久的货币名称，阿拉伯帝国时期指金币。现今“第纳尔”依然是一些中东和北非国家的货币单位。

成怒的摩诃末不顾自己的体面，抽出刀当场把马合木杀死。跟随马合木一起来的四个随从，被拖出去一顿暴打，然后烧掉了胡子，让他们回去报信。

成吉思汗再也坐不住了，长叹一声：“勇敢的马合木！”随后独自走进背后的山林。三天后，他走了出来，眼睛里充满了腾腾杀气，沙哑着嗓子说了一句：“讨伐花剌子模！”

从这个时刻开始，花剌子模亡国就进入了倒计时。

花剌子模虽然号称中亚第一强国，但是和蒙古人一交手，就明白了两支军队不在一个水平上，自己的实力远在他们之下，不仅实力相差悬殊，就连智商也不如人家。四十万人被区区一万人打得晕头转向不说，竟然还能让他们在自己的眼皮底下溜走，这样的军队谁敢与之抗衡？

这个时候，成吉思汗所率领的蒙古主力也已经来到了花剌子模的边界，与哲别的先头部队会师。在蒙古大兵压境的情况下，摩诃末预料到了自己目前的处境非常危险，甚至已经清晰地感觉到死神与他之间的距离，在这种情况下，他所想到的第一个问题就是跑，惹不起我躲得起总还是可以的吧？

这是他所犯下的又一个致命错误。

蒙古与花剌子模的第一场战役，选择在讹答剌——也就是亦纳勒术杀死蒙古商人的地方。成吉思汗将手中的军队一分为三，将二子察合台和三子窝阔台留下，对讹答剌进行猛攻，长子术赤带领人马从右路进攻锡尔河下游的毡地一带，而大将阿剌黑从左翼夺取上游的巴纳克忒，成吉思汗与四子拖雷率主力坐镇中军，直扑不花剌（今乌兹别克斯坦布哈拉），切断摩诃末通往花剌子模腹地的必经之地。由此战术可以明确地看出成吉思汗的用意，就是要彻底灭了这个中亚第一强国。

想要攻破讹答剌并非一件容易的事，别看亦纳勒术这个人很贪婪，可抵抗蒙古大军的围攻时也表现得异常英勇。在他的指挥下，讹答剌守军与蒙古人展开了长时间的对攻，使凶悍的蒙古人也占不到任何便宜。

讹答剌成了一块难啃的骨头，蒙古军没有任何进展，尽管他们不分昼夜地使用抛石机往城里猛轰，几十上百斤的石头带着骇人的呼啸打进城内，甚至能听到房倒树断的声音，可横亘在眼前的那堵城墙依然顽固地矗立在那里。当蒙古人费尽九牛二虎之力，好不容易把城墙打开一个豁口的时候，花剌子模人又会在极短的时间内，用他们打进来的石头把豁口重新补上。

相较于讹答剌的难缠，术赤的右路军进展却很顺利。一路疯狂奔袭，一路残酷屠城，蒙古人所到之处必然是尸横遍野，血流成河。阿剌黑的左路军也不含糊，虽然只有五千人，可冲入敌营如入无人之境，杀得花剌子模军人仰马翻，哀鸿遍野。两路人马高歌猛进，只用了四天时间就攻下了重镇巴纳克忒，并残忍地屠杀了全部降兵，然后继续前进，再战忽毡（今塔吉克列宁纳巴德）。

讹答剌在坚守了五个月后，终于被蒙古人攻破。

成吉思汗和四子拖雷的中路军强突锡尔河，不战而夺下了非常富庶的塞尔奴克城（今乌兹别克斯坦撒马尔罕北）后，继续向军事要塞不花剌进军。

在蒙古人的眼里，号称铜墙铁壁的不花剌城就像纸扎泥捏的一样，几乎没费什么周章，即被攻破。破城之后的蒙古军如入无人之境，在城里肆意撒野，随意杀人，全城的所有财富尽遭洗掠，蒙古军人似乎感到还不够过瘾，又在城里放了大火，顷刻间建筑房屋变成了一片片瓦砾。

曾经被誉为丝绸之路上最具活力的不花剌，仅在一夜之间就变成了一座鬼城。

公元 1221 年 2 月，蒙古人灭掉了花剌子模，但成吉思汗率领他那令所有人闻风丧胆的蒙古大军并没有停下脚步，而是继续西征……

公元 1227 年 8 月 25 日，成吉思汗的人生终于谢幕。在他离开人世 27 年后的公元 1254 年 9 月 15 日，一个叫马可·波罗的婴儿在今克罗地亚的亚得里亚海科尔丘拉岛东岸的古城中诞生。很多年后据他自己说，17 岁时跟着父亲尼科洛和叔叔马泰奥来到中国经商，并在中国住了 17 年。

[元]　钱选　品茶图（局部）

第二十六章

言不及茶的马可·波罗对后世的影响

《马可·波罗行纪》甫一问世就迅速流传开来，那块富庶神秘的东方土地，给贫瘠的欧洲带来了无限遐想，以至于这本游记在后来的一百多年里，竟然有 140 多种不同文字、不同版本的手抄书广为流传，成为发行量仅次于《圣经》的书籍，为后世的通商贸易，包括茶叶在内的中国商品正式走向全球起到了至关重要的作用！

一、文化传播促进茶叶、瓷器等商品的海外贸易

马可·波罗究竟有没有来过中国，很多年来一直是学界争议的话题。早在1966年，德国慕尼黑大学教授福赫伯就在一篇报告中指出，“马可·波罗是否到过中国，还是个没有解决的问题”。1979年，美国学者约翰·黑格尔通过检读《马可·波罗行纪》全文，发现其中多处存在矛盾和疑点，他所发表的质疑文章题目是《马可·波罗到过中国吗——从内证看到的问题》。而伦敦大不列颠图书馆中国部主任弗朗西斯·伍德则更加直接地用了17万字的容量，客观理性地质疑马可·波罗是否真的来过中国，并直截了当地提出了自己的疑问：为什么他在书中没有提到茶叶、女人缠足和长城这些在中国人的生活中占有重要地位的事物？

不过，无论马可·波罗本人是否到过中国，或者在他的游记中有没有提到过中国的茶叶等人们熟知的内容，我们都不可否认，《马可·波罗行纪》甫一问世就迅速流传开来，那块富庶神秘的东方土地，给贫瘠的欧洲带来了无限遐想，以至于这本游记在后来的一百多年里，竟然有140多种不同文字、不同版本的手抄书广为流传，成为发行量仅次于《圣经》的书籍，为后世的通商贸易，包括茶叶在内的中国商品正式走向全球起到了至关重要的作用！

根据《马可·波罗行纪》所述，在马可·波罗很小的时候，他的父亲尼科洛和叔叔马泰奥就携带着货物，从威尼斯的石浦码头出发，沿地中海通过博斯普鲁斯海峡到达拜占庭的君士坦丁堡（今土耳其伊斯坦布尔），然后到达亚洲经商，却没想到意外地卷入了蒙古人内部一场自相残杀的战争——金帐汗国的别二哥和伊利汗国的旭烈兀，为了争夺地盘爆发了激烈厮杀，迫使这两个意大利人不得不放弃水路，只能艰难地穿越神秘莫测、荒无人烟的中亚沙漠，阴差阳错地来到了元大都（今北京），并朝见了蒙古帝国的忽必烈大汗，数年之后，他们带着忽必烈给罗马教皇的信件重新返

回意大利。

当尼科洛和马泰奥从东方回到威尼斯的时候，马可·波罗已经15岁，对他们所谈及的经历颇感新奇，让他无法相信天下竟然还有如此神奇的地方，就经常缠着他们讲东方旅行的故事。东方陌生世界的传奇经历和繁荣引起了马可·波罗的浓厚兴趣，从而让他下定决心，一定要跟父亲和叔叔前往中国。

严格地说，两年后随父辈向东方远航的马可·波罗尚没有掌握经商的基本逻辑，只是懵懂地感觉那是一个有意思的行业。但是，作为商人出身的尼科洛和马泰奥却很清楚他们的目的，就像《马可·波罗行纪》中所提到的那些丰富的、令人垂涎的物产：

"亚美尼亚的银矿和优质麻布，土耳其和梯弗里斯（今格鲁吉亚首都第比利斯）的深红色丝织品，谷儿只（今格鲁吉亚）的油（一种很好的燃料，但不可食用），巴格达的珍珠，桃里寺（今伊朗西北部的大不里士）的金线织物，波斯的丝织品、阿月浑子干果、枣子和绿松石，波斯湾廉价的山鹑，中亚的红宝石、青金石和芝麻油，可失哈耳（今新疆喀什）的亚麻和大麻纤维，畏兀儿斯坦（今新疆）的钢铁和石棉织物，世界上最好的唐古特（今青海中西部藏族区域）麝香，四川的井盐，孟加拉的姜、桂皮、甘松香、良姜和糖，爪哇国的胡椒、肉豆蔻和丁香，印度的椰子，桑给巴尔的胡椒、靛蓝染料、檀香木和龙涎香，以及亚丁附近的马匹和用树脂制成的焚香。"

公元1271年，尼科洛一行三人携带罗马教皇给中国大汗的信件、珍贵礼品和奉教皇之命一同前往的两名传教士以及尼科洛、马泰奥采购的货物，再次乘船从威尼斯出发。路线还是那条路线，依旧沿地中海出发，第一站仍然是君士坦丁堡尼科洛和马泰奥的兄弟老马可·波罗的住处，在那里卸掉从威尼斯带过来的货物，稍作休整的同时再给商船购入当地的土特产等商品；再次出发，横渡黑海到达两河流域的巴格达，在此休整配货后，通过底格里斯河进入波斯湾；之后沿波斯湾经霍尔木兹海峡，并在繁盛的霍尔木兹港卖掉所有货物，在此等候搭乘前往中国的商船。

二、尼科洛、马奥泰和马可·波罗游历中国

当时的中国就像《马可·波罗行纪》中所描述的那样，由于当时蒙古大多数人仍停留在游牧民族的思维定式中，还没有完全转换到农商业的思维模式，所以对各类商品的需求量很大，同时受儒家轻商思想影响较小，故元朝比较提倡的是互换商业，因而使得商品交易十分繁荣，使其成为当时世界上相当富庶的国家。而元朝的首都大都，也成为当时闻名世界的商业中心。

尼科洛和马奥泰的这种经商模式，是当时欧洲的一种传统经商方式，和古代中国的经营方式有所不同。中国商人基本上是把某一种货物点对点地直接与对方发生贸易关系，而欧洲人尤其是威尼斯人则不同，他们通常把甲地的货物运到乙地市场销售，再从乙地装运商品到丙地。这样的商业运转既能加快资金的周转，又能够发现更新的商品。这样的经营方式在当时的社会形态下属于主流商业手段，而且在很长的一段时间里欧洲都沿用了这种方式，不用说对尼科洛和马泰奥这样有经验且规模较小的商人，即便到了16世纪以后的东印度公司那种规模的企业，也是采用这样的方法进行经营，而这个方法一方面能够保证原始投资的正常盈利，另一方面则更能降低或规避在商业运营中的风险。

不过，除了上述的经营方式外，尼科洛一行的头上还有另一个更加绚丽耀眼的光环——他们是中国皇帝和罗马教皇之间传递信件的信使。罗马教皇之所以要及时回复忽必烈的信件，并以精美礼品相赠，同时为了表

示自己的诚意，还专门委派了两名传教士一同前往，皆因为蒙古军队曾在1236年到1242年横扫欧洲，强势突破多瑙河，重创强大的日耳曼十字军条顿骑士团，攻打到了维也纳城下，哈布斯堡王朝的各位君主感受到了自5世纪匈奴阿提拉以来的最大危机。巨大的恐惧已经直接威胁到了他们的生命和财产，如果不是因为蒙古大汗窝阔台的突然去世，恐怕欧洲早已被蒙古铁骑夷为平地。从死亡的恐惧中刚刚松了一口气的欧洲君主们，回过神来后所考虑的最重要的问题就是，如何能通过某一种方式与蒙古人建立直接联系，以缓和这种随时都可能再来的巨大威胁。在尼科洛一行动身之前，蒙古人已经建立了三个汗国，以斡罗思（今俄罗斯）及欧洲的大片地区为疆域的金帐汗国，其领地范围从波斯东部一直延伸到地中海沿岸的黎凡特汗国（伊儿汗国）和从里海以东直到中亚沙漠地区的中亚察合台汗国（1453年之前尚在亚洲的土耳其斯坦）。这三个蒙古汗国就像三头凶猛的野兽，虎视眈眈地伏在欧洲周围，随时都有可能突然跃起，张开恐怖的大嘴，把可怜的欧洲吞噬殆尽。尤其是建立在欧洲地盘上的金帐汗国，自始至终都不怀好意地觊觎欧洲，让所有的欧洲人都明晰地感觉到威胁的喘息声，更让那些大小君主们夜不能寐。在这种情况下，罗马教皇最需要的就是从政治层面考虑，无论如何也要想办法与蒙古人拉近关系。

曾经不可一世的十字军以摧枯拉朽之势征服小亚细亚，但在更加凶悍的蒙古大军面前却孱弱得像一只待宰羔羊，毫无拼命抵抗之胆，只有闻风而逃之力。

事实上，13世纪到14世纪出现在中国的意大利人并非只有尼科洛等三人，包括天主教方济各会传教士约翰·孟高维诺，公元1294年就来到了元大都（今北京），并在这里建立了三座教堂；意大利商人兼作家弗朗西斯科·巴尔杜齐·佩戈洛蒂公元1335年至1343年间就在中国；公元1325年到1328年在中国传教的天主教方济各会的和德里（原名奥德里克·波尔代诺内），约于公元1316年去东方旅行，先后途经亚洲西部（小亚细亚）的印度、锡兰（今斯里兰卡）、苏门答腊，于公元1325年来到中国，并在元大都生活过三年时间。除此之外，在官修正史的《元史》中，第一个被记载的意大利人是约翰·马黎诺里，他是公元1330—1340年由罗马教皇正式派驻中国的官方使者。

之所以如此多的欧洲人能够在密集的时间范围中来到中国，其主要原因肯定不仅仅是为了宗教，更多则是出于政治的考量以及带有收集蒙古人的军力和社会组织状况，同时试图在蒙古人中间能够找寻到改信基督教的人，并希冀将他们发展为盟友等特殊使命而走进蒙古首府哈剌布林或者进入中国。

也许忽必烈看清楚了欧洲前来朝见的真正目的，与其与他们的官方使者接触，倒不如与没有任何政治动机的商人接洽，于是就选择了尼科洛和马奥泰作为他的信使，通过他们向罗马教皇传递自己的信息，而不怎么上道的这些欧洲使者们，由于各自揣着不同的目的，也就这样遭到了蒙古人抛弃。

尼科洛三人在霍尔木兹港等了两个多月，却始终没有前往中国的商船，只好放弃了海上航行的计划，决定改走陆路前往中国。他们穿过伊朗的沙漠进入阿富汗，再越过帕米尔高原到达可失合尔（今新疆喀什），之后路过忽炭（和田）、甘州（今甘肃张掖）、亦集乃（黑城，今内蒙古区域内，历史上是西夏的重要城市）、哈剌善（今宁夏银川）、上都（今内蒙古境内），一路上跋山涉水，克服了疾病、饥渴的困扰，躲开了强盗、猛兽的侵袭，历时四年多的艰难跋涉，最终于公元1275年夏到达元大都。

尼科洛、马奥泰和马可·波罗在中国总共生活了17年，游历了多个中国城市，对中国的繁盛昌明大为赞叹，比如，发达的工商业、繁华热闹的市集、华美廉价的丝绸锦缎、宏伟壮观的都城、完善方便的驿道交通、紧张忙碌的港口，这一切都为日后《马可·波罗行纪》的问世奠定了基础。

三、与东方的贸易支撑地中海诸国

公元 1286 年，正当尼科洛还在中国游览的时候，远在西亚地区的伊儿汗国阿鲁浑汗的妃子卜鲁罕去世。元朝编纂的《经世大典》载，汗妃去世后，阿鲁浑派使臣兀鲁、阿卜失哈、火者三人前往大都见元世祖忽必烈，请元世祖选赐与前妃卜鲁罕同族的伯岳吾氏部之女为妃。

在几个汗国中，忽必烈和伊儿汗国之间有着完全不同的感情。伊儿汗国的开创人是拖雷的第五个儿子旭烈兀，不仅是元宪宗蒙哥和忽必烈同父同母的亲兄弟，更是蒙军一员战无不胜的悍将，18 岁时便随拔都远征欧洲，横贯东欧大草原。公元 1253 年元宪宗蒙哥时期发起的第三次西征，旭烈兀作为先锋率主力军出发渡过阿姆河西征波斯，分三路大军进攻，攻陷了巴格达的阿拉伯阿拔斯王朝哈里发后，兵锋直抵埃及的西奈半岛。由于蒙哥驾崩，西征也随之结束，旭烈兀不愿参与蒙古贵族之间的钩心斗角，就直接留守在原地，公元 1264 年元世祖忽必烈册封旭烈兀为伊儿汗。然而仅过了不到一年，旭烈兀在乌鲁米耶湖东南边的马拉盖去世，其子阿巴哈继位，公元 1282 年，48 岁的阿巴哈因常年酗酒去世，其子阿鲁浑成为第三任君主。因为有这一层亲密关系，忽必烈对伊儿汗国一向是有求必应，甚至可以说全力以赴。

阿鲁浑丧妃，虽不是什么大事，但是忽必烈非常重视，经过三年多的寻找和准备嫁妆，1290 年忽必烈将伯岳吾氏部贵族之女阔阔真赐婚给阿鲁浑，同时商定了次年春由伊儿汗国使臣兀鲁、阿卜失哈、火者护送，元朝则委派尼科洛、马奥泰和马可·波罗三人为陪送，双方将亲自将阔阔真公主送达目的地。

已经离开威尼斯长达 17 年之久的尼科洛等人，也趁护送阔阔真公主去西亚这个机会，向忽必烈提出了要返乡的请求。忽必烈当即予以允诺，只要能够平安把公主送达，可以转路回家。

公元1292年春，送亲队伍携带丰厚嫁妆从泉州港乘船出发，第一站到达爪哇稍事休整，然后再度出发进入印度洋，经过两年两个月的长途跋涉，于1292年底到达伊儿汗国港口忽里模子（今伊朗阿巴斯港）。但是，当阔阔真公主历经一路辛苦到达伊儿汗的时候，听到的却是不幸的消息，阿鲁浑汗早在一年前就已经去世了。一年以后，公元1293年8月，阔阔真与阿鲁浑的儿子合赞完婚。

然而，上述内容出处仅限于《马可·波罗行纪》，并无其他文献可参考查阅并洽证，包括《元史》《永乐大典》中，虽然都对阔阔真公主远嫁过程有记载，但是未发现马可·波罗等参与护送的只字片语。而几乎与马可·波罗同一时代的波斯历史学家拉希德·阿尔丁，恰恰就是后来娶了阔阔真的伊儿汗国合赞汗的著作授权人，在他的《世界史》中也描写了这次婚姻的前因后果，但是也没有对马可·波罗参与护送有任何记录。用弗朗西斯·伍德[①]很委婉的话说：

"不是马可·波罗作为在忽必烈大汗麾下供职的人员夸大了自己的重要性，就是拉希德表明他对欧洲人抱有的一种偏见。但是也可以作这样的解释：这段故事是从别处抄来的。"

按《马可·波罗行纪》所述，尼科洛三人尊奉忽必烈圣谕，把阔阔真公主安全送达忽里模子后，经过了三年的艰苦旅程，终于在公元1295年底返回了阔别24年之久的威尼斯，与家人团聚。就在他们回到威尼斯后才得到一个消息，远在元大都的忽必烈大汗早在一年前就已经驾崩升天。

然而，这种祥和的日子并没有过太久，随着一场战争的开始，马可·波罗又一次深陷其中，这就是爆发于公元1298年的威尼斯与热那亚两个共

① ［英］弗朗西丝·伍德：《马可·波罗到过中国吗？》，新华出版社，1997年版。

和国的战争。

事实上，这场战争开始于公元1261年，在马可·波罗7岁多的时候就已经爆发。中世纪的地中海原本是属于穆斯林的地盘，各种势力聚居于周围，西地中海有着恐怖施虐的北非海盗，而亚得里亚海由阿尔巴尼亚海盗控制。这些海盗是地中海的恶魔，在他们疯狂的掠夺与袭击下造就了无数的人间惨案，同时也让弱肉强食的地中海在淘汰中成就了四大海洋共和国。

这四大海洋共和国分别为阿马尔菲（今意大利坎帕尼亚大区的一个市镇，位于那不勒斯南）、热那亚、比萨和威尼斯。四大共和国当时是地中海的新主人，其中阿马尔菲和比萨与热那亚这些意大利西侧的沿海国家基本相同，而威尼斯则是东岸的另类。阿马尔菲三国是在与北非萨拉森人作战中成长的，如比萨与热那亚曾远征海盗基地科西嘉（今位于法国，地中海第四大岛）和撒丁（今属意大利，地中海仅次于西西里岛的第二大岛），这些西地中海国家往往个人主义盛行，人们喜好冒险，与威尼斯所不同的是，他们总是主动出兵与海盗作战，而商船则是听天由命。这三个共和国都是以经商为主，由亚历山大和开罗来的东方商品，经拜占庭进入欧洲，可以说与东方的贸易支撑了这些国家的财政。三国中除了比萨有相对大的农田外，其他两国都只有狭小的山前临海土地，这也迫使他们从事海洋生活而别无他选。

在这四个地中海国家中，唯有威尼斯属于另类。因为威尼斯是拜占庭的附庸国，在神圣罗马帝国与拜占庭战争中，威尼斯坚定地站在了神圣罗马帝国的对立面，公开支持拜占庭。而拜占庭帝国也在公元992年的条约中，明确给予了威尼斯独立的权力和一些商业特权，以此让威尼斯海军起到保护帝国西部的作用，从而免受海盗的侵扰。在很长一段时间里，威尼斯恪尽职守，没有让帝国失望，彻底消灭了达尔马提亚（今属克罗地亚）盘踞的阿尔巴尼亚的海盗，不仅保障了地中海通航的安全，也提升了自己的地位。在诺曼入侵中，威尼斯凭借一己之力，一举歼灭了诺曼人（古维京人及后代）的海军，因而获得了拜占庭特别批准的免关税特权。

事实上，威尼斯与热那亚是地中海臭名昭著的两大商人共和国，长期以来为了争取地中海的所有权而明争暗斗，如公元1204年威尼斯与十字军攻下君士坦丁堡的重要原因之一，便是拜占庭帝国皇帝给予热那亚、比萨贸易特权，却把威尼斯剔除在外。恼羞成怒的威尼斯贵族将领建议十字军转去攻打扎拉城（今克罗地亚扎达尔），并利用拜占庭国内的矛盾转而攻打君士坦丁堡，事实上的十字军在这个时候已经沦为了威尼斯的雇佣军。在大肆抢劫和破坏且血腥屠城三天后，威尼斯占去了拜占庭帝国包括爱琴海、亚得里亚海沿岸诸多港口码头和克里特岛在内的八分之三领土以及大量的财物。

而没占到丝毫便宜的热那亚感觉自己吃了大亏，立刻暴露出一副奸商的嘴脸，把心里的怨气全部归咎于拜占庭的同时，打着为拜占庭讨回公道的旗号，直接对航行于地中海上的威尼斯商船实施武力抢劫，威尼斯也多次派出海军进行海上打击。由此这两个国家之间爆发的冲突不断升级，在原本就不怎么和谐的地中海上演了相互抢掠的闹剧，双方来回摩擦不断，久而久之便酿成了战祸。

四、《马可·波罗行纪》引起欧洲人文广泛复兴

公元1298年爆发的这场战争的导火索，是威尼斯的20艘商船再次遭到了热那亚人的劫持，从而导致威尼斯的执政者们勃然大怒，一致同意当即对热那亚开战，并动员全体国民以军事手段迎战热那亚。

回到威尼斯还不到三年的马可·波罗当即响应了国家动员，义无反顾地投身到了这场战争中去。他把自家的商船改装为军舰，以义勇军的身份参加了威尼斯海军。显然，热那亚早已经做好了充分的准备，以优势的兵

力全力迎接威尼斯人的到来。这场战役最后以威尼斯的惨败而告终。至 9 月 7 日，威尼斯以付出九千人战死、五千人被俘的沉重代价，结束了这场势力悬殊的战役。而在这些被俘的威尼斯人当中，就有马可·波罗。

估计连马可·波罗本人也没有想到，正是因为他的这次不幸战败被俘，却意外地成就了他千古留名，并且在未来的几个世纪产生了巨大影响，甚至改变了世界的进程！

成为战俘的马可·波罗被关押到热那亚一座阴森的监狱中，与他关在同一间监舍的，也是一名战俘，此人是位作家，名叫鲁斯提切诺（Rustichello da Pisa，又译鲁斯梯谦），被关押在这里的时间已经很长了。公元 1284 年，爆发于热那亚与比萨的那场战争中，比萨同样被骁勇的热那亚战败，鲁斯提切诺被俘。当马可·波罗被关进这所监舍的时候，鲁斯提切诺已经在这里被关押了 14 年之久。

兴许是监狱的日子太过枯燥，或者是两个因同样原因被俘的狱友需要找到一个共同的话题，马可·波罗就向鲁斯提切诺讲述了自己随同父亲和叔父一起去东方东印度群岛一个叫作“塞列斯”① 的地方所见到的新奇异景，这引起了这位作家的浓厚兴趣。于是，一部由马可·波罗口述、鲁斯提切诺执笔的《马可·波罗行纪》就这样应运而生。在这本书中，作者比较详细地记录了那个神秘富庶的东方国家，有高度的文化、独立的文字、高度发达的制造业和工商业，以及丰富名贵的香料、被欧洲人称为极为奢侈的丝绸。

这是欧洲人撰写的第一部详尽描绘中国历史、文化、经济和艺术的游记，甫一问世即引起了整个欧洲的巨大轰动。16 世纪意大利地理学家、大收藏家赖麦锡读后感慨地说：“（《马可·波罗行纪》）问世后仅仅过了几个月，这部书已在意大利境内随处可见。”到公元 1324 年马可·波罗逝世前，《马可·波

① 塞列斯（*Seres*）意为丝绸之国。因为这本书，欧洲对当时的中国分别有秦、契丹、东印度等称谓。

罗行纪》已被翻译成多种欧洲文字，广为流传。西方研究马可·波罗的学者莫里斯·科利思认为，《马可·波罗行纪》不是一部单纯的游记，而是启蒙式作品，对于闭塞的欧洲人来说，无异于振聋发聩，为欧洲人展示了全新的知识领域和视野。这本书的意义，在于它导致了欧洲人文的广泛复兴。

因为这本书的出现，几乎所有的欧洲人都把目光聚焦到了东方那个神奇之地，怀着不同心思对那片神秘国土心存无限遐想。对于中世纪的欧洲来说，胡椒、桂皮、丁香、生姜和肉豆蔻以及丝绸、瓷器都是来自东方的极其重要的物产，而这些丰富的物产资源又都集中在陌生的东方，让所有欧洲人都感到不可思议，认为“是上帝偏袒了东方而忽视了欧洲”。更让他们无法想象的是，这些价值不菲且名贵的物产，究竟该产生在一个怎样的奇妙环境中！

虽然马可·波罗在这本书中从头到尾都没有提到中国的茶叶，但这并不会影响到世界格局的进程，无论之后欧洲爆发的黑死病、文艺复兴，还是公元1453年君士坦丁堡之战以及15世纪末叶的大航海时代，《马可·波罗行纪》毫无疑问地成为时代的罗盘，最终形成了包括茶叶在内的世界物种大交流，为世界进步起到了不可替代的重要作用。

就在《马可·波罗行纪》问世整整200年后，一个叫克利斯托弗·哥伦布的热那亚水手，以西班牙王室的名义从美洲回到马德里后，于公元1498年春专门派人去伦敦大英图书馆找到了这本书，认真阅读后在书中的眉批中写下了他想要的那些东方物产。而在此前，他把这本书读了不下几十遍，在他已经发现了美洲大陆的前提下，为自己尚未找到书中那个神奇的古国而深感遗憾。

受到强烈影响的还不仅仅是哥伦布一个人，包括同时期的葡萄牙航海家巴尔托洛梅乌·迪亚士、达·伽马、斐迪南·麦哲伦以及英国伊丽莎白一世时期的弗朗西斯·德雷克等人，都是在读过了《马可·波罗行纪》以后，发誓一定要找到书中所描述的那片神秘富庶的东印度！

第二十七章

恐怖的欧洲黑死病与东方树叶

“瘟疫莫名其妙地出现，又莫名其妙地离开，可能与虔诚的神佑有关，也可能在查士丁尼那场大瘟疫之后，人们普遍有了抗御的能力有关，还有一种可能，就是与他们饮用的一种神秘的东方树叶有关。”（《罗马帝国衰亡史》）

一、战争、饥荒、瘟疫等天灾与人祸的欧洲

如果说，公元1453年算是欧洲新老世界分水岭的话，那么，这块贫瘠愚昧和愚蠢野蛮的大陆上，在过去了近千年的中世纪时代中，穷横的欧洲国家（除热那亚和威尼斯少数以经商为主的国家外）如果想要改善生活或者发家致富，基本上都是靠抢劫才能实现。

发生在公元1096—1291年的十字军东征，是最早由罗马天主教教皇乌尔班二世发动，后来由各不同时代的欧洲君主及教宗所率领，持续了近200年，打着宗教旗号对亚洲实施的一系列军事行动。

除了上述大规模战争外，再以葡萄牙为例，15世纪之前的葡萄牙还是一个非常贫穷的国家，主要的经济来源仅仅是依靠捕鱼和自给的农作物种植。

彼时的欧洲，除了野蛮外，愚蠢也令人颇感意外，就说来自东方的丝绸，从罗马时代开始，欧洲对于丝绸这种奢侈品充满了向往，尤其在古罗马时代，丝绸往往代表着一个人的社会地位，以罗马元老院为例，他们甚至认为“一个连丝绸都没有的人是没有资格进入元老院大门的”（《罗马帝国衰亡史》）。所以他们十分珍视丝绸。但是欧洲人对丝绸究竟是如何生产的却无从理解甚至充满好奇，对这种纤细柔软的面料有种种猜测。被奉为“国民诗人”的古罗马最伟大的诗人维吉尔对丝绸颇有想象地认为，其原本是一种树叶，通过特殊的机器经过复杂的加工梳理而成。就是这么一句非常荒诞的话，竟然让很多人都信以为真，甚至有人颇费周章地在一遍一遍地研制这种能把树叶变为丝绸的机器。

这种试验毫无疑问不会有什么结果，据唐纳德·拉克《亚洲对欧洲的发展所起到的作用》（*Asia in the Making of Europe*）一书介绍，公元552年，即拜占庭帝国查士丁尼皇帝时期，有威尼斯商人在贸易过程中偷到了来自中国的蚕茧，并带到了君士坦丁堡，但是欧洲人压根就不相信一条虫子能

制造出丝绸，所以对此根本就不屑一顾。直到阿拔斯王朝与东方大唐发生了怛罗斯战役，大量的唐朝士兵被俘，养蚕和缫丝技术的奥秘才终于被揭开，由此，人们这才相信丝绸确实是由春蚕吐丝而来。君士坦丁堡的工匠们又经过长达一百年的“深入研究”后，总算掌握了这门技术，因此兴起了养蚕和丝绸生产。

尤为可笑的是，虽然在17世纪初叶欧洲凭借武力统治了包括南美洲在内的半个地球，但对于丝绸生产仍然一知半解，而已经熟练掌握了这个技术的拜占庭此时已经被穆斯林土耳其灭掉。英国国王詹姆斯一世于公元1608年发表了鼓励种植桑树的敕令，原因是需要给养蚕者提供桑叶。一个英国人根据国王的指令办起了一家养蚕工场，结果发现他养的并不是蚕蛾，而是普通蛾子。

这便是当时的欧洲。

从公元10世纪到14世纪，欧洲的战争、饥荒、瘟疫等接连不断，对于生活在这里的每一个人来说，每天都活在悲惨的阴霾下，谁也不敢确定自己的生命会在几点几分就戛然而止。那些生灵涂炭的战场，白骨嶙峋的墓地，残垣断壁的城市和遍地哀鸿的冤魂，都是他们挥之不去的噩梦。无论是硝烟散尽而腥风未减的战争，还是魂飞魄散且惊悸绝望的瘟疫，欧洲在经历了一次又一次灭顶之灾后，惊魂未定，呆呆地站在原地回望过去，导致但丁在《神曲》中绝望地呐喊：

我走到了世界的尽头，
天空暗淡如墨，
险峻的山峰挡住了去路。
凶猛的野兽的声音远远地传来，
让我胆战心惊。

比如，令整个欧洲都闻之色变的黑死病，就像但丁所说的那头凶猛的野兽，让所有欧洲人都禁不住惊恐不已！

关于欧洲黑死病的起源，比较广泛的一种说法是由公元1345年蒙古军队攻打位于黑海北部的卡法城（位于克里米亚半岛，近代改名为费奥多西亚）的一场战争引起。据美国史学家梅天穆的《世界历史上的蒙古征服》所述，公元1344年，一名比较重要的蒙古商人在当时的威尼斯殖民地塔纳（今位于亚速海东岸）与当地的威尼斯人发生纠纷后遭到杀害，此事被金帐汗国第十一任大汗札尼别获知，于次年春出动军队，对塔纳进行了疯狂的报复，并洗劫停在岸边所有商船上的财物。威尼斯人招架不住蒙古人的猛烈攻击，纷纷乘船逃往克里米亚半岛沿海城市卡法，而蒙古人也随后追到卡法城外，将卡法死死围住。威尼斯人凭借坚固的城墙进行顽强抵抗，双方进入僵持阶段。

札尼别之所以为一个商人而大动干戈，一方面是蒙古人睚眦必报的传统，而另一方面，他早就对威尼斯商人大肆购买奴隶深感不满——此举导致金帐汗国的主要兵源地——俄罗斯草原上的钦察突厥人大量损失。

黑海之滨富庶的港口城市卡法，早期的名字叫迪奥多西亚（费奥多西亚是近代的称谓），大约于公元前6世纪由来自米利都的希腊城邦殖民者所建。由于这里气候温润、雨量充沛，所以土地非常肥沃，自古便有欧洲粮仓之誉。但是，就在公元1346年，这个无辜的城市却因为几个威尼斯流氓在塔纳惹上了一场大祸而跟着躺枪。更让所有人都没想到的是，这个大祸发展到后来竟然变成了一场灾难，险些让整个欧洲彻底灭亡！

二、蒙古军队攻进卡法城，带来黑死病

公元1346年夏末，在已经被蒙古人围攻了将近一年的卡法城，所有

的威尼斯守军已经被蒙古大军锲而不舍的锐利攻势冲击得疲惫不堪，已处在崩溃的边缘，即便躲藏在高城深池之内，在拥有不败神话的成吉思汗的子孙面前也显得毫无意义。但顽强的守军依靠有利的地形和坚固的城墙，决意要与城池共存亡，因为他们很清楚蒙古人的残暴，即便是投降，也将不可避免地遭到屠城的下场。

蒙古军队久攻不下，面对如此坚固的城池毫无进展，已经显示出罕见的疲劳和无奈，城外一字摆满了抛石机的开阔地上，已经没有了那种彪悍骇人的喊杀声。威尼斯人甚至出现了幻觉，难道蒙古人要退兵了？

这是一个难得的宁静之日，听惯了抛石机甩出巨大石头砸向城里的声音，一旦静下来守军有些不适应。但是，到了半夜时分，守军惊奇地发现，自己之前的猜测完全错了。蒙古人骤然打破了白昼的和平，在短得骇人的时间内，凝聚起力量发动了新一轮攻击！

战术改变了，进攻一方不再无谓地让成千士兵“蚁附”城墙，而是用巨大的弹弩连续向城里发射。被抛石机甩进来的物体不像之前的巨石砸出轰隆隆的响声，而是如同一个个棉包一样，“噗通噗通”软绵绵地掉落下来。好奇的守军伸出头来一看，立刻吓得魂飞魄散，上帝啊，那些炮弹……竟然全都是人！

难以计数的人，被巨弩射向天空，划出一道道令人惊恐万状的抛物线被送进城内，张牙舞爪，面目狰狞，形象丑恶，瞪着眼睛耷拉着舌头，像一个个传说中的鬼魅如雨点般黑压压地从城外飞进来！

卡法城内的军人和居民顿时都被这一轮疯狂的进攻吓得目瞪口呆。蒙古人竟这样勇敢，以至于用士兵充当炮弹吗？那些被弹射进来的人，都在城里的地面上摔得骨断筋折，但并没有发出一声叫喊。守城一方很快发现，这些“炮弹”在被发射之前就已经死了。蒙古军队为什么要把士兵的尸体抛进城里呢？

然而，过了没多久，守军突然明白了蒙古人的用意——城里已经出现了黑死病。晚了，一切都太晚了！原来这个时候的蒙古军队中正在流行黑死病，已经开始大面积感染鼠疫病毒，每天都有成百上千的人死去。

来自亚洲草原的蒙古人肯定都知道这是一种恶性传染病，所以士兵们都恐惧地拒绝接触和掩埋这些带着病毒的尸体，使死亡士兵的尸体渐渐地堆积如山。由于士兵突然减少，攻城变得格外困难。也不知道是哪个毫无人性的蒙古将领在这个时候想到了这样一个惨绝人寰的恶毒之计，把这些士兵的尸体通过抛石机射进城里，利用致命的烈性传染病，达到卡法城不攻自破的目的。

腐烂的尸体污染了卡法城的空气，毒化了卡法城的水源，而恐怖的瘟疫也随之暴发了。城中很快出现了许多感染者，患者开始时出现寒战、头痛等症状，继而发热、谵妄、昏迷，皮肤广泛出血，身长恶疮，呼吸衰竭；快则两三天，多则四五天，就纷纷死亡。由于患者死后皮肤常呈黑紫色，因此人们将这种可怕的瘟疫称为“黑死病”。

此事被意大利皮亚琴察公证处的法律文书加布里埃尔·德·穆西斯完整地记录下来，当时他就在卡法城内，是事件的目击者和见证者。正是因为他就在现场且目睹了整个事件的发生过程，所以后来的史学家大多相信他的陈述。他写道：“宛如山一样的死尸被扔进了城中，基督徒们无法躲藏、闪避或逃走，但他们倾卸尸体之多就像往海里倾卸一样……没有人知道或者能够找到抵御的方法。”①

破碎的尸体和污血就像黑死病毒的播散机，使瘟疫在城内迅速蔓延。卡法城里的本地人和威尼斯人从没有见过如此可怕的疾病，所有人都对此一无所知，更不知道它就是鼠疫。不到几天，城里的人便纷纷丧命，城里街道边上到处是身上长满恶疮、黑斑的死尸。一座曾经繁华的商业城市，转瞬之间就变成了一座人间地狱。那些侥幸活下来的人也一个个蒙着黑纱，

① [英]丹尼尔·笛福（*Daniel Defoe*）:《瘟疫纪事》，上海译文出版社，2013年版。

仓皇逃向城外。

这个时候，城外的蒙古人也已悄然撤退，至于他们撤退的原因，估计也是同样饱受瘟疫的折磨，大量士兵死亡，再继续围城已是力不从心。就这样，那些尚未染病的卡法人获得了侥幸逃生的机会。

城里的居民和士兵惊慌失措，争先恐后地乘船逃亡，而逃出黑海只有博斯普鲁斯海峡一条通道，所以从卡法出来的船只都在君士坦丁堡靠岸，再从这里换乘其他商船前往欧洲、西亚和北非，瘟疫就是这样被他们带到了埃及、叙利亚和巴勒斯坦地区。

由于君士坦丁堡处在极为重要的交通枢纽位置，在公元 1492 年葡萄牙航海家达·伽马发现非洲好望角航线之前，几乎所有通往欧洲、西亚和非洲的船只都要在这里靠岸、停泊，从而使拜占庭成了黑死病的桥头堡，疫情在这里迅速蔓延并传播，拜占庭一时间陷入水深火热之中。

另有三艘船经过君士坦丁堡，从地中海航行到位于意大利湾的热那亚港，但当地人知道了他们来自卡法，便动用了火箭将他们驱离，严禁他们靠岸登陆。于无奈之下，这三艘船只好从热那亚再度启航，最终于公元 1347 年 9 月到达了西西里岛的港口城市墨西拿。

惊心夺命的欧洲黑死病就从这里开始！

恐怖的瘟疫像个幽灵一样，就这样悄悄地在墨西拿登陆，但是此时还没有引起人们足够的重视，因而使瘟疫获得了传播的时间，为疯狂肆虐露出了惊悚的獠牙——就在来自卡法城的威尼斯人登陆墨西拿港不到一个星期，黑死病便在整个西西里岛得以传播。瘟疫横行于整个城市，以每天吞噬成百上千人的速度迅速蔓延开来。面对从天而降的灭顶灾难，束手无策的人们只能在绝望的恐惧中接受死神的冷酷“眷顾”，无不哀号世界末日已经降临！

如果，仅仅是如果，当时的墨西拿政府能像热那亚那样阻止这三艘船靠岸；再如果，当船靠岸后，当地民众能够及时组织起有效的防控措施，欧洲或许会有逃出生天的微弱机会。

英国本笃会修士、历史学家弗朗西斯・艾丹・加斯凯所著《黑死病：大灾难、大死亡与大萧条（1348—1349）》一书翔实记录了1348年到1349年黑死病在欧洲起源、传播和扩展的恐怖过程。

瘟疫从墨西拿很快就传到了意大利本土，公元1348年1月攻破威尼斯和比萨，3月一鼓作气袭击了居于意大利中心位置的工商、文化重镇佛罗伦萨。然后穿越阿尔卑斯山进入奥地利并顺道扫荡了中欧地区，从这里开始辐射到欧洲的四面八方，所到之处，遍地死人，哀鸿遍野。这个看不见的无形魔鬼一刻不停地从意大利北部经布伦纳山口到蒂罗尔、克恩腾、施泰尔马克来到维也纳，再沿着欧洲的几条主要水道——罗纳河、卢瓦河、莱茵河以及波河向内陆快速传播，于春天到达了法国阿维尼翁，以马赛为起点，横扫了从普罗旺斯到诺曼底的广大地区，并在晚些时候蔓延到了巴黎。而这个时间的英法两国正在"百年战争"的战场上杀得昏天黑地，瘟疫经由此地毫不客气地给双方各打了五十大板，致四万人死亡，战争也因此被迫停止。之后再一路向北，阴险的病毒找到了进攻英国的突破口——多塞特郡港口，长驱直入顺利地到达了不列颠，于8月初首先到达美康姆雷吉，之后又裹挟着吃人的戾气直扑伦敦，而伦敦密集的商业和交通网络进一步让瘟疫加快了扩散的速度，于公元1349年初在英国的几大城市同时暴发，包括周边的爱尔兰、苏格兰和威尔士都没能幸免。在横扫了不列颠帝国后，于公元1349年越过莱茵河，5月到达巴塞尔，8月抵达法兰克福，11月到达科隆，于公元1350年来到了汉堡、不来梅、但泽，之后，又突然出现在斯堪的纳维亚半岛，丹麦、瑞典、挪威相继暴发疫情。公元1350年春，黑死病扩散到了波罗的海地区的港口城市，并迅速控制了河流，通过河流进一步加快了传播速度，迫使丹麦和挪威殖民者不得不放弃格陵兰岛。与此同时，洗劫了西亚的瘟疫又突然转向西南，越过比利牛斯山继续扩散，当时由穆斯林所控制的西班牙很快陷落。不知是因为何种原因，瘟疫从斯堪的纳维亚向东的传播速度突然放慢，吓得惊恐万状连大气都不敢喘一口的莫斯科刚刚要松一口气，却没想到瘟疫又加快了速度，经过白俄罗斯的波洛茨克后再次突然转身，杀气腾腾地扑向普斯科夫、诺夫哥罗德和斯摩棱斯克，终于在公元1353年洗劫了莫斯科，这才结束了这场人间劫难。

至此，整个欧洲除波兰和比利时两个国家侥幸逃过一劫外，几乎全部沦陷！黑死病，让欧洲锐减三分之一的人口。原本信奉神权的欧洲人民，开始对主产生怀疑，这为之后的意大利文艺复兴创造了先决条件，也为罗马的宗教改革提供了先机。

以国家而论，在这次大瘟疫中，意大利和法国受灾最为严重，而少数国家如波兰、比利时，较侥幸地成了漏网之鱼。在城市中，受灾最为惨重的是薄伽丘的故乡佛罗伦萨，有超过80%的人得黑死病死掉。在亲历者薄伽丘所写的《十日谈》中，佛罗伦萨一下子就成了人间地狱：行人在街上走着走着突然倒地而亡；待在家里的人孤独地死去，在尸臭被人闻到前，无人知晓；每天、每小时大批尸体被运到城外；奶牛在城里的大街上四处乱逛，却见不到人的踪影……面对如此惨不忍睹的现状，薄伽丘禁不住惊呼：“天主对人类残酷到了极点！”

大瘟疫的肆虐也引起了大饥荒，各地盗贼四起，杀人越货；天主教的威望受到极其沉重的打击；而随后又掀起了一波又一波迫害犹太人的狂潮，理由是犹太人到处流动传播瘟病并四处投毒。在美因茨，1.2万犹太人被作为瘟疫的传播者而活活烧死；1.6万犹太人在斯特拉斯堡城内被杀。

有关黑死病的记载最早出自公元1348年，意大利人博卡齐奥亲眼看见患者因皮下出血而最终变黑，而黑色在欧洲也象征着死亡和哀伤，惊恐之下将其记录为“Great Mortality”，也就是今天所说的黑死病，这一名称深入人心后被保留至今。

经过瘟疫一系列极其强悍的破坏性打击，欧洲大量的人口死亡。至于具体死亡数字，当时也缺乏准确的统计，而后世一般估计为2500万，占当时欧洲人口的近三分之一。但是，在美国著名历史学家伯恩斯等人撰写的《世界文明史》一书中，认为经过黑死病和战争、饥馑等灾祸的打击，西欧的人口在公元1300年至公元1450年间至少减少了一半，甚至达到三分之二。

瘟疫造成至少三分之一的人死亡，重创了欧洲的人力资源基础，使欧洲一下子失去了知识、技能、经验、关系和新鲜劳动力，许多东西需要一代甚至几代人才能恢复。尽管官方试图提高生育率，但直到一个半世纪后，欧洲人口才恢复到早前的水平。

三、瘟疫与东方神秘的树叶

这场瘟疫也给了欧洲一个沉痛思考的机会。从灾难中侥幸存活下来的人们在经历了可怕的梦魇后，开始反思生命的意义，以但丁、彼特拉克和薄伽丘为代表的文艺复兴奠基者，通过各自的文学作品，表达了对生命的思考和尊重，从而打破了欧洲思想界在封建高压下“万马齐喑”的局面，促使人们从以神为中心过渡到以人为本，让人们把关注重点从来世转移到现实，唤起人们对生活的积极态度和进取精神以及科学实验精神，从而在精神方面为资本主义制度的确立开辟了道路。就像莎士比亚在《哈姆雷特》中那句拷问灵魂的著名台词：

“生存还是毁灭？这是个问题！”

现今已经查明，黑死病最早起源于非洲。据今天位于埃及开罗市内尼罗河边的“拉加卜博士纸草博物馆”中的纸莎草文献记载，大约在公元前

1500年至公元前1350年间的古埃及，尼罗河谷就出现了被称作“出血热”的传染性瘟疫，也就是后来被定名的黑死病。此后的两千多年间，地中海东岸不断暴发大面积出血热，比如先后于公元前700年至公元前450年和公元前250年，在美索不达米亚曾密集暴发出血热。

曾经写过《伯罗奔尼撒战争史》的古希腊史学家修昔底德，客观详尽地描述了公元前430年至公元前427年，暴发在雅典的一场大瘟疫。据修氏的记述，这场瘟疫的症状与黑死病非常相似：公元前430年，这一天早上在雅典的港口发现了3个人几乎同时得了一种怪病：患者先是发高烧，喉咙严重发炎，然后就是抑制不住的腹泻，最后整个人全部垮掉，心脏停止了跳动。同一个地方，又有11个人死于这种疾病。这11个人的情况更加严重。他们身上出现了可怕的脓疱，最后开始慢慢地腐烂。这些病人全身腐烂时他们的心脏还在跳动，可以说他们是亲眼看着自己慢慢地腐烂。

当这些病刚出现的时候，雅典还在怀疑这可能是斯巴达人所投的毒。可是随着死去的人越来越多，雅典人这才醒悟到一场瘟疫正在降临。于是人们努力寻找解决的药方，可是这些药方根本没有一点效果。随着瘟疫的蔓延，雅典全城陷入了死亡的哀号中。起初，全城还到处传出亲人的哭号声，后来连哭号的声音也听不到了，因为他们也跟随亲人一起死去。这场瘟疫使得全雅典三分之一的人丧生。就连创造雅典“黄金时代”的贫民执政官伯里克利也染病身亡。

“所经之处几乎无人能够幸免……这种疾病的实况是难以用语言文字来描述的，它对人类侵害之严重，几乎不是人所能忍受的。我自己只描述这种病症的现象，记载它的症候；这些知识使人们能够认识它，如果它再发生的话。”

这是人类历史上最早关于黑死病的记载，据后来分析，那场瘟疫的起源大约在埃塞俄比亚一带，后来经埃及到小亚细亚再传入雅典。

当瘟疫过后，在拜占庭做生意的热那亚人惊讶地发现，君士坦丁堡是最早发现并传播瘟疫的地方，然而，除了早期出现过短暂的集中暴发并致不足百人死亡后，病毒在这里就突然销声匿迹了。

据当时正在君士坦丁堡旅行的热那亚史官贝洛托记录："瘟疫[1]莫名其妙地出现，又莫名其妙地离开，可能与虔诚的神佑有关，也可能在查士丁尼那场大瘟疫之后，人们普遍有了抗御的能力有关，还有一种可能，就是与他们饮用的一种神秘的东方树叶有关。"（《罗马帝国衰亡史》）

贝洛托此处所说的"神秘的东方树叶",指的是公元443年,被称为"上帝之鞭"的匈奴单于阿提拉在围攻君士坦丁堡的时候，曾经让手下喝下一种不知名的树叶煮出的饮料。

据盐野七生的《罗马人的故事》中所载，拜占庭共有100多座城市惨遭阿提拉的洗劫，被杀的人口超过四十万，匈奴人占领了教堂和修道院后，对这些教徒也没有心慈手软，无数修道士和修女惨死在匈奴人的刀下。

当时君士坦丁堡城内已经出现了类似于感冒的流行性传染病，再加上匈奴的野蛮骚扰，让当时的皇帝狄奥多西二世非常头痛。面对匈奴人的残暴，拜占庭在迫不得已的情况下，只能派代表前去与阿提拉求和。拜占庭派出了当时公认的谈判代表、著名历史学家普利斯库斯，另有医士官尤西斯陪同，前往阿提拉的营地马尔古斯（今塞尔维亚城市波扎雷瓦斯）。事后尤西斯回忆说：匈奴人围在一起载歌载舞，除了有酒，还有一种用"东方树叶熬制的汤，每个人都在军官的监督中把汤喝下"。

这种"东方树叶"后来被史学家认定极有可能是茶！

与汉人鏖战了两个多世纪的匈奴人，早在汉武帝时期就已经知道了茶叶的药用价值，比如西汉元帝时期曾经喊出"明犯强汉者，虽远必诛"这

① 查士丁尼大瘟疫，指公元541年在君士坦丁堡流行鼠疫，导致了近30万人死于瘟疫，因时值查士丁尼皇帝当政，故称查士丁尼大瘟疫。

句豪言的悍将陈汤以及东汉名将窦宪，在击败匈奴的战役中，都先后发现匈奴囤积大量的茶叶。而直接把匈奴打得西迁的，恰恰就是东汉的这员悍将窦宪。

至于匈奴西迁的过程，18 世纪法国东方历史学家约瑟夫·奎尼在研究匈奴史时，意外地从《魏书》中查到了一段资料："悦般国，在乌孙西北，去代一万九百三十里。其先，匈奴北单于之部落也，为汉车骑将军窦宪所逐，北单于度金微山，西走康居。"

这个发现让奎尼喜出望外，因为康居在古代史料中的位置已经标注得非常清楚，位于乌孙的西北方向，也就是今天的咸海东面锡尔河流域（今哈萨克斯坦中南部和乌兹别克斯坦北部）。对于这个发现，奎尼兴奋不已，第一个提出了"出现在欧洲的匈人即是被中国东汉时期打出漠北的匈奴人"①的观点。但是由于奎尼在文史界籍籍无名，他的这一观点并未引起学界的广泛关注，恰在这时，正在撰写《罗马帝国衰亡史》的英国历史学家爱德华·吉本对奎尼的观点非常感兴趣，并毫不犹豫地将其加入了这部即将轰动全球的著作中，从此确定了 5 世纪最令欧洲恐怖的匈奴来自古老东方的学说。

虽然截至目前尚没有证据能够证明匈奴人在西迁的过程中把茶叶带到了欧洲，但是，根据尤西斯所说的"东方树叶"，基本可以断定就是茶。至于贝洛托所说的"神秘的东方树叶"，就君士坦丁堡所占的特殊地理位置而言，从往来的客商手里得到东方的茶叶应该不是问题。

当恐怖惊悚的欧洲大瘟疫过去了 15 年之后，公元 1368 年，远在万里之外的中国由朱元璋终结了蒙古人 98 年的统治，国家完成了统一，从而实现了朝代更迭。新兴的大明王朝把曾经横扫欧亚大陆的蒙古人赶出了中原，成为中华大地上的新主人。

---

① ［德］克劳斯·罗森：《匈人王阿提拉：席卷欧洲的东方游牧领袖》，万秭兰译，北京联合出版公司，2019 年 7 月版。

[明]　文徵明　品茶图（局部）

四、“废团改散”的茶生产运动

随着朝代的改弦更张，半是开明半是保守的明朝君主对社会生产也做出了一系列的改进，比如茶叶，在提倡大量种植的同时，也对成品茶进行了重大改革。公元1391年10月14日，即明洪武二十四年九月十六日，明太祖朱元璋见到进贡的精工细琢的“龙团凤饼”茶，遂感叹不已。他认为这样既劳民又消耗国力，因此诏令罢造团茶，而以散茶取代，这就是历史上著名的“废团改散”。此举无疑对当时的散茶生产及发展起了相当大的推动作用，更受到各方的欢迎。在明朝学者杨士奇主撰的《明太祖实录》中，记载了“废团改散”的过程：

“二十四年九月，诏：‘建宁岁贡上供茶，听茶户采进，有司勿与敕。’天下产茶之处，岁贡皆有定额，而建宁茶品为上。其所进者，必碾而揉之，压以银板，为大小龙团。上以重劳民，罢造龙团，惟采茶芽以进。其品有四，曰：探春，先春，次春，紫笋。置茶户五百。免其徭役。俾专事采植。既而有司恐其后时，常遣人督之，茶户畏其逼迫，往往纳赂，上闻之，故有是命。”

如果把朱元璋的这则诏令理解成像宋徽宗那样是为了提倡所谓的茶文化，就大错特错了。朱元璋生于乡间，农家出身，对农民的疾苦非常了解，为了体现他对农民的关心，所以才提出要把复杂的贡茶化繁为简。从另一方面说，他以帝王的身份也肯定了茶叶的地位，由此确立了继唐朝的煎茶、宋朝的点茶之后的第三种饮用方式——泡茶，从而不仅彻底颠覆了人们对茶的认识，不需要烟熏火燎地再去烧炭煮茶，而变得更加简便快捷，直接使用开水冲泡即可，使之前的茶从厨房搬进了书房，此举最大的贡献在于无意中使中国茶叶走向了全球！

所谓团茶，唐朝称为团饼，是唐朝以来制茶的最高工艺，根据陆羽《茶经》记载，制作饼茶有“采、蒸、捣、拍、焙、穿、封”七道工序。而到了宋朝，制造团茶的工艺又得到进一步提高。根据南宋赵汝砺所写的《北苑别录》，同样也把宋朝的制茶分为七步，但是和唐朝相比已经发生了根本性的变化。宋朝从采茶到制茶的七步分别是：采茶、拣茶、蒸茶、榨茶、研茶、造茶、过黄。而在这七步中，每一步都有极其严苛的要求和标准。

蔡襄深谙茶品，曾写下过很多有关品茶、制茶的诗，其中最具代表性的就是《北苑十咏》中的《造茶》，记录下他所监制的“龙团凤饼”的精美制作程度：“糜玉寸阴间，抟金新范里。规呈月正圆，势动龙初起。出焙香花全，争夸火候是。”而在这首诗的前面还专门写了注：“其年改作新茶十斤，尤甚精好，被旨号为上品龙茶，仍岁贡之。”以此说明了这款茶的精细。

由蔡襄所监制的小龙团不仅制作精良、品质上佳，更因产量稀少而闻名遐迩。而蔡襄一年只造出了10斤茶饼，茶饼制作的精美程度达到了登峰造极的地步，再加上由蔡大师所赋予的厚重的文化气质，更让这款茶成了非人间之物，除了供给皇帝独自享用外，其他人只是听说有此物，始终未见其踪。当时小龙团的估价已经到了每斤高达黄金二两的天价，即使那些王公贵胄也望而却步，即便是能消费得起，可如此精美之物仍然是连个影子都见不着，因此有人就抱怨黄金易得而小龙团不可得。就连北宋末期的宋徽宗赵佶都在《大观茶论》的序言中对“龙团凤饼”连声大赞：“本朝之兴，岁修建溪之贡，龙团凤饼，名冠天下……近岁以来，采择之精，制作之工，品第之胜，烹点之妙，莫不咸造其极。”

知道了团茶制造工艺的复杂与奢华，也就明白了朱元璋要“废团改散”的良苦用心了。然而，如果要溯源的话，散茶也并非朱元璋所发明，而是在南宋及元朝时期，因受到当时政治环境的影响，虽然团茶还属于主流范畴，但是散茶在这个时期已经出现。宋元时期历史学家马端临在《文献通考》中，已经把团和散说得清清楚楚：“茗有片、有散，片者即龙团旧法，散者则不蒸而干之，如今之茶也。始知南渡之后，茶渐以不蒸为贵矣。”

一句“茶渐以不蒸为贵”就充分说明，散茶正在悄悄崛起，而团茶则已经开始没落。至于声名显赫的“龙团凤饼”究竟应该如何饮用，其真正的味道到底如何呢？清代的梁章钜在《归田琐记·品泉》中一语道破了天机：“然所谓龙团、凤饼，皆须碾碎方可入饮，非惟烦琐弗便，即茶之真味，恐亦无存。”这位出生于福州的儒生官员用黑色幽默的语言，把传说中的“龙团凤饼”黑了个底掉，让那些直到今天还在苦苦找寻“龙团凤饼”配方和工艺的茶客们情何以堪？是不是对这款“唐宋皇茶”有一种上当受骗的感觉呢？

五、没有茶叶就没有工业化

21世纪的今天，如果我们客观地站在全球历史的经纬度上，以冷静的视角来看待朱元璋于无意中做出的“废团改散”决策，散茶所发挥的作用可以说非同小可，至少在公元1453年世界格局大改变的君士坦丁堡之战中，起到了不可取代的作用。

英国作家艾伦·麦克法兰在《绿色黄金：茶叶帝国》一书中，直截了当地阐述了一个观点：“如果没有茶叶，就可能没有大英帝国和英国工业化的出现……茶叶在英国的作用如同蒸汽机一样重要，它帮助英国人渡过危机并创造了一个新世界。”他说这句话的意义在于，茶叶代替酒类成为英国人的必需品，因为人们已经确信，饮茶能保证每个人的身体健康，增强其工作能力。

同样的一句话也可以用在公元1453年君士坦丁堡之战——茶叶作为准药物出现，从某种意义上说，在战争的过程中起到了保持环境卫生和控制疾病等重要作用。

自公元8世纪著名的怛罗斯战役之后，被阿拔斯王朝俘虏的中国战俘们把饮茶的习惯带到了广袤的阿拉伯帝国，因此有了自唐宋以来通过陆路与海路的大规模贸易，使大量的茶叶进入了中亚和西亚以及北非地区，由此，当地人学会并逐渐习惯了饮茶。穆罕默德二世在准备进攻拜占庭的前两年，就已经反复强调喝茶的重要性，要求每一个即将参战的官兵都必须做到每天饮茶，养成饮茶的习惯。①

作为战争的总指挥，穆罕默德二世进行了深入的了解和分析，尽最大可能把与这场战争有关的所有细节全部考虑进去。比如，战役一旦开始，在君士坦丁堡城外狭长的空间中，于突然之间拥进几十万士兵，如果没有缜密的计划，即便不包括尚无法预计的死亡官兵的尸体，仅这几十万士兵每天所制造的排泄物就是一个极其严重的问题，无须几天时间就会使营地附近变成一个臭气熏天的巨大粪坑，而更要命的是，这种臭气熏天的恶劣环境极易引发传染病，黑死病就是一个例子，一旦引发流行病，那么这场战争极有可能随时宣布失败。

因而，茶叶在世界变革的进程中有着不可替代的作用。

---

① ［英］斯蒂文·朗西曼:《1453——君士坦丁堡的陷落》，北京时代华文书局，2014年版。

第二十八章

明朝：郑和下西洋，茶成为世界饮品及世界的分水岭

自公元 1391 年朱元璋颁布了“废团改散”政策后，大明王朝首次通过郑和的航行以官方行为正式把茶叶散播到亚非各地，成就了中国茶叶走向世界之举，茶很快就成为广为接受的饮品，成了三大无酒精饮料之首，为改变世界格局迈出了很重要的一步。

一、茶叶、丝绸、瓷器的远洋之旅

从公元1405年（明永乐三年）开始，郑和携带了包括茶叶、丝绸和瓷器在内的中国特产从南京出发，开始了他的七次远洋之旅中的首航。

关于郑和下西洋，目前能够查阅的资料显示，从公元1405年到1433年，在29年的时间里郑和率领船队先后七次下西洋，途经东南亚、印度洋、非洲等地，足迹遍布三十多个国家和地区，最远抵达了红海和非洲东海岸，开辟了由太平洋西部到印度洋等大洋的直达航线。郑和下西洋无论是在时间上、规模上，还是在航海的范围上，都是前所未有的，代表了同时代世界航海事业的最高水平，充分展示了明朝强大的综合国力。

毫无疑问地说，郑和是开创大航海时代的第一人，比哥伦布发现美洲大陆早了将近90年，但是站在历史的角度上说，他所处的地位却很尴尬。虽然世界航运史上承认郑和下西洋的时间，但是欧洲人却不买这个账，最终还是把大航海时代的荣誉颁给了发现了美洲的哥伦布和发现了巴西的麦哲伦。而将郑和拒之门外的理由，是郑和的远洋没有给人类进步带来任何实质性意义——当然也不排除中世纪前后愚昧的欧洲人可能具有普遍的邓宁-克 鲁格效应，再加上19世纪德国哲学家黑格尔在《历史哲学》中把中国历史文化贬损得一文不值，从而彻底抹杀了中国在世界上的位置，包括对人类的所有贡献在内，全部予以否定。还有另外一个原因，就是明朝推出的海禁政策，造成了在世界史的关键时期海洋在中国近代史上的缺位。

据英国史学家加文·孟席斯在《1434：一支庞大的中国舰队抵达意大利并点燃文艺复兴之火》中考证，中国人最早绘制了世界海图；中国人先于哥伦布到达美洲大陆；郑和是世界环球航行第一人；甚至是中国人激发了文艺复兴运动。

不过，客观地说，由于没有可供参考的直接依据，这位出生于中国，后来从英国皇家海军退役的前军官所秉持的这种说法过于牵强。上述的第一条有可能是事实，中国人的确很有可能是世界海图的最早绘制者，除此之外都是加文·孟席斯的臆断，因为没有任何证据证明郑和曾经去过大西洋。至于说郑和下西洋激发了欧洲的文艺复兴，这种说法只不过是加文·孟席斯的一种自我猜测而已。《明史》等史料记载，郑和曾经到达过今天的非洲索马里（木骨都束）、刚果（阿鲁）等地，最远到达了非洲南端的莫桑比克，却没有继续再向南通过好望角的任何记载。这里需要说明一下，在公元1869年之前苏伊士运河尚没有开通，从亚洲通往欧洲必须经过好望角进入南大西洋。

既然郑和没有去过欧洲，就谈不上曾去过托斯卡纳和佛罗伦萨，当然也就更不可能和文艺复兴搭上任何关系，所以，加文·孟席斯所说的“一支庞大的中国舰队抵达意大利并点燃文艺复兴之火”纯属无稽之谈。而从另一方面说，18世纪以前的西方人对政治的理解，一般情况下是从两个方面出发，一是经济，二是宗教，而很少只是单纯为了政治而政治，几乎从没有在其他原因的前提下提出任何政治主张。

郑和最后一次下西洋的时间是公元1431年（明宣德六年）闰十二月，这一年郑和已经60岁，仍率领27750人的庞大舰队出行，而此前一直鼎力支持他下西洋的明成祖朱棣和明仁宗朱高炽已经先后驾崩，历史进入了明宣宗朱瞻基的时代。

《宣德实录》较为详细地记载了郑和在人生舞台上的绝唱之旅：“凡所历忽鲁谟斯、锡兰山、古里、满剌加、柯枝、卜剌哇、木骨都束、喃渤利、苏门答剌、剌撒、溜山、阿鲁、甘巴里、阿丹、佐法儿、竹步、加异勒等二十国及旧港宣慰司，其君长皆赐彩币有差。”

令人颇为诧异的是，这个记载并不是以郑和的航行路线排序，而是第一笔就提到了“忽鲁谟斯”这个地方。公元977年的一场大地震，导致一度繁荣的尸罗夫港走向没落，而新的港口和交易中心已经转移到了霍尔木兹港。而这里所说的“忽鲁谟斯”，就是后来日益繁荣的霍尔木兹港。

《宣德实录》为什么要把忽鲁谟斯放置在首位呢？史料中没有作出任何解释。由于郑和下西洋的全部史料几乎都已失传，对这种诡谲的记载也已经无法考证。但是，公元 1413 年、公元 1421 年和公元 1431 年三次出海下西洋的通事（翻译官）马欢，从公元 1416 年（永乐十四年）到公元 1451 年（明景泰二年）历时长达 35 年的时间编撰了《瀛涯胜览》一书，成为今天研究郑和以及明代中外交通历史的第一手资料，也介绍了郑和船队到达忽鲁谟斯的景象。

《瀛涯胜览》中分别记录了马欢跟随郑和的第三次、第六次和第七次下西洋的过程，见证了之前的风光与豪气，然而，当他第七次跟随郑和再下西洋来到了忽鲁谟斯之后，却深深地感觉到了这一次远航的落寞。

虽然马欢看似是在讲述商品交易的热闹景象，实际上等于明明白白地说明了一个问题，你们出去自负盈亏吧，朝廷可以允许你们出去，但是皇帝实在赔不起了。其真实的目的已经说得非常清楚，郑和的第七次远洋航行，已经不可能再像前面六次那样豪奢了，甚至可以说一句落魄了。

想当初，朱棣无论是怀揣着万国来朝的远大政治动机，还是抱着四处追杀建文帝的私人目的，不惜以动天下一十三省的钱粮之国力，支持郑和远洋航行，从而使轰轰烈烈的下西洋引发了严重的财政危机，仅朱棣对外朝贡者的大量赏赐，就耗银高达 600 万两。当他的孙子朱瞻基继位后，面对空荡荡的国库，不由得吃惊，所以做出这样的决定也不难理解。

二、郑和下西洋：茶叶传向亚非各地

不可否认的是，这是中国古代历史上最后一件世界性的盛举，从此，郑和之后，再无郑和。由于郑和下西洋的政治目的大于经济目的，全部的开支都依赖明朝强大的国力来支撑，没有给中国带来什么经济实惠，于是，明朝全盛时期过后，再也没有雄厚的经济实力来支持这项庞大的工程了，下西洋随之停止。

今天，我们不妨摒弃所有的政治意图，仅从茶叶这个单一角度再回头看郑和下西洋之举，自公元 1391 年朱元璋颁布了“废团改散”政策后，大明王朝首次通过郑和的航行以官方行为正式把茶叶散播到亚非各地，成就了中国茶叶走向世界之举，茶很快就成为广为接受的饮品，并成了三大无酒精饮料之首，为改变世界格局迈出了很重要的一步。

在马欢完成《瀛涯胜览》后第三年的公元 1453 年，距离大明王朝遥远的拜占庭帝国正在生死存亡的危机中做最后的迎战准备，48 岁的国王君士坦丁·德拉加塞斯·帕里奥洛格斯登上城楼，看到的是海面上数不清的土耳其战船和远处黑压压一眼望不到底的奥斯曼军队，虎视眈眈地盯着君士坦丁堡，做好了随时发起进攻的准备。

经过了两年的充分准备后，21 岁的穆罕默德二世开始向古老的君士坦丁堡发起第一轮猛烈的进攻。

这座由罗马君士坦丁大帝于公元 330 年 5 月 11 日在博斯普鲁斯海峡旁边建立起的古城堡，在 1100 多年多舛历史中，发生过暴乱、地震、瘟疫等天灾人祸，而那条 21.5 千米长的狄奥多西城墙修筑得非常结实，尽管 5 世纪被称为“上帝之鞭”的阿提拉带领匈奴铁骑横扫整个欧洲，但是君士坦丁堡的城墙仍然挡住了他的铁蹄，让阿提拉不得不“望墙生叹”，盛怒之下也只能调转马头，去滥杀那些没有高墙深院保护的平民以泄私愤。而恰恰就是这个有铜墙铁壁之称的坚固城墙，唯一一次被攻破却是由他们的“自己人”所为——公元 1204 年，第四次十字军东征没有前往亚洲，而是直接攻入了君士坦丁堡城内大肆抢掠，财产物资被洗劫一空。也就是从这个时候开始，拜占庭陷入了一蹶不振的没落地步，尤其是 14 世纪欧洲大瘟疫时，由于君士坦丁堡地处欧亚枢纽，再一次受到了黑死病的攻击，虽然没有亚平宁损失那么惨重，但毕竟是伤了元气，再也禁不起任何打击。

曾经辉煌的东罗马帝国都城变成了一座危城，似乎任何风吹草动的攻击，都能让这座千年古城在顷刻之间土崩瓦解，城内到处是破败的景象。曾经纵使花上几个月也难以穿越全境，如今三个小时便可走完的帝国也只剩下高耸的狄奥多西城墙似乎还在喃喃自语地述说着这个帝国当年是何等的强大、多么的兴盛。

面对奥斯曼土耳其的大兵压境，君士坦丁堡已经陷入了绝境，距离灭亡仅有一步之遥。这座曾经最富庶的古城从鼎盛时期的50万人口，到1453年已经锐减到不足5万。而城内只有区区5000名守军，其中还包括3000名热那亚雇佣兵，拜占庭已经处在命悬一线的危急关头。此时此刻城外聚集了几十万之众且势在必得的土耳其人，攻城器、抛石机和各种型号的大炮，都齐刷刷地对准了君士坦丁堡城墙。绝望的皇帝君士坦丁十一世不得不向包括罗马教廷在内的欧洲盟友们发出一次次求救，期盼基督世界的兄弟们能够伸出援手，以拯救危在旦夕的拜占庭。但是，尽管这个古老帝国求救的呼声很是凄惨，得到的回复却是微乎其微。

那么这个时候的欧洲都在忙什么呢？

事实上公元1453年的欧洲与其他时日没有什么不同之处，他们似乎并没有从刚刚过去还不足百年的瘟疫中吸取教训，仍然继续自相残杀。英法这一对死敌正在“百年战争”的最后一个阶段中打得死去活来，这场从公元1337年11月英国国王爱德华三世起兵进攻法国引发的，到公元1453年打打停停的战争已经进行了一百多年，虽然从公元1428年再次开始的第四阶段即将进行到后半程，英国人正在节节败退，而法国人赚到了不少便宜，但没有人能看到战争结束的任何迹象。而伊比利亚半岛上的那两颗“牙”，也在忙得不亦乐乎。西班牙正在忙着收复失地，葡萄牙则在占据了休达的基础上，继续向非洲最南端探索，带着贪婪的黄金梦向更远的海洋进军。再看看神圣罗马帝国那一堆让人不怎么省心的君主们，谁看谁都不怎么顺眼，个个心怀鬼胎暗地里摩拳擦掌。就连王室也不消停，哈布斯堡的腓特烈三世刚和匈牙利进行了一场战争，结果是让匈牙利打得丢盔卸甲，就连首府都一度沦陷。还有热那亚和威尼斯这两个地中海白眼狼，正在翘首以盼战争的开始，以便有机会再发一轮拜占庭的国难财！

三、君士坦丁堡之战

这场战争实际上从公元 1451 年穆罕默德二世继位土耳其苏丹之前就已经拉开了帷幕，已经到了苟延残喘地步的拜占庭丢失了亚洲的大部分地盘，仅剩下君士坦丁堡以及附近的几个城市和被奥斯曼土耳其切断了联系的伯罗奔尼撒地区，君士坦丁堡已经成了一座名副其实的孤城。

土耳其新苏丹穆罕默德二世继位后，一方面在有条不紊又极富压迫性地备战，另一方面也在不断试探和挑衅拜占庭的底线，用极尽侮辱的文字赤裸裸地辱骂拜占庭君主，或逼其投降，或逼其动怒。但是守着君士坦丁堡的拜占庭帝国皇帝君士坦丁十一世并没有上当，而是在做最后的努力。一方面向几乎所有的欧洲国家和罗马教廷派出使节，请求救援；另一方面与莫利亚地区的希腊专制君主、他的兄弟取得联系，希望他们能够停止内战，增援危急中的首都。但是，所有的欧洲国家君主除了表示同情和开具出兵援助的空头支票以外，都没有及时作出任何具有实际意义的行动，个别君主派出的小股部队对抵抗即将到来的奥斯曼土耳其人的大规模攻击是杯水车薪、无济于事。莫利亚地区的拜占庭帝国皇室成员内争正酣，彼此势同水火，对君士坦丁十一世的呼吁根本不予理睬。这样，君士坦丁十一世就处于既无内助又无外援的可悲境地，只能依靠自己这点实力与强大的土耳其人抗衡。

公元 1453 年初，穆罕默德二世开始部署围攻君士坦丁堡的部队，切断了拜占庭与外部所有的联络渠道。据不同史料记载，参加这次战役的土耳其攻城部队有 10 万到 20 万人，其中包括了奥斯曼土耳其帝国著名的精锐部队苏丹近卫军上万人和阿纳多利亚军团万余人。据英国史学家罗杰·克劳利的《1453：君士坦丁堡之战》介绍，穆罕默德二世共有 69 门不同型号的大炮，并将这些大炮分成了 14 个炮群，其中最大的一门乌尔班巨炮费时两个月才从铸造地亚得里亚纳堡运到君士坦丁堡城外。

这门巨炮号称当时全世界最大的铜炮，是穆罕默德二世专门为君士坦丁堡之战"量身打造"的，由匈牙利铸炮师乌尔班于战前的公元 1452 年 11 月完成，之后被安放在博斯普鲁斯海峡旁边，死死盯住海峡的过往船只。据说，为了运输这门巨炮，当时动用了 60 头公牛和数百人在左右拉住炮身以防滚落，另外，还专门派出一队工兵在队伍的前面负责开路架桥。[①]

就在这门大炮架设后不久，为了测试这门巨炮的威力，土耳其就开始四处寻找目标。恰好在公元 1452 年 11 月 26 日上午，有一艘威尼斯的商船经过博斯普鲁斯海峡，结果巨炮只用了一发石弹当即就把商船击成了碎片。这一炮不仅验证了巨炮的威力，同时也震慑了整个欧洲。这也是导致欧洲诸国后来不敢增援拜占庭的主要原因之一。

除此之外，土耳其人还集中了 120 艘战船并停在了马尔马拉海和南北两条海峡水面，其中 15 艘是大型军舰，虎视眈眈地盯着停泊在码头的拜占庭舰船。外围战役在 4 月以前就已经完成，奥斯曼土耳其军队扫清了君士坦丁堡的外围，攻占了所有通往君士坦丁堡的道路，在距离城墙 1000 米外扎下军营。

4 月 6 日，攻城战正式开始，69 门重炮从不同的炮位一起开火，一时间石弹横飞，带着恐怖的呼啸掠过低空，随后轰鸣声震天动地，其中一枚周长近两米的巨型石弹击中主城门圣罗曼努斯门，摧毁一座城楼。但是，守城将士在兵力极为悬殊的情况下，以大无畏的英雄气概奋起反击，拜占

---

① [英] 爱德华·吉本:《罗马帝国衰亡史》，商务印书馆，2002 年版。

庭皇帝君士坦丁十一世不顾安危亲临城头指挥作战，将有限的兵力划分为14个防区，每个防区之间都保持着有效的通信联络，同时留出了预备队随时机动增援薄弱防区。

当奥斯曼土耳其军队准备从炮火轰开的城墙缺口进攻时，却没想到城外的护城河成了一道难以跨越的生死门槛。箭弩、标枪、石块等武器如雨点一般从天而至，一批又一批冲下河渠的土耳其人被击中死在护城河中，血把河水染得通红，带着一股冲天的血腥气味缓缓流过。穆罕默德二世当即下令，让士兵搬运大量灌木填平河道，以便继续发起进攻，而守军则利用这个机会迅速修复缺口。

经过十几天试探性进攻后，奥斯曼土耳其军队于18日对几处城墙缺口同时发起陆地进攻。在一轮炮击之后，吼声震天的土耳其士卒们挥舞着弯刀，越过护城河，在高大的活动塔楼上施放的弓弩、流石的掩护下，蜂拥直冲到城下，顺着云梯或塔楼天桥向城墙进攻。却没想到守城的热那亚雇佣兵早已做好了准备，面对土耳其人的进攻毫不惧怕，使用陈旧的武器，不断地向敌军投掷标枪、箭矢、石块和一种以石油为原料的“希腊火”进行顽强阻击，滚开的热油连同飞箭流石如暴雨倾泻而下，致使土耳其人非但不能靠近城墙，反而造成了惨重的死伤，迫使土耳其人不得不停止进攻。

陆地进攻受到重挫，奥斯曼土耳其军队只能从海上再次发动攻击。4月19日，土耳其军队先攻占了君士坦丁堡的滩头阵地，而后组织火力对黄金角湾进行强攻，企图冲破横在湾口的粗大铁链，从城墙薄弱点攻进城。但是，集中在此的希腊、热那亚和威尼斯组成的联合舰队，在卢卡斯大公的指挥下，以猛烈的炮击和“希腊火”有效地击退了土耳其舰船的多次进攻。

毕竟土耳其属于陆地战士，其海军军事技术和战斗水平比意大利人差了不是一点两点，虽然拥有大量的舰船，但是与在海上征战了几个世纪的热那亚及威尼斯人相比，根本就不在一个量级上。

当海战进行到了第二天时，竟然有3艘热那亚军舰满载士兵和军援，以猛烈的船上火炮冲破奥斯曼土耳其人严密的封锁线，成功地驶入君士坦丁堡海湾，穆罕默德二世闻听此事暴跳如雷。

穆罕默德二世亲自视察了前线，观测地形，提出大胆的进攻计划，企图攻入黄金角湾。4 月 22 日夜晚，土耳其士兵用人推牛拉的方式，将 17 艘 20 米长的战船从陆地拖进黄金角湾。他们先把木板铺在地上，然后再涂抹上一层黄油，起到润滑作用，直接把船拉上 41 米高的佩拉山丘，而后顺坡滑入黄金角湾深处，陆上拖拉了 1000 多米的距离。

第二天，土耳其舰队进入海湾的消息对守城将士产生了极大的心理影响，因为这意味着守城舰队处于腹背受敌的危险境地，同时也表明城防的薄弱点暴露在敌人面前，数量极为有限的守军必须抽调相当一部分兵力加大海湾一侧的驻防，这必然将会影响到防务的整体布局。

但是，土耳其人动用了各种手段，包括挖地道试图进入城内，但都被守城将士们一一击退。君士坦丁堡被攻打了一个月后，这座坚实的城池仍然在，虽然已经被打得破烂不堪，可顽强的守军在极度疲劳并面临即将断粮的情况下，依然在尽最大的努力坚守阵地，一次又一次地打退了敌人狂潮般的冲锋。那么，有多少土耳其人死在了战场上呢？据当时就在君士坦丁堡城内的俄罗斯商人涅斯托尔·伊斯坎德尔说，仅 4 月 30 日一天，“死尸几乎将壕沟填满，土耳其人就踏过己方士兵的尸体，就像在大草原上冲锋一样，继续战斗，死者的尸体成了通往城市的桥梁或者楼梯”。[①]

久攻不下的奥斯曼土耳其此刻也深深地陷入了纠结之中，尤其是看到每天都有大量的士兵在进攻中被击杀，已经严重动摇了军心，甚至有人开始质疑穆罕默德二世发动的这场战争。但是，作为奥斯曼土耳其的苏丹，穆罕默德二世的冷酷与残忍表现得更加淋漓尽致，令人噤若寒蝉。他亲自下令将 40 多名被俘的热那亚人用最极端的方式钉死在木桩上，并展示给

① ［英］罗杰·克劳利：《1453：君士坦丁堡之战》，社会科学文献出版社，2014 年版。

君士坦丁堡的人观看。

奥斯曼土耳其的这一阴损恶招果然起到了作用，虽然君士坦丁堡的守军也采用了同样的方式，把一批被俘的土耳其人吊死在狄奥多西城墙上，但毕竟已经大战了50多天，真正处在了弹尽粮绝的地步。随着战死的守军越来越多，所有还活着的人都知道，拜占庭不可能再有任何奇迹出现。

四、战后拉开了文艺复兴的序幕

5月29日，恼羞成怒的穆罕默德二世决定发起最后总攻，为鼓舞士气，他下令破城后屠城劫掠三日，奥斯曼军队在祷告后开始了进攻。凌晨1点30分，土耳其人所有的火炮朝着狄奥多西城墙再次发射，惊天动地的炮声几乎把君士坦丁堡震碎。早晨6点，10多万土耳其军队在约4英里（1英里约1609米）宽的战线上发起冲击。

当时的战场令人震撼，以至于一位拜占庭人在目睹之后，心有余悸地讲述了当时惊心动魄的一幕：“空气似乎也被撕裂了，君士坦丁堡的一切看起来就像是另一个世界。”城内人心惶惶，纷纷涌向索菲亚教堂，向上帝进行最后一次祈祷，因为末日即将来临。城内响成一片的教堂钟声，被城外69门火炮响彻云霄的轰鸣声淹没。城墙在火炮的轰击下出现了缺口，1万名手持火枪的土耳其人蜂拥而上，在血海尸山中冲进了城内。而经过一夜拼命抵抗的守城勇士们已经累得精疲力竭，再也没有杀敌的力气，甚至连站起来的能力都没有，只能眼睁睁地看着敌人从自己身上踏过。

经历了53天激烈残酷的战斗后，这座千年古城在弥漫的硝烟中轰然倒下。远处，地中海的太阳刚刚升起，初升的太阳把一腔悲壮的血洒在了海面，也洒在了圣索菲亚大教堂的穹顶上，折射到土耳其人手里滴着血的弯刀和遍地死难者的遗体，以及被血色染红了的半个天空！

在奥斯曼的军队攻破守卫这座城市千年的狄奥多西城墙后，大教堂顶上包容人世间一切苦难的十字架最终无情地倒下了，拜占庭皇帝皇冠上最后一枚宝石，也被无情地抠走了。城市被攻破之后，紧接着的就是野蛮的劫掠和破坏，男人女人被卖为奴隶，没有劳动能力的人则被无情地杀害，圣物和艺术品被随意地破坏，凝结着希腊人智慧的珍贵书籍被焚毁，精美的雕像被砸碎。许许多多宝贵的艺术结晶，从此永远地消失了。无法估量人类精神财富的损失是多么的巨大。这个伫立千年的帝国——拜占庭，最终落下了帷幕，这便是它最后的挽歌。

但毋庸置疑的是，这个古老帝国在其最后一刻，迎来了一个荡气回肠，充满悲剧色彩和英雄气概的结局。末代皇帝君士但丁十一世没有选择投降，没有选择苟且，而是和自己的臣民们共存亡。当城市被攻破时，这位皇帝披坚执锐，拔出佩剑义无反顾地冲向了敌军，他荣耀的紫袍在奥斯曼近卫军成片的红色战袍中被瞬间湮没。最终带着他的罗马精神，充满荣光地与自己的帝国同归于尽，结束了骄傲的一生。他始终没有背叛自己的理想，在国家危难之际，他的品行和不屈不挠无愧于罗马皇帝之名，足以和图拉真、查士丁尼等皇帝比肩。他是最后一位罗马人，最后一位被镌刻在历史纪念碑上的罗马人！

而当拜占庭灭亡之后，大量的难民涌入西欧，其中的知识分子为西欧带来了希腊与罗马残留下来的精神瑰宝，推动了文艺复兴的发展。而帝国的民法法典则构成了后世法典的基础。

就在这场战争开始之前两年的公元1451年，一个叫克利斯托弗·哥伦布的年轻人在热那亚共和国出生，39年后，他通过罗马时代托勒密的《地理学》和一本流传甚广的《马可·波罗行纪》，怀揣着西班牙国王的信函立志要找到神秘的东方古国“东印度”，却意外地发现了美洲。

拜占庭帝国的灭亡为中世纪与罗马时代画上了句号，合上了它厚重的一页，为一个崭新时代注入了力量，从而拉开了它的序幕——文艺复兴。

第二十九章

大航海时代寻找香料与茶

据日本历史学家羽田正在《东印度公司与亚洲之海》中介绍，欧洲人所说的香料不仅是胡椒、丁香、肉桂和豆蔻等调味料，同时还包括沉香、白檀、乳香、麝香、龙涎香以及糖和茶叶等，它们都属于香料的范畴。而包括茶叶在内的这些香料，全部被威尼斯人所控制，其中最神奇的莫过于胡椒，一度被威尼斯奸商卖到了和黄金一样的天价！

一、血雨腥风的王位之争

严格地说，君士坦丁堡的陷落，是欧洲乃至世界史上一个极为重要的转折点，绝大部分学者认为，由于信仰伊斯兰教的奥斯曼土耳其的入侵，使拜占庭帝国的许多知识分子带着大批古希腊和罗马的艺术品以及文学、历史、哲学等重要书籍逃往西欧避难，因此，使但丁、彼得拉克和薄伽丘等人之前的学说得到了印证，再加上成书于13世纪的《马可·波罗行纪》引起的巨大反响，从而在威尼斯、热那亚、米兰、罗马和佛罗伦萨等地引起了连锁反应，让人们有了一个冷静思考的机会，尤其是但丁的《神曲》，被恩格斯誉为“中世纪的最后一位诗人，同时又是新时代的第一位诗人”。[①]

君士坦丁堡之战以后，土耳其人彻底封锁了狭窄的博斯普鲁斯海峡，从欧洲到亚洲的通商之路被截断，严重影响了欧洲尤其是地中海沿岸国家的发财之路。因而，欧洲与奥斯曼土耳其之间爆发在地中海上的战争几乎从未间断，从罗德岛圣约翰骑士团（即“医院骑士团”）到勒班陀海战，一场比一场惨烈的海战一直都在发生，目的只有一个——夺回这条黄金通道！

然而，整个欧洲几乎没有受到什么影响的国家，只有伊比利亚半岛上的葡萄牙和西班牙。一方面是这两颗“牙”在那个时候还没有实力参与到这场战争中去，另一方面则是因为地理位置。从地图上说，葡萄牙和西班牙虽然同在欧洲，但是已经到了欧洲的南端，与地中海的亚平宁半岛和巴尔干半岛相去甚远，需要从北大西洋穿过直布罗陀海峡才能进入地中海。所以，即便君士坦丁堡那边打得再激烈，也和伊比利亚半岛这边一点关系也没有。更何况那时他们还没发迹，是两个穷得叮当响的小王国，而那边包括热那亚和威尼斯在内的地中海沿岸国家早就通过海洋贸易率先富起来好

---

① 恩格斯:《共产党宣言》意大利文1893年版序。

几个世纪了。而这几个嫌贫爱富的国家，又有谁愿意闲着没事带着两个穷小子一起玩呢？所以，伊比利亚半岛上的这两颗“牙”成了被欧洲大哥们遗忘的角落。

先说西班牙吧，1453 年之前的西班牙算得上是欧洲赤贫户，穷得连饭都吃不上了，大致和今天非洲最穷的国家类似。像汉尼拔进犯罗马帝国所爆发的“布匿战争”那么久远的历史就不说了，只截取罗马帝国衰落前后的 4—5 世纪初开始说起吧。

说起来，西班牙和古代中国还有很深的渊源，原因就是被东汉王朝打跑了的匈奴。

原本盘踞在漠北的匈奴被东汉名将窦宪打败后一路狂奔，狼狈逃到了西域一带，打跑了此地原来的主人乌孙，改名为悦般国，并在这里休养生息了 200 多年。大约在公元 360 年，匈奴人渡过了伏尔加河下游，在时任单于巴拉贝尔的带领下再渡顿河，登陆顿河左岸，第一次出现在了欧洲的历史之中。

匈奴崛起于中国秦汉时期的冒顿单于时代，其强盛取决于它凶狠残暴的个性，从而得以快速扩张。由向达先生译注的美国学者 E.H. 帕克《简明匈奴史》一书中称冒顿为“鞑靼族的汉尼拔”，以其平东胡、驱月氏、收失地、败丁零、灭坚昆“诚一四征不庭之雄主”而言，这个称谓对冒顿来说并不为过。无论汉尼拔与西庇阿、居鲁士与亚历山大，还是大流士与薛西斯、凯撒与庞贝，虽然也都曾四征不庭，但仅仅是在地中海一隅，即被欧洲人动辄以“世界雄主”“奄有万国”所称，然而都没有冒顿在亚洲的摧枯拉朽般勇猛无敌！

据北齐人魏收所编纂的《魏书》记载，阿兰人见到突然出现的匈奴人，吓得不知所措，根本就不敢与凶神恶煞般的匈奴人交战，唯一的选择就是举国逃窜。而匈奴人在追击过程中，阿兰国王全家遭到了残忍的杀害。匈奴人就这样轻而易举地占据了外高加索地区，像一个恐怖的幽灵，毫无征兆地崛起在欧洲的大门旁，再伺机继续向西开拔。

至于被匈奴人打散了的阿兰人，则被分成了三部分，第一部分又重新回到了亚洲，与其他民族融合为一体。第二部分则逃进了欧洲日耳曼人区域，在日耳曼人从高加索向欧洲腹地迁徙的时候，也跟随一同向西南迁徙，最终到达今天的伊比利亚半岛东部，后来与占据此地的西哥特人融合，形成了今天的加泰罗尼亚人，据说英文中的Catalonia的意思就是哥特——阿兰人。

第三部分阿兰人，则是没有来得及跑出去而留在了库班河至捷列克河谷一带的那一拨，导致他们在无奈中直接向匈奴人投降。匈奴人杀死了绝大多数这部分的阿兰男人，只留下女人与匈奴人繁衍，成为后来的奥塞梯人祖先，这个地方现在是俄罗斯北高加索地区的一个自治共和国，全名叫作北奥塞梯-阿兰共和国。

匈奴人征服了阿兰以后，大单于巴兰姆伯尔立刻将目标对准了东哥特。当时的东哥特正处在全盛时期，其领地包括了今天的乌克兰全境，但是匈奴人的到来，直接就宣布了东哥特人黑海霸主的结束。公元375年，匈奴人直扑第聂伯河，与东哥特进行了一场殊死较量。匈奴人所到之处一片血腥，城镇变为废墟，人口惨遭屠杀，建筑变为瓦砾，财物洗劫一空，几尽可能地毁坏目光所及的一切，所到之处都会被恐怖和死亡的阴云笼罩。结果，东哥特国王埃尔马纳里克战败自杀，迫使东哥特人西迁并入日耳曼，匈奴人顺利占据了乌克兰草原。

一战即遭灭亡的东哥特，让当时在黑海西岸（今罗马尼亚）的西哥特人感到了史无前例的恐慌，因为无论实力还是种族都远强于自己的东哥特，能在一瞬之间覆灭，说明了这个入侵者的强悍。更何况听到那些从乌克兰草原侥幸逃出的东哥特人在讲述这支异族的残暴与凶猛时，如遭遇了地狱魔鬼一样失魂落魄，让所有听者都面面相觑，似有一种末日来临的绝望。

面对擅入者随时都有可能出现的侵略威胁，曾经让罗马帝国闻风丧胆的西哥特人感觉到了从未有过的惊悚、恐惧，惶惶不可终日，他们所能做出的唯一选择，就是收拾行囊赶快逃离，唯恐重蹈东哥特人的覆辙。公元376年，约15000名西哥特人在罗马皇帝的允许下向南渡过多瑙河，进入罗马帝国境内，仓皇逃到了伊比利亚半岛，这才松了一口气。西哥特人就这样在此地扎下了根，依仗着比利牛斯山作为屏障，于公元415年由瓦利亚在这里建立了以图卢兹（今法国西南部城市）为都城的西哥特王国。

但是，伊比利亚半岛也并非太平之地，由于西哥特的国王们没有采取世袭制而是由贵族选举产生，这导致了王位的争夺异常激烈，各派系的贵族们为了各自的利益，相互之间钩心斗角杀机四伏，使得王位之争变成了血雨腥风的宫斗。背后的大佬们都剑拔弩张，国王更成了高危职业，在先后总共32位国王中，竟然有10位是被篡权者杀死的。

西哥特王国的内卷一直到公元711年才戛然而止。随着穆斯林的势力越来越大，由塔里克·伊本·齐亚德率领的1.2万阿拉伯人渡过直布罗陀海峡侵入伊比利亚半岛，与西哥特王国打了一场历史上著名的“瓜达莱特战役”，结果，西哥特以惨败告终，就连末代国王罗德里克也在此战中神秘失踪，西哥特王国就此宣告灭亡。

二、葡萄牙中世纪最重要战役

在进入阿拉伯统治时代后，逃亡到北部山区的西哥特贵族们联合了当地部族，逐渐形成了阿斯图里亚斯、莱昂、卡斯蒂利亚、阿拉贡、纳瓦尔和加泰罗尼亚以及葡萄牙等信奉天主教的小王国，展开了与阿拉伯人长达几个世纪的抗争。之后，这些松散的小王国逐渐合并，公元1131年阿拉贡和加泰罗尼亚合并，卡斯蒂利亚和莱昂也在公元1230年完成了合并，葡萄牙则干脆早早地独立出去。

君士坦丁堡陷落之后的公元1469年，卡斯蒂利亚女王伊莎贝拉一世与阿拉贡——加泰罗尼亚国王斐迪南二世联姻，使两个国家合并到了一起，形成了西班牙王国的雏形。

历史的瞬间停留在了公元1491年1月2日，一个叫克利斯托弗·哥伦布的热那亚水手怀揣着一个发财的梦想闯进了西班牙王宫，西班牙开始发生天翻地覆的巨大变化！

与西班牙错综复杂的历史相比，葡萄牙就简单了许多。如果追溯15世纪以前的葡萄牙，只需一个字就能写满该国的国史：

穷！

中世纪大瘟疫肆虐欧洲的时候，恐怖的黑死病跨越了比利牛斯山，像一股黑色旋风一样从里斯本的头上掠过，留下了遍地哀鸿后又转向了北欧，奔斯堪的纳维亚半岛而去。虽然停留在葡萄牙的时间非常短暂，却也令人战栗不已。“鼠疫夺走了所有人谈情说爱甚至交友的能力。因为爱情要求些许未来的曙光，而对我们来说，只存在当下的瞬间。”[①] 想来，加缪含情脉脉的叙述，把瘟疫衬托得异常残酷，却也给我们带来思考的依据。

因为特殊的地理位置和环境，葡萄牙人的生活方式只能是海洋捕捞和勉强能够维系生活的种植业，大部分人处在贫困线附近，只是为了争取一个温饱而已。人往往只有在饥寒交迫中才能产生改变命运的念头，所以，在很长一段时间里，葡萄牙为了能够让自己吃饱肚子，也想了很多办法。比如加入神圣罗马帝国的十字军冲向亚洲，其目的只有一个：抢夺财富。这种想法简单粗暴但是很实际，这就是他们所秉承的日耳曼民族的传统观念。

因为穷，所以横。这就是葡萄牙在16世纪初发迹过程中所构架的底层逻辑。

坐落在北大西洋沿岸拥有天然良港的葡萄牙，享有发家致富的先决条件，然而在公元1415年之前，这个国家却是个抱着金饭碗的叫花子，除

① ［法］阿尔贝·加缪：《鼠疫》，上海译文出版社，2013年8月版。

了拼蛮斗狠外，简单的头脑从没往这去想，所以很多年以来，葡萄牙人的思维始终都是这么淳朴，在外面英勇，拼命打仗，回来继续出海捕鱼或犁地种田。

给葡萄牙人带来海洋灵感的，是隔壁强大的卡斯蒂利亚王国。据戴维·伯明翰的《葡萄牙史》介绍，公元1381年，已经和卡斯蒂利亚联姻的葡萄牙国王费尔南多一世，由于好色而惹怒了王后的娘家人，卡斯蒂利亚国王恩里克二世一怒之下出动海军围堵了里斯本。葡萄牙也不甘示弱，结果两军刚一交手，葡萄牙随即被击溃，参战的23艘战船中，22艘被卡斯蒂利亚人俘获，仅一艘战船侥幸逃脱，而国王费尔南多一世居然被当场吓病，两年后身故。费尔南多一世死后，他年仅10岁的女儿贝娅特丽丝（*Beatriz of Portugal*）继承了王位。因费尔南多一世生前曾与卡斯蒂利亚国王胡安一世签订了《萨尔瓦拉特协议》，明确规定贝娅特丽丝必须嫁给胡安一世，并且指定由莱昂诺尔（*Leonor*）王后① 摄政。

柔弱的贝娅特丽丝女王刚登上王位即被莱昂诺尔给架空，为了保住葡萄牙不被吞并，女王只能按照《萨尔瓦拉特协议》的规定嫁给卡斯蒂利亚国王。虽然两国已经继续联姻，但是葡萄牙的实权掌握在莱昂诺尔手中，在内外勾结的前提下，肯定不能阻止卡斯蒂利亚吞噬葡萄牙的野心，葡萄牙王国的独立地位已经到了岌岌可危的地步。为了摆脱莱昂诺尔的控制，前国王费尔南多一世同父异母的弟弟若昂在青年将领阿尔瓦雷斯和葡萄牙阿维什骑士团的支持下发动了起义，推翻了莱昂诺尔的统治，并废黜了贝娅特丽丝女王，自己当上了葡萄牙国王。

公元1385年，若昂一世御驾亲征，亲自出战前来进犯的卡斯蒂利亚军队，以少胜多取得了重大胜利。这场战役史称“阿尔茹巴罗塔战役”，

---

① 著名的红发女郎，原是有夫之妇，偶遇费尔南多一世一见钟情，使风流情种费尔南多一世撕毁了与卡斯蒂利亚公主的婚约，这成为两国交恶的主要原因。

也是葡萄牙中世纪最重要的一场战役，不仅巩固了若昂一世的地位，同时也是葡萄牙历史上一个最重要的转折点。2004年在葡萄牙举行的欧洲杯足球赛中，由葡萄牙对战西班牙，葡萄牙各大媒体纷纷将这场比赛称为“阿尔茹巴罗塔战役”。由此可见，当年的这场战役在葡萄牙人心目中的重要意义。

解决了来自卡斯蒂利亚的威胁后，若昂一世随即就把战略重心转向了北非海岸的港口城市休达。但是，此时的若昂一世仍然没有想到海洋贸易，而是要前往剿灭盘踞在这里的马格里布海盗。

马格里布，阿拉伯语的意思是“日落之地”，意为阿拉伯的西部地区，泛指非洲北部的阿特拉斯山脉到直布罗陀海峡及地中海一带，今特指摩洛哥、阿尔及利亚和突尼斯三国。

三、亨利王子痴迷东方世界

公元1415年8月20日，若昂一世和他的小儿子、航海家亨利王子一同，率领着那个时代最大规模的远征舰队，共有27艘大型桨帆战船、32艘中型桨帆战船、63艘新式卡拉克帆船和120艘各类小型补给船以及庞大的陆军，总共五万多人出现在休达附近的海面上，于第二天突然登陆，向驻扎在休达的马格里布海盗摩尔人的老巢发起了凌厉的进攻。

但是，令葡萄牙人大跌眼镜的是，那些肆虐在北大西洋—直布罗陀海峡附近杀人越货劫掠往来船只的摩尔海盗，却是一群毫无战力的乌合之众，一看海滩上乌压压登陆的葡萄牙人，早吓得魂飞魄散了，还没等对方动手，摩尔人已经开始四散奔逃，而跑不掉的就直接跪地投降。此举就连若昂一世和亨利王子都看得目瞪口呆，早知道这帮海盗这么不经打，哪里还用得着如此大规模用兵，只需派出千把人一样也能把这些海盗收拾干净。

登陆后的葡萄牙人即刻暴露出野蛮的嗜血本性，以最残暴最野蛮的方式对当地的穆斯林展开了血腥屠杀，除了青壮年被押赴到船上充当苦力外，其他人则不分老幼全部屠杀，一个活口不留。

经过三天的屠杀和洗劫，曾经被誉为“非洲各城市之花……它的门户与钥匙”的休达城化为了废墟，一度繁荣的休达城，顷刻之间变成了人间地狱。①

这胜利来得也太简单了，不仅没费一兵一卒即告大捷，同时也让葡萄牙人看到了休达的富庶。就在这个时候，他们从很多有钱人的家里发现了一种不知名的干树叶，闻上去有一股淡淡的香味，却不知摩尔人用来做什么用途。

而这些不知名的干树叶，很有可能就是茶叶。

葡萄牙人把此地的财物席卷一空，并留下了3000名士兵在此地据守，然后班师回朝。但是，仅仅过了一个月后，因留守在休达的士兵需要巨大的开支和资助这次军事活动的葡萄牙贵族商人并没有获得预期的收益以及没有改善民众的穷苦现状等问题彰显出来，这才让若昂一世突然醒悟过来，如果要想改变葡萄牙的贫困现状，就必须进一步开发海洋资源。休达的胜利，让他找到了上述逻辑的依据。

然而，公元1417年的一次突发事件，加快了若昂一世开发海洋资源的进度。原因是马格里布海盗突然包围了休达，使驻守在当地的葡萄牙人遭遇到了生存危机。若昂一世急令亨利王子率领援兵再次来到休达，及时地打败了摩尔人，并在那里待了3个月。但是，谁也没想到的是，这却是改变了世界历史的3个月！

在这3个月的时间里，亨利王子没有像他父亲那样，对被俘的摩尔人大开杀戒，而是每天都与俘虏们聊天，从俘虏的嘴里得知，在大洋的更远

---

① ［英］罗杰·克劳利：《征服者：葡萄牙帝国的崛起》，社会科学文献出版社，2016年版。

端有一片绿色的土地，那是一个天堂般的国度，不但有取之不竭的黄金和象牙，而且那里的人都过着幸福和睦的生活。

这番话引起了亨利王子的兴趣，原来世界上还真有这样的“伊甸园”，所以他无论如何也要去这个“更远的地方”一探究竟。

若昂一世的海洋发展思路分为两个部分，一是利用现有的船舶和人员继续沿着北大西洋继续向南进行探索，目的是寻找到更多的财富。二是在葡萄牙最西南端荒凉的圣文森特角附近的萨格里什建立一所航海学校，由亨利王子全面负责。

《马可·波罗行纪》大约就是在此期间，从威尼斯等地开始向外流传，亨利王子见到了其兄佩德罗王子从威尼斯带回的这部书，深深地痴迷于书中所描写的东方世界，甚至让他不敢相信，在这个世界上真的会有如此繁荣的地方吗？亨利王子之所以用毕生精力投身于航海事业，显然就是从这本书中受到了鼓舞和启发。这本书后来入藏葡萄牙国王杜亚特的藏书室中，在那里共有两部拉丁文抄本，几十年后，还在萨格里什航海学校里学习的达·伽马，正是受到了这本书的影响，立志一定要找到这个神秘的东方乐园。

对于15世纪之前的葡萄牙人来说，萨格里什即是世界的尽头，属于人迹罕至的不毛之地。以中世纪欧洲人的认知，只要到达萨格里什就等于走到了世界的边缘，人们只能站在悬崖上眺望无边无际的大海。海平面一直向西延伸，暗黑色的大海一望无际，能看到从海上升起的太阳，到傍晚再落回遥远的海里。在狂风骤起的时日里，巨浪带着骇人的啸叫，以令人胆寒的猛烈气势锤击峭壁，像被恶人摔碎了的层层雪花，在半空中停留片刻再狠狠地砸下来。因此，让人不得不相信，前面的大海就是地狱的入口，前方不会再有任何陆地。

[清]　杨晋　豪家佚乐图（部分）长卷绢本设色

四、航海探险开启葡萄牙新时代

公元1420年，亨利王子受命于若昂一世，在萨格里什这个条件极为艰苦的地方，建立了人类历史上第一所专门培训航海家的学校和一个天文台。他从国外招聘有名的宇宙学家和数学家，研究了收集来的大量信息。几年之后，他又在萨格雷斯开设船坞建造船只。

萨格里什航海学校成立以后，为葡萄牙人在之后的航海事业中发挥出了巨大的作用，过去曾经让各路航海家谈虎色变的大西洋，成了葡萄牙新锐航海家的天然练兵场。最早时期是对北大西洋非洲西北海岸马德拉群岛先后进行了两次探索；公元1431年，到达了更加遥远的亚速尔群岛；公元1434年吉尔·艾纳斯闯过了连阿拉伯人都不敢跨越的“恐怖之海”——博哈多尔角，并由此进入几内亚湾。此举被当时的葡萄牙历史学家苏拉拉称作一次壮举；1437年，还是吉尔·艾纳斯，沿着之前的航线继续向前，在几内亚湾北岸到达了著名的黄金海岸（加纳），使葡萄牙人终于得到了他们朝思暮想的西部非洲的黄金；1444年特里斯唐越过了非洲大陆最北端的布朗角，到达了更远的阿尔金湾，同时也正式开启了臭名昭著的贩卖黑奴的罪恶之旅。

公元1460年11月13日，亨利王子因病去世，终年66岁。

亨利王子的逝世，对于当时的葡萄牙来说，标志着海上探险时代正式宣告结束。是他组织和资助了最初持久而系统的探险，也是他将探险与殖民结合起来，使探险变成了一个有利可图的事业。而他的逝世，也代表着葡萄牙即将开始一个新的时代。但是，他没有看到的是，另一位葡萄牙航海家巴尔托洛梅乌·迪亚士于公元1488年2月3日驶过了非洲最南端后，突然之间清晰地看到了以一个海角为分界线的两个颜色完全不同的海洋——这正是大西洋和印度洋，由此迪亚士意外地发现了好望角。这是人类历史上的一个重要时刻，他的航行不仅证明了非洲大陆确实有尽头，也彻底推翻了托勒密地理学！

尽管历史已经走到了今天，我们仍然不可否认地说，若昂一世和亨利王子的这一系列举措，不仅为他们的国家走向富强打下了基础，更为整个人类文明发展进程作出了不可磨灭的巨大贡献！

五、达·伽马、哥伦布前往亚洲

公元 1460 年，就在亨利王子离开人世的这一年，一个即将改变世界的狠人在葡萄牙港口城市锡尼什横空出世，这就是达·伽马。

有关达·伽马的具体出生日期还存在一定的争议，大多数文献资料都说他出生于公元 1460 年，但是只有美国作家劳伦斯·贝尔格林在《黄金、香料与殖民地》以及少数几个人的作品中，比较含糊地说达·伽马大约出生于公元 1469 年或公元 1470 年。但是，无论达·伽马出生于公元 1460 年还是公元 1469 年抑或是公元 1470 年，在这里都不是特别重要，而重要的是，这个强悍、野蛮、凶残以及对宗教虔诚的日耳曼人，给这个世界所带来的不同凡响的历史意义，直接把葡萄牙这个曾经被欧洲遗忘的偏狭小国一举送上了高光时刻，同时也把无尽的灾难带到了亚洲。如果站在亚洲人的角度上痛陈达·伽马所犯下的罪行，罄竹难书！

恰恰也是在公元 1460 年，意大利人非尼古拉发明了雕刻金属凹版印刷技术，虽然这套印刷技术比中国的活字印刷术晚六百多年，但是由于其效率和实用性非常高，很快就受到了市场的欢迎。

公元 1453 年君士坦丁堡之战后，强大的奥斯曼土耳其帝国控制了各条从欧洲通往东方的贸易要道，将东西方阻隔两地。那些强烈追求东方财富的欧洲贵族和商人，纷纷把目光投向了蔚蓝的海洋，急切想要探寻一条直接通往印度和中国的海上航路。但是，由于奥斯曼土耳其对博斯普鲁斯海峡实施了火力控制，使欧洲通过地中海进入亚洲已经变得遥不可及。恶劣的营商环境迫使几乎所有的欧洲商人不得不另觅通商之道，以寻找更多的机会。

在文艺复兴思潮的影响下，思想艺术和行为有了空前的碰撞，在这个前提下，雕刻金属凹版印刷技术应运而生也是正常。这个颠覆了传统意义的新技术一经出现，却意外带动起了出版印刷业的快速发展，那本在威尼斯和热那亚流传深广的《马可·波罗行纪》，也随着新的印刷技术一起，立刻火爆欧洲。

《马可·波罗行纪》的出版者在前言中如此评价当时的葡萄牙人对东方的认识："向往东方的全部愿望，都是来自想要前去中国。航向遥远的印度洋，撩起了对那片叫作中国（*Seres*）的未知世界的向往，那就是要寻找契丹（*Catayo*①）。"虽然至此中国只是一个名称或者仅仅是一个代号，有关中国的情况也甚为含糊和不尽属实，但已经引起了葡萄牙王室的深切关注。

达·伽马和哥伦布一样，也是《马克·波罗行纪》的忠实读者，书中所描述的"东印度"成了他们实现价值的最大目标。也正是这个原因，致使怀揣着"致中国大汗国书"的哥伦布在公元1492年10月12日发现了美洲后，兴奋地以为自己已经到达了梦寐以求的"东印度帝国"，所以取名为"圣萨尔瓦多"。当他的期望破灭后，遗憾地把这一地区称为"西印度群岛②"。

在萨格里什航海学校学习期间，达·伽马即对马可·波罗所说的那个叫"东印度"的地方产生了浓厚的兴趣，因为那里有大把的香料、成堆的黄金、富饶的土地。那个地方无疑就是人间的天堂，富庶且安逸的生活不是一种奢望，就连昂贵的丝绸也不再是贵族的专属。那里的一切仿佛都能

---

① 契丹，古欧洲人对中国北方的称呼，一度代指中国。

② 今大西洋及其属海加勒比海、墨西哥湾之间，包括海地、牙买加、波多黎各等岛屿在内。

让人垂涎三尺，而这一切又似乎近在眼前，随时随地能够唾手可得。

这种带有浓厚神秘色彩的财富，是对包括达·伽马在内所有欧洲人的致命诱惑，足以让他们对这片土地产生强烈的欲望。因为在欧洲人的认知中，他们心目中的东方有瓷器、有丝绸，还有堆积成山的香料！香料，对于中世纪的欧洲而言，是财富的象征，谁得到了香料，就等于谁掌握了财富！曾经在威尼斯流行过一句名言：古典时代的罗马人为东方的丝绸倾尽财产，当下的欧洲人为香料痴迷不已。据日本历史学家羽田正在《东印度公司与亚洲之海》中介绍，欧洲人所说的香料不仅是胡椒、丁香、肉桂和豆蔻等调味料，同时还包括沉香、白檀、乳香、麝香、龙涎香以及糖和茶叶等，它们都属于香料的范畴。而包括茶叶在内的这些香料，全部被威尼斯人所控制，其中最神奇的莫过于胡椒，一度被威尼斯奸商卖到了和黄金一样的天价！

这就是欧洲人急于找到东方的真正原因。但是，这个地方究竟在哪里呢？

事实上，根据相关记载，古希腊和古罗马时期都曾经有人到达过东方。而在中世纪的欧洲，站在贸易最前沿的威尼斯和热那亚商人也都有相继到达过东方的记载，但他们究竟是怎么来的，又是怎么返回的，都是一个谜。13 世纪，也就是中国的元朝，威尼斯商人已经一路向东，通过印度到达了泉州和广州等地。但是，狡猾的威尼斯人制定了严格的保密措施，对他们的往返路线以及航行海图秘而不宣，而这些旅行资料大多淹没于历史的尘埃中。存留于世并能够广泛流传的，唯有《马可·波罗行纪》，但其也只是粗线条地把海路与陆路叠加在一起。即便如此，神秘的东方就像一个蒙着面纱的美女，更加让人痴迷神往，那种乌托邦式的旅行见闻，对大城市的繁荣富饶的描述，让整个欧洲为之心动。

公元 1492 年 8 月 2 日，哥伦布受西班牙国王派遣，带着给印度君主和中国皇帝的国书，率领三艘帆船从西班牙巴罗斯港扬帆，出大西洋向正西航去。两个多月后，哥伦布发现了美洲。从这个时候开始，历史进入了辉煌的“大航海时代”，欧洲大陆和整个世界都为之发生了巨大的变化！

然而，哥伦布发现了新大陆，对葡萄牙却是个不小的刺激，年迈的老国王若昂二世就像那只吃不到葡萄的狐狸，心里颇不舒服。尤其是当哥伦布返航时，第一站居然停靠在了里斯本港，这更让若昂二世感到自己受到了凌辱，使伊比利亚半岛上的这一对征战了几个世纪的冤家再一次为发现新领土的归属权问题发生了口角。在双方剑拔弩张的紧张状态下，罗马教廷只能出面充当和事佬。在教皇亚历山大六世的调停下，划出了以亚速尔群岛和佛得角群岛为参照物的分界线，东西两个方向分别由两国所有，这就是著名的“教皇子午线”。

就在解决了这次外交争端后不久的公元1495年10月25日，若昂二世因病去世，曼努埃尔一世成为新的葡萄牙国王，葡萄牙人的海洋时代从此拉开了帷幕。

刚愎自用且好大喜功的曼努埃尔一世，刚一坐上国王的宝座，就紧锣密鼓地开始筹划寻找比哥伦布更远的航线，并希望能开辟出新的地方以获得更多的财富。他所期望新发现的那个地方就是传说中的“东印度”。

在哥伦布发现美洲大陆的5年后，公元1497年7月8日，时年28岁的葡萄牙航海家达·伽马，奉葡萄牙国王曼努埃尔一世之命，打着寻找传说中基督教“约翰王”的旗号，怀揣着到达梦中“东印度”的愿望，本着获得东方香料的目的，率四艘卡拉维尔帆船以及170名水手驶出里斯本港，带着国王给“大汗”的亲笔信，在发现好望角的航海英雄迪亚士所率领的一小支船队的护航下，出海寻找前往亚洲的通商之路。

事实上，达·伽马心里非常清楚，前方的一切都是一个未知的世界，那个如神话故事一样的“东印度”究竟在哪里？何时才能到达那个让人垂涎的地方？一路上会遇到怎样的艰难险阻？所有的未知已经明确地告诉他，这必定将是一次艰苦卓绝的死亡航行。

经验丰富的迪亚士把达·伽马的船队一直护送到葡萄牙位于西非海岸

的殖民地堡垒后，两队人在这里握手告别，达·伽马继续前行，而迪亚士就此返航。一年多后，几乎于达·伽马发现并使用武力占据印度的同时，迪亚士在一次探险时由于计算错了风暴的时间而命丧好望角，这位伟大的航海家就此陨落。

当达·伽马船队到达好望角附近时，天公不作美，下起了雨。大雨持续了六天才终于停住，而达·伽马也做出了一个大胆的决定，在继续沿着迪亚士绘制的好望角航线的基础上，为了躲避前方可能出现的狂风暴雨，临时把航线做了调整，在原定的航线上画了一个很大的圈，顺利地绕过了好望角，最终进入了印度洋这片欧洲人几乎从未涉足的陌生海域。

公元 1498 年 1 月，达·伽马一行的船队就在茫茫大海上漂荡。在历经 6 个月的海上漂流后，到达了之前迪亚士曾经到过的一个叫“牧牛人湾”的地方。但是，也就在这个时候，很多船员得上了“水手病”，即令船员闻风丧胆的坏血病，并且已经出现了死亡——由于航行时间过长，没有及时补充维生素 C，很容易染上坏血病，所以必须及时补充维生素 C 才能解决，否则 68 天后人体就会出现症状，84 天后就会出现死亡，而 111 天以后，坏血病就能杀死船上的所有人！

此时坏血病已经非常严重了，多名船员身体状况非常糟糕。在这种情况下，达·伽马知道，船队必须靠岸休整，否则船员因得不到营养，病情将会急剧加重，除了会大面积传播之外，更重要的是将会引起更多人的心理恐慌。

船队在此间休整了一个多月，船员的体力逐渐恢复，于是再度启航。至 2 月 24 日，他们抵达了东非的莫桑比克海域，这是人类历史上第一次有史可查的大西洋直接至印度洋的远距离航行。

就在达·伽马准备在莫桑比克登陆的时候，却没想到与当地的穆斯林发生了冲突。葡萄牙人与穆斯林是一对天敌，一方面是因为宗教之间你死我活的对立，另一方面则是因北非过来的阿拉伯人对伊比利亚半岛长达几个世纪的统治，对4世纪就已迁徙至此地的西哥特人和原住居民进行了残酷杀戮和镇压，迫使西哥特人退缩到北部山区，因此形成了葡萄牙人对穆斯林的强烈仇恨。

长时间艰苦航行的劳顿，再加上坏血病所带来的心理压力和对未来航行路线的迷惘，以及葡萄牙人对穆斯林所怀有的先天仇恨，种种原因集合到了一起，在这一刻触动了郁积在达·伽马内心深处的冷酷本性，面对摩尔人[①]的敌视，达·伽马暴跳如雷，由此激发出了日耳曼人残忍与嗜血的秉性。他当即下令，动用当时最为先进的火炮，对当地人进行猛烈的攻击，打死了多名当地人，捕获了数人当作人质，用武力夺取了水源，强行控制了莫桑比克港。

在莫桑比克休整并补充了给养后，船队继续向东北方向航行。由于坏血病导致了船队的严重减员，达·伽马不得不把一路伴行的补给船凿沉，仅有三艘不足百吨的帆船，在断绝了未来给养的前提下，未知的航行路线和复杂的宗教关系，都将是航程中所要面临的问题，而这所有的一切也只能听天由命了。就这样，达·伽马船队的三艘船就像三条游弋在茫茫草原上的孤狼，闭着眼继续摸索前行，行走于死亡的边缘。终于在4月1日，船队到达了东非地区最重要的港口蒙巴萨（今肯尼亚第二大城市）。

蒙巴萨是阿拉伯商人在此深耕经营了很久的古老港口，大约从11世纪起，阿拉伯商人就开始在这里进行港口的投入和经营，包括从东方的中国、印度以及霍尔木兹港出发的货物，到这里算是一站，然后再通过其他渠道运输到各地。到13世纪，蒙巴萨已经成为印度洋在东非地区最重要的口岸城市之一。

当达·伽马的船队到达蒙巴萨时，当地人起初还误以为他们是从土耳其来的穆斯林商人，给予了热情接待。可是双方进入正式交流后，当地人

① 摩尔人不是一个民族，而是中世纪欧洲人对所有穆斯林的统称。

这才发现对方竟然是基督教徒，局面顿时发生了变化，野蛮的葡萄牙人凶相毕露，再次露出狰狞的面目，对着手无寸铁的人们进行火力攻击。

这群来历不明，好似天降一样的葡萄牙人，不但不遵守当地已经确立的商业规矩，反而一言不合就使用武力，随后像一阵风一样又驶回了大海。对于葡萄牙人的所作所为，那些受到炮火袭击的东非人该怎么看呢？遗憾的是，时至今日几乎所有关于达·伽马的“东方之旅”的描述，都是站在西方的价值观上给予充分肯定，却从未有人对他们在航行路上所犯下的暴行予以批判。

狼狈地逃出蒙巴萨后，达·伽马船队继续向北航行，于 4 月 14 日夜到达了今肯尼亚的港口城市马林迪，可能连他自己也没有想到，在这里竟然得到了巨大收获。

马林迪是当时东非另一个著名的港口城市，这里的建筑和其他地方不同，虽然墙壁上也是用石灰刷成白色，但是房子都比较高，建筑风格也和其他地区有所不同。白色的房子与绿色的田野和葱翠的山林形成鲜明对比，很和谐也很舒适，看上去这里应该是一个比较富裕的地方。

在港口外的达·伽马通过这些建筑物知道这里仍然是穆斯林的地盘，所以他们不敢贸然进入港口。事实上，关于葡萄牙人四处撒野的“事迹”已经在周围几个港口城市开始传播，用中国人的解释是“好事不出门，恶事行千里”。然而，让葡萄牙人没有想到的是，马林迪与蒙巴萨虽然同属伊斯兰教，但是这两个地方的苏丹（国王）之间有世仇，正所谓敌人的敌人即是朋友。因而达·伽马在这里受到了热烈的欢迎和礼遇。更让达·伽马深感意外的是，经马林迪苏丹的介绍，结识了来自阿拉伯的资深领航员伊本·马吉德。

出生于哈伊马角[①]的伊本·马吉德，是一名资深船员，自 17 岁时就开

① 又称拉斯海玛，今阿拉伯联合酋长国中的七个酋长国之一。

始他的水手生涯，由于他的勇气和经验，被奉为“怒海之狮”。他对印度洋的所有航线都非常熟悉，不仅会使用四分仪，还懂得观测天气水文，是一个极为难得的领航员，以至于时至今日，仍然有阿拉伯船员咒骂他是“真主的叛徒”，因为就是他最早向日耳曼人泄露了印度洋的航海秘密！

对于葡萄牙人而言，能得到伊本·马吉德这样的航海专家，简直就是一个天大的惊喜，而这个惊喜足以让达·伽马兴奋得忘乎所以。两人只是经过了短暂的交流，双方就互相明白了各自的需求。而直到这个时候，葡萄牙人从伊本·马吉德的嘴里才知道了自己的目标是一个叫作卡雷卡特的地方。在达·伽马的认知世界里，第一次听说地球上还有这样一个地方存在。

因为有了伊本·马吉德，葡萄牙人也终于知道了自己的航向目标。4月24日，达·伽马船队再度启航。时值印度洋季风对他们有利，所有人都感到了无比的兴奋，努力地向卡雷卡特驶去。

公元1498年5月20日，对于葡萄牙来说，是一个载入史册的日子。这一天，达·伽马船队经过309天的航程、历尽千辛万苦终于到达了传说中的印度。但是，也就是从这一天开始，原本祥和的亚洲迎来了灾难！

第三十章

东印度公司、品茗风尚与茶叶非法贸易

无论是盐、糖、酒精，还是茶叶，都能够轻松地获取货源，尤其是茶叶，是这些走私商品中最易于携带和隐藏的商品，却能从中获得令人满意的利润。18 世纪 60 年代，茶叶逐渐热销，近三分之一的中国茶是由走私者们预定的，他们有一套自己的方式，把茶叶从友好的欧洲港口运进来，再从那里穿过大洋偷运到英国或是远在美洲的殖民地。这种活动显然是得到了法国甚至法国国王的支持，因为他们对英国充满了敌意，想尽一切办法也要破坏英国的税收制度，所以就纵容走私者的非法茶叶贸易。

一、茶叶成为列强争夺的物品

自从葡萄牙人进入亚洲以后，就充分暴露出他们的野蛮和残忍本性，为了达到霸占印度以获取香料的目的，不惜动用武力对平民和商人进行血腥屠杀。

公元1502年，达·伽马率领由20艘军舰组成的庞大舰队，第二次远渡重洋来到印度西岸的坎纳诺尔海湾，却没有正常进港，而是停泊在海面上，虎视眈眈地盯着卡雷卡特。

公元1498年当达·伽马历尽千难险阻到达卡雷卡特后，由于宗教的不同和外交谈判的失败，葡萄牙人和当地人发生了冲突，双方已经失去了信任，所以他再次来到印度以后，并没有直接进入港口，而是埋伏在外围，对所有开往卡雷卡特的船只进行攻击和抢掠。

早期的葡萄牙殖民主义者在大国崛起之时，那些开路先锋们兼具着商人和海盗双重身份，在当时的历史条件下，这种职业的划分很难界定。葡萄牙人暴戾傲慢的行为和他们进行的抢劫屠杀，很自然会让当地居民和往来的商人产生深深的恶感，并由此形成敌意。

9月29日，当一艘满载380多人（其中多为妇女和儿童）从麦加朝圣回来的船经过这片海域的时候，同样遭到葡萄牙人的拦截。达·伽马下令，先用火炮进行攻击，逼迫船只停下，再派人上船进行抢劫。船上一些富商苦苦哀求葡萄牙人，并承诺支付高昂的赎金以保全自己和家人的性命。但是达·伽马并未有所动，而是残忍地下令，让手下直接放火将这艘船烧掉。就这样，380多名无辜者葬身火海，惨死在葡萄牙人的手中。而达·伽马却始终面无表情地看着船上女人和孩子绝望地哭喊求救，让这场灾难在自己眼前发生！

这是一场人神共愤的暴行！达·伽马所犯下的毫无人性的恶行，比那些只要支付赎金就可以保证人质生命安全的海盗更加恶劣。然而，对于心中怀揣着十字军恶毒精神意志的达·伽马而言，他坚信焚毁和抢掠伊斯兰教徒的财富和屠杀他们的生命，并不会受到任何谴责！

仅在短短一个月的时间里，达·伽马所率的葡萄牙舰队在这一海域通过抢劫过往船只获得的财富就高达葡萄牙王室一年收入的十分之一，基本上堵绝了所有进出卡雷卡特的船只，把抓获的船员全部杀死，并把他们的首级悬挂在船桅上。达·伽马之所以要采取如此残暴的方式，不外乎是想达到两个效果，一方面逼迫阿拉伯商船远离此地，让他们不要再继续染指香料生意，而由葡萄牙人取而代之完全垄断；另一方面则是通过这种极端手段威胁卡雷卡特国王扎那林就范，让葡萄牙顺利占领卡雷卡特，完全控制所有香料的经营权。

面对葡萄牙人的暴行，卡雷卡特国王扎那林并不屈服，为了保护自己的家园和利益，组织兵力与敌人进行了惨烈的斗争，但还是不敌入侵者的强大火力，再加上突然暴发霍乱，大量人员死亡，导致这场不对等的战役失败。

继而，葡萄牙人又以同样的方式，武力攻破了位于印度洋上最重要的运输通道马六甲，彻底控制了香料的海上输出。

公元 1513 年，在葡萄牙商人乔治·阿尔瓦瑞斯（*Jorge Alvares*）来到中国之前，大明王朝已经关闭了对外贸易一个多世纪，自从郑和第七次远航西洋后，明朝就施行闭关锁国政策，关闭了对外贸易口岸，除了官派商船允许从事远洋贸易外，私人一律不得出海。

当历史进入 16 世纪以后，世界格局已经发生了天翻地覆的变化，由于西班牙的哥伦布和葡萄牙的达·伽马分别发现了美洲大陆和印度，使西班牙和葡萄牙这两个新崛起的海洋帝国，在罗马教廷的允可下，正在对世界进行瓜分，因此世界局势彻底转变。欧亚大陆交界的奥斯曼土耳其、亚非边界的马穆鲁克埃及，甚至东南亚那些区域强国都在主动或被动地应付和接受这一变局，而唯有地处亚洲最东方的中国对此浑然不觉，几乎所有的精力还在对付北方蒙古的不停侵袭和东南沿海倭寇的不断骚扰。

由于受到中世纪那本《马可·波罗行纪》的巨大影响，书中对东方这片神秘土地神话一样的描述，已经到达了东非和印度的葡萄牙人听到当地人对曾经来自东方大国强大的星槎船队的描述，更激起了欧洲人对这片土地的探索欲望，无论是疯狂妄想的哥伦布，还是凶悍务实的达·伽马，他们心目中最早所设定的目的地——被称作“东印度”的地方，是从印度再往东的那个神秘的国度。

而乔治·阿尔瓦瑞斯正是在这种意识和背景下来到了中国，他的中国之行并非只是出于个人商业目的，更多的是受葡萄牙驻马六甲的官方委托，因为在此前不久，葡萄牙驻马六甲总督阿尔布克尔克刚刚与前来马六甲做生意的中国商人进行了“有必要的商谈”，然后搭乘中国商船到达了广东的屯门（今香港新界西北）。

由于几乎所有关于葡萄牙与中国的资料（包括1521年与中国发生的屯门海战和1523年发生在广东省新会县西草湾之战的两场战争在内），都在1755年里斯本大地震中付之一炬，所以仅能从中国史料中查询到葡萄牙第一个到达中国的欧洲人，就是这个乔治·阿尔瓦瑞斯。

那个时候，明朝实施的海禁政策已经过去了半个多世纪，普通人无法通过私人出海进行贸易活动，而南洋地区所出产的商品，包括胡椒、肉桂等贵重香料，又是中国所不能生产的物资，于是，一些具有官方背景的或者是受到地方政府庇护的商人，自始至终都能够在有限制的范围内出海参与一些贸易活动。这些商人最初采取的方式就是通过对地方官员和沿海驻军进行贿赂，来顺利完成他们的走私行为。

因为有了海上贸易，很多中国人被雇用或随船移民去了南洋谋生。《征服者：葡萄牙帝国的崛起》中说，在有中国人的地方，到处都有中国人开办的中式餐馆和茶馆。

随着这些商人所创造的税收不断提高，广州等地的官府半公开地支持海上贸易，并与这些商人签订相关协议，以从中收取高达20%的重税为代价，变相默许了商家的贸易行为。这些经由海路来中国贸易的商船，都会乘夏季西南风发之便向东北航行，抵达中国海岸后，一般都先在屯门集合，然后才驶入广州、泉州等港口。

乔治·阿尔瓦瑞斯就是通过这个渠道来到了广州。现在已没有证据能够证明他在广州究竟是通过什么方式认识了中国的茶叶，并且把茶叶带到了马六甲，又通过马六甲开往里斯本的货船运送到了葡萄牙本土。但是，这时葡萄牙人的所有精力都放在了香料上，尽管茶叶也随同香料一起到达，但是并没有引起足够的重视，因此给后来居上的荷兰和英国留下了一个天大的机会。

不过，从乔治·阿尔瓦瑞斯在中国见到茶叶时所流露出的贪婪表情来看，显然，此前他肯定已经知道茶叶这种植物饮料的存在，并且也明白这种植物的价值，只是在他来到中国之前，这种植物饮料一直都被欧洲人打包在"香料"范畴之内，尚没人知道具体的名称。直到他来到中国后，才知道这种"香料"有自己的名字。之后，由英国人按照福建本地人的方言，给这种"香料"创造出了一个新的专属单词：TEA。

很快，茶叶就成了列强们互相争抢的猎物！

就在葡萄牙极其高调地通过暴力手段在亚洲获取香料而大发横财的时候，有两个恶煞正在蠢蠢欲动，不动声色地盯着伊比利亚半岛上正在兴高采烈地大发其财的两个暴发户，虽然已经若隐若现地露出了吃人的獠牙，但还不具备跳起来的能力。他们还在等待动手的机会。

这就是荷兰和英国。

不过，这个时候还不能称荷兰，其仅是西班牙哈布斯堡家族控制之下的自治地区，一个叫作尼德兰的地方。无论在荷兰语还是荷兰不同时期的国家徽标中都明确说明，所谓"尼德兰"就是洼地的意思，这比较准确地说明了荷兰所占据的地理位置，就是在欧洲大西洋岸边的低洼地区。这里的海拔在海平面以下，如果赶上天文大潮，咆哮的海浪轻而易举地就能把荷兰全境淹没，所以，荷兰人的筑坝技术很厉害。

特殊的地理位置和四通八达的运输航线，使尼德兰地区不适合农作物的种植，却极适合从事贸易经营，所以此处被西班牙统治者称为“王冠上的一颗珍珠”。然而，由于长期受到殖民者的残酷镇压，这激起了尼德兰人民的反抗情绪，于公元1568年爆发了“荷兰独立战争”。

与荷兰独立战争差不多同一时期，也不能把英国叫作大不列颠联合王国，毕竟英格兰还没有与苏格兰、爱尔兰统一，仅仅是一个英格兰，直到公元1536年通过第一个《联合法案》和威尔士结合，这才勉强沾了个联合王国的边。

自从哥伦布发现了美洲大陆以后，西班牙立刻成了欧洲的核心，往来于伊比利亚半岛和新大陆之间的大西洋航线立刻变得非常热闹。那些数不清的黄金白银和从未见过的新物种，通过这条航线源源不断地运回到西班牙，一批一批做梦都想发财的人又挤上了开往新大陆的船，又在无辜的美洲大陆制造了一幕幕暴力惨剧。而愚昧的英格兰却还在贫困线附近苦苦挣扎，只能眼睁睁看着西班牙数钱数到手软，可是与自己没有任何关系。

哥伦布发现美洲大陆的21年后，公元1513年9月13日，西班牙人巴斯科·巴尔博亚在美洲意外地发现了太平洋，这说明西班牙的财路将再度拓宽，这使尚未脱贫的英格兰更加惶恐与不安，从皇室到贵族都在思考一个问题——如何能找到一条快速致富的道路，以改变目前的这种窘状。

大约就是从这个时候开始，一个叫托马斯·莫尔的英格兰贵族，在出使荷兰期间，用拉丁文写了一本书，书名叫作《关于最完美的国家制度和乌托邦新岛的既有益又有趣的金书》，简称为《乌托邦》，于公元1516年出版发行。

在这本书中，作者极具想象力地虚构了一个航海家——拉斐尔·希斯拉德航行到一个奇乡异国“乌托邦”的旅行见闻。在那个国度里，财产是公有的，人民是平等的，实行着按需分配的原则，大家穿统一的工作服，在公共餐厅就餐，官吏由公众选举产生。书中认为，私有制是万恶之源，必须消灭它。这本书看似荒诞，但实际上阐述了一个很重要的政治观点，那就是世界需要一种新的分配方式，对大英帝国的迅速崛起起到了极为重要的作用。托马斯·莫尔本人也非常罕见地获得了左右翼的一致推崇：左翼发现了他的共产主义思想，他被誉为“空想社会主义”的创始人，而右翼发现了他对天主教的忠诚和为宗教殉难的勇敢。

然而，这本旷世奇书刚一问世的时候，几乎所有人都没有读懂其想要表达的中心思想，因此其不被人所重视。这本书不仅未引起人们的注意，作者托马斯·莫尔反而在19年后的公元1535年7月6日，因反对国王亨利八世兼任教会领袖而被处决，连带这本书一同被人遗忘。

直到他罹难24年后，公元1559年1月15日，随着伊丽莎白在伦敦的威斯敏斯特大教堂正式加冕为女王，《乌托邦》突然爆红！

伊丽莎白一世显然是从《乌托邦》里找到了英格兰崛起的依据，认为不能再任由西班牙和葡萄牙继续瓜分世界。既然世界也有英格兰的一份，那就必须有一个新的分配方式，以平衡新的世界格局。

毫无疑问，这个鬼精的女王就是那个扮猪吃老虎的恶煞，她用一生的精力做了两件事，一是利用自己的未婚身份，游弋于西班牙的腓力二世和法国的艾伦逊公爵之间，让西班牙和法国彻底打消了结盟的可能性，给英格兰腾出了宝贵的时间。

第二件事就是招募了海盗霍金斯和德雷克，从捉襟见肘的国库里拨了一笔钱，买回了两条破船，谈好了分配方案，并专门给他们颁发了“私掠许可证”，让这帮海盗出海去“奉旨打劫”。

于是，心领神会的霍金斯带着他的表弟德雷克，驾驶这艘四下漏水的破船驶出了普利茅斯码头，目标很明确，就是大西洋到加勒比海上的商船——因为按照1495年划分的“教皇子午线”，大西洋属于西班牙的“内海”，在这一水域行驶的商船只有西班牙一家。

霍金斯和德雷克没有辜负女王的厚望，首航即获大胜，得意扬扬地返航向女王请功，也为英格兰崛起捞回了最重要的第一桶金！

西班牙商人吃了这么个大亏肯定不会善罢甘休，他们要求国王追回这笔财产。此时的腓力二世还傻乎乎地沉浸在和英格兰女王结成连理的美梦里，所以只是轻描淡写地要求伊丽莎白一世缉拿海盗，给西班牙商家一个交代。

而伊丽莎白一世也只是敷衍地应承，并继续让霍金斯出海。出海抢劫不但能救国，还能让自己致富，于是越来越多的英格兰青年追随效仿霍金斯和德雷克，纷纷加入了海盗行列。

正是因为这些人的加入，使原本安全无事的大西洋，一时间成了海盗的天堂。他们毫无忌惮，什么暴力手段都敢用，什么罪恶勾当都敢干，像野兽一样疯狂地扑向海里的商船，把大西洋搞得昏天黑地，罪恶滔天。猖狂的海盗们无论是在海上还是在加勒比地区的陆地屡屡得手。直到这个时候腓力二世才醒悟过来，顿时暴跳如雷，下令无敌舰队进攻英格兰。

但是已经晚了，此时的英格兰已经赚得盆满钵满，羽翼日渐丰满，伊丽莎白一世也就无须再遮遮掩掩，干脆撕破伪装，露出了狰狞本相。

公元1588年这场著名的西英海战已经无须再做详细介绍，英格兰依靠以海盗为班底的“皇家海军”,用一套正规军队无法接受的怪异组合拳，一举击溃了举世无双的西班牙无敌舰队，等于一脚把西班牙踹下了海洋霸主的宝座，同时标志着国家命运的一次重大转折，从此以后英格兰摇身一变成为一个海洋大国，也成为基于侵略他国而建立起的国家。

于是，他们的目光瞄准了亚洲。

而另一个恶煞这个时候正在紧锣密鼓地筹划，由荷兰、西兰以及后来的安特卫普等几个行省组成的“乌得勒支同盟”处境和英格兰完全不一样，毕竟还是在哈德斯堡的统治下，尽管一场西英海战把腓力二世打得鼻青脸肿，但还不至于伤了西班牙的筋骨，所以处处都要小心翼翼倍加谨慎，唯恐一不留神惹恼了这个被别人打怒了的老虎拿着自己当出气包。

由于地势很低、湿地众多而不适合于发展农业，大部分荷兰人只能出海从事捕捞业和海运业。在这些从事海运业的人中，大部分是从里斯本购进来自东方的胡椒、肉桂等香料，再将其转运到波罗的海沿岸售卖。这时的葡萄牙国王已由腓力二世兼任，导致了和法兰西、英格兰等欧洲王室的战争连绵不断。西班牙进入战争状态后，就关闭了伊比利亚半岛沿岸的所有港口，包括荷兰在内的这些香料的“二道贩子”也就无法进行正常的交易。尤其是西英海战以后，直接影响到了香料市场行情，胡椒价格一路上涨，所有香料经营商都叫苦不迭。

在这种情况下，荷兰人决意要跳出西班牙的控制和葡萄牙的封锁，自己直接去亚洲开发香料之路。公元 1595 年荷兰在乌得勒支同盟贵族们的支持下，以民间集资形式募集到了大笔资金，于同年 4 月，由 4 艘船组成的荷兰远洋船队从阿姆斯特丹港启航前往印度。

这注定又是一次悲壮的航行，荷兰人虽然在临行前已经充分考虑到了此行的艰险，但这 4 艘船在航行途中仍遭遇了无法想象的困难，历经了 15 个月才到达爪哇岛的西部城市万丹（今属印度尼西亚）。这一次航行是近百年前达·伽马第一次远航印度的一个翻版，其处境甚至比当时的葡萄牙人还要悲惨，由于在海上漂泊的时间过长，很多船员不幸罹患坏血病，导致多人在途中死亡，迫使船队不得不在中途放弃一艘船，剩余的 3 艘船在公元 1597 年 8 月才终于返回阿姆斯特丹。首航印度尼西亚往返耗费了 2 年 4 个月的时间，从出发时的 240 人锐减到 87 人，也就是说，大约三分之二的船员死在航行的途中，可谓是一次悲惨的航海历程。

虽然损失了一艘船、牺牲了这么多的船员，但是此次航行带回来的香料让荷兰人狠狠地赚了一把。这给尝到甜头的荷兰人增强了信心，毕竟没有人能抵御得了如此巨大利润的诱惑，所以必须继续干下去，对于他们来说，最大的成本也不过是死几个人而已，与带回来的这些货物的价值相比，这个代价实在是太低了。

正如马克思所说："如果有百分之三百的利润，它就敢犯下任何罪行，甚至冒着被绞死的危险。[①]"当几乎所有的荷兰人在获知香料的利润达到399%的时候，立刻引爆了尼德兰——北方沿岸地区所有城市的商人和金融从业人员的热情，他们争先恐后不顾死活地前往东方。由此，给荷兰注入了巨大的能量，使这个原本只靠着做二道贩子生存的蕞尔小国，摇身一变成了比肩西班牙和葡萄牙的商业巨头。

二、喝茶是一种时尚的高级社交方式

公元1599年7月，由雅各布·范·涅克所指挥的船队第二次从印度成功返回阿姆斯特丹，再度引起了轰动，于是荷兰人便兴起了出海潮，更强烈地勾起了所有人的贪婪欲望，人们都抱着一夜暴富的梦想，纷纷加入各种远航船队中。

仅在公元1599年之后的三年中，就先后有15个船队，多达65艘船远渡重洋到达了爪哇一带，刮起了一股抢购风潮，其中除了大批量的胡椒和香料之外，大量的中国货物包括茶叶在内，均被荷兰人抢购一空，一度导致了所有货源都出现缺货的状况。而他们带回去的这些令人眼花缭乱的东方商品，几乎来不及进入仓储，在码头上就被销售一空！

在荷兰的极盛时期，商船曾经达到1.6万余艘，占欧洲商船总吨位的四分之三、世界运输船只的三分之一，被称为"海上马车夫"。

茶叶就是在这个时候正式进入了荷兰。

---

① ［德］卡尔·马克思：《资本论》，人民出版社，2004年1月版。

而与荷兰隔海相望的英格兰，在获知荷兰人所获取的巨大收益后，也坐不住了。之前，他们从没有越过好望角进入印度洋地区，只是在地中海一带成立了一家“黎凡特公司”，从中间人手里小打小闹地倒卖几颗胡椒，赚些许散碎银两而已，毕竟他们拥有强大的“海军”，不需要付出任何成本就能轻而易举地“拿回”天量货物，所以区区一个“黎凡特公司”也就成了一块可有可无的鸡肋。

通过之前蝇营狗苟的手段获得了不菲家业的英格兰，依靠海盗的力量建立起的皇家海军，一举击败了西班牙无敌舰队，然后以一个新的海洋秩序维持者身份出现，无须洗白，简单粗暴就行，而且可以继续在大洋上追击抢掠西班牙和葡萄牙的商船，为他们日不落帝国的崛起奠定了基础，这也就迎合了 19 世纪普鲁士宰相俾斯麦的那套流氓逻辑——“真理只在大炮的射程之内”的所谓合理性。

大概是受到荷兰的刺激，或许是因为“皇家海军”在大洋上的所作所为，让伊丽莎白一世感觉，到了改变一下英格兰形象的时候了。在征得大臣们的广泛意见后，英格兰必须也要进入印度洋，而且必须控制并垄断印度以及东方的全部贸易，以不温不火的黎凡特公司为基础，同样采用民间募集的方式，以国家股份为投资保证，总计募集资金高达 68373 英镑[①]，合股成立了日后臭名昭著的“东印度公司”（*East India Company* 或 *British East India Company*），简称 EIC。1600 年 12 月 31 日，由伊丽莎白一世亲自签署并颁发“特许状”，东印度公司正式成立。

公元 1601 年 3 月，英格兰东印度公司四艘远洋船组成的船队前往印度，船队拥有 110 门最新式火炮，由 500 名船员组成，目标直奔东方的香料产地。经过一年多的远洋航行，英格兰船队顺利渡过了好望角，来到了苏门答腊后，英格兰人的“优良基因”再度展现，抢劫了几乎所有在此海域里

① 以当时熟练工的日薪 7 便士为社会收入平均工资，1 英镑等于 240 便士。

的葡萄牙商船，然后扬长而去，于1603年9月，在仅损失了93人的前提下，满载着抢来的大宗香料平安返回普利茅斯港，从中获取了高额回报。[①]

再看一直都在闷声发大财的荷兰，由于大批商船去东方采购，致使商品的产地价格飙升，而这些商船同期运回的商品种类几乎相同，各自在保全利益的基础上，急于出手变现，又形成了无序的竞争，使香料价格一度出现暴跌现象。为了遏制这种恶性竞争所造成的危害，荷兰各地的商家在阿姆斯特丹开会进行磋商，最终决定要效仿英格兰，成立一家公司对商品进行统一管理，这就是成立于公元1602年3月的荷兰东印度公司[②]（*Dutch West India Company*，荷兰文 *Vereenigde Oostindische Compagnie*）。

两个同为"东印度"的公司，各自都想控制东方，所以相互之间的一场恶战也就不可避免，荷兰也已经做好了准备。但是他们迎来的并不是刚刚崛起的英格兰，而是老牌海洋霸主葡萄牙。于是，两国的船舰在海上直接开干。

这场战役的结果是荷兰惨胜，从此印度洋上鲜能见到曾经耀武扬威的葡萄牙货船。而荷兰的损失也很大，其中一艘受到重创的舰船被风吹到了中国台湾。也正是因为这场彻底打败了葡萄牙人的战役，使荷兰在刚侵占的中国台湾发现了另一个商机。

公元1607年荷兰东印度公司的一艘商船装载了一船的茶叶，从中国澳门启程前往爪哇，这也是有明确文字记载的最早的中国茶叶大批量出口。之后的公元1610年，荷兰商船又从日本平户运送出去了第二批，而这一批茶极有可能是日本加工的抹茶。在《茶的世界史》中摘录了荷兰东印度公司派驻赤崁楼[③]长官科内利斯·凯撒写于公元1635年12月5日的日记，

---

① ［英］劳伦斯·詹姆斯：《大英帝国的崛起与衰落》，中国友谊出版公司，2018年版。

② ［日］羽田正：《东印度公司与亚洲之海》，北京日报出版社，2019年版。

③ 位于今台湾台南。

荷兰商船“忠诚”号装载了15000磅茶叶远航波斯。但是这一时期台湾地区并没有茶叶种植，所以这批茶极有可能是从福建转口而来。

随着胡椒、肉桂等香料大量进入欧洲，市场趋于严重饱和，有些地方甚至已经出现了过剩现象，从而导致市场价格大幅度下滑，几乎所有从事香料生意的商家都出现了严重的亏损。而曾经贵为只有王公贵族才能品用的香料，也出现在了平民百姓的餐桌上，以香料显贵的富人显然无法接受这样的落差。一旦富人们不再消费香料，也就意味着香料的黄金时代已经成为过去，正在变成一个美好的回忆，而始终藏于幕后的茶叶也很合时宜地走到了前台，于是，一场腥风血雨的征战即将拉开帷幕。

关于茶传入欧洲的具体时间，数百年来一直都存在争议。无论是匈奴西迁带入，还是蒙古西征相传，或是与郑和下西洋有关，虽然都各自具有一定的可能性，但是所有的历史都必须有严谨的依据和可追溯性，否则就形不成事物的发展逻辑。更何况欧洲自始至终都是一个丛林江湖，日耳曼、凯尔特和斯拉夫三大民族一直把这里当作一个大战场，至少在18世纪以前，这个地方充斥着野蛮和暴力，他们几乎在消灭了原有的古代文明的同时，又建立起了新的秩序——即便在18世纪以后所形成的新的文明，也不过是在掠夺财富的基础上所设立的另一种弱肉强食的丛林法则，所以没有人在意茶的溯源，他们所在意的仅仅是后来发现了茶的价值。

欧洲人有关茶的最早记载，是威尼斯商人乔万尼·巴尔蒂斯塔·拉莫修撰写的一本地理著作《航海记》，大约成书于公元1545年。拉莫修的观点和当时很多欧洲史学家相悖，当很多人都在质疑马可·波罗是否真的到达过中国的时候，拉莫修却在书中比较详细地介绍了他对马可·波罗的了解。在这本书中，拉莫修记录了他和波斯商人哈吉·穆罕默德在穆拉诺岛（威尼斯附近的一个小岛）上吃饭时的一次对话。哈吉说他多次到过中国，那里的人都喝一种叫作“茶”的植物饮料，它具有一定的治疗效果。他甚至信誓旦旦地说，如果能把茶介绍到波斯和欧洲，当地人都不会再销售大黄（当时欧亚大陆非常珍贵且非常风靡的中药材），全部都将改行经营茶叶。[①]

荷兰东印度公司属于最早从中国把茶叶通过爪哇后再运回本土的商家，因此也是茶叶在欧洲的最早传播者。至少在公元1637年之前，荷兰人喝茶已经成了一种风气，比如海牙，人们把喝茶当作一种时尚的高级社交方式，主人学着中国人泡茶的样子，用开水将茶叶冲泡进银质的壶里，再分入精致的瓷杯，小碟子里放着昂贵的糖和奶油，由客人根据自己的口味任意加入。[②]

大约在同一时期，荷兰人把茶叶推广到了德国，但是当作一种来自东方的药材出现在药铺中，并专门注明茶叶的使用方式，因此一把茶叶的售价高达15个金币。到了法国波旁王朝路易十三时期，作为教皇乌尔班八世使节的尤勒·马萨林，前往巴黎调停法国与西班牙冲突时，在偶然的机会里接触到了茶，从此便钟爱一生。荷兰人甚至把茶叶带到了大西洋西海岸他们的殖民地新阿姆斯特丹，也就是今天的纽约，在此后很短时间内，这里也兴起了喝茶之风。

公元1637年，荷兰东印度公司总部给爪哇巴达维亚（今印度尼西亚首都雅加达）总督写信说："一些人开始喜欢喝茶，我们希望在每艘船的货物中都能有几箱中国茶、几箱日本茶。"[③]

实际上英国人接触茶的时间也比较早，公元1612年6月22日，英格兰东印度公司驻日本的雇员威廉·伊顿曾写信给他的同事理查·威克汉姆，在信的最后说到了茶，这是英国人关于茶叶有史可查的最早记载："幸毋忘却买茶，再四托付。"

茶叶在英国历史的转折点是公元1662年。

---

① ［美］梅维恒、郝也麟：《茶的世界史》，商务印书馆（香港），2013年版。

② ［美］伊莱恩·科斯罗瓦：《黄油——一部丰富的历史》，文化发展出版社，2020年版。

③ ［美］梅维恒、郝也麟：《茶的世界史》，商务印书馆（香港），2013年版。

曾经开创了印度洋航线、通过香料实现了一夜暴富梦想的海洋帝国，葡萄牙就像一颗划过天际的流星，虽然带着明亮的光环，但瞬间就被人们遗忘。

公元1662年，已经退出江湖很久的葡萄牙，像一个被打怕了的孩子一样，小心翼翼地活在荷兰和西班牙等强国的夹缝中，虽然旁边有西班牙大哥罩着，但心里总觉得不踏实。

造成葡萄牙对西班牙感觉不踏实的原因主要是三个，第一个是这个大哥不怎么靠谱，经常在关键时刻言而无信；第二个则是西、葡之间在历史上有说不清的恩恩怨怨，尤其是“阿尔茹巴罗塔战役”以后，西班牙人从没有忘记自己所蒙受的耻辱，随时都有对葡萄牙动手的可能；第三个也是更重要的一点，西班牙已经显出了老态，虽然还能打，但时不时地与荷兰眉来眼去勾勾搭搭。

为了自家后院的安全，必须找一个既能看家护院，又能随叫随到的壮汉做靠山。思来想去，若昂四世做出了一个重要决定，与刚刚在多佛海峡打败西班牙的英格兰联姻——把美丽的卡塔里娜 (*Catherine of Braganza*) 公主嫁给继位不久的查尔斯二世①。通过政治联姻，两家能够联起手抵御共同的敌人。

卡塔里娜，又称为卡塔里娜·恩里克塔，或布拉干萨的凯瑟琳，生于公元1638年11月25日，是葡萄牙布拉干萨王朝第一任国王若昂四世的第二个女儿。

卡塔里娜从小就已经成为葡萄牙的一枚政治砝码，在她8岁的时候，就已经被西班牙国王费利佩四世的私生子堂·璜·何塞看中，因在此期间葡萄牙与西班牙交恶，联姻也就没有了下文。后来又有人提议，要把她嫁给法国亨利四世的孙子弗朗索瓦·德·波旁－旺多姆，但是因为谈判无果

① 又译作查理二世。

也就无疾而终，之后才有了与查尔斯二世的联姻。

卡塔里娜嫁入英国时的陪嫁是印度孟买和七艘装满糖的船，此外还带来了自己饮用的茶。因为欧洲无法栽培甘蔗，所以砂糖对于欧洲人来说，是来自遥远南国的高价物品。而葡萄牙在巴西有甘蔗种植区，他们不缺砂糖，但是对于只有蜂蜜和糖蜜（制糖过程中的副产品）的英国人来说，砂糖如同金银般贵重，所以起先要求金银做公主陪嫁的查尔斯二世，看到这七艘船上的砂糖时，也欣然接受了。不久，孟买就成为英国东印度公司的基地，后来这个地方成为向中国输出鸦片的基地。

虽然卡塔里娜带来了丰厚的嫁妆，但是并不受王室贵族的欢迎，皆因为她是天主教徒，从而使她无法加冕，只能孤独地待在后宫，于午后时分，用来自中国的高级瓷器泡上一壶茶，在她寝宫外的阳台上独自享受。

葡萄牙商人乔治·阿尔瓦瑞斯早在公元1513年就已经把茶叶从中国澳门经马六甲转运到了葡萄牙，但是葡萄牙人都沉溺在香料的收获中，所以没有人关注这些从遥远东方来的树叶，也仅仅是在一个极小的范围内才会有人去尝试着喝一口，但是因为苦涩感太重，就在其中加入了少量的糖。不过，还有一个更重要的可能，葡萄牙人并非没有对茶叶做过记载，但是由于在里斯本地震中几乎所有的史料被毁，就连达·伽马航行海图这类国家级档案都未能幸免，更何况有关茶叶的记载呢？所以根据卡塔里娜嗜茶的习惯推断，当时肯定不是她的个人行为，而是具有一定的广泛性，至少是在宫廷内部有喝茶的环境。

在卡塔里娜来英国之前，茶还没有被大多数人接受，最多也只是出现在咖啡馆里的一种副产品，或者被当作一种来自东方的草药饮用，被称为“来自远东的神奇汤饮”。但自从宫廷中有王妃开始饮茶，贵族圈便开始纷纷效仿，逐渐形成一种了解茶的风气，对饮茶也就越来越关心了，慢慢地居然成为一种时尚的待客方式，品茗风尚就这样在宫廷和贵族之间形成了。

当时卡塔里娜所带来的茶叶，应该是从澳门地区直接运到葡萄牙的中国茶，而绝不会是日本茶，其中的原因是，葡萄牙和荷兰是敌对国家，从公元 1638 年起，包括茶叶在内的日本商品几乎全部被荷兰所控制，所以日本茶进入葡萄牙的可能性很小，更不可能进入王室。所以如今日本国内有些所谓“茶文化专家”动辄拿着卡塔里娜说茶，尤其日本的网红作家矶渊猛，出于抬高日本茶的目的，在《一杯红茶的世界史》中，故意把中国茶和日本茶混为一谈，这本身就是一个概念性的误导，试图通过偷换概念而把读者带入误区。这些所谓的“专家”往往只是根据自己的主观臆断，而忽视了当时的政治背景。

公元 1666 年，因为与葡萄牙之间的姻亲关系，英国东印度公司设置的商馆在中国澳门开张。在此驻留的商人向查尔斯二世和卡塔里娜王妃赠送的是用银器存放的茶叶和肉桂油。这批茶几经辗转，直到公元 1669 年才到达英国。在总共送到的 143 磅茶中，21 磅直接献给了卡塔里娜王妃。

由于有了中国澳门的派驻机构，英国东印度公司直接从中国采购茶叶。公元 1678 年尝试从中国澳门进口了 4713 英镑的茶叶在英国试销。这批茶只占到当时进口总额的 0.1%，出乎所有人的预料，茶叶销售竟然大获成功。而到了公元 1685 年，爱尔兰自然历史学家汉斯・斯隆爵士乘坐东印度公司商船通过中国澳门到达广州，宣告英国直接采购中国原叶茶的大幕正式开启。

英国在茶叶贸易的道路上，明显与荷兰相对立。两国自公元 1600 年先后成立的东印度公司，还算和气地度过了 50 多年，但因为茶的观点不同而促使矛盾迅速升温，导致双方关系日趋紧张。

英荷之间的矛盾加剧，源于克伦威尔“共和时期”。出生于公元 1599 年的奥利弗・克伦威尔，属于那个时代的“钢铁直男”，在公元 1642—1648 年两次英国内战时期，先后率领“铁骑军”和“新模范军”击溃王党军队，公元 1649 年甚至把当时的国王查尔斯一世送上断头台，随即宣布成立英格兰、苏格兰与爱尔兰共和国，并自任“护国主”。克伦威尔政府

英国的下午茶文化

于公元1654年经过长期谈判，同荷兰签订了《航海条例》，此后同瑞典、丹麦缔结了有利的商约。但是，仅过了4年之后的公元1658年9月3日，克伦威尔就告别了这个世界。于是，王权复辟主义分子趁机夺回了政权，把被处死的查尔斯一世的儿子查尔斯二世迎接回国。

查尔斯二世继位后，克伦威尔推出的所有政策全部被推翻，包括与荷兰签订的《航海条约》。英国王室下令东印度公司在所有地区专门找荷兰人的碴儿，同时皇家海军也奉旨出征，在各个大洋中寻找荷兰商船进行“碰瓷”式攻击，再次把他们的海盗血统发挥得淋漓尽致，用了各种方式把荷兰舰船打得一败涂地。从此之后，两国变成了水火不容的死敌。也恰恰基于这个原因，阴错阳差地促成了卡塔里娜公主与查尔斯二世的联姻。

虽然在很长一段时间里，英国学界都把茶叶进入英国的责任推给了卡塔里娜①，但是导致英国对茶叶需求量快速增长的真正原因，既不是卡塔里娜对所谓茶文化的传播，也不是英荷第二次战争的爆发，而是起源于另外一场大瘟疫。

曾经横扫欧洲，令所有人都闻风丧胆的中世纪大瘟疫，在偃旗息鼓了300多年后，于公元1664年突然死灰复燃，裹挟着死亡气息，再度笼罩在了伦敦的上空。

事实上，早在两年之前的公元1662年，黑死病就已经在伦敦出现，但并没有引起人们的足够警惕。而到了公元1664年底，恐怖的死神再度发飙，像一个游走的幽灵，于12月23日悄无声息地出现在了伦敦街头。

时值圣诞之夜，多数人集中在教堂祈祷，瘟神就这样安然地混迹于虔诚的信徒之中，不动声色地等待施虐的机会。当教堂的钟声刚刚敲响，瘟神随即暴露出凶残的嘴脸，扑向了现场的每一个人。

伦敦大瘟疫即刻暴发！

---

① [英]杰里米·布莱克:《大英帝国3000年》，中国友谊出版公司2021年版。

瘟疫再一次来势汹汹，肆意夺取人的性命，死亡人数不断攀升，黑死病再度降临到每个人的头上，整个伦敦风声鹤唳，人人自危。尤其是儿童，比成人更加脆弱，一旦染病必死无疑，甚至到了婴儿一出生就直接送进坟墓的地步。公元 1665 年整个夏天就是一次死亡竞赛，从 6 月的每周数百人，到 7 月就激增到了每周死亡过千，而到了最高峰的 8 月，每周平均死亡人数高达 6000 人！

瘟疫造成了近 10 万人丧生，没死的都逃了出去，曾经繁华的伦敦变成了人间地狱，整个城市破败不堪，街头竟然长出了杂草，就连国王查尔斯二世也带着家人仓皇地逃到了牛津。夜晚降临，拉着灵车的收尸人沿着空荡荡的街道搜寻死尸，“那些还活着的人，把死人的尸体交出来吧！”凄厉的声音像坟墓里的野鬼，在伦敦的街头回荡。诗人约翰·多恩惊悚地写下“不要问丧钟为谁而鸣，它就是为你而鸣！”

正当瘟疫还在猖狂肆虐之际，9 月 2 日凌晨 1 点，一把大火又从天而降。据说，这次火灾是伦敦布丁街一家面包铺失火所致，当火势刚刚开始蔓延的时候，恰好遇到了一股风，于是，火借风势很快就点燃了附近几条街的木质房屋，然后一鼓作气地隔着泰晤士河烧到了对面。

三、东印度公司与中国茶叶贸易

这场大火连续烧了四天四夜，总共 87 个教堂、44 家公司和 13000 间民房在这场火灾中化为灰烬。大火虽然只有 5 个人死亡，却造成了大约 1000 万英镑的经济损失。按照当时伦敦市的年收入 12000 英镑计算，理论上说，灾难所造成的损失需要 800 多年才能弥补！

这么大的一笔重建开支去哪里筹集呢？查尔斯二世及其内阁的目光不约而同地转向了东印度公司。

然而，如果换一个角度从积极的方面来说，大火等于给瘟疫肆虐下的伦敦做了一次大消毒，使黑死病毒从此被彻底消灭。但是火灾所造成的经济损失，使伦敦不啻经历了一次灭顶之灾。为了快速敛钱，从王室到内阁给东印度公司等经济实体施加了前所未有的压力，必须赶快出去找钱，而且还要不择手段，否则的话大英帝国随时都有倒闭亡国的可能。

也正是基于这个原因，英国东印度公司在中国澳门设置了商馆，开始了与中国的茶叶贸易。当第一船试销的茶叶到达英国以后，卡塔里娜王妃和诸多贵妇才真正成为茶叶推手，而茶叶推广的方式不外乎以“喝茶能够抵御瘟疫”之类的宣传为主题，使饮茶之风得以快速且广泛推广。

为了加快弥补因瘟疫和火灾造成的巨大损失，公元1670年查尔斯二世发布了五条法律，授予东印度公司多项权利。东印度公司的敌人包括商业竞争者、敌对国家和国内的敌对势力，因此它需要更多的权力。采取军事行动的权力对公司来说是非常重要的。

从中国进口的大量茶叶，使英国从中获取了巨额收益，在伦敦的重建过程中起到了不可取代的作用，仅用了短短6年时间，到公元1672年，除了个别教堂等大型建筑外，所有市民全部搬到了新居。与中国的茶叶贸易毫无疑问地让英国得到了意外惊喜，从此开始了大规模的茶叶进口。

在《东印度公司与亚洲之海》一书中，有英国从中国进口茶叶的精确数字统计：

1689年，3万磅；

1713年，16万磅；

1721年，100万磅；

1747年之后，每年都超过300万磅；

1760年进口量超过600万磅。

上述数字表明，仅从公元 1713 年到公元 1760 年，在短短的不到 50 年时间里,英国的茶叶进口量就增加了将近 40 倍。由于茶叶属于贵重商品，根据英国最早于公元 1689 年对正式进口的第一船茶叶所制定的征税额度，每磅价值 1 先令的茶叶，要征税 5 先令，仅关税一项就达到了 500%，可见茶叶财政对英国的重要性。

然而，如此高的利润，很容易招来不法分子的觊觎。而第一个出现的不法分子，居然是法国人。

很多人可能并不知道，法国也有一个“东印度公司”，早期成立的时间是公元 1602 年，仅比英国和荷兰晚了 1—2 年的时间，其英文名字也很大气：East India Co, French。虽然公司成立的时间并不算很晚，但是在很长一段时间里并没有做成一单生意。之后到公元 1650 年连续又开办了三次，仍然一无所获，一直到 1664 年，有着“太阳王”之称的法国国王路易十四专门委托他的亲信、财政总监柯尔柏再一次组建公司，并改名为法属东印度公司（*French Company of the East Indies*）。公司的经营范围，主要是以印度和东非的商品为主。

公司倒是成立了，架子做得也足够大，先在马达加斯加建立商站，后来又转到留尼汪岛和毛里求斯，同时在印度西海岸的苏拉特开展贸易，可业务几乎和前面三次一样，仍然是一事无成。直到发现荷兰和英国从中国大量进口茶叶，这个一事无成的法属东印度公司，突然之间脑子就开窍了，因为他们发现了一个重要的“商机”！

四、茶叶走私影响英国财政收入

茶叶走私！

18 世纪的欧洲，从康内玛拉山脉到乌拉尔山脉之间一直存在巨大的非法经济体，在税收的阴影下欣欣向荣。每一位君主都不断地与走私犯们进行战争，最终都因失败而不了了之。这些走私犯们能任意获得所有紧缺的或者是有利可图的商品，无论是盐、糖、酒精，还是茶叶，都能够轻松地获取货源，尤其是茶叶，是这些走私商品中最易于携带和隐藏的，却能从中获得令人满意的利润。18世纪60年代，茶叶逐渐热销，近三分之一的中国茶是由走私者们预定的，他们有一套自己的方式，把茶叶从友好的欧洲港口运进来，再从那里穿过大洋偷运到英国或是远在美洲的殖民地。这种活动显然是得到了法国甚至法国国王的支持，因为他们对英国充满了敌意，想尽一切办法也要破坏英国的税收制度，所以就纵容走私者的非法茶叶贸易。而荷兰和西班牙也怀揣着同样的目的，因为对英国的痛恨已深达他们的骨髓。在他们不遗余力的支持下，走私茶叶不再是一件小买卖、一种小团伙的活动，因为身后站着几个强大的国家，走私已经成为一个巨大的、不可想象的行业，由商业财团参与运营，银行提供资金，敌对政府大力支持。这个如此庞大的行业，甚至可以随时彻底破坏所有合法的贸易和税收！

堂堂法兰西帝国居然做起了令人不齿的走私生意，这事一旦传出去，无论如何也不是光彩的事。但是“聪明的”法国人还是自有其法，既然自己不能抛头露面，那么就通过黑帮分子来做这个生意，既能赚到钱，又不会丢面子，一举两得何乐不为？

没想到，具有投机倒把天才的法国人，还真的把茶叶走私这个生意给做起来了。亨利·菲利普于公元1822年出版的《蔬菜种植史》里的一节，把走私茶叶的过程说得很清楚：

“由于政府征收高额关税，法国人从公元1720年开始把茶叶偷运到英国。这种非法贸易愈演愈烈，（在作者的记忆中）上百匹马队驮着茶叶已经是司空见惯了。苏塞克斯郡的农民甚至专门挖了地道运输茶叶。这些走私分子非常凶悍，试图告密或者反抗都是非常危险的事情，就像在西班牙挑衅宗教法庭一样。”

就在这一时期，发生了一起令人发指的事件，1747年9月22日，英国海关关员在多赛特（位于英国英伦海峡北侧）附近海滩截获了臭名昭著的豪克斯特暴力走私集团约2吨走私茶叶，恼羞成怒的走私集团当晚洗劫了征税所，重新夺回了茶叶。而小镇上一名叫丹尼尔·蔡特的居民，因为向负责侦办的海关关员指认了其中一名走私分子，因而遭到了暴徒的残酷报复。

这起惨无人道的暴力事件发生后，引起了英国上下的强烈愤慨，议员欧文·鲍特尔勋爵在议会上义愤填膺地痛陈走私犯罪集团的暴行，强烈要求政府必须采取有效措施，对这伙受外来势力支持的走私分子进行严厉打击，对所有已经造成的财政损失坚决予以追讨，同时对制造这起惨案的罪魁祸首严惩不贷。

在场的所有人都对这位议员的慷慨陈词表示支持，可谁也没有料想到的是，这番演说为后来事态的发展埋下了伏笔。

由于这是一起受到政府督办的大案，警方以超高效率介入了该案的侦破工作，第一个施暴的凶徒罗德很快就被缉拿归案。显然罗德在审讯过程中受到了无法承受的酷刑，很快就交代了所有罪犯的姓名和藏匿之处，同时也对这些走私货物的来源做了详细的交代。直到这个时候警察才知道，原来参与茶叶走私的不仅仅是法国东印度公司，还有荷兰、西班牙、瑞典等国的相关人员，他们勾结海关内部人员共同作案，且涉案金额数目惊人，直接影响了英国的财政收入！

根据罗德的供述，警察几乎没费吹灰之力就一举捣毁了这个暴力走私集团，参与走私的罪犯全部落入法网。经过法院的审判，走私集团中的几名首犯全部被判处绞刑，其他人员也根据罪行的轻重分别被处以劳役。

但这仅仅是一个开始，这起血案所造成的严重后果，却远不是处死几个走私犯那么简单。

因为这起案件背后的始作俑者是法国、西班牙等，他们的所作所为必然引起英国王室的强烈愤慨，并且不断发酵，从而把这起普通的刑事案件一步一步推向了政治深渊，并在不久之后引发了非常惨烈的战争，使整个欧洲都不能独善其身，最终演绎成一场影响全球的战争，这就是爆发于公元1756年的英法“七年战争”。

恰恰是由于这场战争的爆发，几乎拖垮了整个欧洲的财政，因为财政的吃紧，所造成的严重后果又让所有人都始料不及，甚至远在东方的中国，也因为这场战争而受到了伤害。

因为一片东方的树叶，历史在这个节点上发生了巨大的变化！

第三十一章

茶叶，从战争开始到战争结束

荷兰人的这种“新式喝茶”的方式，也把喝茶之风传到了北美各个地区，包括当地的印第安人也对茶叶产生了兴趣，在很短的时间内，茶叶的消费量就呈现出几何式增长，尤其是中国茶，因为味道和口感更适合当地人而广受欢迎，很快就把荷兰人控制的日本茶甩到了身后。渐渐地，日本茶就被排挤出了美洲市场，中国茶一枝独秀统领天下。

一、茶叶生意来钱最快

如果简单地从战争意义角度出发，“七年战争”毫无疑问是一场两败俱伤的战争，也是一场谁都不想提起的战争。然而这场战争的爆发，却又在英国资本主义发展史上具有非常重要的地位，对“工业革命”的形成和发展起到了很大的促进作用。

从1756年到1763年，交战的双方无论是英国、普鲁士、汉诺威，还是法兰西、奥地利、俄罗斯以及瑞典和萨克森，再加上后来参与进来的搅局者——伊比利亚半岛上的那两颗互掐的“牙”，所有的参与者不但被这场旷日持久的战争折磨得精疲力尽，而且也都伤筋动骨元气大伤。战争直接影响了欧洲、北美洲、中美洲、西非海岸、印度和菲律宾群岛的政治格局，使地缘政治发生了根本的变化。

英国毫无争议是这场战争的最大赢家，虽然约翰牛（英国的别称）仅短暂下场通过海上对法国船只进行围猎，挑起战争的事端，但并没有赚到多大的便宜，于是改变了策略，把普鲁士国王腓特烈二世拖进了战争，用他们的手直接下场狠揍那个令人讨厌的高卢鸡（法国的别称），但是结果并不尽如人意，腓特烈二世所率的军队几乎遭到了毁灭性打击，连他本人都险些被逼自杀。

而英国却躲在背后，通过花费重金重树普鲁士和汉诺威这两个打手的信心，改变了之前猛打猛冲的彪悍战法，换了一套令人眼花缭乱的战斗方式，使法国耗尽了所有资源，直接宣布破产。而英国则抓住这个机会，利用法军涣散之际，干净利索地通过哈瓦那和马尼拉两场海战，夺取了古巴和菲律宾，迫使法国签下了《枫丹白露条约》。

最终双方在总共导致140万人死亡的悲惨前提下，由西班牙和奥地利分别代表失败一方被迫签下了《巴黎和约》和《胡贝尔图斯堡和约》，在标志着这场战争结束的同时，大片的殖民地也成了英国的囊中之物，使其从殖民地掠夺了巨额财富，并把这些财富运回英国本土转化为资本，为工业革命提供了源源不断的资金支持，再通过工业革命积累了更多的资本，使帝国得以迅速发展。

但是，战争结束之初却并不是这样。尽管战场上的硝烟已经慢慢散去，可另一场战争才刚刚拉开帷幕。由于英国在战争中付出巨大，不仅拖垮了国民经济，而且直接导致了国库的严重亏空。所以，摆在他们面前的当务之急，就是必须通过一切可能的方式，不惜开动所有盈利的机器，以堵上因战争造成的亏空。

那么究竟什么生意来钱最快呢？毫无疑问，当然是茶叶。但是，要大批量地进口茶叶，必须有钱，更何况中国茶商们根本不认英镑汇票，也不需要洋枪洋布，只认一个东西：银子。如果没银子的话，金子也行。

由于英国出现了严重的贸易逆差，中国则很愿意满足英国日益增长的茶叶需求，除了银子以外，中国对英国没有更多的货物需求。

以 1730 年为例，英国东印度公司的五艘商船，载着 582112 两白银来中国采购茶叶，但是在结算的时候，发现白银的数量不足，于是中国茶商强硬地扣下了款额不足的茶叶。

所以，英国人很明白，如果要买茶，就必须用银子。可这个时候的英国国库空空如也，去哪里筹集这么一大笔银子呢？如果在七年战争之前还好说，西班牙人在墨西哥、秘鲁和玻利维亚控制着全世界白银的主要产地，而英国和葡萄牙等国家的商人只需向西班牙出口白糖和酒等商品，就可换回白银，然后再转手交给中国茶商，由此换回来茶叶。可一场战争下来，英国和西班牙已成死敌，怎么可能再从他们手里拿到白银呢？

在万般无奈之际，英国东印度公司只好向中国澳门的葡萄牙商人和私人银行融资，不足部分再由葡萄牙人出面求助于官府做担保，这才终于装回了两船茶叶返回利物浦。

但是，长此以往这也不是个办法，即便茶叶拉回去卖了，结算也只是英镑，再次进货仍然是没有银子，没有银子，怎么从中国人手里再进下一批货呢？

“一分钱难倒英雄汉”，中国这句名言这个时候在英国人身上体现得淋漓尽致。而这个时候已经战败了的法国、西班牙以及他们的小弟瑞典等国，正憋着一肚子坏，要彻底搞垮英国的财政。法国等从中国进口了大量的茶叶，依然是通过传统的走私方式，神出鬼没地把茶叶偷运到英国本土和美洲殖民地，开始了新一轮对英国市场的破坏性围攻。

而英国的东印度公司此时正焦头烂额，几乎所有的高级员工连同英国政府的官员，通宵达旦地研究讨论，如何才能在短时间内筹集到购买茶叶的白银。

一方面是白银紧缺，致使茶叶不能按时进口而带来的市场紧缺；另一方面则是走私分子疯狂地进行茶叶走私，造成了大量的税金流失。如何解决目前面临的白银危机，成为大不列颠的当务之急。

就在他们想破了头也不知道该怎么解决巨额贸易逆差的时候，有人突然想到了一个前所未有的坏主意：鸦片生意！

英国人终于打开了对中国实施犯罪行为的闸门。

在东方的中国，英国人缺少的仅仅是买茶叶所需要的白银而已，然而远在美洲，此时正面临着更大的麻烦。

因为在英国受到了残酷的打压，在迫不得已的情况下，于1620年9月16日，由牧师布莱斯特率领的第一代移民——35名清教徒和工匠手艺人以及家仆杂役等共计102人乘坐“五月花”号帆船从普利茅斯港出发，经过66天的远洋航行，于11月21日到达美洲“普利茅斯殖民地”[①]，成为英国在北美的殖民地的第一代人。然而，其中最重要的一个情节是，11月11日，当船停靠在鳕鱼角时，102名新移民中的41人参与签署了著名的

---

① 今美国马萨诸塞州部分地区。

《五月花号公约》，而就是这份公约，成为美国日后无数自治公约中的首例，它的签约方式及内容代表着“人民可以由自己的意愿来决定自治管理的方式、不再由人民以上的强权来决定管理”。在此开创了一个自我管理的社会结构，这在王权与神权统治的时代，暗含了许多民主的信念。

时过境迁，在过去了100多年后，虽然始终不断地有人在向北美迁徙，但是成分比较复杂，其中大多是在英国本土过不下去的无业游民，或者是身陷囹圄被流放的囚犯，总之大多数是社会底层人士，只有极少数精英阶层，抱着一定的投机心理，试图到新大陆谋取机会。

大船年复一年月复一月地从英国本土或其他地区运来了一群又一群生活在底层的人士，这也就意味着越来越多不受管束的人涌进了广袤的美洲大陆， 给北美殖民地带来了生气的同时，也增加了不可预估的不安定因素。由于这些移民已经对英国本土失去了信心，才在不得已的情况下背井离乡远离故土，对于这些人来说，对大英帝国的归属感几近于零。英国当代著名作家肯·弗莱特有一部小说《自由之地》讲述的就是这样一个故事，一个不想一世为奴的矿工麦克，因为不甘心被生活禁锢，不甘心被命运安排，于是拼命逃脱现实所带来的不幸，历尽千辛万苦最终来到了这片“自由之地”。

而现实中这些像麦克一样的移民，由于不能适应美洲的水土以及与原住民印第安人进行争斗，很多人死去。更何况无论什么时候抑或什么身份，只要来到北美殖民地，都必须接受《五月花号公约》中的条款，所以第一代人所留下来的血脉一代一代向下传承，甚至形成了从骨子里仇恨他们“宗主国”的心理。

因此，即便英国政府派出专员强行灌输“爱国主义教育”，但这些人以及他们的后代绝对效忠英国王室的可能性微乎其微。

众所周知，引发独立战争的连锁事件以一种奇怪的，甚至是好笑的方式开始——因为一件日用品而引发的争吵。当时在英国本土几乎没有人能预见这会引发一场革命——即便不是因为茶叶，也有可能是其他物品，同样可以让这块遥远的土地脱离大英帝国。

就英国而言，在过去很长一段时间里，考虑到当地的艰苦环境，所以对北美殖民地的政策比较宽松。比如同一时期的本土的英国人都必须依法纳税，而到了北美马萨诸塞州，所有人只需交1先令的人头税。坦率地说，这个税已经低到了忽略不计的地步，仅仅具有象征意义。

17世纪初，荷兰人就已经把来自亚洲的茶叶贩卖到了他们当时的美洲殖民地新阿姆斯特丹，并培养当地人喝茶的习惯，几乎在很短的时间里，这里喝茶蔚然成风。那些无聊的贵妇们充分发挥她们的想象力，在效仿荷兰本土上层社会生活方式的同时，也加入了一些新的元素，比如，除了在茶中加入适量的糖之外，又创新性地加上番红花、桃叶之类，以调剂味道和颜色。

荷兰人的这种“新式喝茶”的方式，也把喝茶之风传到了北美各个地区，包括当地的印第安人也对茶叶产生了兴趣，在很短的时间内，茶叶的消费量就呈现出几何式增长，尤其是中国茶，因为味道和口感更适合当地人而广受欢迎，很快就把荷兰人控制的日本茶甩到了身后。渐渐地，日本茶就被排挤出了美洲市场，中国茶一枝独秀统领天下。

二、茶税竟高达119%

从18世纪20年代起，在荷兰人的引导下，北美地区的茶叶消费和进口已经趋于稳定。如果从法律层面上讲，北美殖民地的茶都必须从英国进口，而事实上并非如此，至少有70%的茶叶通过荷兰、法国和瑞典等渠道走私进入这块新大陆，而参与茶叶走私和经销的，却都是北美殖民地的显赫人物，并且都通过茶叶发了横财。

在这一时期，来自中国的茶叶成了当地居民不可或缺的生活用品，而他们购买茶叶必须借助英国东印度公司。仅购买程序就非常复杂，首先由美洲殖民地茶商向东印度公司提出购销意向，东印度公司再转到中国澳门商馆，然后去广州订购，再通过商船运输到马六甲，并在马六甲等待印度洋季风。根据《茶税法》规定，商船不能直接到达殖民地，须在英国本土的仓库存放，完税后才能重新装船运抵美洲殖民地指定港口。

这个复杂并且不断发生变化的进口程序，操作系统在伦敦、利物浦、布里斯托尔抑或在格拉斯哥进行，再由无数工厂和农场来养活，并向全球扩散，最终落实却是从马里兰（美洲殖民地）到加尔各答（印度），再到广州（中国）才能得以实施。

也就是说，从提交购销意向书到最后茶叶到港，至少要两年的时间，这还是在比较顺利的前提下。虽然经过了长达二三百年的海上运输，对这条海上通道已经算得上是轻车熟路，可海运的风险依然存在，尤其是到了好望角一带，不时还会有海难发生，更何况，在浩瀚的海洋上随时还有荷兰、法国等敌对国的威胁。在这样的前提下，殖民地的茶商宁可购买走私茶，直接且简单，更重要的是便宜——省去了一大笔税金。根据英国政府的统计，这一期间无论是英国本土还是美洲殖民地，走私茶叶高达 700 多万磅，而通过正常贸易进口量仅为 500 万磅，走私茶已经严重冲击到英国的税收。

根据英国政府的统计，在公元 1767 年《唐森德税法》之前，仅波士顿一个地方的茶叶消耗量就大约为 300 箱，而整个殖民地一年的总消费量将近 2.2 万箱，但是税务部门的完税记录仅有 20%，这也就意味着每销售 10 箱茶，其中就有 8 箱来自走私。

到了 18 世纪 70 年代以后，英国获得了包括原荷兰殖民地新阿姆斯特丹在内的北美殖民地已经多达 13 个州。这个时候的英国政府觉得已经到了向殖民地征收税款的时候了，从“七年战争”后的公元 1767 年，英国财政出现严重困难，所以国会在此前就已经通过了向北美殖民地的征税法案，为向北美殖民地征收税款做好了准备。由于该法案是由当时的财政大臣C.唐森德提出的，故名为《唐森德税法》。但是，当该法案公布以后，却引起北美殖民地各州人民的愤怒抗议，强烈要求将其废除。于次年2月，马萨诸塞州议会向各殖民地议会发出巡回信件，重申“无代表即不纳税”的原则，同时号召和鼓励殖民地人民掀起抵制英货运动，并用武力反抗英国税吏的搜查与强力压迫。

然而，经过“七年战争”之后，原本就财政严重吃紧的英国更是雪上加霜，只能通过提高茶税来解决燃眉之急。茶税从公元1763年的64%，猛涨到了106%，再之后的茶税已高达119%。

如此高的茶税，必定会再度引发走私分子铤而走险，而战败了的法国、荷兰、丹麦、瑞典更不可能放过这个机会，甚至还有一个短命的“奥斯坦德东印度公司”也参与其中。于是上述几个国家组成了规模庞大的走私集团，从广州一次就装载了250多艘船的茶叶，浩浩荡荡地分别驶往英国本土和美洲殖民地。据英国政府统计，当时英国人的茶杯里至少一半冲泡的是走私茶。而令人啼笑皆非的是，在这些由各国财政支持的庞大走私队伍中，英国的东印度公司和北美殖民地的富商竟然也混于其中。走私活动已经成为美洲殖民地快速致富的最简单和最直接手段，包括茶叶和白糖在内，都是他们的发财秘诀。其中最著名的就是后来被誉为“美国国父”的马萨诸塞州州长约翰·汉考克，以及乔治·华盛顿，他们的财富积累都是通过走私而获得，甚至在“七年战争”中也都没闲着，直接从法国和荷兰人手里购买大量的白糖和茶叶。

所以，无论大英帝国出台什么样的税收政策，到了殖民地都很难得以履行，走私之风依然盛行。无奈之下，英国政府只好采取强硬措施，一方面动用武力打击走私，另一方面则强迫殖民地必须按照《唐森德税法》足额纳税，并且向殖民地派出了大批军队对当地人的走私行为进行震慑，因此导致了当地人的极度反感，军民之间的矛盾不断加大，形形色色的冲突不时发生——新税法所引起的抗议风暴，使美洲殖民地从无序到有序地联合起来共同抵制大英帝国。面对波士顿已经处在近乎无政府的状态，英国本土在公元1688年秋派出了军队，占领波士顿的城镇和政府机构，与抗议者们进行对峙。

三、茶税引发波士顿惨案

很多人在质疑英国政府，这种近乎威逼恐吓的方式是否能让情绪高涨的殖民地人就范。没想到，这种质疑在18个月后果然应验。事端发生于公元1770年3月5日晚7点左右，这个地上还残留着厚厚积雪的夜晚，原本只是一个几乎每天都在发生的普通事件，却成为点燃了影响世界的导火索。

如果说，这天晚上在假发店里当学徒的爱德华·甘力克没有和他的几个工友出去喝酒，或者说托马斯·普雷斯顿上尉像往常一样，这个时间坐在住所的写字台前给他远在伦敦的妻子写一封倾诉衷肠的信，或许这根导火索就不会被点燃，历史也就不会因此而发生变化，即便冲突和争执每天还会继续发生，但无论如何历史也不会把他和素昧平生的爱德华·甘力克放置到风口浪尖上，而殖民地是否还是殖民地也就与他们两人中的任何一人都没有任何关系。

但是，命运就是这么捉弄人，恰恰就在公元1770年3月5日，这个与平时没有什么两样的晚上，命运让他们两人在波士顿的街头不期而遇了。正是因为这两个普通人的“历史性”相遇，拉开了美国独立战争的序幕。

这个时候的爱德华·甘力克显然已经喝多了，在同行的几个工友搀扶下，晃晃悠悠地从酒馆里出来。 与此同时，托马斯·普雷斯顿上尉和他的卫兵则刚要走进酒馆，两人一个门里一个门外相遇了。醉眼朦胧的甘力克错把普雷斯顿当成了欠他老板钱的英国军官，于是就指着普雷斯顿的鼻子破口大骂。

普雷斯顿被骂得莫名其妙，但是并没有理睬眼前这个醉汉，径直走进了酒馆。让他没想到的是，这时的甘力克却挣脱了同伴的阻拦，趔趔趄趄地冲进了酒馆，抓住了普雷斯顿的衣领，同时伸出另一只手，一巴掌打掉了他的帽子。两个人就这样厮打在了一起，并从酒馆里相互撕扯来到了外面的大街上，立刻引起了周围人的关注，人们纷纷围拢过来。因为殖民地的多数人对《唐森德税法》反感，所以这次意外冲突在围观者的呐喊声中不断升级，越来越多的围观者从四面八方围拢过来，其中47岁的黑人克里斯普斯·阿塔克斯站在了人群的最前面。

正在对面海关大楼前执勤的英军士兵休·怀特见状过来进行阻拦，却没想到打红了眼的甘力克冲过来动手就要抢怀特的枪。于慌乱之际，怀特的手突然扣动了扳机，而这一枪并没有打中事件的肇事者甘力克，却打在了甘力克身后的克里斯普斯·阿塔克斯的头上，只见他的身体晃动了两下，即刻便倒在地上。

枪声立刻引起了海关内英军的注意，他们立刻持枪冲出以控制局面。可是当围观者们发现克里斯普斯·阿塔克斯已经被士兵当场打死后，冲突再度升级。须臾之间，愤怒的围观者像潮水一样涌向英军，随手抓起各种物体向英军投掷，迫使英军士兵不断向后撤退至海关门前。就在这时，枪声再次响起，前排的十几个人随着枪声倒下。

这就是著名的“波士顿惨案”的整个过程。在此事件中，包括黑人克里斯普斯·阿塔克斯在内的5人死亡，6人受伤。而在这次事件发生的第二天，另一个名不见经传的小人物突然出现在公众视野，正是因为他的出现，使波士顿惨案的消息快速传遍殖民地的其他城市，人们纷纷起来抗议英军驻扎。在波士顿这座当时仅有1.7万人的城市，给死难者送葬的行列竟聚集了5万人，全美13州所有人的怒火都被燃起。

这个小人物叫保罗·列维尔，惨案发生时，时年36岁的列维尔还只是波士顿的一名银匠，不过他的手艺彼时已经在当地小有名气，尤其是他打制的茶壶、奶壶、糖罐和茶匙等银器，受到当时贵妇们的青睐。

波士顿惨案发生后，年轻的艺术家亨利·佩莱姆根据这一题材创作了一幅美术作品，却被保罗·列维尔将其逼真地刻成了雕版并进行了大量的翻印，使这幅画迅速传递到了美国所有城市，因此才引发了殖民地的抗英高潮，而英国军队也在此事件所造成的连锁反应之后，被迫撤出波士顿。

四、茶叶积压发霉与倾茶事件

几乎在同一时间，英国政府再度颁发了新的法令，除继续打击茶叶走私和征收茶税外，其他所有新开征的各种名目的税种全部停止征收。然而此举更加剧了茶叶的走私行为，法国和瑞典的东印度公司更加猖獗地走私茶叶，从中获得了巨额利润。美国的茶叶大亨们也在这一时期从中国大量进口茶叶，尤其在公元1771—1772年，仅约翰·汉考克的商船从中国广州直接进口的茶叶就达45000磅之多，而这些茶叶在进入海关时，却都是以各种名目的其他商品通关。海关其实很清楚这些船只运载的是什么货物，但为了不给自己招惹麻烦，也就睁一眼闭一眼。汉考克也很识相，主动为其中的一船茶叶完税，彼此都心照不宣，双方相视一笑皆大欢喜。

但是到了公元1772年，形势突然急转直下。英国本土由于受到走私的影响，导致了茶叶的库存量大幅度提升，使英国东印度公司陷入了财务危机，已经亏欠了英国政府100多万英镑的税收，以及1800多万磅积压在仓库的茶叶已经出现了发霉迹象。

东印度公司如此巨额的亏损，无疑等于直接绑架了政府，迫使政府不得不再次制定针对北美殖民地的税收法令。公元1773年6月，英国议会

波士顿倾茶事件，美国独立战争拉开序幕

荒谬地通过了《救济东印度公司条例》，以强硬方式准许东印度公司向殖民地倾销这批已经发霉的茶叶，美其名曰为“严厉打击日益猖獗的茶叶走私活动”。

首批装载两千箱约 60 万磅茶叶的 7 艘商船，于公元 1773 年 9 月从英国出发，其中 4 艘前往波士顿，另外 3 艘分别到达纽约、费城和查尔斯顿[①]。然而，当其中两艘船分别到达纽约和费城后，却没想到遭到了两地茶商的拒绝，这两艘商船不得不开回英国。

当一艘名为“达特茅斯”号的运茶船启航的消息传到波士顿后，再度引发了所有人，尤其是约翰·汉考克等茶商的强烈反应，以其在当地的影响力和号召力，再次搬出已经过去了两年多的波士顿惨案为撒手锏，坚决抵制英国茶船在波士顿靠岸。此举有效地挑起了民粹情绪，反对英国的声音再度响起！

1773 年 11 月 28 日，装载了 114 箱茶叶的“达特茅斯”号商船，在经过了 9 个星期的航行后，即将抵达波士顿。一场改变历史的大戏，随着“达特茅斯”号的靠港而即将上演——这就是历史上著名的“波士顿倾茶事件”。

公元 1773 年 12 月 16 日，殖民地激进派领导者塞缪尔·亚当斯带着上百个化装成印第安人的同伴，手执印第安人的板斧和绳索，爬上了东印度公司运茶叶的货船。他们砍坏茶叶木箱，把 362 箱、总金额超过 18000 英镑的茶叶全部沉入海底。而这一事件的发生，对两年后的公元 1775 年 4 月 18 日在列克星敦打响美国独立战争第一枪具有至关重要的意义！

而在东方的中国，此时正在遭受鸦片的围攻。

① 美国西弗吉尼亚州港口城市。

五、鸦片兑白银购买茶叶

据当时生活在中国澳门的瑞典历史学家安德斯·刘恩斯泰特记载，公元1720年，第一批6箱鸦片从印度东部科罗曼德尔出口到了中国澳门。但是这位学者并没有说明这批鸦片出口究竟是哪个国家的恶行，即便查了很多史料，也都没有具体记载究竟是谁率先在中国打开了这个潘多拉的毒盒子，可能没有人敢于承认自己对中国所犯下的这个不可饶恕的历史罪行吧。不过，通过当时的背景分析，这一批鸦片出口极有可能是葡萄牙人或是英国人所为，当然也不能排除荷兰人作案的嫌疑，因为，以他们那种见利就上的本性而言，荷兰人也难辞其咎！

鸦片，俗称大烟，是罂粟的提取物。

关于罂粟，最早究竟是从哪里起源？这一问题一直困扰了学界很多年，因为没有文字的记载，于是就有了各种各样的猜想，有的说是欧洲西或南部，有的说是亚洲西部美索不达米亚地区至地中海沿岸，还有的说是中国云南地区，总之，什么样的说法都有。不过，据《上瘾五百年》中记述，马克·戴维·默林的研究结果表明，在公元前1600多年前，也就是中国远古的商周时代，由居住在瑞士一带的人发现了罂粟，而最有可能的传播途径是从中欧到达地中海中部，再分布到亚洲地区。

人类最早发现罂粟的时候，主要是因为其子可用来食用和榨油，至于从罂粟中发现药用和刺激作用，却已经到很晚以后了。

公元前139年，张骞出使西域时，就已经把鸦片带了回来；三国时期，就有华佗使用罂粟作为麻醉剂之说。后来到了唐贞观时期，起初是由阿拉伯商人带入，但是进入中原后，鸦片并没有引起人们多大的兴趣。一直到唐代中期，特别是唐朝与阿拉伯之间那场著名的怛罗斯战役，服用了鸦片的黑衣大食军队，在阿拉伯腹地以二十万之众击溃了唐代名将高仙芝的两万精兵。此战奠定了阿拉伯国家在世界上的位置，同时也是唐朝由兴盛走向衰落的一个重要转折点。

战后，随唐军出征的游牧部落军队从穆斯林俘虏的行囊中发现了一种神秘的东西，服用以后会让人兴奋不已，而这个东西就是鸦片。

虽然从唐朝时期就已经出现了鸦片，但是仅限于医药范畴之内，原因是那个时代还没有出现烟草，人们还没有抽吸某种物质的习惯，所以鸦片也就没有形成在民间流传的土壤。可历史走进了15世纪以后，随着哥伦布发现了美洲新大陆，世界进入了物种大交流的时代，美洲的玉米、番薯、马铃薯和辣椒等农作物被引进了欧洲，烟草也在这一时期进入了欧洲，一时间吸烟成为一种时尚。明朝嘉靖年间，葡萄牙人进入澳门地区，把烟草也带了进来，不过那时候还不叫烟草，而是叫“淡巴菰”。很多中国人看到洋鬼子吞云吐雾很是新鲜，也就跟着效仿，烟草就这样跟着贸易一起进入了中国市场。

清朝入关后，曾经严格下令禁止人们抽烟，对私自经营烟草者处以严刑，但并不能阻止烟草的买卖。之后就有大臣上奏，放开烟草可以征税，因此烟草才得以放开，但这也为之后鸦片的流行埋下了伏笔。

当第一批鸦片进入中国9年后的公元1729年，雍正就深感担忧，下令严格禁止进口，如有违禁者，一律处斩，绝不姑息。同时措辞强硬地把鸦片当作了魔鬼对待：“无赖棍徒勾引良家子弟以此（特指吸食鸦片）射利……少年子弟堕其术中，或服吸日久而轻生，或家业消尽而为盗，各种贻害，实非浅鲜。”①

由于清政府严格禁止鸦片，使欧洲的那些东印度公司的鸦片无法通过正常渠道进入中国，因而就转为由私商接手。18世纪中叶以后，随着鸦片走私狂潮的出现，中国对鸦片的需求量越来越大，而在公元1773年，东

① 苏明良:《雍正朝汉文朱批奏折汇编》，雍正六年奏折，中国第一历史档案馆编辑，江苏古籍出版社，1991年3月版。

印度公司在孟加拉国取得了鸦片贸易的独占权。但由于东印度公司的船只被禁止运送鸦片到中国，所以在孟加拉国生产的鸦片要先在加尔各答出售，再从那里运到中国。

而在此大背景下的中国，在经历了明末战乱、饥荒、瘟疫以及清军入关并大肆杀戮的恐慌后，生活秩序逐渐得以恢复。在“康雍乾盛世”，通过茶叶贸易，大量欧洲人的银子源源不断地流入，清王朝进入了国库充盈的全盛时代。尤其是南方闽穗地区，通过茶叶大量出口，带起了一条茶叶产供销的贸易产业链，只要有货源，就肯定有销路，使游走于“吃茶叶饭”的人几乎做到了人人有钱家家富庶。茶叶贸易的兴隆，也带动了周边产业的兴盛，茶楼、酒楼生意红火，客栈、公馆、驿站一房难求，到处灯红酒绿夜夜笙歌。

凡从古到今或者从中到外，通过某种机缘一夜暴富的那些人，在财富积累的初期，为了显示自己与以往的不同，最先采用的方式一般大致相同，这就是从寻求精神刺激开始，以不知死的勇气敢于面对各种挑战。在鸦片进入中国的前夜，那些刚刚富起来的人都抱着这种心理，于是，赌博在这一时期蔚然成风，空前火爆。这种空虚无度的生活状态，恰恰就给鸦片的侵入提供了绝佳的时机，而大量的鸦片就是在这样的背景下源源不断地进入了中国。

公元 1755 年 11 月 1 日上午 9 点 40 分，里斯本发生了人类历史上破坏力极大、人员死伤极其惨重的特大地震。这场地震将整个城市夷为平地，而随后的火灾又将这次强烈地震后的残垣断壁付之一炬，里斯本陷入了空前的灾难之中。

为了补上修复国家的巨额亏空，时任首相庞巴尔只得让早已退出海洋江湖的葡萄牙再次出海重操旧业，但是在它重新回到海洋贸易的第一单，向中国输出的竟然是毒品。公元 1767 年 6 月 13 日，葡萄牙商船“顺风”号抵达澳门地区，船上装载的全部是鸦片。这是有史可查的第一次大规模鸦片走私，而这批鸦片的来源，却是印度的孟买，显然是出自英国的统治地区。

“顺风”号很快就在澳门地区将鸦片分销给了从内地摇橹划桨过来的走私分子，从中获得了大量的白银后，启航前往广州装载茶叶再驶往英国利物浦。公元1784年，“顺风”号再度装载了726箱鸦片重返澳门地区。据美国历史学家丹涅特所著《美国人在东亚》一书中所透露的信息，当时的鸦片标准箱以中国的“担”为计量单位，一担即100斤，而每箱的价格为白银300两，也就是说仅这一笔鸦片生意，葡萄牙人就获得了217800两白银！

这似乎让人明白了一个问题，地震后已经成为一片废墟的里斯本，仅用了短短20年就完成了城市的重建，如此大的一笔开支究竟是从哪里获得的！

其时，正值美国的独立战争后期。连年战争几乎把大不列颠帝国的国库消耗殆尽，虽然在“七年战争”中看似占了大便宜，但是巨额的军费开支又把这些“便宜”全部抵消。

在这种尴尬的状态下，英国开始小心翼翼地尝试用鸦片进行贸易的可能性。当然，就清政府而言，这种可能性毫无疑问会遭到断然拒绝，但是英国人并不甘心，也采取了葡萄牙的方式，在近海处抛锚，再通过假扮成渔民的毒贩将鸦片分销出去，获得白银后再去广州买茶。

如果说，18世纪之前的英国对于鸦片走私还有所忌惮道德谴责的话，那么当历史迈进18世纪的大门以后，英国就直接干脆地撕掉了虚伪的面纱，开始明火执仗大规模走私鸦片。仅以进入19世纪的前16年为计，英国平均每年向中国走私输出鸦片约为4000箱，而到了1830年就突然暴增至18760箱。之后他们再利用所获得的白银做茶叶生意，等于不仅免费获得茶叶，还从中大赚了一笔。此举导致了清王朝从18世纪约2600余万英镑的贸易顺差，仅仅过去了30年，就直接遭受3800多万英镑的巨额贸易逆差。

向中国出口鸦片的欧洲人着实可恨，但是更可恨的是那些见利忘义的国人。沿海地区的一些不法之徒在利益的驱使下，抓住了这个“机会”，他们为了私欲铤而走险，不惜冒着杀头的风险，肆无忌惮地与欧洲人暗中进行鸦片交易。这些胆大包天的走私犯们通过贿赂地方官员，在海上交易之后再走私上岸。仅在短短的十几年时间里，鸦片走私就泛滥成灾，大量的鸦片被英国人偷运进来，兑换成白银再购买中国的茶叶。

鸦片泛滥成灾，已经远远不止广东福建沿海地区，走私商人还把鸦片偷运到了天津和北京地区。公元 1838 年 8 月到 11 月，当时的文渊阁大学士琦善就在天津一地起获鸦片价值多达 16 万两之巨，可见鸦片的走私活动已经猖獗到了何种地步。他在给道光皇帝的奏折中，忧心忡忡地说出了鸦片的泛滥状况：“若吸食者尽诛，即闽广而论，吸烟者十居七八，十万人恐不能尽也。”

毫无疑问，泛滥的鸦片应了雍正 100 多年前所说的那句话，已经成为危及国家坑害庶民的一大毒瘤。中国到处是吸食鸦片的人，全国各地开设的烟馆随处可见，罂粟造成的破坏力难以想象。比较准确的估计，截止公元 1830 年底，至少有 1200 万人在吸食鸦片，已经到了危及社稷的程度。道光皇帝经深思熟虑后，于公元 1838 年的最后一天，也就是道光十八年十一月十五日，召见了时任湖广总督的林则徐。正是因为这次召见，在之后一年多的时间里，爆发了两个影响中国历史的重大事件：虎门销烟和鸦片战争。

中国历史上所遭受的耻辱太多，而这一切的源头，却都是从这一片小小的树叶开始，那就继续说茶吧。

经过了长达 8 年的战争后，1783 年 9 月 3 日，美英签署《巴黎和约》，正式宣告美利坚合众国成立。

刚刚脱离了大英帝国统治的美国，要考虑的第一件事，就是必须赶快进行国家建设，但是，由于北美长期在英国的严格控制下，在财政问题上只有有限的支配权，再加上八年战争的消耗，建国初期的美国基本上处在一穷二白的尴尬境地。初立的美国，最需要的就是钱。这个时候有人想到了中国和中国的茶叶，危难之际，只有茶叶才能快速回笼资金。

提出到中国购买茶叶的，就是独立战争的主要资助人、靠着走私茶叶发家的费城商人罗伯特·莫里斯，因为他知道有经验可以借鉴，英国没钱的时候，就去中国买茶叶；荷兰危急的时候，也去中国买茶叶；葡萄牙地震那么严重，急需资金恢复城市建设，第一时间也是想到去中国购买茶叶，尽管他们的手段过于腌臜。这一个个的成功案例足以说明一个道理——中国茶叶虽然不是万能药，但是在关键时刻能救急！

就在战争刚刚结束，双方代表还没有前往法国凡尔赛宫签订英美《巴黎和约》之前，罗伯特·莫里斯就已经和他的商业事务代表萨缪尔·肖开始准备，启用一艘载重 360 吨的新船，并专门为这艘新船起了个喜庆的名字，叫作“中国皇后”号，寓意是希望这艘船能给年轻的美利坚合众国带来好运。

六、茶究竟是怎么生产出来的?

公元 1784 年 2 月 22 日,“中国皇后”号处女之航满载着 3000 件兽皮，以及棉花、胡椒和铅块等商品从纽约启航前往中国。六个月后,“中国皇后”号顺利抵达广州。洋行商馆的商人们很快就把所有商品抢购一空，就连萨缪尔·肖也没想到，这些商品的售价居然远远超出了出发前的心理预估，结果用这些钱采购了 440 吨武夷山的茶叶，严重超出了“中国皇后”号的最大运载力，他们只好把剩余的货物交给另一艘返回美国的商船“帕拉斯”号代运回去。

“中国皇后”号所载的物品，除了茶叶和瓷器，还有一群来自上海的公鸡。据说，今天宾夕法尼亚州百克斯镇出产的肉鸡，就是这批公鸡的后代。公元1785年5月11日，“中国皇后”号返回纽约，创下了有史以来的最快纪录。当船进入纽约时，全体人员鸣枪13响，向这座城市致敬！

但是，在接下来的贸易中，美国人就不这么厚道了，也加入了走私鸦片的行列，甚至动用了当时的高科技——在海上高速航行的飞剪船，快速从印度把鸦片运到中国，再装上茶叶快速返回美国。

茶究竟是怎么生产出来的？欧洲人一直不解，这种东方古国的神秘植物引起了西方人的极大好奇。直到1560年，葡萄牙耶稣会传教士克鲁兹乔装打扮混入一群商人队伍中，在4年多的时间里，他来往于中国贸易口岸和内地，才搞清了茶的来龙去脉。回国后，他把几年的见闻写入了《中国茶饮录》，这是欧洲第一本介绍中国茶的专著。

朱元璋“废团改散”政策的颁布，成为中国茶叶历史上一个极为重要的转折点，从这个时候开始，茶叶从生产到加工都得到了空前的发展，黑茶、青茶、红茶、花茶等各种类型相继出现和扩散，各类茶叶的制作工艺也在不断创新中得到了大幅提升。其中最具代表性的，便是红茶的出现。

明朝智者刘伯温所写的《多能鄙事》，是最早记载红茶的书籍，使发酵茶有了更大的发展空间。随着茶叶贸易的发展，红茶的加工工艺很快从福建传播到了四川、湖南、湖北、江西、安徽等各大茶叶产区。除此之外，在各地产茶区内，也不断催生出一些新的生产工艺，诞生了小种、紫毫、白毫、漳芽、选芽、清香和兰香等许多名优茶品，在极大丰富了茶叶种类的同时，也把茶叶生产加工推向了一个高潮。

北宋后期的北苑茶采制最鼎盛时期，官、私茶厂星罗棋布，共有1336家，分布于周边6县。在这些茶厂中，仅官焙大厂就有38家之多，由官府辖设四局直接参与管理，后至南宋时期，只保留东西二局。每年到了采茶季节就有几万人参与，可谓场面宏大。

由于北苑“御茶园”所产的茶叶已经不能适应散茶的工艺要求，大约从明永乐年间，茶叶生产就开始逐步西移，于是，位于西北方向的武夷山成为茶叶种植最为兴盛的地方。史志所载：“福建诸山，武夷最胜，其水亦绝。山高而险，溪水环绕，宛若天成，景致奇绝，无出其右者。”

从18世纪开始，出口到欧美各国的武夷茶大受欢迎，这也引起了欧洲很多植物学家的好奇，茶叶究竟是一种什么植物？其中比较有代表性的，就是荷兰乌普萨拉大学教授卡尔·冯·林奈。

让林奈百思不得其解的是，这片植物的叶子为什么会让这么多人像着了魔一样乐此不疲地去追捧？而英国人康奈利·赫尔则更直接，疑惑地发问：难道是上帝赋予了这片树叶神力吗？为什么能使如此多的人为它着迷，宁可为它掏空自己的腰包？

早在公元1741年，植物学家林奈就突发奇想，茶叶既然能在中国和日本生长，只要能够获取种子，那就一样可以在欧洲各地以及最南端的斯堪纳生长。为了这一个奇想，林奈教授耗费了半生的精力去研究。他通过瑞典东印度公司从中国获取了茶叶种子屡次进行尝试，想尽了各种办法，最后还是以失败告终。直到1778年1月10日临终前，这个执着顽固的老人还在喃喃自语地说：“这是被撒旦附体的植物！”

如果说荷兰的林奈教授是本着学术研究的态度对茶叶充满了兴趣，而荷兰人雅各布森和英国人罗伯特·福琼的动机就不那么单纯了。

1827年，时年31岁的荷兰年轻茶商兼品茶师雅各布森来到爪哇，决定在这里种植茶树。恰恰就在这一年，荷兰政府决定从日本引进500株茶树苗移植在这里。雅各布森利用这批茶树分别制作了少量的绿茶和红茶样品。但是，爪哇的气候和环境显然不适合日本茶树的生长，于是雅各布森来到了中国，花费了6年时间引进了一批茶树种子和12名茶农，从育种栽培开始着手。眼看着栽培就要成功，却没想到爪哇当地的土人与华工发生了械斗，导致其中的10名华工被当场杀死，使雅各布森的计划再次落空。

公元1834年，雅各布森再次来到中国，这一次带走了700颗茶树种子和15名具有熟练技能的茶农。清廷闻讯后，立刻对他悬赏缉拿，官府甚至派兵扣留了他原本乘坐的那艘商船，却没想到狡猾的雅各布森玩儿了个金蝉脱壳，带着茶农和茶种乘坐另外一艘船早已溜之大吉。

在之后的15年中，雅各布森专心从事茶叶研究，最终获得成功，并在1843年写出了《茶种植与制作》一书，一经出版立刻爆火。就在该书出版5年后的1848年，雅各布森突发疾病英年早逝。令人颇感蹊跷的是，早在他死之前，由他所带去的15名中国茶工也都先后离奇而死，所以对他的死有很多人怀疑是清廷派出的人暗中投毒所致。不过，在他死后不久，曾经如日中天的爪哇茶立刻陷入了停顿状态，直到19世纪70年代才重新出现逆转。

与雅各布森通过不法手段从中国盗取茶种与茶农，其目的是专心致志做茶相比，英国所谓的“茶叶大盗”罗伯特·福琼实际上是从一起演砸了的特大诈骗案开始，上演了一出拙劣的独角戏，却被美国专栏作家萨拉·罗斯煞有介事地在《茶叶大盗》一书中，把罗伯特·福琼描写成了维多利亚时期的“茶叶侠盗”“早餐茶的救星”和“凭借一己之力改变世界茶叶历史的人”。事实上，罗伯特·福琼就像今天的某些网红一样，不过是在讲述了一个既没有证据又不符合逻辑的“孤胆英雄”的故事，目的仅限于博博眼球蹭个热点，千万别信以为真。

公元1784年，时任英国首相威廉·皮特，在结束了美洲独立战争后，转身主导制定了《印度法》，把印度纳入殖民地。在该法案正式颁布之前，由东印度公司施行代管。公元1823年，英国商人罗伯特·布鲁斯进入阿萨姆的纵深地带萨迪亚进行考察。这一带是布拉马普特拉河由喜马拉雅山脉进入平原的开始，气候宜人，植被茂盛，距离水源很近，无论灌溉还是运输都非常方便，适合种植茶叶。

罗伯特·布鲁斯向东印度公司提交了自己的考察报告，但是就在这个时候，因为《印度法》的颁布，东印度公司被剥夺了远东贸易垄断权，转为在印度的管理机构，使远东包括中国的贸易在内进入了自由竞争时期。而转年的1934年1月24日，东印度公司针对茶叶在印度的开发，专门设置了茶叶专业委员会，为印度种植茶叶做好了准备，同时委派该委员会秘书詹姆斯·戈登前往中国，采购了茶种、茶苗以及制茶工具，并招募了11名中国的茶农进行指导。

公元1836年，加尔各答植物园根据戈登送来的茶树种子进行培育并获得成功，将其中的2万株茶苗运抵萨迪亚，交给了罗伯特·布鲁斯的弟弟、茶叶督查查尔斯·布鲁斯，另外的2万株则送到了喜马拉雅山西旁遮普邦的库马恩和德拉敦以及马德拉斯[①]分别进行种植。

公元1838年第一批阿萨姆茶终于生产出来，但是口感和品质都非常差，而此时罗伯特·布鲁斯已经在伦敦散发了关于阿萨姆茶的各种“好消息”，并且以此为由开始募集资金，结果如此恶劣的质量又无法自圆其说，只好又从中国买回了8箱茶叶，在印度重新换了包装后冒充“阿萨姆红茶”，于1839年1月10日通过“加尔各答”号商船运抵伦敦，并在伦敦的商业销售大厅举行了拍卖会，引起了众多茶商的极大兴趣。

此次拍卖会大获成功，首单即被一位退役上尉以每磅21先令[②]的价格拍下。经过现场试喝后，这名上尉把随后的几箱茶叶全部买下，开始在英国为他的茶叶品牌做广告，“浩官混叶茶——40种名贵红茶的完美组合”。

通过五个星期的招募，英国商人筹集了50万英镑成立了阿萨姆茶叶公司，而罗伯特·布鲁斯和东印度公司见已经达到了目的，就直接将阿萨姆茶园的三分之二以38万英镑的价格转租给了这家公司。阿萨姆茶叶公

① 今称金奈，南印度东岸城市。

② 如果按照今天的价格计算，相当于68英镑。

司进入经营后，再度从中国招募了大量的茶农和制茶工人，对茶叶进行管理。

但是到了公元 1840 年收茶季节，阿萨姆茶叶公司才发现，所收的茶叶完全不是一回事，这才知道上当了，只能硬着头皮再去购买中国茶叶。而这时刚刚爆发了“中英鸦片战争”，两国关系骤然紧张。可远在英国本土的股东们一再追问茶叶的收获情况，迫使阿萨姆茶叶公司不得不花费高价继续收购中国茶叶。

而阿萨姆茶一直到了 19 世纪晚期才逐渐把品质控制下来，在这个印度茶的种植和生产过程中，从来没有罗伯特·福琼的影子，而所谓“茶叶大盗”，不过是他自己编出来的一个故事而已。

公元 1891 年 3 月 10 日，在伦敦的一场拍卖会上，一份来自马斯凯里耶地区嘉特摩茶园的顶级锡兰茶被马扎瓦特茶叶公司以 10 英镑 12 先令 6 便士的天价买下，创下了英国茶叶的拍卖纪录，而生产这份茶的茶园主就是托马斯·立顿！

茶叶帝国从这时开始出现了倾斜！

当英国所有人都把目光集中在了立顿红茶的时候，随着专为运输茶叶量身打造的快剪船出现，又一款中国红茶震惊世界。

公元 1915 年，年仅 16 岁的福建少年林瀚宜跟随其父在家族经营的玉振堂学习做茶，这家规模不大的茶店只做一种茶，名叫“坦洋工夫红茶”。而恰恰就在这一年，坦洋工夫红茶荣获了巴拿马国际博览会的金奖，进入了世界名茶行列，同时被选入英国王室指定用茶。

这款茶源自福安境内白云山麓的坦洋村，故名坦洋工夫。在公元 1851 年前后，由坦洋村的制茶师傅胡福四（又名胡进四）经多年试制，终于获得成功。

从某种意义上说，快剪船就像为坦洋工夫红茶量身打造一般，几乎与此同时出现。当第一艘远洋快剪船“驯鹿”号于公元 1849 年 10 月 5 日装载着近700吨茶叶离开广州时，很多人对这种船的承载能力还存有疑虑，却没想到，这艘长相奇特的快船在大海中劈波斩浪，仅用了107天就到达了利物浦港，创下了远洋运输的最快纪录。但是仅隔一年，这个纪录就被刷新，公元1850年满载887吨茶叶的“东方”号快剪船离开香港，97天后就停泊在了伦敦西印度码头上。

快剪船的出现，大大提高了茶叶的运载力和保鲜度，使茶叶的出口走向了一个新的时代。公元1858年，第一批8箱[①]坦洋工夫红茶到达伦敦，立刻引起了茶商的关注。从光绪六年（公元1880年）开始，坦洋工夫红茶正式出口英国、荷兰、美国等地，平均每年的出口规模上万担[②]。据《闽东志》记载，在这一期间，仅约1000米长的坦洋街上，设茶行36家，雇工多达3000余人，产量约100万公斤。

公元1914年，当林瀚宜随父押送茶叶南下广州的时候，他并不知道这批茶是干什么用的，即便在第二年获得了巴拿马国际博览会金奖，似乎也和他没什么关系，甚至不知道这个奖能用来做什么，当然也就更不知道英国王室在什么地方了，在他的印象中，只记得停在码头上的那艘船很大，船头却翘得很高，一个穿着白色衣服的大胡子外国老人伏在船舷的围栏上，嘴上叼着一支烟斗。

大约就是从那个时候开始，林瀚宜开始正式学习制茶，而且专心致志做了一辈子茶。令人遗憾的是，林瀚宜在四十几岁就因病去世了。而他的儿子林师谊在1939年就考入了当时的福安茶叶技术学院跟随老师张天福先生学习茶叶知识。毕业后进入中茶研究所，同时继承了林瀚宜先生的遗志，用毕生精力潜心研究坦洋工夫红茶，并把一生研究的成果传授给了他的儿子林珖。如今已过花甲之年的林珖又把祖传下来的制茶技艺传给了林

---

① 每箱一担约50公斤。

② 50万公斤以上。

家的第四代传人林志鸿。

当很多人都在讲述有关茶叶的神鬼故事的时候，却单单忘记了很重要的一点，那就是“工匠精神”！

初稿 2017 年于苏州璞缇墅 113 幢

二稿 2020 年于云南省勐海县曼浑乡广冈村茗春社

终稿 2022 年 12 月 6 日定于青岛崂山没有斋茶书房

[清] 乾隆御笔 竹炉山房图（局部）

后记

关于茶叶的思考

坦率地说，这本书写得很沉重，先后推翻了三次，修改了九遍，耗费了五年时间，才终于完成。之所以如此来回折磨自己，主要还是希望不留遗憾，就像我在书中所阐述的那样，历史容不得马虎，更不允许假设。

回过头来想想，从迷恋上了茶到2023年就整整三十年了，突然有一天，就为了一口茶，能放下轻车熟路的文学创作，义无反顾地转过身扑向了上天赐给我们的这片树叶，这也算是一种勇气和执着。而恰恰就是为了这片树叶，也付出了极大的代价。这期间我走遍了全国1094个产茶县，只少了西藏的林芝产区，并且在2019年已经安排了出行的时间，结果却猝发心肌梗死进了医院，即便在ICU病房里，还在盘算身体恢复后再计划林芝之行。然而，接下来就是疫情，三年就这么过去了。我只能苦笑着对自己说，林芝，我和你无缘！

这么多年来，读了那么多书，也爬了那么多茶山，却始终都在思考一个问题，茶究竟是什么？在我看来，如果仅仅把茶作为商品和饮品，是对茶最低层面的理解，而更高或更深层面的理解又是什么？但是，如果茶一旦远离了商品和饮品属性，却又没有任何媒介可以体现。所以这个问题反复对我进行折磨，以至于让我在成堆的资料里碰得焦头烂额。

在这本书完稿之前，我特地去了一趟武夷山，和武夷山市茶叶局的叶俊武局长专门讨论这个问题。我们两个倒是在武夷山下一个茅草屋里碰撞出了一个话题，那就是“茶叶哲学”，也许这才是茶的真正灵魂吧！

但是，茶叶哲学是一个很大的命题，并非随便说说的事，需要建立起一个庞大的逻辑体系和全部的证据链。如果我们今天仍然把“神农氏尝百草”的神话当作源头的话，就说明我们的理解从开始就是一种错误，所以必须整理出一个完整且合理的脉络，为茶叶哲学的形成找到出处和证据，这也是把这本书的副标题叫作“东方植物的社会关系史”的原因。

如果，我们换一个角度思考，茶叶究竟是什么呢？

严格地说，茶叶是财富，茶叶是政治，茶叶是战争。

从另一个方面来说，我之所以选择了与陆延彬先生共同来完成这本书，是因为我从他身上看到了一种精神，一种当今年轻人需要的精神——我将其称为“茶叶精神”，更让我感动的是，他对生命的态度，因为这个出生于1979年的年轻人，居然是一个癌症患者！

虽然他在讲述自己从生病到手术的过程时语气非常轻松，可还是让我感到了来自灵魂深处的震撼。在已经过去的十几年里，他先后做过三次大手术，割掉了将近四分之一的肠子。就在他做完了第三次手术后，当很多人还在为他的健康担心的时候，他却做出了一个改变命运的重要决定，义无反顾地离开了繁华闹市，只身一人去了云南，拜到普洱茶泰斗余正才门下，从此全身心地投入了茶叶的怀抱中。在那片古老且原始的茶山中，艰苦的环境使他的灵魂得到了升华，生命有了新的开端。也许，他早已将这片树叶视为自己生命的延续。

曾经在一本书里读到这样一段话：

死去的生命和任何物种一样，并不具备任何的意义和价值。一个人类体内所含有的化学元素如下：

七块肥皂的脂肪；

二十二小盒火柴的磷；

一根钉子的铁；

二十磅焦炭；

一英两有色金属；

刷一间十平方米房子的石灰。[①]

① 王小平:《本领的恐慌》，海南出版社，2001年1月版。

当人类挥霍自己的生命的时候，不知道有没有想到自己的实际价值。

之所以把这段话记录在此，是因为我已经老了，生命的尽头已经不远，读了一辈子书的人，还是能够理解和接受这个道理，只是希望生命中还剩下的这点磷再能借助一把火，能照亮多少是多少吧！

参考书目

1.[汉] 司马迁：《史记》，中华书局 1997 年版
2.[汉] 班固：《汉书》，中华书局 1997 年版
3.[南朝宋] 范晔：《后汉书》，中华书局 1997 年版
4.[晋] 陈寿：《三国志》，中华书局 1997 年版
5.[后晋] 刘昫：《旧唐书》，中华书局 1997 年版
6.[宋] 欧阳修、宋祁：《新唐书》，中华书局 1997 年版
7.[宋] 欧阳修：《新五代史》，中华书局 1997 年版
8.[宋] 薛居正：《旧五代史》，中华书局 1997 年版
9.[元] 脱脱：《宋史》，中华书局 1997 年版
10.[元] 脱脱：《辽史》，中华书局 1997 年版
11.[元] 脱脱：《金史》，中华书局 1997 年版
12.[唐] 刘知几：《史通》，上海古籍出版社 2008 年版
13. 陈寅恪：《隋唐制度渊源略论稿》，商务印书馆 2011 年版
14. 佚名：《神农氏本草经》，哈尔滨出版社 1999 年版
15.[唐] 陆羽：《茶经》，辽海出版社 1999 年版
16.[唐] 杜佑：《通典》，中华书局 1984 年版
17. 熊江宁：《雪域梵音》，中州出版社 2009 年版
18. 郑广南：《中国海盗史》，华东理工大学出版社 1998 年版
19.[宋] 司马光等：《资治通鉴》，中华书局 2009 年版
20.[宋] 李焘：《续资治通鉴长编》，中华书局 2004 版
21.[清] 毕沅：《续资治通鉴》，中华书局 2004 年版
22. 孙钥洋：《蒙古帝国：空前绝后四百年》，重庆出版社 2012 年版
23.[英] 崔瑞德：《剑桥中国隋唐史》，中国社会科学出版社 1990 年版
24. 罗龙新：《帝国茶园》，华中科技大学出版社 2020 年版
25. 钱穆：《国史大纲》，商务印书馆 2010 年版
26. 严永成：《皇宋十朝纲要校正》，中华书局 2013 年版
27.[唐] 魏徵：《群书治要》，团结出版社 2011 年版
28. 邓广铭：《岳飞传》，商务印书馆 2015 年版
29.[宋] 王溥：《唐会要》，上海古籍出版社 2003 年版
30. 刘杰、赖晓东：《茶战》，新星出版社 2017 年版
31. 刘杰、赖晓东：《茶战 2》，人民日报出版社 2018 年版
32. 刘杰、赖晓东：《茶战 3》，人民日报出版社 2020 年版
33. 林乾良：《中国茶疗》，中国中医药出版社 2011 年版
34. 柯文辉：《司马迁》，人民文学出版社 2006 年版
35.[日] 荣西：《吃茶记》，作家出版社 2000 年版
36. 王镜轮：《闲来松间坐》，故宫出版社 2012 年版
37. 王旭峰：《南方有嘉木》，人民文学出版社 2005 年版
38.[美] 斯丹蒂奇：《六个瓶子里的历史》，中信出版社 2006 年版
39. 王冲霄等：《茶，一片树叶的故事》，中央电视台纪录片，中国国际电视总公司 2012 年版
40.[日] 冈仓天心：《茶之书》，山东画报出版社 2012 年版

41.[美] 威廉 · 乌克斯：《茶叶全书》，东方出版社 2011 年版
42.[英] 麦克法兰等：《绿色黄金》，汕头大学出版社 2006 年版
43.[日] 赤濑川原平：《千利休：无言的前卫》，生活 · 读书 · 新知三联书店 2015 年版
44.[英] 托马斯 · 莫尔：《乌托邦》，商务印书馆 1982 年版
45.[日] 桃井治郎：《海盗的世界史》，陕西人民出版社 2020 年版
46. 俞为洁：《中国史前植物考古》，社会科学文献出版社 2010 年版
47. 朱自振、沈冬梅：《中国古代茶书集成》，上海文化出版社 2010 年版
48.[宋] 朱子安：《东溪试茶录》，商务印书馆 1936 年版
49.[宋] 朱熹：《晦庵集》，商务印书馆（台湾）1986 年版
50.[宋] 杨万里：《诚斋集》，商务印书馆 1929 年版
51.[日] 羽田正：《东印度公司与亚洲之海》，北京日报出版社 2019 年版
52.[日] 陈舜臣：《茶事遍路》，广西师范大学出版社 2009 年版
53.[日] 矶渊猛：《一杯红茶的世界史》，东方出版社 2014 年版
54.[清] 袁枚：《随园食单》，中华书局 2012 年版
55.[美] 伊莱恩 · 科斯罗瓦：《黄油——一部丰富的历史》，文化发展出版社 2020 年版
56.[英] 蓝诗玲：《鸦片战争》，新星出版社 2015 年版
57.[古希腊] 荷马：《荷马史诗 · 伊利亚特》，北方文艺出版社 2012 年版
58.[古希腊] 希罗多德：《历史》，商务印书馆 2012 年版
59.[英] 加文 · 孟习斯：《1434》，人民文学出版社 2012 年版
60.[美] 戴维 · 考特莱特：《上瘾五百年》，中信出版社 2014 年版
61.[美] 梅维恒、郝也麟：《茶的世界史》，商务印书馆（香港）2013 年版
62.[以色列] 尤瓦尔 · 赫拉利：《人类简史》，中信出版社 2014 年版
63.[美] 梅天穆：《世界历史上的蒙古征服》，民主与建设出版社 2017 年版
64.[英] 彼得 · 弗兰科潘：《丝绸之路：一部全新的世界史》，浙江大学出版社 2016 年版
65. 仲伟民：《茶叶与鸦片》，生活 · 读书 · 新知三联书店 2010 年版
66.[伊朗] 志费尼：《世界征服者史》，商务印书馆 2010 年版
67.[英] 弗朗西斯 · 艾丹 · 加思凯：《黑死病：大灾难、大死亡与大萧条（1348—1349）》，华文出版社 2019 年版
68.[英] 罗杰 · 克劳利：《征服者：葡萄牙帝国的崛起》，社会科学文献出版社 2016 年版
69.[英] 简 · 基尔帕特里克：《异域盛放》，南方日报出版社 2011 年版
70.[宋] 李心傅：《建炎以来系年要录》，中华书局 2013 年版
71.[古希腊] 修昔底德：《伯罗奔尼撒战争史》，商务印书馆 1990 年版
72.[英] 西蒙 · 蒙蒂菲奥里：《耶路撒冷三千年》，民主与建设出版社 2015 年版
73.[美] 詹姆斯 · 布赖斯：《神圣罗马帝国》，商务印书馆 2016 年版
74.[英] 弗朗西丝 · 伍德：《马可 · 波罗到过中国吗？》，新华出版社 1997 年版
75.[美] 霍华德 · 舒尔茨：《一路向前》，中信出版社 2011 年版
76. 赵志军：《植物考古学：理论方法和实践》，科学出版社 2010 年版
77.[英] 斯蒂文 · 朗西曼：《1453：君士坦丁堡的陷落》，北京时代华文书局 2014 年版
78.[法] 沙海昂：《马可 · 波罗行纪》，商务印书馆 2001 年版
79.[美] 萨拉 · 罗斯：《茶叶大盗》，社会科学文献出版社 2015 年版
80.[英] 奈杰尔 · 克利夫：《最后的十字军远征：瓦斯科 · 达 · 伽马的壮丽远航》，社会科学文献出版社 2017 年版
81.[宋] 杨万里：《诚斋集》，商务印书馆 1929 年版

82.[英] 劳伦斯 · 詹姆斯：《大英帝国的崛起与衰落》，中国友谊出版公司 2018 年版
83. MELVYN C,1989.A history of modern Tibet[M].Goldstein Berkeley University of California Press.
84. PAUL KB,1979.Sino-Tibetan[M]. Cambridge : Cambridge University Press.
85 .SAM Van S,2011.Tibet autonomous region (China) — history[M]. New Haven : Yale University Press .
86 .WU F, XU J.,YEH A G O,2007.Urban development in post-reform China: state, market, and space[M].London and New York: Routledge.
87 .XU, J. YEH, A.G.O,2011.Governance and planning of Mega-city regions: an international comparative perspective[M] .London and New York: Routledge.
88 .ALLSEN,T.T,2001.Culture and conquest in Mongol Eurasia[M]. Cambridge:Cambridge University Press.
89.NDERSON,J,1991.An introduction to the Jaanese way of tea[M].Albany:State University of New York Press.
90.UBILE-SALLENAVE,F,2005.Le The`,un essai de sa diffusion dans le Monde Musulman[M].In S.Bahuchet,and P.de Market (eds.),El Banquete de las Palabras: La Alimentacio`n de los Textos A`rabes.Madrid: Consejo Superior de Investigaciones Cienti`ficas,153-91.
91.addeley,J.F.1964.Russia,Mongolia,China.New York:Burt Franklin.
92.all,J.D.1904 (4th ed. rev.).Things Chinese.London: Murray.
93.all,S. 1848.An Accont of the Cultivation and Manufacture of Tea in China. London: Longman, Brown,Green, and Longmans.
94.awden,C.R.(tr.).1961. The Jebtsundamba Khutukhtus of Urga: Text, Translation and Notes. Wiesbaden: Otto Harrassowitz.
95.ell, C. 1928. The People of Tibet . Oxford: Clarendon.
96.enn,C. 2002. Daily Life in Traditional China: The Tang Dynasty.London: Greenwood.
97.enn, J. A. 2005. “Buddhism, Alcohol, and Tea in Medieval China.” In R. Sterckx(ed.), Of Tripod and Palate: Food, Politics and Religion in Traditional China. New York: Palgrave Macmillan, 213-36.
98.lofeld, J. 1985. The Chinese Art of Tea. Boston: Shambala.
99.dart, B.M.1977. “Tea and Counsel: The Political Role of Sen.Rikyu” ;Monymenta Nipponica.
100.ow,K.,and I.Kramer.1990.All the tea in China.San Francisco:China Books and Periodicals.
101.inkley,F.1903-04.Japan: Its History and Culture.London T.C.&E.C.Jack.
102.ve,H.W.1900.Golden Tips: A Description of Ceylon and Its Great Tea Industry. London: Sampson Low, Marston and Co.
103.ans,J.1992.Tea in China: The History of China’s National Drink. New York: Greenwood.

特别感谢

特别感谢央视著名评论员滕建群先生在百忙之中抽时间为本书作序，感谢普华永道全球资深合伙人张国俊先生的鼎力支持，感谢中国茶叶流通学会会长、中国茶叶标准委员会主任委员王庆先生的大力推荐。同时感谢王宇东、侯江涛、肖萌、王琪、田玉琦及张同俊等诸位好友，在我潜心写作的五年中不离不弃，提供了大量研究资料并且给予了生活、精神诸多方面的大力支持和鼓励，再次表示衷心感谢！